中华传世藏书

【图文珍藏版】

荀子

诠解

[战国] 荀况⊙原著

刘凯⊙主编

第一册

线装书局

图书在版编目（CIP）数据

荀子诠解：全6册 / (战国) 荀况原著；刘凯主编
. -- 北京：线装书局, 2016.3
ISBN 978-7-5120-2151-8

Ⅰ.①荀… Ⅱ.①荀… ②刘… Ⅲ.①儒家②《荀子
》- 注释 Ⅳ.①B222.62

中国版本图书馆CIP数据核字(2016)第019745号

荀子诠解

原　　著：［战国］荀　况
主　　编：刘　凯
责任编辑：高晓彬
装帧设计：博雅圣轩藏书馆　Boyashengxuan Cangshuguan
出版发行：线装書局
　　　　　　地　址：北京市西城区鼓楼西大街41号（100009）
　　　　　　电　话：010-64045283（发行部）　64045583（总编室）
　　　　　　网　址：www.xzhbc.com
经　　销：新华书店
印　　制：北京彩虹伟业印刷有限公司
开　　本：787mm×1092mm　1/16
印　　张：150
字　　数：1826千字
版　　次：2016年6月第1版第1次印刷
印　　数：0001 - 3000套

定　　价：1580.00元（全六册）

"词赋之祖" 荀子

荀子（约公元前313年～公元前238年），名况，字卿，华夏族（汉族），战国末期赵国人。著名思想家、文学家、政治家，儒家代表人物之一，时人尊称"荀卿"。西汉时因避汉宣帝刘询讳，因"荀"与"孙"二字古音相通，故又称孙卿。曾三次出任齐国稷下学宫的祭酒，后为楚兰陵（位于今山东兰陵县）令。荀子是第一个使用赋的名称和用问答体写赋的人，被称为"词赋之祖"。

荀子主张人性有恶，提倡性恶论，否认天赋的道德观念，强调后天环境和教育对人的影响。他在重视礼仪道德教育的同时，也强调了政法制度的惩罚作用。

　　不登高山，不知天之高也；不临深溪，不知地之厚也；不闻先王之遗言，不知学问之大也。

——《劝学》

　　言有召祸也，行有招辱也。君子慎其所立乎！

——《劝学》

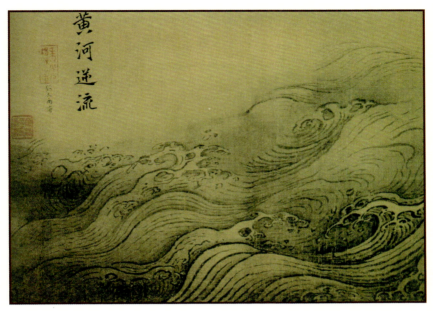

不积跬步，无以至千里；不积小流，无以成江海。

——《劝学》

锲而舍之，朽木不折；锲而不舍，金石可镂。

——《劝学》

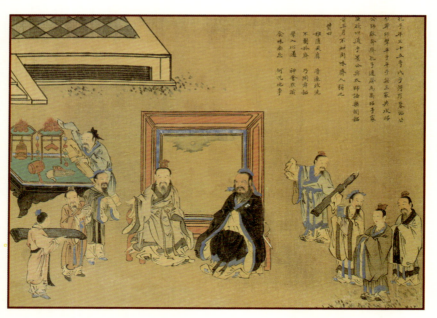

人无礼则不生，事无礼则不成，国家无礼则不宁。

——《荣辱》

公生明，偏生暗；端悫生通，诈伪生塞；诚信生神，夸诞生惑。此六生者，君子慎之，而禹、桀所以分也。

——《不苟》

自知者不怨人，知命者不怨天；怨人者穷，怨天者无志。

——《不苟》

汤、武存，则天下从而治；桀、纣存，则天下从而乱。

——《不苟》

君子隐而显，微而明，辞让而胜。

——《儒效》

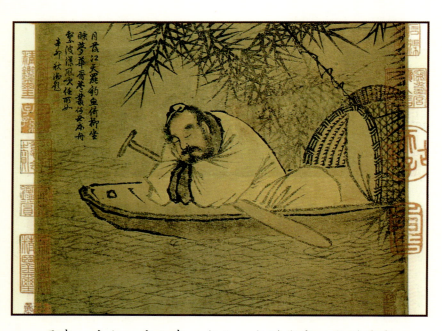

君者，舟也；庶人者，水也。水则载舟，水则覆舟。

——《王制》

前　言

　　荀子是战国末叶著名的思想家、文学家,先秦儒家思想的集大成者,也是先秦儒家的最后一位大师。他与孔子、孟子一起,被称为是先秦儒学最重要的三个人物。荀子思想综合了战国道家、墨家、名家、法家等诸家的成分,而对儒学做了创造性的发展;其中特别重要的是他关于人性、礼法、人的地位、名实关系的学说,这一学说构成他的整个思想体系的基础。其思想资料主要保存在《荀子》一书中。

　　如果说先秦时代的儒家思想像一双健康美丽的天足,在后来封建统治者的大力宣扬下,孟子的思想就被慢慢地束缚、扭曲成一双金莲。所以,如果要细究儒家思想的根本,其方法,唯有研究先秦儒教大家著述一途。《荀子》就是一部很好的研读范本。

　　两千多年前的春秋战国时期是一个大变革的时代。整个中华大地上一片混战,诸侯争霸,血雨腥风。而就在那时,荀子建立了一个低于儒家立场的价值平台,试图从这个非独断性的平台出发,通过一种更为对等的“讨论”,最终达成在观念上维护日渐衰落的传统生活方式的目的。

　　荀子的思想偏向于经验以及人事方面,是从社会脉络方面出发,重视社会秩序,反对神秘主义的思想,重视人为的努力。孔子中心思想为“仁”,孟子中心思想为“义”,荀子继二人后提出“礼”、“法”,重视社会上人们行为的规范。以孔子为圣人,但反对孟子和子思为首的“思孟学派”哲学思想,认为子弓与自己才是继承孔子思想的学者。荀子认为人与生俱来就想满足欲望,若欲望得不到满足便会发生争执,因此主张人性有恶(详情参考易中天教授《先秦诸子之百家争鸣》),须要由圣王及礼法的教化,来“化性起伪”使人格提高。与孔、孟相比,荀子的思想则具有更多的现实主义倾向。他在重视礼义道德教育的同时,也强调了法治的重要性,这一“隆礼重法”的政治学说,对于维护长达两千多年的中国封建专制体制产生了深远影响。

　　谭嗣同说:“两千年来之学,荀学也。”纵观历史,我们发现谭嗣同说的基本属实,历朝历代的皇帝,虽然都尊崇儒学,但都基本沿用了荀子“隆礼重法”的主张。

　　事实上,汉王朝建立后,经过汉初黄老之学的盛行和汉武帝的“独尊儒术”,至汉宣帝时,荀子“隆礼重法”的政治学说遂被确立为“霸王道杂之”的基本国策而延续下来,也被称之为“儒皮法骨”,就是外表包装了层儒家思想,其实奉行的是法家学说。

　　汉以后的历代封建王朝,莫不以儒家文化与法家文化互为表里,以礼治与法治、王道与霸道兼施并举,作为维护和巩固封建政权的基本国策,这充分反映了荀子学说对中国封建文化的深远影响。

直到今天，"隆礼重法"的思想依然具有借鉴意义。我们从近代走到今天，打破了人治的尊崇，实现了法治的普及。虽然现状依然不容乐观，很多人对法律依然存在误解，但我们需要警醒的是，法律并不能解决一切问题，法律并不是万能的，我们不能从一个"人治"的极端，又走向一个"法治"的极端，这些问题需要我们去深思其中的道理。

荀子作为先秦时代的一个总结式的人物，不仅在哲学上成就斐然，对传统所讨论的天人、名实之辨，古今、礼法之争等诸方面提出了新的看法，达到了批判总结的高度，而且在政治、经济、军事、教育、文学、音乐等方面皆提出了自己独特的观念，卓然不凡，被学者认为是最早提出"通儒"概念。但荀子及荀学在历史上却几经浮沉，引起的争议非常激烈，迄今不息。荀子之所以如此引人非议，在于他思想之驳杂。先秦诸子的思想倾向都很鲜明，学派归属一般不成问题，只有荀子是个例外，在他的统一的理论体系中融汇了不同学派的思想观点。正是这种"海纳百川"的学术气象，奠定了荀子思想巨人的独特地位。而他这种驳杂的思想来源，与他在稷下学宫的经历是分不开的。荀子其人其学，有叙说不完的话语，有值得深入探究的义理，也有为智为仁争讼不已的疑案难题。千百年来，伴随着绌荀、申荀的起落反复，人们对荀子之学不断地推出新的认识，获取新的启示。

本套《荀子诠解》丛书，比较全面地总结了先秦百家争鸣中提出的一些重要哲学问题，是荀子思想的集中体现。本套为《荀子》足本，参考历代学者的研究成果，对其作出了详细注释和今译，并围绕各章主旨，对荀子名言、荀子智慧进行深入阐发，力求将荀子文字优美、体例完整、最能代表其写作方法和风格的作品以及其智慧思想呈现给读者。通过阅读本书，对现代人了解儒家思想的发展，修身处世，都大有益处。

目　录

第一章　圣人荀子 …………………………………………… （1）

　一、邯郸赵人 ……………………………………………… （1）

　二、游学于齐 ……………………………………………… （8）

　三、献策幽燕 ……………………………………………… （15）

　四、名扬稷下 ……………………………………………… （30）

　五、论儒秦邦 ……………………………………………… （48）

　六、议兵赵国 ……………………………………………… （64）

　七、著书兰陵 ……………………………………………… （75）

第二章　荀子思想综述 ……………………………………… （91）

　一、荀子的天人思想 ……………………………………… （91）

　二、荀子的人性学说 ……………………………………… （116）

　三、荀子的礼治思想 ……………………………………… （143）

　四、荀子的王霸思想 ……………………………………… （160）

　五、荀子的教育思想 ……………………………………… （172）

　六、荀子的利民思想 ……………………………………… （210）

　七、荀子的禅让思想 ……………………………………… （220）

　八、荀子的用人思想 ……………………………………… （250）

　九、荀子的音乐思想和诗赋 ……………………………… （266）

　十、荀子对先秦诸子思想之批判总结 …………………… （275）

　十一、荀子对后世的影响及历代对荀子的评价 ………… （297）

第三章　荀子与儒家 ·· （319）

　　一、儒学在战国的分化与发展 ······························ （319）

　　二、荀子对子思、孟子、子夏、子张、子游的批评 ········· （322）

　　三、荀子与孟子思想的交集 ································· （329）

　　四、荀子对儒家"知"论的贡献 ····························· （339）

　　五、儒家的政治教义与荀子的贡献 ······················· （385）

第四章　荀子与墨家道家 ··· （434）

　　一、荀子对墨子的批评 ····································· （434）

　　二、荀子对宋钘"情寡欲浅"的批评 ······················· （446）

　　三、墨子、宋钘思想对荀子的影响 ······················· （449）

第五章　荀子与名家 ··· （454）

　　一、惠施与"辩者之徒"之怪说 ····························· （454）

　　二、公孙龙之名理 ··· （494）

第六章　《荀子》原典详解 ······································· （564）

　　劝学第一 ··· （564）

　　修身第二 ··· （579）

　　不苟第三 ··· （596）

　　荣辱第四 ··· （609）

　　非相第五 ··· （630）

　　非十二子第六 ··· （649）

　　仲尼第七 ··· （665）

　　儒效第八 ··· （677）

　　王制第九 ··· （714）

　　富国第十 ··· （747）

　　王霸第十一 ··· （783）

君道第十二 ································· （820）

臣道篇第十三 ······························ （845）

致士第十四 ································· （860）

议兵第十五 ································· （869）

强国第十六 ································· （895）

天论第十七 ································· （913）

政论第十八 ································· （932）

礼论第十九 ································· （960）

乐论第二十 ································· （998）

解蔽第二十一 ······························ （1013）

正名第二十二 ······························ （1035）

性恶第二十三 ······························ （1061）

君子第二十四 ······························ （1084）

成相第二十五 ······························ （1091）

赋第二十六 ································· （1116）

大略第二十七 ······························ （1126）

宥坐第二十八 ······························ （1181）

子道第二十九 ······························ （1194）

法行第三十 ································· （1203）

哀公第三十一 ······························ （1210）

尧问第三十二 ······························ （1222）

第七章 《荀子》集解 ······················· （1232）

序 ······································· （1232）

例 略 ····································· （1233）

考证上 ····································· （1234）

中华传世藏书

荀子诠解

目录

考证下 …………………………………………… (1246)

荀子序 …………………………………………… (1262)

荀子新目录 ……………………………………… (1264)

荀子卷第一 ……………………………………… (1267)

荀子卷第二 ……………………………………… (1297)

荀子卷第三 ……………………………………… (1327)

荀子卷第四 ……………………………………… (1362)

荀子卷第五 ……………………………………… (1390)

荀子卷第六 ……………………………………… (1412)

荀子卷第七 ……………………………………… (1434)

荀子卷第八 ……………………………………… (1457)

荀子卷第九 ……………………………………… (1469)

荀子卷第十 ……………………………………… (1484)

荀子卷第十一 …………………………………… (1504)

荀子卷第十二 …………………………………… (1527)

荀子卷第十三 …………………………………… (1547)

荀子卷第十四 …………………………………… (1573)

荀子卷第十五 …………………………………… (1579)

荀子卷第十六 …………………………………… (1600)

荀子卷第十七 …………………………………… (1619)

荀子卷第十八 …………………………………… (1636)

荀子卷第十九 …………………………………… (1662)

荀子卷第二十 …………………………………… (1690)

第八章 《荀子》名言 …………………………… (1722)

　　一、名言释义 ………………………………… (1722)

四

二、名言鉴赏 …………………………………………… (1848)

三、名言故事 …………………………………………… (1887)

四、名言检测 …………………………………………… (1935)

第九章　荀子智慧 ……………………………………… (2022)

一、为学智慧 …………………………………………… (2022)

二、修身智慧 …………………………………………… (2076)

三、谋事智慧 …………………………………………… (2184)

四、为政智慧 …………………………………………… (2276)

附录：荀子年表 ………………………………………… (2367)

第一章　圣人荀子

一、邯郸赵人

荀子，名况，又称荀卿、孙卿，战国末期赵国人，著名的思想家、政治家、文学家、教育家，先秦时代，孔子与孟子之后，儒家最重要的代表，也是春秋战国时期百家争鸣的集大成者。

荀子

司马迁《史记》称："荀卿"；刘向《战国策》、《孙卿书录》，班固《汉书·艺文志》，应劭《风俗通义》都称："孙卿"；韩婴《韩诗外传》称："孙子"；《荀子》书中多称："孙卿子"。司马贞、颜师古等学者因避讳汉宣帝刘询，故而改称"荀"为"孙"。顾炎武、谢墉称："荀"与"孙"，不过是语音之转。胡元仪作《郇卿别传》，将"荀"当作"郇"，荀子是周郇伯的苗裔，而郇伯又是公孙的后代，或以"孙"为氏，故而又称孙卿。这是"荀孙"二姓的三种说法。

荀子，即荀况，字卿。胡元仪《郇卿别传》云："昔孟子为卿于齐，荀子亦为卿于齐；虞卿为赵上卿，时人尊之，号曰'虞卿'；郇卿亦为赵上卿，故人亦卿之而不名也。"游国恩引刘向《叙录》："兰陵人喜字为卿，盖以法孙卿也"。这是卿字的两种说法。

荀子家乡何处呢？

史料典籍之中，荀子故里亦即出生地在文献中本是一个比较清楚的问题。《史记·孟子荀卿列传》对之有明确的记载："荀卿，赵人也。"

稍后的班固在其《汉书·艺文志》"儒家"类所列"《孙卿子》三十三篇"下的注解中亦称："名况，赵人，为齐稷下祭酒，有《列传》。"这里的《列传》即指司马迁《史记》中的荀卿列传，班固也认同司马迁的历史记载。以后，历朝有关荀子生平的评介，都对荀子为赵人这一点未有任何异议。

《史记》所载荀卿为"赵人"，既可理解为荀卿是赵国之人，亦可理解为荀卿是赵国都城之人。对于《史记》的历史笔法，记载先秦历史人物的出生地，大致有两种记法：一是笼统地记其为某国之人，如：

豫让者，晋人也。

慎到，赵人。

颜回者，鲁人也。

蔡泽，燕人也。

张仪者，魏人也。

孙子武者，齐人也。

伍子胥者，楚人也。

春申君者，楚人也。

吴起者，卫人也。

另一种是具体地记载，为某国某地之人，甚至某地下属的某乡某里之人，如：

犀首者，魏之阴晋人也。

李斯，楚上蔡人也。

晏平仲者，莱之夷维人也。

白起者，郿人也。

王翦者，莱阳东乡人也。

老子者，楚苦县厉乡曲仁里人也。

苏秦者，东周雒阳人也。

专诸者，吴堂邑人。

后一种历史笔法当是司马迁《史记》更具体地了解其所记之人的籍贯，但前一种记录方法，也不能简单地理解为是司马迁对于所记之人的籍贯只有一个大概的印象，便以所谓的"某国之人"概而言之。这与司马迁"考其行事，综其终始，欲以究天人之际"的著史精神不相符合。

那么在很多场合之下，约定俗成，第一种笔法正是某国都邑之人的简称。如上所举，"颜回者，鲁人也。"众所周知，颜回乃是居住在鲁国都城曲阜陋巷中的寒士。因而《史记》称他为"鲁人"，便应是指他为鲁国都城之人。又如张仪，文献称他为"魏氏余子"，则张仪当为魏国公族之人，如此他也应当生长在魏国都城里面，《史记》所谓"魏人"，亦理应理解为魏国国都之人。再如伍子胥，《史记》记载其父奢为楚平王太子建之太傅，是其本居住在楚国郢都之内。

在先秦两汉的文献史料中，像这样将某国之国都与某国国名互为借代指称的例子，十分常见。《左传》定公四年，记载："吴入郢"，而《春秋公羊传》及《春秋谷梁传》均作："吴入楚"，是二传均以"楚"当做楚国郢都之称。《战国策·赵策一》有言："秦之有燕而伐赵，有赵而伐燕；有梁而伐赵，有赵而伐梁。"梁，是魏国的国都大梁，故此在文献中就代指魏国。故此，楚郢互用，魏梁互用，也并不会产生疑惑。

《史记》中这样的例子更多，伍子胥"至楚"，就是指"到达楚国郢都"。荆轲"至燕"，就是指"到达燕国燕下都"。又有"燕太子丹质秦亡归燕"，这里也是指"到达燕国燕下都"。

更为有力的证明就是，"燕太子丹者，故尝质于赵，而秦王政生于赵。"意思正是，燕太子丹，曾经在赵国做人质，秦王嬴政，也生于赵国。而《史

记》又明确指出："生始皇。以秦昭王四十八年正月生于邯郸。及生，名为政，姓赵氏。"那么就可以确定，秦始皇生于赵国都城邯郸，燕太子丹也在赵国都城邯郸做人质。由此可见，赵与邯郸，密不可分，互相指代。

唐代诗人韩翃就有一首诗："家在赵邯郸，归心辄自欢。晚杯狐腋暖，春雪马毛寒。孟月途中破，轻冰水上残。到时杨柳色，奈向故园看。"其中，赵邯郸，正是这一文化现象的真实写照。

由此看来，《史记》、《汉书》所记载的"荀卿，赵人。"很大程度上是可信的。

赵都邯郸，钟灵毓秀。秦始皇在这里诞生；荀子在这里启蒙。

邯郸是战国时期少有的繁华大都会。荀子之所以能够成为战国末期的伟大思想家，与他出生并且生长在这个大都会有着密切的关系。邯郸不仅经济繁荣，而且人才荟萃。赵国是中华大地上的"中央之国"，邯郸是赵国的政治、经济与文化的中心，也是被各国政治家、商人、学者注目和向往的所在。在荀子出生与成长的年代，邯郸正在经历着赵武灵王的"胡服骑射"改革，不沿旧俗、敢于向旧有的传统意识挑战、吸收学习一切有用的东西为我所用的思想，从幼年时代起就注入了荀子的脑海之中。在荀子的青年时期，邯郸有雄才大略的君王，大智大勇的著名将相，名噪一时的著名学者，诸如：法家慎到，名家公孙龙。这些都成为荀子少年立志，游学列国，学习儒学，批判地吸取百家之长，成就一个伟大思想家的社会平台和生活基础；成为造就荀子敢于面对列国争斗的纷乱现实，不墨守成规，不怕有悖于先哲，为中华大地实现一统，为创建未来大一统的封建帝国，建树理论基础的重要基因。

荀子在启蒙阶段，不论思想、情感、性格、言行都无时不在接受着赵文化独特的人文濡养。特别是荀子启蒙与成长的阶段，正是战国中后期，处于全面鼎盛的赵国正显现出强烈的开放创新的精神气度与开拓进取的恢弘豪情。可以说，崇法尚武、崇礼尚贤、贵和持中、慷慨任侠、刚柔并济、义利兼容、海纳百川等文化精神，灌注、模塑、铸就了荀子在启蒙时代的文化性格。

荀子的文化性格无疑是复杂多元，兼容并包。然而纵观《荀子》一书，可以看到荀子的人文性格，主要有两个显著特点：

其一，稳健、内敛、务实、严谨的"君子"型文化性格。这无疑是赵文化结构中华夏农耕文明长期教化的结果。故而，荀子的学习观、修身观、道德观无不贯穿着君子的品格，荀子的"君子"之论可以说寄托着他全部的人生追求和政治理想。

生于战国乱世的荀子，目睹的历史场景正是：

道德大废，上下失序。捐礼让而贵战争，弃仁义而用诈谖。夫篡盗之人，列为侯王；诈谖之国，兴立为强。是以转相放效，后生师之，遂相吞灭，并大兼小，暴师经岁，流血满野；父子不相亲，兄弟不相亲，夫妇离散，莫保其命，湣然道德绝矣。晚世益甚，万乘之国七，千乘之国五，敌侔争权，盖为战国。贪饕无耻，竞进无厌；国异政教，各自制断；上无天子，下无方伯；力功争强，胜者为右；兵革不休，诈伪并起。

一时间，整个战国舞台上礼崩乐坏，弱肉强食，邦无定交，士无定主，七国争雄，纵横捭阖，诸子横议，百家争鸣。战国时代既是纷纭扰攘的乱世，同时也汇集了诸子思想的大成。

为了谋求匡正天下的安定之术，荀子高举"隆礼"的大旗，试图通过"君子"的"正己"与"修身"，施及邦国，以达到天下大治，进而实现"一天下，财万物"的政治理想。

其二，荀子还有激昂、外向、豪放、热情的可谓"侠士"型的文化性格。这种文化性格的养成，自然得益于赵文化中游牧文化的习染，但又不同于单纯的游牧民族那种彪悍威猛、放任不羁的野性，而洋溢着一种热情奔放、慷慨激昂、乐观向上的英雄主义情怀。

面对诸子百家各门各派的争鸣乱象，荀子以惊人的胆略写下《非十二

子》，对当时著名的它嚣、魏牟、陈仲、史䲡、墨翟、宋钘、慎道、田骈、惠施、邓析、子思、孟轲等十二人作了学术上的批判。

不仅如此，荀子还以非凡的勇气，面对孟子的性善论，而毅然写下《性恶》篇，提出人性恶，这是他独具特色的思想。荀子主张的人性恶是与孟子主张的人性善相对立的。荀子严格区分人的自然生理之性和人的社会道德之性，认为生理自然之性是天然生成的，是与生俱来的；而社会道德之性则是人为之性，是后天环境教育养成的。荀子说："人之性恶，其善者伪也。"性恶，即生理自然之性，性善即后天人为之性，荀子叫做"伪"，即人为，后天的修养。荀子认为人性恶，但又认为后天环境可以改变人性，人经过"化性起伪"即后天的修养，可以变性恶为性善，由此，荀子提出"涂之人可以为禹"。正是在道路上行走的普通人，通过教育与学习，都可以成长为像大禹那样道德高尚的圣人。

不论怎样，荀子颇具"侠士"仗义执言的学术脊梁，以《非十二子》与《性恶》两篇，针砭时弊与警醒人性，其本心在于匡正学术之弊与教化人心之恶。就连《四库全书总目提要》对《荀子》评价都说："荀子所著的书籍，主张周公孔子之教化，崇尚礼而劝人学，其中最为后人拿来当口实而批判讥讽的，莫过于《非十二子》与《性恶》两篇。平心而论，荀子的学问源于孔子一门，在诸子百家之中最为贴切正统。"这充分肯定了荀子在先秦儒家历史上应有的地位。

诚然，荀子不仅在学术上敢于争鸣，在列国游说的过程中，面对燕王哙敢于直指让位之乱；面对齐国相国，敢于阐发强国之道；面对秦国丞相范雎，敢于预言秦国无儒的后果。面对赵孝成王，敢于论述议兵富强的道理。与那些趋炎附势、毫无政见的碌碌之辈不同的是，荀子敢于面对权贵，直指弊端，毫无讳言，正体现出了他"敢为天下言"的侠士品格。

不论是"君子"品格，还是"侠士"品格，都是少年荀子在赵文化的熏陶下而形成的人文风范。而赵文化"开放、进取、包容"的精神内涵，更激发了少年荀子以海纳百川的学术胸怀与进取勤学的学术精神，最终成就了集先秦时代诸子百家之大成的思想巨子。

在诸子横议、百家争鸣的战国时代，荀子首先领悟的，必定是赵国思想的精神濡养。荀子在赵国的十五年中，对其思想影响最大的无疑就是：赵文化的变法图强的历史传统与改革进取的人文精神。

荀子诞生的时代，正是赵武灵王振兴赵国的辉煌时代。

赵武灵王雄才大略，心怀天下，他所领导的胡服骑射改革，引领赵国步入了战国七雄之列而傲立天下。赵武灵王统治初期，赵国还处在齐、燕、秦、魏等国的攻伐之下，中山国成为赵国腹心之国，林胡、楼烦、东胡、匈奴等北方胡人也时常袭扰边疆，使得赵国百姓不得安宁。赵武灵王为了摆脱积贫积弱的时局，"虑世者之变，权甲兵之用，念简、襄之迹，计胡、狄之利。"毅然扬鞭北指，下令全国变胡服，习骑射。胡服骑射，近可以"报中山之怨"，远可以"御秦之边"。从此，赵国的军事实力大大增强，很快展现了空前的军事威力，赵武灵王御驾亲征，亲提雄兵，率军横扫胡人之地，从而"辟地千里"，雁门、云中、九原等北方战略要地一同归入赵国版图。与此同时，赵国以二十万骑兵连续五年攻打"心腹之患"的中山国，到了赵惠文王三年，中山国亡，从此赵国到代地的路途变得一马平川。《战国策》记载，"中山之地方五百里，赵独擅之。功成、名立、利附，天下莫能害。"赵武灵王高瞻远瞩、审时度势，经过胡服骑射改革开拓了千里北疆，灭亡中山国，一跃而成为战国末期唯一能够与强秦相抗衡的军事大国。

荀子正是在这样恢弘慷慨的赵国舞台上成长起来的，赵武灵王胡服骑射的变法，对荀子的法家思想的启蒙无疑是十分重要的。孙开泰在《法家史话》中明确指出：许多著名的法家人物，如李悝、吴起、商鞅等，原本就是三晋人，可以说，三晋地区是法家产生的摇篮。

赵国尚法、重法、变法图强、依法治国的历史传统与人文氛围，无疑令少年荀子深受进取精神的鼓舞与法家思想的熏陶。荀子思想的核心为"隆礼重法"，而将法家思想引入儒家体系，正是荀子深受赵文化开放进取、兼容并包精神有益启发之后的思想创见。其中勇于创新的学术品格与融摄百家的博大胸襟，正是赵文化对于少年荀子的无私馈赠。

赵文化的沃土不仅仅孕育了赵武灵王、秦始皇，而且还孕育并启蒙了荀子。荀子思想是赵文化思想的高峰，乃至中华思想文化的高峰之一。

二、游学于齐

秦始皇在赵都邯郸一共度过了八年的童年时光，而荀子在邯郸至少度过了十五年的少年时光。如果说，八年的光阴，邯郸铸就了一个政治家果敢坚毅的血色品格；那么十五年的岁月，邯郸哺育了一个思想家儒风与侠骨并存的俊秀风范。

少年荀子从小就懂得"读万卷书，行万里路"的道理，然而，荀子并没有选择游山玩水，而是提出了"君子居必择乡，游必就士"的游学观点。他说："学习是没有止境的。靛青是从蓝草中提炼出来的，但比蓝草的颜色更深；冰是由水凝固而成的，但比水更寒冷。不登上高山，不知道天有多高；不亲临深渊，不知道大地有多厚；没有聆听到前代圣王的遗言教诲，就不知道知识的渊博。我曾经整天冥思苦想，却不如片刻学习收获大；我曾经踮起脚向远处观看，却不如登上高处看得更加广阔。所以，君子居住一定要选择好乡里，出游一定要结交贤士，这是为了防微杜渐而接近中正之道。"

宋代诗人赵汝腾曾经盛赞荀子好学之精神："青出于蓝，冰寒于水。立言劝学，荀卿氏子。卿不如轲，醇乎醇矣。谓学无他，求其放心。存则圣贤，舍则犊禽。差只毫发，隔逾丈寻。"

少年荀子以"学不可以已"的精神，坚定"学无止境"的勤学追求，开始了少年游学之路。而荀子传奇一生的起点，正是赵国邯郸。当荀子走出邯郸东门的那一刻，他已然不是一个懵懂无知的好学少年，而俨然是一位心怀壮志、初具君子品格与学术思想的俊秀少年。

十五岁的荀子，风华正茂，俊秀才华，从赵国邯郸出发，直至齐国临淄。稷下学宫，正是少年荀子所向往的百家争鸣的学术圣殿。

这里所必须提及的是，两千年来，荀子的思想"羽翼六经，拨乱兴理"，成为历代学者争论的焦点。特别有趣的是，荀子的生平，因为某些历史的原因，同时也成为历代著名史家学者们津津乐道、却又难以详细考证的历史之谜。这本身就是一种奇特而有趣的文化现象。

梁启雄遍览历代荀子研究的史料，仍发出了"难窥其概"的感叹，那么面对荀子一生的种种历史之谜，梁启雄提出了一个可贵的读史智慧："历代鸿儒之考证亦撷其要而附缀于传征，俾便省览。如是，则荀子毕生事迹传于今者几何秩然赅备！昭然若揭！其牾触矛盾者，孰可信，孰可疑，读者亦自能审而辨之矣！孔子曰：'多闻，阙疑，慎言其余，则寡尤。'今本斯恉而自勉焉。"

梁启雄的话十分中肯，他的意思是：历代研究荀子的各位大师与儒家学者们的考证，应当采撷其中的精华要论，附加于荀子的生平之后，以便考察浏览。这样的话，那么荀子一生的事迹传到今天仍然可以找出其中的顺序与脉络，真是昭然若揭。其中有些抵触、矛盾的地方，那些可以确信，那些可以质疑，这些都是仁者见仁智者见智，读者自然可以审视考察而明辨了然。孔子曾经说："凡事要多听，有怀疑的地方先放在一旁不说，其余有把握的，也要谨慎地说出来，这样就可以少犯错误。"梁启雄的《荀子简释》正是以此为初衷与旨归，与大家共勉。

荀子游学于齐的时间，到底在五十岁的中年，还是在十五岁的少年，在目前没有出土新材料的情况下，尚且不能详考断定，仍然是历史之谜。然而，有一点是毫无疑问的，那就是荀子游学于齐的目的地——稷下学宫。

当时的历史背景，正是百家争鸣的辉煌时代。

晁福林先生曾这样描述这个时代：春秋战国时代是一个创造出繁荣经济

与文化的辉煌时代，也是一个杰出贡献的政治家、军事家和学术大师辈出的时代。放眼寰宇，若将春秋战国与同时代的其他地区相比，就更能显示出这个时代的辉煌成就。

从整个世界的发展角度看，当时影响巨大的三大文明中心，首先就是春秋战国时代的中国，然后是印度和古典时代的希腊。这三个文明中间，只有中国是一脉相承发展而来的，而其他两个则是后来所涌现出来的。中国古代文明的强大生命力，在春秋战国时代的历史发展中，得到再一次的证明。

杨宽先生提及"百家争鸣"之局与"礼贤下士"之风，曾经说道：从春秋末年起，连同整个战国时代，是中国历史上重大的变革时期，这是过去历史学家早已认识到的。王夫之称之为"古今一大变革之会"，确实是至理名言。所有贵族重视的礼制，到战国时代都不讲求了，因而出现"邦无定交、士无定主"的局势。这期间，各国统治者之所以要在经济、政治、文化等方面进行重大的改革，无非是为了争取广大人民的支持，谋求富国强兵，从而取得兼并战争的不断胜利。于是，各国政府就迫切需要从各方面选拔人才，来进行改革工作。选拔的对象主要就是士。战国时代的士，是当时社会上最活跃的一个阶层。

"士"原是贵族的最低阶层，有一定数量的"食田"，受过"六艺"的教育，能文能武，战时可充当下级军官，平时可做卿大夫的家臣。到春秋后期，上层贵族已腐朽无能，只有士还能保持有传统的六艺知识。到春秋战国之际，由于经济和政治的变革，文化学术相应地发生变革，得到进一步的发展，士就大为活跃起来。同时各国纷纷谋求改革，推行官僚制度，士的需求急增，于是平民中涌现出一批新的"士"，"士"逐渐成为知识分子的通称。

原来，只有贵族才有受教育的权利。学校教育的主要内容是六艺：礼、乐、射、御、书、数。礼、乐、书、数是用来统治的工具，射、御则带有军事训练的性质。随着经济和政治的变革，对士的需求增加，教育也发生变化，民间聚徒讲学的风气兴起。书籍收藏和流传的增多，有助于当时学者们聚徒讲学，开展学术讨论，著书立说。

有作为的国君招徕并敬重所谓贤士，使之为自己效劳；一些大臣也常常向国君推荐人才，以谋富国强兵，因而在战国初期，就出现了布衣卿相之局和"礼贤下士"之风。

当"礼贤下士"与"著书立说"蔚然成风之时，历史条件已臻成熟。文人学士游说的风气也渐渐盛起来。一个很平凡的士，通过游说，一经国君赏识，便可被提拔为执政的大臣。例如卫鞅本是魏相国公叔痤的家臣，入秦后说动了秦孝公，做到了秦的最高官职大良造；张仪本是魏人，入秦后也做到了秦惠王的相；甘茂本是上蔡监门官史举的家臣，入秦后也做了秦武王的左丞相；范雎、蔡泽也都因游说而做到秦昭王的相国。秦国的情况如此，其他国家也差不多。到战国中期以后，各国有权势的大臣每多养士为食客。齐的孟尝君田文、赵的平原君赵胜、魏的信陵君魏无忌、楚的春申君黄歇、秦的文信侯吕不韦所养的食客都达三千人。他们所养的食客中，有各种学派的士，只要有一技之长就被罗致，甚至能学鸡叫、扮作狗偷盗的，即所谓"鸡鸣狗盗"之徒也都在食客之列。这些食客，往往为主人出谋划策，或奔走游说，或经办某项事务，也有代替主人著书立说的，例如信陵君因此编成《魏公子兵法》，吕不韦因此编成《吕氏春秋》。食客也有因此被引荐进入仕途的，最典型的例子就是荀子的学生李斯。

于是，诸子百家与"百家争鸣"就成为这一时期的历史奇观。

在战国时代的社会大变革中，各个学派的代表人物，站在不同的立场上，提出了不同的建国方略及其哲学理论，开创了"百家争鸣"的学术思潮，这对于当时的社会变革及文化学术的发展，起了促进作用。这时的各派各家之间，相互批判、辩论，而又相互影响；同一学派在发展过程中，也往往发生变化以至于分化。西汉初期的司马谈，曾把所谓"诸子百家"总括为阴阳、儒、墨、名、法、道德六家；西汉末年的刘歆，又总括为十家，即儒、墨、道、名、法、阴阳、农、纵横、杂及小说家。十家中除了属于文学范围内的小说家以外，后人称为"九流"。班固又认为九流十家出于不同的王官（王朝的官府），儒家出于司徒之官，墨家出于清庙之守，道家出于史官，法家出于理官，名家出于礼官，纵横家出于行人之官，农家出于农稷之官，阴阳家出于羲和之官，小说家出于稗官，杂家出于议官。这一溯源的主张，确是有一定的依据的。其实，在学术思想上重要的确实只有儒、墨、道、名、法、阴阳六家。

罗根泽在编辑《古史辨》的时候专门把《淮南子》的一段话引为"卷头语"，以此表明诸子百家的源流。

孔子修治成、康的主张，祖述周公的教训，用来教导七十个学生，使他们穿戴起周王朝的衣冠，研究遗留下来的典籍，于是儒学便产生了。

墨子学习儒家的学说，接受孔子的思想，但认为他的礼节烦琐而不简易；丰厚的葬礼，耗费了资财，而使百姓贫困；长久服丧，伤害生命而妨碍政事。因此背离周朝的法规而使用夏朝的法令。因此节省财物，主张简易的葬礼，墨家便产生了。

齐桓公的时候，天子的地位卑下，势力弱小，诸侯用武力互相征伐。南夷北狄，交互侵伐中国，中国没有断绝，但仅像细丝一样，十分危急。齐国之地，东边背靠大海，北面有黄河作阻塞，地盘狭小，田地很少，而百姓多有智术和巧诈，桓公忧虑中国的祸患，苦于夷狄的战乱，想来保存灭亡的国家，继续绝嗣的宗族，使大于的地位尊崇起来，增广文、武的事业，因此管子的著作便产生了。

齐景公在宫廷内贪恋音乐美色，在外爱好走狗、骏马，射箭打猎便忘掉归来，喜欢贤人但是常常不能辨别。建起豪华的路寝之台，聚集铜铁铸起了大钟，在庭下值击之后，引起远郊的野鸡鸣叫。一个朝上便赐给群臣三万斛粮食。梁邱据、子家哙在左右引诱景公。因此晏子的讽谏便产生了。

战国的时候，六国诸侯地域各不相同，大水阻碍，高山隔绝，各自治理自己的境内，守卫着分割的土地，掌握着他们的大权，擅自发布政令，下面没有诸侯之长，上面没有天子统治。用武力争夺权力，胜利者为尊。他们依仗联合之国，约定能够招致的重兵，剖开符契，连结远方的援兵，用来防守他们的国家，护卫他们的社稷。因此纵横、长短之术便产生了。

申不害，是韩昭王的辅佐。韩国原是由晋分割而建立的。土地贫瘠，而百姓险恶，又介于大国之间。晋国原来的礼仪没有废止，韩国的新法又重新出现；先君的命令没有收回，后君的命令又接着而下。新旧相反，前后相抵触，百官相背而混乱，不知如何使用。因此刑名之学便产生了。

秦国的习俗，贪狠如狼，竭尽武力，缺少大义，而趋向利益。可以用刑法来施行威严，而不可以用教化让他们行善；可以用奖励来勉励他们，而不能用名声来使他们严肃。覆盖险阻而以黄河为带，四周有险关堵塞，地理形势对秦极为有利，积蓄充足。秦孝公想以处于虎、狼之优势，而吞并天下诸侯。因此商鞅的法家思想便产生了。

郭沫若则以颇具文采的语言形容百家争鸣的场景："自春秋末年以来中国的思想得到一个极大的开放，呈现出一个百家争鸣的局面。这是因为奴隶制度解纽了，知识下移，民权上涨，大家正想求得一条新的韧带，以作为新社会的纲领。儒、墨先起，黄老继之，更进而有名、法、纵横、阴阳、兵、农，各执一端，各持一术，欲竞售于世，因而互相斗争，入主出奴，是丹非素。"

郭沫若同时指出，齐国在威、宣两代，还承继着春秋末年养士的风习，曾成为一时学者荟萃的中心，周、秦诸子的盛况是在这儿形成了一个最高峰。这稷下之学的设置，在中国文化史上实在是有划时代的意义，它似乎是一种研究院的性质，和一般的庠序学校不同。发展到能够以学术思想为自由研究的对象，这是社会的进步，不用说也就促进了学术思想的进步。可以说，荀子所游学的齐同稷下学宫正是当时百家争鸣的最为激烈精彩的学术殿堂。

孟子说："仁是人的本心；义是人的大道。放弃了大道不走，失去了本心而不知道寻求，真是悲哀啊！有的人，鸡狗丢失了倒晓得去找回来，本心失去了却不晓得去寻求。学问之道没有别的什么，不过就是把那失去了的本心找回来罢了。"

荀子则登高一呼："涂之人可以为禹。"

而荀子针锋相对地提出，人性是恶的，而善则是后天人为的。人自降生时起，就好利、疾恶、好色。放纵这些本性就会带来不良后果。只有师法、礼义才能矫正和约束人性，所以古代的圣人"起礼义、制法度"来化导人的情性。孟子认为："人之所以要学习，是因为性善。"这是不对的。人的本性是天生的，它不需要学习和修饰，人性饥则欲食，寒则欲暖，劳则欲休。但在礼义的约束下，就能做到节制和辞让。所以，善是后天的、人为的。礼义是圣人制定的，并不是人生来就有的。圣人之所以不同于普通人，就在于他能约束本性，追求性情以外的事物，于是制定出礼义和法度。人们之所以喜欢善，是因为性恶，就像穷人想富有、卑贱想高贵一样。孟子"人性善"的观点是不对的。善，是指正理平治，恶则是偏险悖乱。人如果天性善，那又要圣王和礼义干什么？正因为人性本恶，所以圣人立礼义法度，使人归于善。礼义是圣人制定的，但并非圣人的本性。这就如同瓦器是陶工造的，但不能说瓦器就是陶工的本性一样。如果人性本善，那就不会有夏桀之类的暴君，尧舜也就不可贵了。普通人也可以成为禹。为什么这么说呢？禹能够成为禹，就在于他行仁义法正。如果现在的人都具有明了仁义法正的资质，都具备实现仁义法正的工具，那么他们也是可以成为禹这样的圣人的。

大师之间，如此针锋相对、纵横捭阖的辩论，在先秦诸子之中也是极为罕见，甚为精彩的。其实，孔子很少谈论人性，也只提到"性相近，习相远。"故而，子贡曾说："夫子之言性与天道，不可得而闻也。"对于《性恶》一文，历代毁誉参半，而以清代谢墉的评价最为中肯："孟子以性善说，应当是意在劝勉人们为善而发出的劝善之论；荀子以性恶说，应当是痛恨人们为恶而发出的警醒之言。"

仔细思之，荀子主张人性恶，但他对人生而有之的欲望与情感还是肯定的，他所反对的是欲望的无限发展，欲望的失控，性情的放纵，以及由此必然出现的争斗、僭越、暴乱。但荀子的人性论并没有就此止步，否则我们看到的将是一片混乱，而不是理想化的王制社会。荀子在指出人性恶的同时，也给将要陷于困境的人指出了一条通向光明的道路。同样存在于人之中的"伪"是人能主动把握的，它一方面体现在人对外物的影响上，另一方面体现在对人性的改造上，对人性改造的方法和途径就是礼与法。荀子主张礼义化导在先，法度惩罚在后，这样人性就可以去恶向善，天下就可实现大治。荀子既重视礼又重视法，所以既不同于儒家只强调礼义而显得迂阔而远于事情，又不同于法家只强调法制显得刻薄而寡恩，而是刚柔相济，恩威并用。这在战国时代各家所主张的治国方略中确实是很高明的。

故此，杨倞注解《性恶》说："当战国时，竞为贪乱，不修仁义，而荀卿明于治道，知其可化，无势位以临之，故激愤而著此论。今以是荀卿论议之语，故亦升在上。"

正如魏晋诗人陶渊明的诗句："厌闻世上语，结友到临淄。稷下多谈士，指彼决吾疑。"

十五岁的少年荀子，从赵国而来，至齐都稷下而一鸣惊人。荀子以少年朝气，敢于向大师孟子发出学术争鸣，从而留下了人性论辩的千古话题，引发了后代学者的无限深思。不仅如此，风雷激荡的战国局势真是瞬息万变，出人意料。刚刚在学术殿堂与大师孟子争鸣论道的荀子，面对风云变幻的战国时局，又书写了一段少年壮游燕国的传奇历史。

而这段历史的主角，仍然是孟子与荀子。

三、献策幽燕

战国时代，正是时势变幻、英雄辈出的时代。仅就儒家的三位先哲大师

圣人荀子

——孔子、孟子、荀子而言，孔子可谓不得时势，周游列国，处处碰壁，孔子时常自嘲："丧家之狗，然哉！然哉！"

有一次，孔子被困匡地，险些饿死，仍不停地弹琴诵诗："我违忌困窘蔽塞已经很久很久了，可是始终不能免除，这是命运啊。我寻求通达也已经很久很久了，可是始终未能达到，这是时运啊。当尧、舜的时代，天下没有一个困顿潦倒的人，并非因为他们都才智超人；当桀、纣的时代，天下没有一个通达的人，并非因为他们都才智低下。这都是'时势适然'！在水里活动而不躲避蛟龙的，乃是渔夫的勇敢；在陆上活动而不躲避犀牛老虎的，乃是猎人的勇敢；刀剑交错地横于眼前，看待死亡犹如生还的，乃是壮烈之士的勇敢。懂得困厄潦倒乃是命中注定，知道顺利通达乃是时运造成，面临大难而不畏惧的，这就是圣人的勇敢。仲由啊，你还是安然处之吧！我命中注定要受制啊！"

然而，当孟子与荀子二人，面对时势变化，又会各有怎样的历史表现呢？

在当时，学术上产生了百家争鸣的繁荣局面，而政治、外交、军事上却产生了合纵、连横的复杂斗争。

各大国纷纷拉拢别国开展激烈的斗争中，外交和军事上就产生了合纵、连横的活动。所谓"合纵"，即"合众弱以攻一强"，就是许多弱国联合起来抵抗一个强国，以防止强国的兼并。所谓"连横"，即"事一强以攻众弱"，就是由强国拉拢一些弱国来进攻另外一些弱国，以达到兼并土地的目的。这时各大国之间，围绕着怎样争取盟国和对外扩展的策略问题，有纵和横两种不同的主张。所谓纵横家，就是适应这种政治斗争的需要而产生的。他们鼓吹依靠合纵、连横的活动来称霸，或者建成"王业"。他们宣传："从（纵）成必霸，横成必王。"

其中，最有代表性的就是苏秦与张仪。他们似乎有英雄造时势的非凡本领。《盐铁论》评价："苏秦、张仪，智足以强国，勇足以威敌，一怒而诸侯惧，安居而天下息。万乘之主，莫不屈体卑辞，重币请交，此所谓天下名士也。"

张仪在秦国推行连横策略是获得成功的，达到了对外兼并土地的目的，使得秦惠王能够东"拔三川之地，西并巴蜀，北收上郡，南取汉中"，"散六国之从（纵），使之西面事秦"。这是因为他用"外连衡而斗诸侯"的策略，配合了当时秦国耕战政策的推行。

而苏秦、苏代、苏厉兄弟三人，更是"皆游说诸侯以显名，其术长于权变"而闻名天下。他们兄弟的游说中心正是在燕、齐之间。

值得注意的是，纵横家的缺点是重视依靠外力，不是像法家那样从改革政治、经济和谋求富国强兵入手；还过分夸大计谋策略的作用，把它看作国家强盛的关键。故此，孟子与荀子都对这些扰乱战国时局、随意挑起战争而殃及百姓的所谓纵横家，不以为然。

一日，有人问孟子："张仪难道不是真正的大丈夫吗？发起怒来，诸侯们都会害怕；安静下来，天下就会平安无事。"

孟子回答："这个怎么能够叫大丈夫呢？你没有学过礼吗？男子举行加冠礼的时候，父亲给予训导；女子出嫁的时候，母亲给予训导，送她到门口，告诫她说：'到了你丈夫家里，一定要恭敬。一定要谨慎，不要违背你的丈夫！'以顺从为原则的，是妾妇之道。至于大丈夫，则应该住在天下最宽广的住宅里，站在天下最正确的位置上，走着天下最光明的大道。得志的时候，便与老百姓一同前进；不得志的时候，便独自坚持自己的原则。富贵不能使我骄奢淫逸，贫贱不能使我改移节操，威武不能使我屈服意志。这样才叫做大丈夫！"

孟子所说的"富贵不能淫，贫贱不能移，威武不能屈"正反映了孔子所谓"用之则行，舍之则藏"的君子精神，与孟子常说的"穷则独善其身，达则兼善天下"互相一致。

而荀子也义正言辞地指出："内不足使一民，外不足使距难，百姓不亲，诸侯不信；然而巧敏佞说，善取宠乎上，是态臣者也。故齐之苏秦，楚之州侯，秦之张仪，可谓态臣者也。用态臣者亡。态臣用则必死。"

孟子与荀子虽然在人性善恶上有着不同的学术观点，但是对待战国时局，还是有着英雄所见略同的明确立场。

然而，就是这些纵横家们将战国的局势变得错综复杂、牵一发而动全身，特别是苏秦兄弟的纵横之说，令齐国与燕国之间开始了长达五十年的复仇战争。期间，燕国险些亡于齐国，齐国又几乎亡于燕国，其战争之惨烈、百姓之苦难可见一斑。在某种程度上，英雄也可以造出时势。

在齐燕五十年的恩怨战争之中，孟子与荀子也置身其中，表现出了两位儒家大师非同一般的如炬慧眼与悲天悯人的仁者之心。

这里首先要提及的，正是苏秦兄弟。

苏秦，因其身世复杂诡秘，历来被后人所议论。期间又加之小说家的精彩描绘，而显得更加神秘了。其真正的历史作为，一直备受史学家的关注。即使是《史记》中对于苏秦的记载仍是年序谬误、阙失丛杂，未能了然。直到长沙马王堆三号汉墓帛书《战国纵横家书》的出土，笼罩在他身上的谜团才渐渐清晰起来。

杨善群先生指出，旧说苏代是苏秦之弟。今据1973年长沙马王堆汉墓出土的帛书《战国纵横家书》，苏秦活动的年代较苏代为后，苏秦应是苏代之弟。

成语悬梁刺股，其中"头悬梁"指的是河北历史文化名人——孙敬。大意是汉代孙敬为了刻苦学习，用绳把自己的头发系在梁上，以防瞌睡。一旦自己读书觉得疲倦想睡觉，系在梁上的头发就会被拉痛，提醒自己坚持学习。这就产生了孙敬悬梁的典故。

其中"锥刺股"就是记载苏秦苦读的故事。

《战国策》记载，苏秦首先来秦国游说秦王，苏秦的奏章一连上了十次之多，但他的建议始终没被秦王采纳。苏秦的黑貂皮袄也破了，百斤的黄金也用完了，不得已只好离开秦国回到洛阳。他腿上打着裹腿，脚上穿着草鞋，背着一些破书，挑着自己的行囊，形容枯槁、神情憔悴，面孔焦黑，很显失意。他回到家里以后，正在织布的妻子不理他，嫂子也不肯给他做饭，甚至父母也不跟他说话，因此他深深叹息："妻子不把我当丈夫，嫂子不把我当小叔，父母不把我当儿子，这都是我苏秦的罪过。"

苏秦头悬梁读书

当晚，苏秦就从几十个书箱里面找出一部姜太公著的名叫《阴符》的兵法书。从此，他就趴在桌子上发奋钻研，选择其中精要之处加以熟读，而且一边读一边揣摩演练。当他读书读到疲倦而要打瞌睡时，就用锥子刺自己的大腿，鲜血一直流到自己的脚上。他自语道："哪有游说人主而不能让他们掏出金玉锦绣，得到卿相尊位的呢？"过了一年，他的研究和演练终于成功，他又自言自语说："现在我真的可以去游说各国君王了。"

《史记·苏秦列传》以苏秦为传主，兼及苏氏兄弟苏代和苏厉。苏秦始以连横游说秦惠王，失败，转而以合纵游说六国。整一年，歃血于洹水之上，功成名就，佩带六国相印，煊赫一时，为纵横家杰出的代表人物。继而奔齐，为燕昭王反间，车裂而死。苏秦游说六国，以赵为主，以合纵相亲为目的。针对不同对象，顺应其心意，指陈其利害，或激或励，或羞或诱，成竹在胸，使六国合纵缔约，使秦人闭函谷关达十五年，足见其胸中韬略和研习《阴符》之功效。

战国中期，在燕国发生了燕王哙把燕王的宝座"禅让"给相国子之的事件。这场"禅让"事件，直接导致了燕齐两国五十年的战争。而苏代、苏秦兄弟又成为燕齐两国之间举足轻重的风云人物。

在整个先秦时期，为了争权夺位，兄弟反目、君臣相残的事件可谓层出不穷，屡见不鲜。然而，燕国的国王姬哙，史称燕王哙，竟然将燕国国君之位拱手禅让给了自己的相国子之，可以说，战国当世之人，都为之大惊，引为奇谈。

周显王八年，燕桓公传位给文公，文公传给易王。易王初立时，齐国乘文公死而攻打燕国，一举夺取了十座城池。易王对苏秦说："如今齐国首先进攻赵国，接着又打到燕国，因为先生的缘故被天下人耻笑，先生能替燕国收复侵占的国土吗？"苏秦感到非常惭愧，说："请让我替大王把失地收回来。"

这时苏秦代表燕国，前往游说齐宣王。苏秦见到齐王，拜了两拜，弯下腰去，向齐王表示庆贺；仰起头来，又向齐王表示哀悼。齐王说："为什么庆贺和哀悼相继这么快呢？"

苏秦说："我听说饥饿的人，宁愿饥饿而不吃乌头这种有毒植物的原因，是因为它能填满肚子，但和饿死的灾祸是没有区别的啊。现在，燕国虽然弱小，但燕王却是秦王的小女婿。大王占了他十座城池的便宜却长久地和强秦结成仇怨。如今，使弱小的燕国像大雁一样相继飞行，强大的秦国跟在它的后面做掩护，从而招致天下的精锐部队攻击你，这和吃乌头是相类似的啊。"

齐王的脸色一下子变得凄怆而严肃，说："既然如此，那怎么办呢？"

苏秦说："我听说古代善于处理事情的人，能够把灾祸转化为吉祥，通过失败变为成功。大王果真能听从我的计策，立即归还燕国的十座城池。燕国白白地收回十城，一定很高兴。秦王知道因为他的关系而归还燕国的十城，也一定很高兴。这就叫做放弃仇恨而得到牢不可破的友谊。燕国、秦国都来奉事齐国，那么大王对天下发出的号令，没有敢不听的。这就等于用虚夸不实地依附秦国，实际上却以十城的代价取得天下，这是称霸天下的功业啊。"

齐王说："好。"于是就归还了燕国的十座城池。

燕易王十分信任苏秦。后来，苏秦和燕文公的夫人通奸，害怕被杀掉，于是就游说易王派他出使齐国去搞反间，借以扰乱齐国。燕易王十二年，易王去世，他的儿子姬哙即位，是为燕王哙。

燕王哙任用子之为相国。关于子之的身份之谜，古籍史料甚少。清代顾炎武说："子之之于王哙，未知其亲疏。"虽然，子之与燕王的关系无从查考，但是有一点是清楚的，子之与苏代、苏秦兄弟，曾结为姻亲。《战国策·燕策一》记载："苏秦之在燕也，与其相子之为婚。"又云："燕相子之与苏代婚。"子之与苏氏兄弟攀亲，表明他们志趣相投，且门当户对。

荀子曾批评苏秦为"态臣"，荀子的学生韩非也批评"燕子之"一类的臣子，"朋党比周以事其君，隐正道而行私曲，上逼君，下乱治。"从荀子与韩非的评论，足见苏秦与子之的道德品行十分形似，他们都是善于揣摩君王心理，从而投机取巧的风云人物。故而，子之与苏氏兄弟的联姻，绝不是偶然的。

荀子的学生韩非，还记载了一个有关燕相子之的有趣故事。

子之做燕相，坐在那里撒谎说："跑出去的是什么？是白马吗？"侍从都说没看见。有一个人跑出去追赶，回报说："有白马。"子之通过这种方法了解侍从中那些不诚实的人。另外，子之对于那些互相诉讼的人，子产把他们隔离开来，以便使他们无法互相通话，然后将他们的话反过来通知对方，结果了解到了实情。

由此可见，子之出任燕国相同，靠的是玩弄权术的阴阳诡道。这与秦二世时期的赵高用"指鹿为马"的方式试探臣下是同样的性质。

燕国的相国，一人之下，万人之上，仍不能满足子之的野心。他已经开始谋划着夺取燕国国君的宝座了。子之首先利用他的亲家苏代进行游说。

燕王哙即位之后，齐宣王也很重用苏代。当时，之子做燕国相国，权利很重，专断国事。苏代替齐国到燕国出使，燕王问苏代："齐宣王怎么样？"苏代说："一定不能称霸。"燕王问："为什么？"苏代回答："他不信任自己的大臣。"苏代想以此激发燕王，让燕王重用子之。从此燕王果然更加信任子之。于是，子之送给苏代百金，听从苏代的驱驰。

荀子弟子韩非则详细记载了这一段历史，他补充记录。

苏代对燕王哙回答说："过去齐桓公称霸的时候，朝廷内的事托付给鲍叔牙，朝廷外的事托付给管仲，齐桓公蓬头散发和宫女游玩，每天在宫中市场游玩。现在的齐王不相信他的大臣。所以，一定不能称霸。"

苏代的意思是，通过讲述齐桓公如何信任管仲而称霸诸侯的事例，暗示子之就是管仲，要燕王"举国而归之"。显然，子之在调遣他的亲信，对他们威逼利诱，使得他们在燕王面前游说，为自己篡权夺位打好理论基础。

后来，苏代收到子之的贿赂之后，再次游说燕王哙，言辞特别有趣。

苏代见到燕王，就称赞齐王。燕王说："齐王这样贤明，那不是一定要称王天下了吗？"苏代说："挽救危亡都来不及，怎么能称王呢？"燕王说："为什么？"苏代说："他对所爱的大臣任用不当。"燕王说："齐国灭亡又是为什么呢？"苏代说："过去齐桓公敬爱管仲，立为仲父，国内大事由他处理，国外大事由他决断、全国的事都由他掌握，所以能够彻底匡正天下，多次会合诸侯。现在的齐王对所爱的大臣任用不当，所以知道齐国要灭亡。"燕王说："现在我任用子之，天下的人还没有听说呐。"于是第二天大行朝会，全听子之。

总之，苏代千方百计地为子之服务，使得子之顺利地掌握了燕国的大权。然而与此同时，子之的野心也急剧膨胀，暗中谋划着抢班夺权的大阴谋。

《史记》记载，子之又派出了鹿毛寿游说燕王，使得燕王下定决心将王位"禅让"给子之。《韩非子》详细记载了这次游说的三种情况，韩非将《史记》中的鹿毛寿记作潘寿。

潘寿对燕王说："大王不如把国家让给子之。人们所以说尧很贤明，是因为他把天下让给了许由，而许由又肯定不接受，那就是尧有让天下的名声而实际上又不失去天下。现在大王把国家让给子之，子之肯定不接受，这样就是大王有让国家给子之的名声而和尧有同样的行为。"于是燕王就把国家整个地托付给了子之，子之异常尊贵。

另一种说法：潘寿是个隐士。燕王派人招请他。潘寿拜见燕王说："我担心子之会像益一样。"燕王说："怎么像益一样呢？"潘寿回答说："古时禹死时，本打算把天下传给益，禹的儿子启的手下人就相互勾结攻益而立启。现在大王相信宠爱子之，准备把国家传给子之，而太子的手下人都怀有官印，子之的手下人却没有一个在朝廷做官的。大王如果不幸去世，那么子之也就要像益一样了。"燕王因而把官吏的印都收上来，凡是俸禄在三百石以上的官印都交给子之处理，子之的地位大大尊贵了。

另一种说法：燕王想把国家传给子之，向潘寿讨教，潘寿回答说："禹宠爱益，要把天下托付给益，过后不久又把启手下的人任为官吏。禹到年老的时候，又认为启不足以担任天下大事，所以把天下传给益，但权势都在启手中。过后不久启和他的朋党向益进攻，夺了益的天下。这是禹名义上把天下传给益，实际上是叫启自己夺取天下。这表明禹远远比不上尧和舜。现在大王想把国家传给子之，而官吏没有一个不是太子手下的人，这是名义上传子之而实际上让太子自己夺回。"

燕王于是收回官印，凡是俸禄在三百石以上的官印都交子之处理，子之地位就尊贵了。子之就面向南坐在君位上，行使国王的权力；燕王哙年老不再处理政务，反而成为了臣子，国家一切政务都由子之裁决。

韩非评论燕王哙："昏君乱主，他们不了解臣子的思想行为，却把国家大权委任给他们，所以轻者君主名望下降、国土丧失，重者国家灭亡、君主身死，根源就在于不懂得任用臣子。不能用法术来衡量臣子，必然根据众人的议论来判断他们的好坏。众人称赞，就跟着喜爱；众人诽谤，就跟着憎恶。"

韩非评论子之："做臣子的不惜破家费财，在朝廷内结成同党、在朝廷

圣人荀子

外勾结地方势力来制造声誉，用暗中订立盟约来加强勾结，用口头上封官许愿来给予鼓励。说什么'顺从我的就能得到好处，不顺从我的只能得到祸害'众人贪图奸臣给的利益，又迫于他的威势，从而认为：'他真能对我高兴，就会让我得到好处；对我猜忌恼怒，就会伤害我。'众人都归附他，民众也靠拢他，把一片赞美声传遍全国，上达到君主那里。君主又不能弄清楚实情，因此认为他是贤人。奸臣又会派出诡诈的人，在外充当别国宠信的使者，把马车借给他，给他瑞节使人相信，教他外交辞令使他庄重，用贵重的礼物资助他，让他作为外国使者来游说本国君主，暗中夹带为奸臣说话的私心而议论公事。为谁做使者呢，是为别国的君主；为谁讲话呢，是为君主左右的奸臣。君主喜欢使者的话，认为他讲得头头是道，从而认为他称赞的奸臣是天下的贤士。"

十分明显，子之在当上燕国相国之后，倚仗权势，利用财货，内勾外连，大造舆论，吹嘘自己，要求燕王让国。子之就是在这样一片鼓噪声中登上燕国王位的。

就是在窃国大盗子之谋划夺取篡位的前夜，齐国稷下学宫的荀子毅然从齐国出发，不远千里，准备劝说燕王哙，从而匡正燕国基业，拯救百姓于水深火热的边缘。

《韩非子》记载：燕王哙是召公的后裔，拥有方圆几千里国土，几十万士兵。他，不沉溺于女色，不听妙音佳乐，在宫内不兴建深池高台，在宫外不射箭打猎，还亲自拿着农具来整治田地。子哙甘受劳苦来为民操心达到了这样的程度，即使古代所说的圣王明君，他们不辞辛劳而为国操心，也是不会比子哙在上的。

毕竟，燕王哙并非昏君，荀子认为这个人值得用言辞来警醒，从而避免悲剧的发生。

韩非则记载了恩师荀子亲往燕国的少年壮举。《韩非子·难三》记载："燕子哙贤子之而非孙卿，故身死为僇。"意思正是，燕王哙认为子之贤能而否定荀况，结果自己被杀，遭人羞辱耻笑。

钱穆先生明确肯定："荀子其后又曾至燕。"并考证，燕王让国子之，为慎靓王五年，去威王之卒四年。其时，荀卿至少二十四五岁。又考燕王哙让国之岁，孟子犹未隐退，而荀卿已以秀才有名誉。

对于《韩非子》的记载，后人多有怀疑。然而，韩非为荀子的学生。梁启雄认为，他记载的有关恩师的事迹，应当更为可靠。韩非子的叙述虽较简短，但具体内容却很具体，涉及到荀子反对禅让及遭到燕王哙的非难等。

梁启雄由此判断，荀子"与苏秦、燕王哙同时，绝无可疑。"

故而，荀子早年曾北游燕国。《韩非子·难三》云："燕子哙贤子之而非孙卿，故身死为谬。"公元前316年（燕王哙五年），燕王哙让国于其相子之。公元前314年，齐宣王趁机干涉，让国失败。燕王哙、子之等死于乱兵之中，燕国几乎灭亡。荀子到燕国当在公元前314年以前。由《韩非子》记载看，荀子反对燕王哙让国，这与《荀子·君道》中的尊君思想是一致的。由于在燕国与燕王意见不合，所以在齐国武装干涉以前，荀子就可能已经离开了燕国。此时荀子大约二十几岁。

试想，当时的燕国，正是愁云密布、山雨欲来的光景。

韩非子形容子之的为人："燕国子之的行事，都是结党营私来侍奉君主，不走正道而大搞谋私的勾当，对上威逼君主，对下破坏国家安定，勾结外国势力来扰乱国内政事，拉拢下属来对付君主，做来毫无顾忌。子之放出话来：'与我者将利之，不与我者将害之。'于是，有人贪图子之的利益，有人迫于子之的淫威。"

由此可见，燕国已然成为子之的天下。在这种危急紧迫的时局之下，许多士人都选择了缄默不语。然而，二十四岁的荀子却以少年豪情，壮游幽燕，欲将献策燕王，于国家百姓危难之际，而拯救燕国于水火之中。这一点淋漓尽致地体现出了荀子人格当中赵文化慷慨悲歌的精神气质。

正如明代诗人高启的诗句一般："功成他日论诸将，只有荀郎最少年。"

中华传世藏书

荀子诠解

圣人荀子

两千年之后，我们从《荀子》一书之中，仍能寻找出当年荀子献策燕王的慷慨风范。

荀子一针见血地指出，当今世上那些庸俗的创立学说的人说："尧、舜把王位禅让给别人"这种说法不对。

天子权势地位至高无上，在天下无与伦比，他又和谁推让呢？尧、舜道德美好完备，智慧非常发达，朝南坐着治理天下，所有的民众，都惊恐颤动听从归服以至于被感化而依顺他们，天下没有被埋没的人才，没有被遗忘的好人好事，和尧、舜相同的言行才是正确的，和他们不同的言行就是错误的，他们又为什么要把天下让掉呢？

有人说："是等他们死了以后再把王位禅让给别人的。"这又不对。

圣明的帝王处在君位上，考虑德行来确定等级，衡量才能来授予官职，使人们全部能担负起自己的职事而各人又都能得到适宜的安排；如果不能用道义来制约私利，不能通过人为的努力来改造本性，那就统统让他们当老百姓。圣明的帝王已经死了，天下如果没有圣人，那么根本就没有人能够接受禅让了。天下如果有圣人而又出在圣明帝王的后代之中，那么天下人就不会离心离德，朝廷上就不会改变各人的官位，国家也不会改变制度，天下就安安稳稳地和过去没有什么不同；这是用尧一样的圣王来继承尧，那又会有什么改变呢？如果圣人不出在圣明帝王的后代子孙之中而出在辅佐大臣之中，那么天下人随从归附他，就像恢复国家而振兴它一样了，天下也会安安稳稳地和过去没有什么不同；这是用尧一样的圣王来继承尧，那又会有什么改变呢？只有那改朝换代、变更制度才是困难的。所以圣明的天子活着，那么天下人就专一地尊崇他，极其顺从而有秩序，评定德行来确定各自的等级位次；圣明的天子死了，那么能够担负起治理天下重任的继承人，一定会有的。礼义的名分全部落实了，哪里还用得着禅让呢？

有人说："是他们年老体衰才把王位禅让给别人的。"这又不对。

人的血脉气色筋骨体力倒是有衰退的，至于那智慧、思考能力、判断抉择能力却是不会衰退的。

有人说："年老的人不能忍受那劳累才退下来休息的。"这又是怕做事者的议论。

天子权势极大而身体极安逸，心情极愉快而志向没有不能实现的，所以身体不会因为当了天子而劳累，而他的尊贵则是至高无上的了。穿着嘛，便是穿五色的上衣，再配上杂色的下衣，加上有花纹的刺绣，再用珠玉加以装饰。吃喝嘛，便是牛、羊、猪齐全的宴会一个连一个，珍贵奇异的佳肴样样具备，各种香气美味应有尽有，在音乐声中送上食物，在击鼓声中进餐，奏起《雍》曲而把宴席撤回到灶上祭祀灶神，端菜的人有上百个侍候在西厢房。坐在天子的位置上听政，就设置了帷帐和小屏风，背靠大屏风而坐，诸侯在堂下有礼貌地奔走前来朝见。要出宫门，巫觋就有事情了，要出王城大门，大宗伯、大祝就有事情了；坐上宽阔的大车、踩着柔软的蒲席来保持身体的安稳，旁边放置湖岸上生长的香草来调养鼻子，车前有画着交错花纹的横木来调养眼睛，车铃的声音在车子慢行时合乎《武》《象》的节奏、在车子奔驰时合乎《韶》《护》的节奏来调养耳朵，三公扶着车轭、握着缰绳，诸侯有的扶着车轮、有的护在车厢两侧、有的在马前引路，大国诸侯排列在车后，大夫跟在他们的后面，小国诸侯与天子的高级文官再跟在大夫的后面，士兵们穿着铠甲而在道路两旁警卫，百姓们隐藏躲避而没有人敢观望。天子坐着像大神一样尊严，行动像天帝一样自如，扶持老年的生活、保养衰退的身体，还有比这更好的吗？老年人要休息，那休息还有像这样安定快乐宁静愉悦的吗？所以说：诸侯有告老退休的，天子没有告老退休的；有诸侯传让国家的，没有天子禅让天下的。这是古今都一样的。

所谓"尧、舜把王位禅让给别人"，这是不符合事实的假话，是知识肤浅者的传闻，是孤陋寡闻者的胡说。他们是一些不懂得是否违背世道人情的道理，不懂得国家与天下、至高无上与不至高无上之间的不同的人，是一些还不能和他们谈论天下的大道理的人啊。

　　从这些铿锵有力、掷地有声的雄辩之辞，可以看出荀子少年之朝气与忧民之仁心。

　　荀子通过燕王哙"禅让"事件，更加明确了君主在国家政权之中具有独一无二的重大作用，这对于日后中央集权理论的形成大有裨益。

　　荀子还特别善于总结国家兴亡的得失教训，他指出，君主治国，应当遵循"隆礼治法"的政治原则。治国需要有法，但更需要君子。君子是法的本原，也是国家得以治理的根本保证。所以为君之道在于任用君子、尚贤使能，做出好的表率。礼是人君治国的重要武器，一切事物以礼来评断、制约，国家就好管理了。治国的另一个重要原则，就是人君要做出表率，加强自身德行的修养。国君是民望所在，他的行为好坏决定着民心向背，而民心决定着国家的存亡。所以若想国家强盛，国君必须在人民身上下功夫，在治理上下功夫，更要寻找有能力的贤人辅佐。人主无不希望国家强大昌盛，而实现这些目标的捷径是选用贤能为相。使用贤能时必须充分信任，使其充分发挥能力。人主不可任人唯亲，金石珠玉可以赏给亲近者，而官职则不行。任职者若无能力，则君臣必定一起灭亡。作为人主，光任用有能力的卿相还不够，还应有广泛了解下情的人在身边，同时还要有能够体现人主意志、协调四邻诸侯关系的外交使者。必须了解他们的长处和短处，这是人主应具备的能力。

　　另外，《荀子》书中还记载了这样一则寓言故事。

　　齐国大夫公行子之在去燕国的途中遇到了曾参的儿子曾元，曾元恰好刚刚从燕国回来。

　　公行子之就向曾元打听燕国的情况："燕国的国君是个什么样的人呢？"

　　曾元说："燕国的国君志向卑浅而不弘远。没有弘远的志向，人的眼光就会浅薄，眼光一浅薄就会自任而不求贤人帮助。在当今这个战乱频仍的年代，如果不求得贤人的帮助，又怎能有希望谋图大业呢？哎呀，毫不客气地说，燕国的国君为人就犹如处在边鄙之地的氐人、羌人那样野蛮无知。他从不忧虑国家的存亡之危，却一味地担心死后千万不要像氐人、羌人那样实施火葬。此外，燕国的国君为了得到毫末之利，却贻害整个国家。您想燕国国君连这样的身后之事尚且终日心底惶惶不安，这难道算得上是懂得谋划国事吗？”

荀子所讲，正是在描述志向卑浅而不弘远的危害，不能懂得任用贤能的危害。故此，韩非子说："燕王哙非荀卿，故身死。"

史实也果然如此，子之当国三年，燕国大乱，百官人人恐惧。将军市被和太子平谋划，准备攻打子之。

齐国众将对齐宣王说："趁这个机会出兵奔赴燕国，一定能把燕国打垮。"齐王于是派人对燕太子平说："我听说太子主持正义，将要废私立公，整顿君臣的伦理，明确父子的地位。我的国家很小，不足以作为您的辅翼。即使这样，我们也愿意听从太子的差遣。"

齐国想笼络太子平，乘机进兵燕国。太子平没有听从齐宣王的话。于是，太子平邀集同党聚合徒众，将军市被包围了王宫，攻打子之，没有攻克。将军市被和百官又翻过头来攻打太子平。最后，市被和太子平都被子之杀死，尸体被用来示众。这样，国内造成了几个月的祸乱。死去了好几万人，民众非常恐惧，百官离心离德。

当时，张仪连横成功，秦魏两国正在攻打韩国。齐宣王不愿坐视秦国的势力过于强大，准备召集大臣商量救韩伐秦的对策。谋臣田忌说："君王的谋划错了，不如听之任之。当初燕王哙把国君之位禅让给相国子之，百姓不拥戴子之，诸侯不和他交往。秦国进攻韩国，楚国赵国一定会救援，这是上天把燕国赏赐给我们啊！"

齐宣王说："好！"

这时候，孟子也终于现身，他主张当机立断，平定乱局。

孟子对齐王说："现在去讨伐燕国，这正是周文王、武王伐纣那样的好时机，千万不能失掉啊！"

　　齐王于是命令章子率领五都的军队，并且偕同北方边境的士卒，一起讨伐燕国。燕国的士兵不迎战，城门也不关闭，齐军仅用五个月就占领了燕国的大片领土，并将子之生擒，剁为肉酱，而且还杀了燕王哙。一时间，燕国既无旧主，又无太子，更加混乱不堪。齐军占领燕国长达三年之久，由于齐军对燕国百姓的蹂躏更加残酷，激起了燕国百姓的强烈反抗。齐燕之仇也从此结下。

　　1977 年，在河北平山县战国中山王墓出土了许多带有铭文的器物，其中一铁足大鼎的铭文曰："昔者（燕）君子哙，迷惑于子之而亡其邦，为天下戮。"据李学勤先生的考证，此鼎应作于公元前 309 或 308 年。距离燕王哙和子之的被杀身亡仅仅五六年的时间。中山国是燕国的近邻，并参与过攻打燕国的战争。该器物的铸者必然耳闻目睹过燕国社会的弊病、局势的混乱和军队的疲弱。铭文所说的燕王哙"迷惑于子之"，应该是当时情况的实录。

　　不论是孟子游说齐宣王，还是荀子献策燕王哙。可以说，孟子与荀子都尽到了自己的智谋，他们共同的出发点还是儒家崇尚的仁心。

　　然而，齐国攻打燕国，却埋下了燕国复仇的种子。燕昭王发愤图强，准备给予齐国致命一击——乐毅伐齐。

　　齐国几乎亡国，稷下学宫也由此走向了全面的衰落。

　　那么，面对齐国的危亡时局，青年荀子是否能够力挽狂澜，重振百家争鸣的学术盛况呢？

四、名扬稷下

　　燕昭王收拾了残破的燕国之后，登上了王位。他谦卑恭敬，以厚礼重金招聘贤才，准备依靠他们报仇雪耻。于是，他去见郭隗先生，说："齐国趁我国内乱，发动突然袭击，打败了燕国。我深知国小力弱，不可能报仇。然而如果能得到有才干的人，与他们共同管理国家，来洗雪先王的耻辱，这是我的愿望。请问要报国家的大仇，应该怎么办？"

郭隗先生回答说："成就帝业的国君，以贤者为师，同朝共事；成就王业的国君，以贤者为友，同朝共事；成就霸业的国君，以贤者为臣，同朝共事；亡国的国君，以贤者为奴仆，则不能保有国家。折节屈尊侍奉贤者，面向老师接受教导，那么，才干超过自己百倍的人就会到来；先于别人去劳役，后于别人去休息，先于别人向人求教，别人已经不求教了，自己还求教不止，那么，才干超过自己十倍的人就会到来；靠着几案，挂着手杖，颐指气使，指手划脚，那么，干杂活、服苦役的人就会到来；如果对人暴虐粗野，随便发怒，任意呵斥，那么，只有唯唯诺诺、唯命是从的犯人奴隶就会到来。这些都是古代施行王道，招揽人才的办法。大王如果能够广泛选拔国内的人才，亲自登门拜访，天下人听说大王亲自拜访贤臣，天下的贤士一定都会奔赴燕国。"

燕昭王说："我应当拜访谁才合适呢？"

郭隗先生说："我听说，古代有个君王，想以千金求购千里马，经过三年，也没有买到，宫中有个内臣对国君说：'请让我去买吧！'于是，国君就派他去。三个月后他找到了千里马，可是马已经死了，就以五百金买了那匹死马的头，回来报告国君。国君大怒，说：'我要找的是活马，死马有什么用？还白白花了五百金。'内臣回答说：'死马尚且肯花五百金，更何况活马呢？天下人由此一定会认为大王善于买马，那么千里马就会买到。'于是，不到一年，三匹千里马就送上门来。现在大王果真想招揽人才，就先从我开始吧。像我这样的人尚且被任用，何况比我更有才干的人呢？难道他们还会嫌千里为远而不到燕国来吗？"

这就是著名的"千金买马骨"的典故。

在这时，燕昭王专为郭隗修建了官宅，并且尊他为师。不久，乐毅从魏国来了，邹衍从齐国来了，剧辛从赵国来了，苏秦也从秦国来了。有才干的人都争先恐后地聚集到燕国，昭王悼念死去的人，安慰活着的人，同老百姓同甘共苦。燕昭王就任命乐毅为上将军，任命苏秦为间谍深入齐国。二十八年后，燕国殷实富裕了，士兵生活安适，都乐意为国而战，燕国也从此崛起，成为战国七雄之一。

燕国上下卧薪尝胆，时时刻刻想要寻找机遇而报仇雪恨。而临近的齐国又是怎样的状况呢？

宣王十九年，齐宣王去世，他的儿子齐闵王田地即位。

此时的齐国，正是齐闵王的时代，同时也是孟尝君的时代。

齐威王晚年，相国邹忌和将军田忌发生矛盾，田忌一度被迫出走到楚国。后来，齐的贵族田婴接替邹忌当上相国，封于薛地，并在那里筑城，号为靖郭君或薛公。田婴是齐威王和齐宣王初年的相国。

田婴的儿子田文承袭了薛的封地，号称孟尝君或薛公，而且又当上相国。齐闵王即位后，田文专权，弄得"闻齐之有田文，不闻有其王"。田文在薛邑征收万户的租税，还大放高利贷，一次可以得到利息钱十万以上，更收养食客三千人，"招致诸侯宾客及亡人、有罪者"，其中包括能够学鸡叫和装扮狗来偷窃的，所谓"鸡鸣狗盗"之徒。还"招致天下任侠奸人入薛中，盖六万余家矣。"

战国纷争，养士之风日益盛行。各国的诸侯贵族们为了政治、军事、文化等需要，纷纷敞开门户招致宾客。礼贤下士之举蔚然成风，而这些门客来自天南海北，士农工商，既有巧舌如簧的利禄之徒，亦有侠肝义胆的正直之士，其中不乏老谋深算的智能之人，亦混杂鸡鸣狗盗之辈。他们或出谋划策，或奔走游说，或经办事务，或著书立说，成为战国历史舞台上最为活跃的一个阶层——士。而养士的多寡，才俊的名声往往成为贵族乃至一个国家兴旺昌盛的重要标尺。战国时代前后涌现出"战国四公子"。按照司马迁记载的顺序，"战国四公子"分别为齐国孟尝君田文、赵国平原君赵胜、魏国信陵君魏无忌、楚国春申君黄歇。他们四人已超出了齐、赵、魏、楚的国家限制，成为名震四海、誉满九州的战国公子。列国局势本已是纷繁复杂，而当加入了这些风华绝代，性格殊异的风流人物之后，则更显得绚烂多姿、异彩纷呈……

然而，孟尝君位列四公子之首，仅仅因为其年岁而已，若论及其门客的品行，则良莠不齐。

一日，孟尝君路过赵国，赵国平原君盛情款待。一路之上，赵国人听说孟尝君贤能，都出来围观想一睹风采，见了后便都嘲笑说："原来以为孟尝君是个魁梧的大丈夫，如今看到他，竟是个瘦小的男人罢了。"孟尝君听了这些讽刺他的话，大为恼火。随行的人跟他一起跳下车来，砍杀了几百人，毁了一个县才离去。

仅就孟尝君一个小故事，就可看出孟尝君门客的品行。

王安石读《孟尝君传》，评论道："世人都称孟尝君能够招贤纳士，贤士因为这个缘故归附他，而孟尝君终于依靠他们的力量，从像虎豹一样凶残的秦国逃脱出来。唉！孟尝君只不过是一群鸡鸣狗盗的首领罢了，哪里值得说得到了贤士！如果不是这样，孟尝君拥有齐国强大的国力，只要得到一个贤士，齐国就应当可以依靠国力在南面称王而制服秦国，还用得着鸡鸣狗盗之徒的力量吗？鸡鸣狗盗之徒出现在他的门庭上，这就是贤士不归附他的原因。"

孟尝君不仅是个封君，掌权齐的相国，而且是个烜赫一时、声势浩大的纵横家。当他在继立为薛公前，就曾与公孙衍合作，出任魏相而参与合纵抗秦，不久就失败了。当他继立为薛公后，成为专权的齐的相国，就有以齐为主、联合其他国家共同攻秦的计划。孟尝君凭借其齐相的权势，连续主持齐、魏、韩合纵攻楚和攻秦两个战役，都取得了成功。在当时齐、秦两大强国东西对峙的形势下，孟尝君以齐相组织韩、魏"合纵"而战胜楚、秦，和张仪以秦相组织"连横"而战胜楚、齐，性质是一样的。所不同的是，秦经过张仪的连横得到了许多重要的土地，齐没有经过孟尝君的合纵而得到土地，只是为韩、魏得到了土地和收回了一些失地。秦在"连横"而发动的战争中损失不大，而齐在"合纵"而发动的连年战争中消耗实力很多。

司马迁曾说："我曾经经过薛地，那里民间的风气多有凶暴的子弟，与邹地、鲁地迥异。我向那里人询问这是什么缘故，人们说：'孟尝君曾经招来天下许多负气仗义的人，仅乱法犯禁的人进入薛地的大概就有六万多家。'世间传说孟尝君以乐于养客而沾沾自喜，的确名不虚传。"

值得注意的是，从齐宣王好文学才能之士，到孟尝君好鸡鸣狗盗之徒。齐国的学术空气仿佛已经开始了某种转变。古人有言："夫人之爱名，如水之务下，上有所好，下必甚焉。"人们追慕名声，就好比水往低处流去那样，在上位的统治者是怎样的爱好，下面的人们会更加追求这样的爱好。可想而知，齐国由一个百家争鸣的中心，已经变成了一个鱼龙混杂的乱局。王安石所感慨的是："夫鸡鸣狗盗之出其门，此士之所以不至也。"原因正是，孔子所始终坚持的"道不同，不相为谋。"试想，文质彬彬的君子，如何能与那些鸡鸣狗盗之徒同在齐国的殿堂之上和谐共处呢？韩非有一句名言，非常恰切地形容了这种尴尬的情况："冰炭不同器而久，寒暑不兼时而至。"

故此，稷下学宫的真正衰落，并非是在乐毅伐齐之时，而是在孟尝君相齐的时候，就已经开始了衰落的趋势了。

从燕国返回齐国稷下学宫的荀子，毫不讳言地批评当时的齐国相国孟尝君"上则得专主，下则得专国"，弄得"诈臣乱之朝，贪吏乱之官。"

荀子还毫不客气地把齐相孟尝君列为"篡臣"，认为：上不忠于君主，下善于在民众中骗取声誉；不顾有利于公家的原则和普遍适用的道义，拉党结派互相勾结，把封锁蒙蔽君主、图谋私利作为自己的主要事务。这是篡夺君权的臣子。齐国的孟尝君，可以叫做篡夺君权的臣子。任用篡权的臣子就会危险！

可见，荀子敏感地观察到了齐国国风的变化与大难将至的危机。然而，齐闵王与孟尝君仍以东方大国的骄傲姿态，将整个齐国基业与齐国百姓推上了危险的轨道。

在秦、赵、齐三强鼎立的格局下，秦国高举"称帝"的旗号，就是想要联合齐国一起灭亡赵国、平分赵地。一旦阴谋得逞，不仅可以灭亡赵国，而且还能够转移齐国吞并宋国的注意力。消息传来，齐闵王面对吞并宋国和平分赵地这两个都很诱人的选择，一时还真拿不准注意。

正在赵国面临秦、齐夹攻的紧要关头，因为燕昭王感念赵武灵王曾经护送自己回国继位的恩情，燕国站到了赵国的阵营中。苏秦以燕昭王间谍的身份进入齐国，从而试图改变齐闵王投靠秦国而攻打赵国的计划。

苏秦受燕昭王委派，再次来到齐国为间谍。其首要任务是不让齐国进攻燕国，其次是挑拨赵、齐关系，以寻机联赵伐齐，借以报复齐国攻破燕国之仇。

苏秦为燕国去说服齐王，在未见到齐王前，先对淳于髡说："有个卖千里马的人，接连三个早晨站在市场上，但没有人识出这是千里马。他去拜访伯乐说：'我有一匹千里马，想卖掉它，接连三个早晨站在市场，没人问津。希望您绕着我的马细看一看，离开以后再回头来看看我的马，我给你一天的收入。'伯乐就绕着他的马仔细看了一番，离开以后又回头看看马，于是一个早上马价涨了十倍。现在我想以千里马自荐，去拜见齐王，可没有人为我介绍。先生愿意充当我的伯乐吗？我愿献上白璧一双，黄金二百两，以作为马的草料费。"淳于髡说："敬从尊使。"淳于髡于是进宫告诉了齐王，齐王接见苏秦，很喜欢苏秦。②

此时，齐闵王主动向苏秦请教关于称帝和吞宋这二者利弊的疑问。

苏秦从燕国来到齐国，齐王在章华宫门口迎接他。齐王说："啊！你来得正好。秦国派魏冉来，要我称帝，您以为怎样？"苏秦说："您提出这个问题太突然了。不过，大凡祸患总是从小处产生的，不能不慎重考虑，如果不同意秦国的要求，这将会与秦国发生矛盾；如果答应了秦国，这将会与诸侯发生矛盾。您不如答应称帝以对付秦国，而又不马上宣称帝号以对付诸侯。秦国称帝，诸侯都同意，那么大王也称帝，先立帝号，后立帝号，这也无伤大雅。如果秦国称帝，诸侯不同意，大王就不称帝，以此取信于诸侯，这样大有好处。”

  齐王听后，大为欣喜，就视苏秦为自己的智囊。苏秦对齐王说：“齐国和秦国都建立了帝号，大王认为诸侯将尊重秦国还是尊重齐国呢？”齐王说：“尊重秦国。”苏秦说：“放弃帝号，那样诸侯是亲近齐国还是亲近秦国呢？”齐王说：“亲近齐国而痛恨秦国。”苏秦又问：“齐、秦都建立帝号，结盟共同进攻赵国，这与进攻宋国，哪个更有利呢？”齐王说：“不如进攻宋国有利。”苏秦说：“齐国与秦国相约建立帝号，可是诸侯只尊重秦国而看轻齐国；齐国如果放弃帝号，那样诸侯将亲近齐国而痛恨秦国；进攻赵国不如进攻宋国有利。根据以上三点，所以我希望大王公开放弃帝号，以亲近诸侯；解除盟约，抛弃秦国，不与秦国争高下。大王可乘此时机灭掉宋国。占有了宋国，卫国的阳城就会危急；占有了淮北，楚国的东地就会危急；占有了济西，赵国的河东就会危急；占有了陶邑、平陆，魏国就会闭门防守。所以，放弃帝号，改变主意，进攻宋国，那么齐国就可以举足轻重，而大王的名声可以尊显，燕国、楚国都会因为形势的变化而臣服齐国，天下诸侯不敢不听从，这是商汤、周武王那样的功业啊！放弃帝号名义上是尊秦，实际上会使诸侯憎恶秦国，这就是所谓‘以卑易尊’的策略啊！希望大王深思熟虑吧！”

  齐闵王听到苏秦“伐赵不如伐宋之利”的分析，非常满意，决定放弃帝号而吞并宋国。其实，这就是苏秦为燕国攻灭齐国而设下的计策。苏秦一再激起齐闵王膨胀的扩张欲望，使得齐国成为天下诸侯的众矢之的。苏秦再次建议齐王，若要排除秦国干涉而吞并宋国，必须发动山东诸国对于秦国的合纵进攻。这时，齐闵王认为这是一个将诸侯注意力转移到秦国的绝佳良策，于是就派苏秦游说六国。

  苏秦的合纵攻秦，很快就得到了包括赵国在内的山东诸侯的大力支持。李兑面对秦国图谋赵国的诡计也十分厌恶秦国，于是就代表赵国首倡山东合纵。

于是"齐赵会于阿","约攻秦去帝"。山东诸侯合纵攻秦的局面很快形成。

赵惠文王十二年，由赵国奉阳君李兑任主帅，苏秦作总联络官，魏相田文为辅助，赵、齐、燕、魏、韩五国联合出兵伐秦。燕国首先发兵，派出两万军队，自备粮草从齐攻秦，韩、魏随后出兵，赵国调集上党军队开始攻秦。一时间，山东诸国，合纵西进，群情沸腾，声讨秦国。

秦国迫于五国联军的压力，不得不被迫废除帝号，将温、轵、高平归还魏国，王公、符逾归还赵国。

面对秦国的暂时退让和漫天的大雨，驻扎在荥阳、成皋一带的联军内部出现了分歧，他们互相观望，举步不前。恰在此时，齐国终于暴露了自己的真实意图，大举出兵攻宋。诸侯各国对于齐国的举动非常不满，五国联军于是一哄而散。由苏秦、李兑组织的合纵攻秦也就此告终。

《资治通鉴》记载，宋国发生雀鸟在城边生下鹞鹰的怪事，太史卜了一卦，说："吉利。小而生大，必霸天下。"宋康王大喜，起兵灭掉滕国，攻占薛地，向东击败齐国，夺取五座城，向南战胜楚国，占地方圆三百里，向西打垮魏军，宋国一时成为可与齐国、魏国相匹敌的国家，宋康王对成就霸业更加自信。他想早日完成霸业，便射天鞭地，砍倒神坛后烧毁，以表示自己的声威可以震慑鬼神。他在宫室中整夜饮酒，令室中的人齐声高呼万岁，大堂上的人闻声响应，堂下的人接着响应，门外的人又继续响应，以至于国中没有人敢不呼万岁。天下的人都咒骂他是"桀宋"。齐闵王趁机起兵征伐宋国，人民四下逃散，弃城不守。宋王只好逃往魏国，死于温地。

可以说，齐闵王吞并宋国在战略上是正确的，但是齐闵王不应当重蹈宋康王亡国的覆辙而自高自大起来。齐王灭掉宋国后十分骄傲，便向南侵入楚国，向西攻打赵、魏、韩国，想吞并东西二周，自立为天子。大臣狐咺义正词严地劝谏齐王，被斩首于檀台大路上。大臣陈举直言不讳地劝止齐王，被杀死在临淄东门。

　　身在稷下学宫的荀子并没有因为齐国灭亡宋国，而为齐王感到高兴。青年荀子已然发觉了齐围的亡国之祸。然而，大臣狐咺、陈举的死，都使得稷下学宫的学者们噤若寒蝉，不敢进谏。正在齐国看似如日中天，实则万分危急的情势之下，荀子毅然选择了直言进谏，拯救齐国百姓于危亡的边缘。

　　梁启雄先生考证，齐闵王季年（晚年），约公元前285年，荀子在齐，有说齐相书。说不行，遂去齐适楚。《荀子·强国》有荀卿子说齐相曰。杨宽先生《战国史》与沈长云先生《赵国史稿》都认为，这时的齐国相国为孟尝君。

　　青年荀子面对不可一世的孟尝君，当面指出齐国的严重危机。他说："处在制服别人的地位，实施制服别人的办法，而天下没有人怨恨，商汤、周武王就是这样；处在制服别人的地位，不采用制服别人的办法，富裕得拥有统治天下的权势，但要求做一个平民百姓也不可能办到，夏桀、商纣王就是这样。这样看来，那么得到制服别人的权势地位，远远及不上实施制服别人的办法。"

　　"那君主和相国，是用权势来制服别人的。对的就认为对，错的就认为错，有才能的就认为有才能，没有才能的就认为没有才能，摒弃自己的个人欲望，一定使自己遵行那些可以互相并存而没有抵触的公正原则和普遍适用的道理，这就是制服别人的办法。现在相国您上能独得君主的宠信，下能独揽国家的大权，相国对于制服别人的权势地位，的确已拥有它了。既然这样，那么为什么不驾驭这制服别人的权势、实行制服别人的办法、寻觅仁慈忠厚明智通达的君子而把他推荐给皇上呢？您和他一起参与国家政事，端正是非，如果像这样，国内还有谁敢不遵行道义呢？君主与臣子，上级与下级，高贵的与卑贱的，年长的与年幼的，以至于平民百姓，没有谁不遵行道义，那么天下还有谁不想汇聚到我们这个遵行道义的国家来呢？贤德的人士向往相国所在的朝廷，有才能的人士仰慕相国管理下的官职，好利的民众没有谁不愿意把齐国作为自己的归宿，这就是统一天下了。相国如果舍弃了这些办法不干，而只是采用那些世俗之人所采用的办法，那么王后太后就会在后宫捣乱，奸诈之臣就会在朝廷捣乱，贪官污吏就会在官府捣乱，群众百姓都会把贪图私利互相争夺作为习俗，难道像这样就可以维持国家了吗？现在庞大的楚国摆在我们的面前，强大的燕国紧逼在我们的后面，强劲的魏国牵制了我们的西面，西面的领土虽然没有断送，也危险得像根细绳一样了，楚国则还有襄贲、开阳两个城监视着我们的东面。在这种形势下，如果有个国家出谋划策，那么这三个国家就必然会一同起来欺凌我们。如果这样，那么齐国一定会被分割成三四块，国土将像借来的城池一样而不属于自己了，这就一定会被天下人大大地嘲笑一番了。你觉得怎么样？上面所说的这两种办法哪一种可行呢？"

"那夏桀、商纣，是圣明帝王的后裔子孙，是拥有天下统治权的天子继承人，是权势帝位的占有者，是天下人所尊崇的帝王之家；领土那么广大，境内方圆上千里；人口那么众多，要用亿万来计数；但没有多久天下人便远远地都离开了夏桀、商纣而投奔商汤、周武王了，很快地都憎恶夏桀、商纣而尊崇商汤、周武王了。这是为什么呢？那夏桀、商纣为什么失败而商汤、周武王为什么成功呢？回答说：这并没有其他的缘故，而是因为夏桀、商纣这种人，好做人们所厌恶的事情；而商汤、周武王这种人，好做人们所喜欢的事情。人们所厌恶的是什么呢？回答说：污秽卑鄙、争抢夺取、贪图私利便是。人们所喜欢的是什么呢？回答说：礼制道义、推辞谦让、忠诚守信便是。现在统治人民的君主，譬说比拟起来，就想把自己和商汤、周武王并列；至于他们统治人民的方法，却和夏桀、商纣没有什么不同；像这样而要求取得商汤、周武王那样的功业名望，可能么？"

"所以凡是获得胜利的，一定是因为依顺了人民；凡是得到人民拥护的，一定是因为遵从了正确的政治原则。这正确的政治原则是什么呢？回答说：礼制道义、推辞谦让、忠诚守信便是。所以，拥有的人口在四五万以上的国家，能够强大取胜，并不是靠了人口众多的力量，重要的在于守信啊；拥有的领土在方圆几百里以上的国家，能够安定稳固，并不是靠了国土宽广的力量，重要的在于搞好政治啊。现在已经拥有了几万人的国家，却还是用招摇撞骗、拉拢勾结的办法去争取盟国；已经拥有了方圆几百里土地的国家，却还是用肮脏卑鄙、强取豪夺的办法去争夺土地。这样的话，那就是抛弃了使自己安定强盛的办法，而采取了使自己危险衰弱的办法；是在减损自己所缺少的东西，而在增加自己所多余的东西。他们的错乱荒谬竟像这样，却还要求取得商汤、周武王那样的功业名望，可能么？拿它打个比方，这就好像是趴在地上去舔天、挽救上吊的人却拉他的脚，这种主张一定行不通，越是用力从事就离目标越远。"

"做臣子的，不顾自己的德行不像德行，只要得到利益就行了，这就等于是用大冲车或钻地道去攻城来求取利益一样，这是讲求仁德的人感到羞耻而不去做的事情。对于人来说，没有什么比生命更宝贵，没有什么比安定更快乐；但用来保养生命、取得安乐的途径，没有比遵行礼义更重要的了。人们如果只知道珍重生命、喜欢安定而抛弃了礼义，拿它打个比方，这就好像是想长寿而割断脖子一样，愚蠢没有比这更厉害的了。"

"所以统治人民的君主，爱护人民就能安宁，喜欢士人就会荣耀，这两者一样都没有就会灭亡。《诗》云：'贤士就是那屏障，大众就是那围墙。'说的就是这个道理。"

《强国篇》自然阐述强国之道。荀子指出国家强盛的关键是施行礼义法规，礼义是国家的命脉。君主如能修礼，那么等级就会明确，就具有了道德之威，受到百姓的拥戴。反之，必然天下大乱。荀子认为：用强力治国是行不通的，必须任用品德高尚的君子治国，节制强威，推行文教。同时，推行德政必须积点滴而成大功。荀子提出，奸人的出现是君主不重礼义的缘故。义是防止人们为恶为奸的手段，是治理天下的法宝。所以君主应做到慎礼义、务忠信，这样国家才会强大。

然而，荀子的言辞之中，不仅揭示了齐国社稷所面临的巨大危机，而且还当面指出了齐闵王、孟尝君的治国失误。荀子的智慧，不可谓不高深；荀子的胆略，真可谓不寻常。

可惜，齐闵王与孟尝君对荀子的正直之言，毫无所动。

《盐铁论》记载了当时齐国稷下学宫全面衰落，诸子百家各自星散的悲凉情景：

> 齐威、宣之时，显贤进士，国家富强，威行敌国。及泯王，奋二世之馀烈，南举楚、淮，北并巨宋，苞十二国，西摧三晋，却强秦，五国宾从，邹、鲁之君，泗上诸侯皆入臣。矜功不休，百姓不堪。诸儒谏不从，各分散，慎到、捷子亡去，田骈如薛，而孙卿适楚。内无良臣，故诸侯合谋而伐之。

荀子经历了稷下学宫齐宣王时期的全盛之景，也经历了齐闵王时期的全面衰落。荀子的内心又怎能不感慨悲怆于时局的盛衰变化呢？此时，荀子决定离开齐国，暂时去楚国避难。

战国时局的发展果然如荀子所预言的那样。

齐闵王骄傲自大，穷兵黩武。燕昭王却日夜安抚教导百姓，使燕国更加富足。于是，燕王与乐毅商议进攻齐国的战略，乐毅说："齐国称霸以来，至今有余力，地广人多，我们独力攻打不易。大王一定要讨伐它，不如联合赵国及楚、魏三国。"燕王便派乐毅约定赵国，另派使者联系楚国、魏国，再让赵国用讨伐齐国的好处引诱秦国。各国苦于齐王的骄横暴虐，都争相赞成参加燕国的攻齐战争。

这就是历史上著名的"乐毅破齐"。

赵惠文王十四年，赵惠文王开始亲政，面对强大无比的齐国，赵国自然要采取行动。赵惠文王与秦昭王在中阳相会，合谋攻齐。

赵惠文王十五年，燕昭王亲自来到邯郸，商议破齐大计。一时间，赵国成为各国伐齐的联络中心。燕以乐毅为上将军，赵国则授予乐毅以相国印绶，从此"燕赵共相，二国为一"。燕赵大地，连为一体，面对强敌，携手并进。赵惠文王派出了赵国大将廉颇率军攻齐，准备占领齐国的昔阳。

正在这时，一场意外发生了。秦国派蒙武"先出声于天下"，迫不及待地攻击齐国，夺取九座城池。方才还躲在函谷关内不敢面对五国联军的秦人，这时却表现出了异常的兴奋和积极。

五国联合攻齐之时，暗中策划攻齐事件的主谋苏秦仍旧留在齐国国都。五国联军攻齐使苏秦的阴谋败露，苏秦看到秦国先声夺人的态势，这才意识到秦国才是山东六国最大的敌人。于是，苏秦给赵惠文王写信，指出对赵国最大的威胁来自秦国而非来自齐国，请赵国不要灭亡齐国。

果不出苏秦所料，五国攻齐的战争尚未结束，秦军就趁着东方各国与齐国交战正酣时，调转矛头，出兵攻魏，一直攻到国都大梁。赵惠文王也因为苏秦的信而有所防备，于是，燕、赵急忙出兵救援魏国。秦国背信弃义、削弱山东的图谋大白于天下。

然而苏秦终因为燕昭王充当间谍而被车裂于市。《淮南子》评价说："苏秦以百诞成一诚。"百诞，是指苏秦入齐骗取信任而祸乱齐国；一诚，就是苏秦对于燕昭王果然是专心忠诚。若论燕国最终能够攻破齐国的功勋，苏秦纵横捭阖之战略与乐毅攻城略地之战术应当是缺一不可，难分上下的。

燕昭王回想起齐宣王破燕之战的耻辱，此次定要全力雪耻。

燕王调动全部兵力，以乐毅为上将军，赵王把相国大印授给乐毅，乐毅统一指挥秦、魏、韩、赵大军发动进攻。齐王集中国内全部人力进行抵御，双方在济水西岸大战。齐国军队大败。乐毅便退回秦国、韩国军队，令魏国军队分兵进攻宋国旧地，布署赵国军队去收复河间。自己率领燕军，由北长驱直入齐国。剧辛劝说道："齐国大，燕国小，依靠各国的帮助我们才打败齐军，应该及时地攻取边境城市充实燕国领土，这才是长久的利益。现在大军过城不攻，一味深入，既无损于齐国又无益于燕国，只能结下深怨，日后必定要后悔。"乐毅说："齐王好大喜功，刚愎自用，不与下属商议，又罢黜贤良人士，专门信任谀谄小人，政令贪虐暴戾，百姓十分怨愤。现在齐国军队已溃不成军，如果我们乘胜追击，齐国百姓必然反叛，内部发生动乱，齐国就可以收拾了。如果不抓住时机，等到齐王痛改前非，体贴臣下而抚恤百姓，我们就难办了。"于是，乐毅果断下令进军深入齐国。齐国果然大乱，失去常度，齐王出逃。乐毅率军进入齐都临淄，搜刮宝物和祭祀重器，运回燕国。燕王亲自到济水上游去慰劳军队，颁行奖赏，犒劳将士；燕王封乐毅为昌国君，让他留在齐国进攻其余未克的城市。

齐闵王出逃到卫国，卫国国君让出宫殿给他居住，向他称臣并供给日常用度。齐王却傲慢不逊，卫国人气愤地攻击他。齐王又出奔到邹、鲁国，仍旧面有骄色，邹、鲁两地闭门不纳，齐王又出奔莒地。楚国派淖齿率军前来救援齐王，被任命为齐相。淖齿却想与燕国瓜分齐国，于是抓住齐王数说他的罪过："千乘、博昌之间的方圆几百里地，下血雨浸湿衣服，你齐王知道吗？"齐王回答："知道。"淖齿又问："嬴、博之间，大地崩塌，泉水上涌，你齐王知道吗？"齐王回答："知道。"淖齿还问："有人堵着宫门哭泣，却不见人影，离开时又音响可闻，齐王你知道吗？"齐王回答："知道。"淖齿最后说："天降血雨，是上天警告你；地崩泉涌，是大地警告你；人堵着宫门哭，是人心在警告你。天、地、人都警告，而你却不知改悔，你还想不死吗！"于是在鼓里这个地方将齐王处死。

司马光在《资治通鉴》中引用荀子的话评价说："国家，集中了天下的利益和权势。有道行的人主持，可以得到大的安乐，大的荣耀，成为幸福的源泉。无道行的人主持，却带来大的危险，大的拖累，有君王的地位还不如没有。等到形势极度恶化，他即使想当一个普通老百姓，也做不到了。齐闵王、宋康王便是如此。所以治理国家的君主如果提倡礼义，就可以称王，树立信誉就可以称霸，玩弄权术则必然灭亡。齐闵王要强大齐国，不去提倡礼义，不去修明政治，没有统一天下的思想，只是成年累月地骑马在外面征战。所以齐国强大的时候，向南能够打败楚国，向西能够逼迫秦国，向北可以战胜燕国，在中原能够征服宋国。然而燕国、赵国一旦群起而攻齐，便如摧枯拉朽。齐王身死国亡，成为天下共同声讨的对象，后世提起暴君总要举他为例。这不是别的原因，就是因为他不崇尚礼义而沉溺权术。"

燕国军队乘胜长驱直入，齐国大小城市望风崩溃。乐毅整肃燕军纪律，禁止侵掠，寻访齐国的隐士高人，致以荣誉礼待。还放宽人民赋税，革除苛刻的法令，恢复齐国旧的良好传统，齐国人民都十分喜悦。乐毅于是调左军在胶东东莱渡过胶水；前军沿泰山脚下向东到达渤海，进攻琅邪；右军循着黄河、济水而下，屯扎在东阿、鄄城，与魏国军队相连；后军沿北海镇抚千乘；中军占据临淄，镇守齐国国都。他还亲至城郊祭祀齐桓公、管仲，表彰齐国的贤良人才，赐封修治齐王的陵墓。经过收敛人心，齐国人接受燕国所封君号、领取俸禄的有二十余人，接受燕国爵位的有一百多人。六个月之内，燕军攻下齐国七十余座城，都设立郡县治理。

当初，燕国军队攻打齐国安平时，临淄市的一个小官田单正在城中，他预先让家族人都用铁皮包上车轴头。待到城破，人们争相涌出城门，都因为车轴互相碰断，车辆损坏难行，被燕军俘虏，只有田单一族因铁皮包裹车轴得以幸免，逃到了即墨。当时齐国大部分地区都被燕军占领，仅有莒城、即墨二城未曾沦陷。乐毅于是集中右军、前军包围莒城，集中左军、后军包围即墨。即墨大夫出战身亡。即墨人说："安平之战，田单一族人因铁皮包轴得以保全，可见田单足智多谋，熟悉兵事。"于是共同拥立他为守将抵御燕军。乐毅围攻两城，一年未能攻克，便下令解除围攻，退至城外九里处修筑营垒，下令说："城中的百姓出来不要抓捕他们，有困饿的还要赈济，让他们各操旧业，以安抚新占地区的人民。"过了三年，二城还未攻下。

有人在燕昭王面前挑拨说："乐毅智谋过人，进攻齐国，一口气攻克七十余城。现在只剩两座城，不是他的兵力不能攻下，之所以三年不攻，就是他想倚仗兵威来收服齐国人心，自己好南面称王而已。如今齐国人心已服，他之所以还不行动，就是因为妻子、儿子在燕国。况且齐国多有美女，他早晚将忘记妻子。希望大王早些防备！"

燕昭王听罢，下令设置盛大酒宴，拉出说此话的人斥责道："先王倡导全国礼待贤明人才，并不是为了多得土地留给子孙。他不幸遇到继承人缺少德行，不能完成大业，使国内人民怨愤不从，无道的齐国趁着我们国家动乱得以残害先王。我即位以后，对此痛心疾首，才广泛延请群臣，对外招揽宾客，以求报仇。谁能使我成功，我愿意和他分享燕国大权。现在乐毅先生为我大破齐国，拆毁齐国宗庙，报却了旧仇，齐国本来就应归乐先生所有，不是燕国该得到的。乐先生如果能拥有齐国，与燕国成为平等国家，结为友好的邻邦，抵御各国的来犯，这正是燕国的福气、我的心愿啊！你怎么敢说这种话呢！"于是将挑拨者处死。又赏赐乐毅妻子以王后服饰，赏赐他的儿子以王子服饰，配备君王车驾乘马，及上百辆属车，派相国侍奉送到乐毅那里，立乐毅为齐王。乐毅十分惶恐，不敢接受，一再拜谢，写下辞书，并宣誓以死效忠燕王。从此齐国人敬服燕国乐毅的德义，各国也畏惧他的信誉，没有再敢来算计的。

可惜好景不长，不久，燕昭王去世，燕惠王即位。惠王从当太子时，就与乐毅有矛盾。田单听说了，便派人去燕国用反间计，散布说："齐王已经死了，齐国仅有两座城未被攻克。乐毅与燕国新王有矛盾，害怕加祸不敢回国，他现在以攻打齐国为名，实际想率领军队在齐国称王。齐国人没有归附，所以他暂缓进攻即墨，等待时机举行大事。齐国人所怕的，是燕王派别的大将来，那样即墨就城破受害了。"

燕惠王本来就疑心乐毅，中了齐国的反间计，便派骑劫代替乐毅为大将，召他回国。乐毅知道燕王换将居心不良，于是投奔了赵国。从此，燕军将士都愤愤不平，内部不和。

这时，田单下令让城中人吃饭时，先在庭院里祭祀祖先，四处飞鸟争吃祭饭都盘旋落到城中，燕军很是惊讶，田单又让人散布说："会有天神派军师下界来帮助我们。"有个士兵说："我可以做神师吗？"说罢起身便走。田单急忙离座追回他，让他面东高坐，奉为神师。士兵说："我犯上欺主了。"

田单忙悄声嘱咐："你不要说出去。"便以他为师，每当发布号令，都必称奉神师之命。田单又令人散布说："我就怕燕军把齐国俘虏割去鼻子，作为前导，那样即墨城就完了！"燕国人听说，果然这样做了。城中守兵看到投降燕军的人都被割去鼻子，万分痛恨，决心坚守不降，唯恐被俘。田单再使出反间计，说："我怕燕军掘毁我们的城外坟墓，那样齐国人就寒心了。"燕军又中计，把城外坟墓尽行挖毁，焚烧死尸。齐国人从城上远远望见，都痛哭流涕，争相请求出战，怒气倍增。

田单知道这时军士已经可以死战，于是带头拿起钣、锹和士卒一起筑城，把自己的妻妾编进军队，还分发全部食品犒劳将士。他下令让披甲士兵都潜伏在城下，只以老弱人员、女子登城守卫，又派人去燕军中约定投降，燕军都欢呼万岁。田单在城中百姓中募集到一千镒金银，让即墨城的富豪送给燕军大将，说："我们马上就投降。请不要抢劫掠夺我们的家族！"

燕国将军大喜，立刻应允。于是，燕军戒备更加松懈。

田单在城中搜罗到一千余头牛，给牛披上大红绸衣，绘上五彩天龙花纹，在牛角上绑束尖刀，而在牛尾绑上灌好油脂的苇草，然后点燃，趁着夜色，从预先凿好的几十个城墙洞中，赶牛冲出，后而紧随着五千名壮士。牛尾部被火燎烧，都惊怒地奔向燕军大营。燕军大惊失色，看到牛身上都是天龙花纹，碰到的不是死就是伤。加上城中敲锣打鼓齐声呐喊，老弱居民也敲击铜器助威，响声惊天动地。燕国军队万分恐惧，纷纷败逃。齐军趁乱杀死燕军大将骑劫，追杀逃亡的燕军，所经过的城邑都叛离燕国，再度归顺齐国。田单的军队越来越多，乘胜而入，燕军望风而逃，逃到黄河边，齐国失去的七十几座城都得以复归。田单于是前往莒城迎齐襄王回国都临淄，襄王册封田单为安平君。

后来，燕王仍封乐毅的儿子乐为昌国君，而乐毅也为修好睦邻而往来燕国，最后死于赵国，谥号望诸君。

乐毅破齐之战，堪称战国历史上的一件大事，有着深远的影响。乐毅破齐，东方大国的威势不复存在，赵国成为名副其实的东方最强国。自从苏秦合纵，挫败秦锋，乐毅破齐，折伤齐势以来，秦、赵、齐三强鼎立的战国格局已发生了历史性的变幻倾斜。山东之国莫强于赵，秦国不敢窥兵井陉。赵国则以山东合纵之主的地位与秦国展开更为精彩的大国博弈。

齐襄王虽然依仗田单而复国继位，然而，正如杨宽先生所说："齐国虽然收复了失地，但从此国力大损，再也不是秦国的对手了。"史实也正是如此，自从乐毅伐齐之后，《史记》中关于齐国的记载，几乎一篇荒芜，再也难觅东方大国的昔日风采了。

然而，当齐襄王面对千疮百孔的齐国大地，首先想到的，应当就是荀子。齐闵王就是不听从荀子的正直进谏，最后竟然落下个"倒悬抽筋"而死的悲惨结局。

当时，燕军攻入临淄之时，"尽取齐宝，烧其宗庙"稷下学宫的损坏，可想而知。齐襄王最大的愿望，就是重建稷下学宫，请回以荀子为代表的各位大师。

《史记·孟子荀卿列传》记载：

田骈之属皆已死齐襄王时，而荀卿最为老师。齐尚修列大夫之缺，而荀卿三为祭酒焉。

然而，时过境迁，无可奈何。齐襄王时期，孟子离开齐国，在邹地安度晚年。田骈等老一辈稷下先生都因战乱与年老而去世，环视当下，唯有荀子的年龄、学养、人品、威望是最令人信服的。

于是，齐襄王亲自任命荀子为稷下学宫的祭酒，从而主持复兴学术，并向荀子请教齐国衰落的教训。

荀子只是回答："（齐）闵王毁于五国，无它故焉，非其道而虑之以王也。"意思正是，齐闵王想称王于天下，却不奉行王道，其结果必然落败啊！

游国恩先生称，荀子此时三十三岁为稷下祭酒，至四十九岁开始游秦。梁启超先生也称：荀卿复游齐，三为祭酒，当在此十余年间。

从此以后的十余年间，荀子就成为稷下学宫的学术领袖，同时也是整个战国时代百家争鸣的领导者。荀子在稷下学宫"聚人徒，立师学，成文典。"以韩非、李斯为代表的荀子的弟子们也是在这一时期从天下四方追慕而来。荀子在主持稷下学宫、复兴学术的同时，也对战国末期的诸子思想进行集大成式地批评与思索，从而开创了"荀卿学派"，即千古"荀学"的宗师之路。

五、论儒秦邦

鲁哀公十一年，鲁国派人带着厚礼聘请孔子，孔子这才结束了十四年周游列国、处处碰壁的尴尬生活。

鲁哀公最终也没有重用孔子，孔子不禁发出喟叹："没有人了解我啊！能了解我的，只有上天啊！"于是，孔子决定不再求仕为官，将晚年经历，全部用于教育事业与文献整理，孔子删《诗》、《书》，定《礼》、《乐》，修《春秋》，晚年特别喜好《易》，以至于"韦编三绝"，孔子手不释卷，把竹简的皮绳都磨断了多次。

孔子对于晚年生活的选择，极大地影响了孟子与荀子。于是，孟子"退而与万章之徒序诗书，述仲尼之意，作孟子七篇。"荀子"于是推儒、墨、道德之行事兴坏，序列著数万言而卒。"

对于孔子周游列国的事迹，许多人提出了儒者无用的质疑。而荀子则智慧地回答："虞舜、孝己，孝顺父母而父母不爱他们；比干、子胥，忠于君主而君主不任用他们；孔子、颜渊，明智通达而在社会上穷困窘迫。被迫生活在暴君统治的国家中而又没有办法避开这种处境，那就应该崇尚他的善行，宣扬他的美德，称道他的长处，而不宣扬他的短处。"

对于孔子周游列国的困境，荀子曾专门评价："孔子没有立锥之地，但他真诚地把道义贯彻到思想中，落实在立身行事上，表白在言语中，到成功的时候，他就显扬于天下，名声流传到后代。现在如果也让天下那些显赫的诸侯真诚地把道义贯彻到自己的思想中，落实到法律制度上，体现在政务中，又用提拔、废黜、处死、赦免等手段来反复强调它，使它连续不断地始终如一。像这样，那么他的名声传扬于天地之间，难道不像日月雷霆那样了么？"

孟子的周游历程，则多在中原地区。

孟子名轲，邹人。孔子的孙子子思的再传弟子。在齐威王时到过齐国，宋王偃称王的时候，游历宋国和滕国，在魏惠王晚年到魏国，先后会见魏惠王、魏襄王，接着又做齐宣王的卿。在齐宣王伐燕之后，离开齐国，退居邹，因而与弟子万章、公孙丑等作《孟子》七篇。

孟子与荀子之间，有着人性善恶的学术争论。荀子的《性恶》篇，就是针对孟子的性善论。

特别是，荀子曾经在《非十二子》中批评孟子的学说"大致上效法古代圣明的帝王而不知道他们的要领，然而还是自以为才气横溢、志向远大、见闻丰富广博。根据往古旧说来创建新说，把它称为'五行'，非常乖僻背理而不合礼法，幽深隐微而难以讲说，晦涩缠结而无从解释。"

荀子在学术上与孟子有着不同的见解，然而，这却并不影响荀子对于孟子其他优点的肯定。

荀子在《解蔽》篇记载：

孟子恶败而出妻，可谓能自强矣。

杨倞注解："孟子恶其败德而出其妻，可谓能自强于修身也。"

孟子怕败坏了自己的仁德而把妻子休出家门，这可以说是能够自己勉力向上了。对于孟子严于律己的自强与克制，荀子在一定程度上给予了肯定。

荀子在《大略》篇记载：

孟子三见宣王，不言事。门人曰："曷为三遇齐王而不言事？"孟子曰："吾先攻其邪心。"

杨倞注解："以正色攻去邪心，乃可与言也。"

孟子三次见到齐宣王而不谈国事。他的学生说："为什么三次碰到齐王都不谈国事？"孟子说："我先要打击他的坏思想。"这就证明，荀子对于孟子周游列国时的游说智慧，还是非常赞许的。

由此可见，荀子奉行"君子不以言举人，不以人废言"的评价标准，不因其学术见地之不同、地位名誉之高低而不认可其正确的话语和正直的言行。

总之，孔子与孟子的周游列国，成为很多儒家学者心向往之的佳话。荀子也要随着这两位儒学大师的足迹，开始他那独具传奇色彩的周游列国。荀子对于孔孟的周游路线，自当了然于心，荀子在总结了孔孟周游的事迹之后，又会走出怎样别开生面的游历之路呢？

特别有趣的是，孔子、孟子、荀子都曾到达过齐国等一些诸侯国家，然而，三人之中，唯有荀子到达过秦国。

唐代诗人韩愈作《石鼓歌》，其中就有这样的诗句：

孔子西行不到秦，掎摭星宿遗羲娥。

嗟予好古生苦晚，对此涕泪双滂沱。

可以说，荀子到秦之前，秦国仍处在"无儒"的状态。陈寅恪先生有一首诗句：

名山讲席谁儒士，胜地仙家有劫灰。

秦无儒，也许正巧契合荀子游秦的历史境况吧。

当年，乐毅伐齐之时，秦国的相国还是秦昭王的舅父穰侯魏冉。齐闵王因为贪图宋国的定陶，而穷兵黩武，大举灭宋。然而齐闵王立即遭受到了五国的攻伐，乐毅伐齐几乎令其亡国。正在此时，秦国相国魏冉就取得了宋国的定陶。魏冉的门客就提出："攻齐之事成，陶为万乘，长小国，率以朝，天下必听，五伯之事也。"可见秦国魏冉的权势可谓炙手可热。

而此刻，赵国对于秦国取得了重大的军事胜利——阏与之战。

赵惠文王二十九年，赵派公子入秦为质，提出用焦、黎、牛狐交换被秦国攻占的蔺、离石、祁。秦如约交还蔺、离石、祁等地；而赵国食言，拒绝将焦、黎、牛狐交给秦国。秦王大怒，派中更胡阳越过韩国的上党，进攻赵国的险要之地阏与。这就是著名的"阏与之战"。

《战国策》记载，秦国进攻赵国的蔺、离石、祁三地，并已攻下，赵国派公子部到秦国去做人质，请求献出焦、黎、牛狐三城，与秦国交换蔺、离石、祁。赵国背约，不献出焦、黎、牛狐三城。秦王发怒，派公子缯去赵国要求交出三城。赵王派贵人郑朱对公子缯说："蔺、离石、祁三地，离赵国很远，而离贵国很近。因有先王的圣明，又有先臣的努力，所以我们有了这三地。现在我不如先王，连国家都顾不上治好，怎么能顾得上蔺、离石、祁呢？我的大臣不好，所谓交换城池，都是他们干的，我一点也不知道。"赵王终究和秦国背约。秦王大怒，派胡阳出兵讨伐赵国，进攻阏与。

《史记》记载，秦国进攻韩国，军队驻扎在阏与。赵惠文王召见廉颇问道："可以去援救吗？"廉颇回答说："道路远，而且又艰险又狭窄，很难援救。"又召见乐乘问这件事，乐乘的回答和廉颇的话一样。又召见赵奢来问，赵奢回答说："道远地险路狭，就譬如两只老鼠在洞里争斗，哪个勇猛哪个得胜。"赵惠文王便派赵奢领兵，去救援阏与。

赵国军队离开邯郸三十里，赵奢就在军中下令说："有谁来为军事进谏的处以死刑。"秦军驻扎在武安西边，他们击鼓呐喊的练兵之声把武安城中的屋瓦都震动了。赵军中的一个侦察人员请求急速援救武安，赵奢立即把他斩首。赵军坚守营垒，停留二十八天不向前进发，反而又加筑营垒。秦军间谍潜入赵军营地，赵奢用饮食好好款待后把他遣送回去。间谍把情况向秦军将领报告，秦将大喜，说："离开国都三十里军队就不前进了，而且还增修营垒，阏与不会为赵国所有了。"赵奢遣送秦军间谍之后，就令士兵卸下铁甲，快速向阏与进发。两天一夜就到达前线，下令善射的骑兵离阏与五十里扎营。军营筑成后，秦军知道了这一情况，立即全军赶来。一个叫许历的军士请求就军事提出建议，赵奢说："让他进来。"许历说："秦人本没想到赵军会来到这里，现在他们赶来对敌，士气很盛，将军一定要集中兵力严阵以待。不然的话，必定要失败。"赵奢说："请让我接受您的指教。"许历说："我请求接受死刑。"赵奢说："等回邯郸以后的命令吧。"许历请求再提个建议，说："先占据北面山头者得胜，后到者失败。"赵奢同意，立即派出一万人迅速奔上北面山头。秦兵后到，与赵军争夺北山但攻不上去，赵奢指挥士兵猛攻，大败秦军。秦军四散逃跑，于是阏与的包围被解除，赵军回国。这是赵国对于秦国的一次重大军事胜利。自此，赵国声名大震，成为山东领袖。

赵惠文王赐给赵奢的封号是马服君，并任许历为国尉。赵奢于是与廉颇、蔺相如职位相同。自此，廉颇、蔺相如、赵奢、李牧被称为"赵国四贤"。

对于秦昭王来说，国外有赵国之兴盛，甚为担忧；国内有魏冉之专权，更是处于"只闻穰侯，不闻秦王"的尴尬局面。

正在秦国一筹莫展之际，秦昭王却偶然间得到了一位出身卑贱的奇才——范雎。此人的出现，令秦国的战略为之大变，并使得赵国平原君被囚咸阳，最终促成了秦赵之间的长平决战。

《史记》记载，范雎是魏国人，字叔。他曾周游列国希望有国君接受自己的主张而有所作为，但没有成功，便回到魏国打算给魏王任职服务，可是家境贫寒又没有办法筹集活动资金，就先在魏国中大夫须贾门下混事。

有一次，须贾为魏昭王出使到齐国办事，范雎也跟着去了。他们在齐国逗留了几个月，也没有什么结果。当时齐襄王得知范雎很有口才，就派专人给范雎送去了十斤黄金以及牛肉美酒之类的礼物，但范雎一再推辞不敢接受。须贾知道了这件事，大为恼火，认为范雎必是把魏国的秘密出卖给齐国了，所以才得到这种馈赠，于是他让范雎收下牛肉美酒之类的食品，而把黄金送回去。回到魏国后，须贾心里恼怒嫉恨范雎，就把这件事报告给魏国相国。

　　魏国的相国是魏国公子之一魏齐。魏齐有一位挚交好友就是赵国的大夫虞卿。魏齐听后大怒，就命令左右近臣用板子、荆条抽打范雎，打得范雎胁折齿断。当时范雎假装死去，魏齐就派人用席子把他卷了卷，扔在厕所里。又让宴饮的宾客喝醉了，轮番往范雎身上撒尿，故意污辱他借以惩一儆百，让别人不准再乱说。卷在席里的范雎还活着，就对看守说："您如果放走我，我日后必定重重地谢您。"看守有意放走范雎就向魏齐请示把席子里的死人扔掉算了。可巧魏齐喝得酩酊大醉，就顺口答应说："可以吧。"范雎因而得以逃脱。后来魏齐后悔把范雎当死人扔掉，又派人去搜索范雎。魏国人郑安平听说了这件事，于是就带着范雎一起逃跑了，他们隐藏起来，范雎更改了姓名叫张禄。

　　在这个时候，秦昭王派出使臣王稽正到魏国。郑安平就假装当差役，侍候王稽。王稽问他："魏国有贤能的人士可愿跟我一起到西边去吗？"郑安平回答说："我的乡里有位张禄先生，想求见您，谈谈天下大事。不过，他有仇人，不敢白天出来。"王稽说："夜里你跟他一起来好了。"郑安平就在夜里带着张禄来拜见王稽。两个人的话还没谈完，王稽就发现范雎是个贤才，便对他说："先生请在三亭的南边等着我。"范雎与王稽暗中约好见面时间就离去了。

　　王稽辞别魏国上路后，经过三亭的南边时，载上范雎便很快进入了秦国国境。车到湖关时，远远望见有一队车马从西边奔驰而来。范雎便问："那边过来的是准？"王稽答道："那是秦国国相魏冉去东边巡行视察县邑。"范雎一听是魏冉便说："我听说魏冉独揽秦国大权，他最讨厌收纳各国的说客，这样见面恐怕要侮辱我的，我宁可暂在车里躲藏一下。"不一会儿，魏冉果然来到，向王稽道过问候，便停下车询问说："关东的局势有什么变化？"王稽答道："没有。"魏冉又对王稽说："先生该不会带着那般说客一起来吧？这种人一点好处也没有，只会扰乱别人的国家罢了。"王稽赶快回答说："臣下不敢。"两人随即告别而去。范雎对王稽说："我听说魏冉是个智谋之士，处理事情多有疑惑，刚才他怀疑车中藏着人，可是忘记搜查了。"于是范雎就跳下车来奔走，说："这件事魏冉不会甘休，必定后悔没有搜查车子。"大约走了十几里路，魏冉果然派骑兵追回来搜查车子，没发现有人，这才作罢。范雎于是与王稽进了咸阳。

《资治通鉴》记载，秦王决定在离宫召见范雎。范雎假装不识道路走入宫中巷道。秦王乘轿舆前来，宦官怒声驱赶范雎说："大王来了！"范雎故意胡说道："秦国哪里有大王，秦国只有王太后和魏冉而已！"秦王略微听见了几句，便屏退左右随从，下跪请求说："先生有什么指教我的？"范雎只说："是的是的。"如此三次。秦王又说："先生到底不愿对我赐教吗？"范雎才说："我哪里敢呢！我是一个流亡在外的人，和大王没有什么交往，而想向您陈述的又都是纠正您失误的大事，关系到您骨肉亲人，我即使愿意一效愚忠却还不知大王的真心，所以大王三次下问我都不敢回答。我知道今天在您面前说出，明天就有被处死的危险，但我还是不敢回避。死，是人人都无法免除的，如果我的死能对秦国有所裨益，就是我最大的愿望了。我只怕我被处死之后，天下的贤士都闭口不言，裹足不前，不再投奔秦国了。"秦王又下跪说："先生您这是什么话啊！今天我能见到先生，是上天认为我混浊，为了保存秦国的祖业宗庙而把您赐给我的。无论事情大小，上及王太后，下至大臣，希望您都一一对我指教，不要再怀疑我的真心了！"范雎于是下拜，秦王也急忙回拜。

范雎这才说道："以秦国的强大，士卒的勇猛，对付各国，就好比用韩卢那样的猛犬去追击跛脚兔子。而秦国却坐守关外十五年，不敢派兵出击崤山以东，这是魏冉为秦国的谋划不忠心，但是大王您的方针也有所失误。"秦王跪着说："我想知道错在何处！"但是左右随从有不少人在侧耳偷听，范雎不敢提及内政，便先说到外事，以观察秦王兴趣的高低。他于是说："魏冉越过韩国、魏国去进攻齐国的刚、寿两地，不是好计划。当年齐王向南进攻楚国，破军杀将，开辟千里土地，而最后齐国连一尺一寸领土也未能得到，难道是他不想要地吗？实在是因为地理形势无法占有。而各国看到齐国征战疲劳，便起兵攻打齐国，大破齐军，使齐国几乎灭亡。这个结局就是因为齐国攻打楚国而使好处落到韩、魏两国手中。现在大王不如采取远交而近攻的方针，得一寸地就是您大王的一寸，得一尺地就是您大王的一尺。魏国、韩国，位于中原，是天下的中枢。大王如果想称霸，必须接近中原之地控制天下枢纽，以威逼楚国、赵国，楚国强就收复赵国，赵国强则收复楚国，楚国、赵国一旦归附您，齐国就惊慌失措了。齐国再归附，韩国、魏国便是秦国掌中之物了。"

秦昭王闻听大喜，称赞言道："善。"

于是，秦昭王推行范雎的"远交近攻"战略，果然取得了前所未有的效果。公元前268年，秦昭王听从客卿范雎计谋，派兵攻伐魏国取得怀地；后二年秦兵再攻取魏国的邢丘，迫使魏服从于秦。

秦昭王日益亲信范雎，使他掌权，范雎便趁机建议秦王道："我在崤山之东居住时，只听说齐国有孟尝君，不知道有齐王；只听说秦国有王太后、魏冉，不知道有秦王。所谓独掌国权称作王，决定国家利害称作王，控制生杀大权称作王。现在王太后擅自专行，不顾大王；魏冉出使外国也不报告大王；华阳君、泾阳君处事决断，无所忌讳；高陵君自由进退，也不请示大王。有这四种权贵而国家想不危亡，是不可能的。在这四种权贵的威势之下，可以说秦国并没有王。魏冉派使者控制大王的外交重权，决断与各国事务，出使遍天下，征讨敌国，无人敢不听从。如果战胜了，他就把所获利益全部收归自己的封地陶邑；如果战败了，他就把百姓的怨愤推到国家身上。我还听说，果实太多会压折树的枝干，枝干折断会损伤树根，封地过于强大会威胁到国家，大臣过于尊显会使君主卑微。当年淖齿管理齐国，用箭射齐王的大腿，抽去齐王的筋，把他吊在房梁上，过了一夜才折磨死。李兑统治赵国，把赵主父关在沙丘宫里，一百天后活活饿死。如今我看秦国四种权贵的所作所为，也正像淖齿、李兑一类。夏、商、周三代最后亡国的原因，都是因为君王把专权转授给臣下，自己纵酒行猎；被授权者嫉贤妒能，欺下瞒上，图谋不轨。他们不为主子考虑，而君主也不觉察醒悟，所以失去了国家。现在秦国自小官直至各个大官，再到大王您的左右随从，无一不是丞相魏冉的人。我看到大王您孤孤零零地在朝廷上，真为您万分担忧。恐怕您去世后，拥有秦国的将不是大王您的子孙了！"

秦昭王听后深以为然，于是毅然废黜太后的专权，把魏冉、高陵君、华阳君、泾阳君驱逐到关外去。秦王收回了穰侯的相印，让他回到封地陶邑去，由朝廷派给车子和牛帮他拉东西迁出国都，装载东西的车子有一千多辆。到了国都关卡，守关官吏检查他的珍宝器物，发现珍贵奇异的宝物比国君之家还要多。魏冉最后死而葬于定陶。

秦昭王

于是，秦昭王把应城封给范雎，范雎也号称应侯。范雎帮助秦昭王打击了秦国贵族从而树立了君王的绝对权力，这对于秦国的凝聚力大有裨益。在范雎的策略下，秦国对内统一王权，对外远交近攻，一跃而成为天下大局的主导者。

此时，赵惠文王准备发起山东合纵，来讨伐秦国了。

《战国策》记载，诸侯的谋士相聚在赵国，发起合纵联盟，准备进攻秦国。秦相应侯范雎对秦昭王说："大王不必为此担忧，如今我就要让他们的合纵联盟搞不成。秦国并没有与诸侯的谋士结怨，他们聚在一起图谋攻秦，只是因为他们都想为自己谋求富贵而已。我见到大王的狗：有的卧着，有的起来，有的在走动，有的静止不动。它们互不干扰，和平共处。如果扔给它们一块骨头，它们马上会互相咬得不可开交，这是为什么呢？就是为了争一块骨头。"

于是，秦昭王派遣唐雎带上乐队，给了他五千金，住在武安，大摆筵席，招待宾客。在筵席上，唐雎向聚会在赵国国都邯郸的谋士们扬言："有谁来争取重金的？"当时，首谋攻秦的人不来拿取赠金；那些肯取赠金的都是与秦国友好的人。

唐雎返回秦国后，范雎又对唐雎说："您是为秦国谋事的，不要考虑钱花到哪里去了，尽量去花钱，这样收效才大。我即刻再派人带五千金随您去。"随后唐雎出发了。到了武安，还没有用到三千金，诸侯的谋士们就互相争夺起来了。

范雎对于金钱的运用可以说是达到了极点。这也反映出山东合纵最大的忧患就是不能够众志成城、精诚团结。而秦国正是看破了山东诸国畏缩不前、互相猜疑的弱点，最终破坏了合纵攻秦的诸侯联盟。

范雎向秦昭王提出的兼并策略，其要点首先是"远交而近攻"，因为这样才能巩固所攻取的土地，所谓"得寸则王之寸，得尺亦王之尺"；从而他建议先取韩，认为韩与秦地形交错，是秦的"心腹之患"。其次是"毋独攻其地而攻其人"，因为这样才能在攻取土地的同时歼灭敌国的兵力。《孙子兵法·谋攻篇》说："上兵伐谋，其次伐交，其次伐兵，其下攻城。"孙武着重讲求战略战术的运用和争取胜利，因而以"伐谋"为上策，"伐兵"和"攻城"是次要的。但是这时秦要灭亡别国而完成统一，"攻地"和"攻人"确是上策。自从乐毅破齐之后，秦成为最强之国，秦昭王和秦相魏冉就制定攻灭魏国的策略，夺去了不少魏的土地，多次用力围攻魏都大梁，结果没有成功，因为魏有坚守的兵力，前来救援的赵、燕等国兵力也强。范雎从"十攻魏而不得伤"的经验中，进一步提出了"毋独攻其地而攻其人"的新战略，要攻城而兼攻人，这是十分重要的。范雎所制定的伐韩战略，就是要"北断太行之道"，腰断上党郡和韩国本土的联系，从而夺取韩的上党郡。

李斯在写给秦始皇的上疏中曾盛赞："昭王得范雎，废穰侯，逐华阳，强公室，杜私门，蚕食诸侯，使秦成帝业。"可见，应侯范雎在秦国的权势与功劳都是独一无二的。

此后，秦昭王更加信任范雎，并以"叔父"称之。

范雎此人，一饭之德必偿，睚眦之怨必报。凡是给过他一顿饭吃的小恩小惠他是必定报答的，而瞪过他一眼的小怨小仇他也是必定报复的。范雎又向秦昭王举荐曾保护过他的郑安平，昭王便任命郑安平为将军。范雎于是散发家里的财物，用来报答所有那些曾经帮助过他而处境困苦的人。

与此同时，范雎利用秦国的威慑力，索要仇人魏国相国魏齐的头颅。此事牵连赵国相国虞卿辞去相位，甚至一度囚禁赵国平原君于咸阳，最后迫使魏齐自杀，才平息了范雎的怒气。

而荀子入秦所要面对的正是这位"恩仇必报"的秦国相国——应侯范雎。

当年，少年荀子壮游幽燕，独自一个游说燕王哙，欲拯救万民于水火，是何等的少年豪情！而此时，荀子入秦，却追随着以李斯为代表的荀子的弟子们。

一时，秦昭王、范雎、荀子、李斯围坐一处。

应侯范雎先是自得地问道："荀先生入秦何见？"

荀子毫不偏私地说道："秦国边塞险峻，地势便利，山林川谷美不胜收，天然之材多不胜用，乃形胜之地。踏入秦地，观其风俗，百姓质朴淳厚，音乐不流于卑污，服装不显于轻佻，人们皆畏惧官吏而十分顺从，真像是古代圣王统治下的民众啊！到了大小城邑的官府，官吏肃然，无不谦恭节俭、敦厚谨慎、忠诚守信而不粗疏草率，真像是在古代圣王统治下的官吏啊！进入咸阳，观其士大夫，出于其门，入于公门，出于公门，归于其家，并无私下的事务。不勾结作奸，不结派营私，卓然超群地没有谁不明智通达而廉洁奉公，真像是古代圣王统治下的士大夫啊！观其朝廷，王令通达，百事不遗。

安闲得好像没有什么需要治理似的，真像是古代圣王统治下的朝廷啊！故此，秦国四代都有胜利的战果，并非偶然，乃是商鞅法家思想治理的结果。这就是在下所见到的。"

秦王问道："依先生所言，那寡人就能像古代圣王一样称王于天下了？"

荀子轻轻摇头说道："政令简要却不疏漏，政事通达却不繁杂。这是为政的最高境界了。秦国民众、官吏、士大夫、朝廷已经类似这样了。即使如此，若是用称王于天下的功绩名声去衡量秦国，那简直是天南海北，相差得很远。"

"为何？"秦王诧异地问道。

"那应当是秦国没有儒者罢。"荀子一针见血地说道："纯粹地崇尚道义、任用贤人的就能称王天下；驳杂地义利兼顾、贤人亲信并用的就能够称霸诸侯。这两者一样也做不到的就会灭亡。"

范雎说道："那么依先生之见，法家力术的方法行不通，儒家礼义的方法就行得通。这是在说我们秦国吗？"

荀子说道："正是秦国。秦国的兵力比商汤、周武还要威武强大；秦国的领地比舜、禹的还要广大辽阔。但是秦国的忧虑祸患多得不可胜数，提心吊胆地唯恐山东列国合纵为一而攻伐自己。这就是在下所说的只以法家力术酷刑的方法行不通的缘由。"

秦昭王问道："为何说寡人的兵马比商汤、周武还要威武强大呢？"

荀子答道："商汤、周武只能使愿意听从自己的臣民听差遣罢了。而现在，楚王的父亲困死在秦国，郢都也被秦军攻破，楚王背着三位先王的神主牌位躲避在陈、蔡两地之间。楚王正在观察天下大势，一有可乘之机便想直捣秦国的腹地。而今，秦王让楚王向左，他就向左；让楚王向右，他就向右。这就是能使自己的仇敌听从服役啊。这难道不比商汤、周武更威武强大吗？"

秦昭王又问道："那为何寡人的领地比舜、禹的还要广大辽阔呢？"

荀子答道："上古时，各代帝王统一天下，臣服诸侯，境内没有超过方圆上千里的。而今秦国，长江之南占有了沙羡；北边与胡、貉相邻；西边攻占了巴、戎、义渠；东边所夺取的楚国领地已经与齐国交界。秦军已能越过常山，进逼中原各国。这难道不比舜、禹的土地还要广大辽阔吗？"

秦昭王听得有些糊涂，他疑惑地问道："寡人的兵力比商汤、周武还要威武强大；寡人的领地比舜、禹的还要广大辽阔，哪里还有什么忧患？"

荀子回答："节制武力而回归文治，任用正直忠诚、守信贤能的君子来治理天下。端正是非，治理曲直。秦王听政于咸阳，顺从的国家置于一旁，不顺从的国家再用武力讨伐。若能如此，秦军不必出函谷关而秦政即在天下实行了。如此，山东列国为秦国建造明堂而使诸侯来朝拜，就指日可待了。当今之世，致力于武力与领地不如致力于礼义与信用啊。"

秦王默然，范雎问道："荀先生何以见之？"

荀子答道："秦王使民众谋生的道理很狭窄，万民生活穷困窘迫。秦国使用民众残酷严厉，用权势威逼他们作战。用穷困使民众生计艰难而别无选择；用奖赏使民众习惯于杀人作战；用刑罚强迫民众去劳役征战。使国内的民众向君主求取利禄的方法，除了作战就没有别的途径。这也是战国乱世，秦国征战次数最多的原因。秦国的法律使民众穷困后再使用他们，得胜后再给他们记功。得到五个敌人士兵的首级就可以役使本乡的五户人家，官爵的提升要与斩得敌人首级的军功相称。这也是战国乱世，秦军杀人最多的原因。所以秦国四代以来都有着胜利的战绩，如此才有兵力比商汤、周武还要威武强大，领地比舜、禹的还要广大辽阔的形势。但正是因为如此，秦国的忧患才会不可胜数。"

秦王接着问道："荀先生是说秦国多力术而少儒礼，那何为礼？"

荀子严肃地说道："礼，是治理天下的最高准则，是使国家强大的根本措施，是使武力得以威慑的根基所在，是君王功成名就的必由之路。天子诸侯遵行了礼，所以能一统天下；不遵行礼，所以会亡国灭身。故此，坚甲利兵不足以为胜，高城深池不足以为固，严令繁刑不足以为威。由其道则行，不由其道则废。"

"儒礼能扫灭群雄、平定天下吗?"秦昭王反问。

荀子耐心地讲道："武王讨伐的那天，正当兵家禁忌的日子，向东进军又冲犯了太岁，到达汜水时河水泛溢，到达怀城时城墙倒塌，到达共头山时岩石崩落。霍叔恐惧地说:'出兵三天就有五不祥，恐怕出师不利。'周公坚定地说道:'纣王将比干剖腹挖心，还囚禁了箕子，任用飞廉、恶来当政，真是恶贯满盈。我等仁义之师又有何惧!'于是周公亲选良马前行，早晨在戚地吃饭，晚上在百泉宿营，次日黎明就来到了牧野。周公击鼓进兵，纣王的士兵就倒戈起义了，于是周武王就凭借着商王朝的士兵诛杀了纣王。周武王的将士不像秦国那样，他们没有首级、俘虏的缴获，也没有冲锋陷阵而得到的奖赏。周武王的军队凯旋之后不再动用铠甲、头盔与盾牌，他们放下武器，会合天下诸侯，创作了乐曲，从此《武》、《象》兴起而《韶》、《护》被废弃了。四海之内，无不因为道德礼乐的教化而归心周朝。故此方有，百姓夜不闭户，天下莫非王土的局势。难道这不是儒礼仁义定天下的最好例证吗?"

荀子继续说道："周武王去世时，成王还很年幼。周公旦拥护成王而继承武王之位来统辖天下，正是他担心天下背叛周家王朝。周公立于天子之位，处理天下的决策，心安理得地就像他本来该拥有这样的权力似的。而天下之人并不称他贪婪。周公杀了管叔，使殷国国都成了废墟，但天下之人并不说他凶暴。周公治理天下，设置了七十一个诸侯国，其中姬姓王族就占了五十三个，但天下之人并不怪他偏私。周公教诲、开导成王，使成王明晓礼义之道，从而能继承文王、武王的大业阔步向前。周公把周家天下和王位归还给成王，而天下并没有停止侍奉周王朝，然后周公才放心地回到臣子的位置上，北面朝拜成王。"

荀子分析道："天子这种职权不可以让年幼的人掌管，也不可以由别人代理行使。能负担起这个重任的，天下就会归顺他；不能者，天下就会背离他。因此周公拥护成王而继承武王之位来统辖天下，是怕天下人背叛周王朝。成王行了冠礼，已经成人，周公便把周家天下和王位归还给成王，以此来表明他不灭掉嫡长子的道义。于是周公就没有权力来统辖天下了。他过去拥有天下，现在没有天下，这并不是禅让；成王过去没有天下，现在拥有天下，这并不是篡夺。这正是君权更替受到了礼法节制的结果。所以周公作为文王之子、武王之弟的身份来代替嫡长子执政并不僭越。周公凭借天下之人的同心合力，完成了文王、武王的事业，彰明了庶子与嫡长子之间的关系准则，虽然其间极尽权变之能事，但天下却安安稳稳地始终如一。除了圣人没有谁能够做到这一点。这就是儒礼和儒者所起的作用。"

秦昭王问道："儒者对寡人的国家有什么益处？"

荀子答道："儒者乃是效法先王、崇尚礼义、谨慎守职而忠君爱国的君子。君王用之，则身在朝堂而处事合宜；君王不用，则退身百姓而谨慎守义。即使贫穷困苦、受冷挨饿，他们也不会牟取不义之财；即使没有立锥之地，他们也不会放弃匡扶社稷的大义；即使大声疾呼而无人响应，他们也能以仁为己任，沉毅坚忍。这些人虽身在陋巷之中，人们也会从心底敬重他们。孔子将要担任鲁国司寇时，沈犹氏不敢再让羊儿喂水之后再贩卖，公慎氏休掉了作风不良的妻子，作奸犯科的慎溃氏越境搬走了，鲁国卖牛马也不再漫天要价了，这正是因为孔子总是预先用正道去对待别人的缘故。孔子住在阙党之时，阙党的子弟将网获的鱼兽进行分配时，有父母亲的子弟就多得一些。这是因为孔子用孝顺父母、尊敬兄长的道理感化了他们。儒者在朝则为美政，儒者在野则为美俗，又更何况儒者在国呢？"

秦王又问道："那么寡人成了儒者，秦国又能怎样呢？"

荀子说道："君王成为儒者，影响就更大了。意志定于心中，礼节修于庙堂。法则、度量规范百官，忠信、仁爱布于万民。做一件不义的事，杀一个无罪的人而能取得天下，君王也不会去做。这种君王的信义通于四海、达于天下，天下之人自然讴歌赞颂，千里来投。如此，四海之内，如若一家；通达之地，莫不心服。君王若能如此，就如《诗经》中所说的那样：'自西向东，自南向北，无思不服。'秦王，难道不是这样吗？"

会谈结束，始终一言不发的李斯说道："秦国四世有胜，兵强海内，威行诸侯，非仁义为之也，唯以便利从事而已。老师精通百家，为何不能被秦王采用呢？"

荀子说道："其中道理非汝所知。你所说的便利，是一种并不便利的便利；我所说的便利，才是极其便利的便利。仁义则政修，政修则民亲，民亲则国强。故此，凡事在君，将帅为末。秦国虽有四代之胜，但仍畏惧山东的合纵，此正所谓末世之兵，没有抓住治国的根本纲领。当年，商汤流放夏桀，并不只是在鸣条这个地方打败夏桀时才开始的。武王诛杀商纣，也不只是在牧野这个地方取得胜利时才进行的。这些都是靠着他们以前的仁政与平时的治理，这才是老师所说的仁义之师。你不从仁义这个根本上去寻找原因，而去从便利这些枝节上去探索缘由，这是你急功近利的心理，也是当今社会战乱不止的祸根啊！"

秦王受教，但并没有采用荀子的学说。此时，秦昭王关心的是如何富国强兵、横扫六国的问题，荀子的"王道"和"儒礼"显然有些不合时宜。虽然秦昭王给予荀子较高的礼遇，但对荀子的学说只是表示了敬佩，而不是积极推行。然而，荀子在秦国指出的"无儒"的缺憾却是一针见血。荀子称其为"此亦秦之所短也。"史实证明，荀子不愧为高瞻远瞩的伟大思想家，秦国以后的历史恰恰验证了荀子观点的正确性。秦国虽然能够依仗法治而富国强兵，完成一统。但其"无儒"的遗憾，使得秦国忽视了礼义道德的教化作用。古人常说："武以兵戈平乱世，文以道德化人心。"而秦国缺少的正是儒家的人文道德啊！总之，秦国二世而亡，荀子早有预言。

罗根泽考证："荀卿入秦见昭王及应侯，在秦不久即返赵。"

而这时，荀子匆匆离开秦国的原因，除了秦王拒绝纳谏之外，也许就是天下局势的巨大变化——分久必合。

当年，周朝太史儋见秦献公曰："秦始与周合，合而离，五百岁当复合，合十七年而霸王出焉。"意思是，起初秦与周联合，联合后又分离，五百年后该当重新联合，联合十七年就会有霸王出现了。

《史记索隐》注解："自昭王灭周之后至始皇元年诛嫪毐，正一十七年。"太史仿佛已经预言了秦昭王吞并周朝、以及秦始皇降生邯郸的历史事件了。

秦昭王在应侯范雎的谋划之下，已然下定决心结束这五百年的历史预言，从而灭亡赵国，一统天下。荀子的仁心儒说，又怎么能被雄心勃勃的秦昭王所接纳呢？

荀子师生一行匆匆离开秦国不久。一时间，函谷关洞开，虎狼之师驾着历史的车轮滚滚东来，周朝八百年的礼乐书简，被碾压得粉碎，随之磨灭的还有三百年春秋、二百年战国总共五百年东周乱局。而这分久必合的关键一战，正是震惊天下的秦赵长平之战！

六、议兵赵国

若论秦国一统天下的浩大声势，历代皆有雄论。

当是之时，秦国形势"地半天下，兵敌四国，被险带河，四塞以为固。"秦国经济"秦以牛田，水通粮"，秦国百姓"甚畏有司而顺"，秦国百吏"莫不恭俭敦敬"，秦国士大夫"不比周，不朋党"，秦国朝廷"百事不留，恬然如无治"。秦国人才储备"士不产于秦而愿忠者众。"秦国将士兵马"捐甲徒裼以趋敌，左挈人头，右挟生虏"。"闻战，顿足徒裼，犯白刃，蹈炉炭，断死于前者皆是也。"

孔子曰："秦，国虽小，其志大；处虽辟，行中正。"

荀子曰："（秦）四世有胜，非幸也，数也。"

商鞅曰："秦据河山之固，东乡以制诸侯，此帝王之业也。"

苏秦曰："以秦士民之众，兵法之教，可以吞天下，称帝而治。"

张仪曰："（秦）虎贲之士百馀万，车千乘，骑万匹，积粟如丘山。法令既明，士卒安难乐死，主明以严，将智以武，虽无出甲，席卷常山之险，必折天下之脊，天下有後服者先亡。且夫为从者，无以异於驱群羊而攻猛虎，虎之与羊不格明矣。"

范雎曰："（秦）四塞以为固，奋击百万，战车千乘，利则出攻，不利则入守，此王者之地也。民怯於私斗而勇於公战，此王者之民也。王并此二者而有之。夫以秦卒之勇，车骑之众，以治诸侯，譬若施韩卢而搏蹇兔也，霸王之业可致也。"

韩非曰："今秦地折长补短，方数千里，名师数十百万。秦之号令赏罚，地形利害，天下莫若也。以此与天下，天下不足兼而有也。是故秦战未尝不克，攻未尝不取，所当未尝不破，开地数千里，此其大功也。"

李斯曰："秦之乘胜役诸侯，盖六世矣。今诸侯服秦，譬若郡县。夫以秦之疆，大王之贤，由灶上骚除，足以灭诸侯，成帝业，为天下一统，此万世之一时也。"

秦国吞并天下之心久矣，而真正在战略意义上实现吞并天下的决定性一战，无疑就是长平之战。因为战国末期唯一能够与秦国相抗衡的国家就是赵国。

长平激战结束之后，秦将白起以迅雷不及掩耳之势，直扑赵都邯郸，意图一举灭亡赵国。秦军兵分两路，一路由王龁率领，东越太行，攻克皮牢、武安；一路由司马梗率领，向北攻克赵国太原郡。

《战国策》记载，在长平大战中，秦军大胜，赵军大败；秦国人欢喜，赵国人害怕。秦国人战死的给予厚葬，受伤的给予精心治疗，有功绩的设酒食给予慰劳，百姓假借祭祀之名聚会，浪费了财物；赵国人战死的无人收殓，受伤的得不到医治，军民悲泣哀号，齐心协力，团结一致努力耕田，增加了生产。赵国的守备力量相当于以前的十倍。赵国从长平之战以来，君臣都忧愁恐惧，早上朝，晚退朝，用谦卑的言辞，贵重的礼品，向四方派出使节，结交盟友，与燕、魏、齐、楚结为友好盟邦。赵国百姓千方百计，同心同德，致力于防备秦国来犯。短短的时间内，赵国国内财力充实，外交成功，为保卫邯郸做好了最后的准备。

平原君计谋合纵攻秦以救赵，率领门下食客二十人前往楚国，请楚王合纵，毛遂自荐同往，从日出说到日中，说得楚王歃血结盟、出兵救赵。

平原君夫人是魏信陵君的姐姐，曾多次写信请魏王和信陵君发兵来救。魏王派将军晋鄙率兵十万以救，因怕秦移兵还击，留于汤阴不敢前进。信陵君采用门客侯嬴的计谋，请求魏王宠妃如姬偷得发兵虎符，带着大力士朱亥用铁椎击杀晋鄙于邺，选得精兵八万进兵邯郸。同时楚春申君也已派将军景阳率大军前来会合，一起北上解邯郸之围。

这正是平原君门客"毛遂自荐"与信陵君"窃符救赵"的典故。荀子敬重侠义之士，对于赵国平原君僭越君上、魏国信陵君违背臣节，这些举动严格意义上均不符合儒家的要求，但是因为他们身上表现出来的侠义之风，而被荀子不拘一格地评价为：平原君对于赵国来说，可以称为辅助了；信陵君对于魏国来说，可以称为匡正了。古书上说："依从正确的原则而不依从国君。"说的就是这种人啊。

合纵抗秦成功，秦兵作战失利，秦王勉强白起出战，白起仍称病重，秦王罢免了白起官爵。接着白起又被逐出咸阳，到西门外十里的杜邮，赐剑使其自杀。

长平古战场，历代名士多有凭吊。从西汉刘向父子，到三国名士何晏，唐玄宗李隆基，唐代诗人李贺，宋代司马光，元代词人元好问，以及明代开国皇帝朱元璋与谋臣刘伯温等等。他们或考察史迹，或登高作赋，或巡视游历，或亲民怀古，总是有那么一种难以磨灭的长平情怀。战国的天幕之上，秦国与赵国，正如两颗闪耀璀璨的巨星。而长平之战，正是这两颗巨星最为浩大悲壮的历史冲撞。而这一冲撞，决定并加速了中华的统一进程。

而对于整个战国的时局与秦国最终一统天下，司马迁总结说："东方，预示着万物生长的开始；西方标志着万物成熟的归属。就像夏禹在西羌兴起而在东方臣服了九夷，周武王在西岐发祥而在东方代替了商朝。秦国最终吞并了天下，其原因不一定就是山川的险峻和形势的便利，大概是悠悠苍天对它有所帮助吧。"

尘埃落定，赵国气数已尽，秦国一统天下之势不可阻挡。

荀子曾大声疾呼："欲立功名，则莫若尚贤使能矣！"对于尚贤使能，赵孝成王用人唯亲，不能用人唯贤，心底没有一定的用人标准，更缺乏辨别贤愚的能力。相比于赵简子用尹铎，赵襄子用张孟谈，赵武灵王用肥义来说，赵孝成王确实不能称得上一位明君。

尽管如此，赵孝成王晚年对于贤人的尊敬态度还是值得肯定的。

从史料来看，平原君去世之后，赵孝成王也确实吸收了他府中的门客。

《战国策》记载，平原君著名的门客冯忌求见赵孝成王，管礼宾的人把他介绍给赵王。冯忌见了赵王，拱手低头，想说又不敢说。赵王问他是什么缘故，冯忌说："我有个朋友，介绍一个人给服子。不久我问服子，那人有什么错误。服子说：'你介绍的那个人竟然有三个错误：看着我笑，这是轻慢；谈论道理，不称颂老师，这是背叛；和他交情浅薄却深谈，这是惑乱。'我那个朋友说：'不是这样。望人而笑，这是和颜悦色；说话不称颂老师，因为是随便说话，不必尊师；交情浅薄却深谈，这是出于忠诚恳切。'从前尧帝在荒野之中见到虞舜，坐在田头，歇于桑下，很快就把天下交给了虞舜。伊尹背着鼎器求见商汤，姓名还未及登记，很快就任命他为三公。如果浅薄就不能深谈，那么，尧帝就不会把天下传给虞舜，商汤就不会任命伊尹为三公。"赵孝成王说："很好。"冯忌说："我现在和大王交情浅薄，却想深谈，可以吗？"赵王说："我谨遵你的教导。"于是冯忌就谈起来。成语"交浅言深"即典源于此。

圣人荀子

由于赵孝成王对于贤士的真诚态度，赵国一度出现了文有荀子，武有临武君庞煖的可喜局面。庞煖是在长期战争环境中历练出来的赵国杰出军事人才；荀子更是集先秦大成的赵国思想家。

临武君，何许人也？历代说法不一。汉代刘向认为是孙膑，唐代杨倞认为是楚将，钱穆先生认为是庞煖。本书从后者。

不论临武君为何人，荀子此次来到家乡赵国"议兵"之佳话，可谓千古流传，引为美谈。仅仅从《议兵》在《荀子》一书中的篇幅，即可得知，荀子对于祖国那种浓厚的爱恋情结。

宋代史学家司马光认为这场君臣议论值得借鉴，于是不惜篇幅，在《资治通鉴》中一一载录，以资镜鉴。这在司马光的书中是极为罕见的。从此可见，司马光对于荀子议兵的重视程度。

正如明代诗人杨慎的诗句一般："折冲樽俎烟尘静，始信荀卿善议兵。"

这一日，赵孝成王与临武君、荀子师生围坐一处，颇有明君贤臣促膝谈心的复兴景象。

赵孝成王说："请问什么是用兵的要旨？"

临武君回答道："上得天时，下得地利，观察敌人的变化动向，比敌人后发兵而先到达，这即是用兵的关键方略。"

荀子说："不是这样。我听说的古人用兵的道理是，用兵攻战的根本，在于统一百姓。弓与箭不协调，就是善射的后羿也不能射中目标；六匹马不协力一致，即便善御的造父也无法将马车赶往远方；士人与百姓不亲附国君，即是商汤、周武王也不能有必胜的把握。因此，善于使百姓归附的人，才是善于用兵的人。所以用兵的要领在于使百姓依附。"

临武君说："并非如此。用兵所重视的是形势要有利，行动要讲究诡诈多变。善用兵的人，行事疾速、隐蔽，没有人料得到他会从哪里出动。孙武、吴起采用这种战术，天下无敌，不见得一定要依靠百姓的归附啊！"

荀子说："不对。我所说的，是仁人的用兵之道和要统治天下的帝王的志向。您所看重的是权术、谋略、形势、利害。而仁人用的兵，是不能欺诈的。能够施用欺骗之术对付的，是那些骄傲轻慢的军队、疲惫衰弱的军队，以及君与臣、上级与下属之间不和相互离心离德的军队。因此用夏桀的诈术对付夏桀，还有使巧成功或使拙失败的可能。而用夏桀的骗计去对付尧，就如同拿鸡蛋掷石头，把手指伸进滚水中搅动，如同投身到水火之中，不是被烧焦，便是被淹死。故而仁人的军队，上下一条心，三军同出力；臣子对国君，下属对上级，犹如儿子侍奉父亲，弟弟侍奉哥哥，犹如用手臂保护头颅、眼睛、胸膛和腹部。这样的军队，用欺诈之术去袭击它，与先惊动了它而后才去攻击它，是一回事。况且，仁人若统治着十里的国家，他的耳目将布及百里；若统治着百里的国家，他的耳目便将布及千里；若统治着千里的国家，他的耳目就会遍及天下。这样，他必将耳聪目明，机警而有戒备，和众如一。因此仁人的军队，集结起来即为一支支百人的部队，分散开时即成战阵行列；延长伸展好似莫邪宝剑的长刃，碰上的即被斩断；短兵精锐仿佛莫邪宝剑的利锋，遇到的即被瓦解；安营扎寨稳如磐石，顶撞它的，即遭摧折而退却。再说那暴虐国家的君主，他所依靠的是什么呢？只能是他的百姓。而他的百姓爱我就如同爱他的父母，喜欢我就如同喜欢芬芳的椒兰；反之，想起他的君主好似畏惧遭受烧灼黥刑，好似面对不共戴天的仇敌一般。人之常情，即便是夏桀、盗跖，也不会为他所厌恶的人去残害他所喜爱的人！这就犹如让人的子孙去杀害自己的父母，是根本不可能的。如此，百姓一定会前来告发君主，那又有什么诈术可施呢！所以，由仁人治理国家，国家将日益强盛，各诸侯国先来归顺的则得到安定，后来依附的即遭遇危难；相对抗的将被削弱，进行反叛的即遭灭亡。《诗经》所谓'商汤竖起大旗，诚敬地握着斧钺，势如熊熊烈火，谁敢把我阻拦？'说的正是这种情况。"

赵孝成王、临武君说："对啊。那么请问君王用兵，应该建立什么教令，如何行动才好呢？"

荀子答道："总的说来，君王贤明，国家就太平；君王无能，国家就混乱；推崇礼教、尊重仁义，国家就治理得好；荒废礼教、鄙视仁义，国家就动荡不安。秩序井然的同家便强大，纲纪紊乱的国家便衰弱，这即是强与弱的根本所在。君王的言行足以为人敬慕，百姓才可接受驱使；君王的言行不能为人景仰，百姓也就不会服从召唤。百姓可供驱使，国家就强大；百姓不服调遣，国家就衰弱。这即是强与弱的常理所在。齐国人重视兵家的技巧技击，施展技击之术，斩获一颗人头的，由官方赐八两金换回，不是有功同受赏。这样的军队遇到弱小的敌人，还可凑合着应付；一旦面对强大的敌军，就会涣然离散，如同天上的飞鸟，漫天穿行无拘无束，往返无常。这是亡国之军，没有比这种军队更衰弱的了，它与招募一群受雇佣的市井小人去作战相差无几。魏国按照一定的标准选拔武勇的士兵。择取时，让兵士披挂上全副铠甲，拉开十二石重的强弓，身背五十支利箭，手持戈，头戴盔，腰佩剑，携带三天的食粮，每日急行军一百里。达到这个标准的便为武勇之卒，即可被免除徭役，并分得较好的田地和住宅。但是这些士兵的气力几年后便开始衰退，而分配给他们的利益却无法再行剥夺，即使改换办法也不容易做得周全。故而，魏国的疆土虽大，税收却必定不多。这样的军队便是危害国家的军队了。秦国，百姓生计困窘，国家的刑罚却非常严酷，君王借此威势胁迫百姓出战，让他们隐蔽于险恶的地势，战胜了就给予奖赏，使他们对此习以为常，而战败了便处以刑罚，使他们为此受到箝制，这样一来，百姓要想从上面获得什么好处，除了与敌拼杀外，没有别的出路。功劳和赏赐成正比例增长，只要斩获五个甲士的头，即可役使乡里的五家，这就是秦国比其他国家强大稳固的原因。所以，秦国得以四代相沿不衰，并非侥幸，而是有其必然性的。故此齐国善技击术的军队无法抵抗魏国勇武士兵的军队，魏国勇武士兵的军队无法抵抗秦国精锐、进取的军队；而秦国精锐的士兵却不能抵挡齐桓公、晋文公约束有方的军队，齐桓公、晋文公约束有方的士兵又不能抵挡商汤、周武王的仁义的军队，一旦遇上了，势必如用薄脆的东西去打石头，触之即碎。况且那几个国家培养的都是争求赏赐、追逐利益的将领和士兵，他们就如同雇工靠出卖自己的力气挣钱那样，毫无敬爱国君，愿为国君拼死效力，安于制度约束，严守忠孝仁义的气节、情操。诸侯中如果有哪一个能够精尽仁义之道，便可起而兼并那几个国家，使它们陷入危急的境地。在那几个国家中，招募或选拔士兵，推崇威势和变诈，崇尚论功行赏，渐渐染成了习俗。但只有尊奉礼义教化，才能使全国上下一心，精诚团结。所以用诈术对付欺诈成俗的国家，还有巧拙之别；而若用诈术对付万众一心的国家，就犹如拿小刀去毁坏泰山了。所以商汤、周武王诛灭夏桀、商纣王时，从容指挥军队，强暴的国家却都无不臣服，甘受驱使，诛杀夏桀、商纣王，即如诛杀众叛亲离之人一般。军队齐心协力、众志成城，当可掌握天下；军队尚能团结合作，当可惩治临近的敌国。至于那些征召、募选士兵，推崇威势诈变，崇尚论功行赏的军队，则或胜或败，变化无常；有时收缩，有时扩张，有时生存，有时灭亡，强弱不定。这样的军队可称作盗贼之兵，而君子是不会这样用兵的。"

赵孝成王、临武君说："对啊。那么还请问做将领的道理。"

荀子说："谋略最关键的是抛弃成败不明的谋划，行动最重要的是不产生过失，做事最关键的是不后悔。事情做到没有反悔就可以了，不必一定要追求尽善尽美。所以制定号令法规，要严厉、威重；赏功罚过，要坚决执行、遵守信义；营垒、辎重，要周密、严固；迁移、发动、前进、后退，要谨慎稳重，快速敏捷；探测敌情、观察敌人的变化，要行动机密，混入敌方将士之中；与敌军遭遇，进行决战，一定要打有把握的仗，不打无把握的仗。这些称为'六术'。不要为保住自己将领的职位和权力而放弃自己取胜的策略，去迁就迎合君王的主张；不要因急于胜利而忘记还有失败的可能；不要对内威慑，而对外轻敌；不要见到利益而不顾忌它的害处；考虑问题要仔细周详而使用钱财要慷慨宽裕。这些称为'五权'。此外，将领在三种情况下不接受君主的命令：可以杀死他，但不可令他率军进入绝境；可以杀死他，但不可令他率军攻打无法取胜的敌人；可以杀死他，但不可令他率军去欺凌百姓。这些称为'三至'。将领接受君主命令后即调动三军,三军各自到位,百官井然有序,各项事务均安排停当、纳入正轨,此时即便君主奖之也不能使之喜悦,敌人激之也不能使之愤怒。这样的将领是最善于治军的将领。行事前必先深思熟虑,步步慎重,而且自始至终谨慎如一,这即叫作'大吉'。总之,各项事业,如果获得成功,必定是由于严肃对待这项事业;如果造成失败,必定是由于轻视这项事业。因此,严肃胜过懈怠,便能取得胜利,懈怠胜过严肃,便将自取灭亡;谋划胜过欲望,就事事顺利,欲望胜过谋划,就会遭遇不幸。作战如同守备一样,行动如同作战一样,获得成功则看作是侥幸取得。严肃制订谋略,不可废止;严肃处理事务,不可废止;严肃对待下属,不可废止;严肃对待兵众,不可废止;严肃对待敌人,不可废止。这些称为'五不废'。谨慎地奉行以上'六术'、'五权'、'三至',并恪守严肃不废止的原则,这样的将领便是天下无人能及的将领,便是可以上通神明的了。"

临武君说:"有道理。那么请问圣明君王的军制又该怎样?"

荀子回答:"将领建旗击鼓号令三军,至死也不弃鼓奔逃;御手驾战车,至死也不放松缰绳;百官恪守职责,至死也不离开岗位;大夫尽心效力,死于战阵行列。军队听到鼓声即前进,听到锣声即后退,服从命令是最主要的,建功还在其次。命令不准前进而前进,犹如命令禁止后退而还要后退一样,罪过是相等的。不残杀老弱,不践踏庄稼,不追捕不战而退的人,不赦免相拒顽抗的人,不俘获跑来归顺的人。该诛杀时,诛杀的不是百姓,而是祸害百姓的人。但百姓中如果有保护敌人的,那么他也就成为敌人了。所以,不战而退的人生,相拒顽抗的人死,跑来归顺的人则被献给统帅。微子启因多次规劝商纣王,后归顺周王而受封为宋国国君,专门谏诤纣王的曹触龙被处以军中重刑,归附于周天子的商朝人待遇与周朝百姓没有区别,故而近处的人唱着歌欢乐地颂扬周天子,远方的人跌跌撞撞地前来投奔周天子。此外,不论是多么边远荒僻鄙陋的国家,周天子也派人去关照,让百姓安居乐业，以至四海之内如同一家，周王朝恩威所能达到的属国，没有不服从、不归顺的。这样的君王即叫作'人师'，即为人表率的人。《诗经》说：'自西自东，自南自北，无思不服。'就是指的这个。圣明君王的军队施行惩处而不挑起战争，固守城池而不发动进攻，与敌对阵作战而不先行出击，敌人上上下下喜悦欢欣就庆贺，并且不洗劫屠戮敌方的城镇，不偷袭无防备的敌人，不使将士们长久地滞留在外，军队出动作战不超越计划的时间，如此，便使混乱国家的百姓都喜欢这种施政方式，而不安心于受自己国君的统治，希望这种君王的军队到来。"

临武君说："你说的不错。"

荀子的学生陈嚣问荀子说："先生议论用兵，经常把仁义作为根本。仁者爱人，义者遵循道理，既然这样，那么又为什么要用兵呢？大凡用兵的原因，都是为了争夺啊。"

荀子说："这道理不是你所知道的。那仁者爱人，正因为爱人，所以就憎恶别人危害他们；义者遵循道理，正因为遵循道理，所以就憎恶别人搞乱它。那用兵，是为了禁止横暴、消除危害，并不是争夺啊。所以仁人的军队，他们停留的地方会得到全面治理，他们经过的地方会受到教育感化，就像及时雨的降落，没有人不欢喜。因此尧讨伐驩兜，舜讨伐三苗，禹讨伐共工，汤讨伐夏桀，周文王讨伐崇国，周武王讨伐商纣，这两帝、四王都是使用仁义的军队驰骋于天下的。所以近处喜爱他们的善良，远方仰慕他们的道义；兵器的刀口上还没有沾上鲜血，远近的人就来归附了；德行伟大到这种地步，就会影响到四方极远的地方。《诗》云：'善人君子忠于仁，坚持道义不变更。他的道义不变更，四方国家他坐镇。'说的就是这种情况啊。"

荀子的"仁者之兵"博得了赵孝成王和临武君的赞同，但在赵国当时的严峻环境下，一时还难以实施。但赵孝成王仍任命荀子为赵国上卿，以表真挚爱贤之意。

可以肯定的是，赵孝成王晚年对于贤士的尊敬态度和对战争的深沉反思，确实是难能可贵的。

荀子议兵赵国，就此传为千古美谈，历代多有怀咏赞叹。仅宋代诗人石介就有两首诗歌，皆为荀子议兵有感而发。

其一为：

君为儒者岂知兵，何事欣随璧马行。

裴度樽前坐韩愈，赵成帐下立荀卿。

其二为：

六经探精微，九流得指要。荀况或言兵，杜牧曾深考。

纵横文武术，难以寻常较。磊磊公侯器，可以镇浮躁。

长平大战，从赵孝成王的梦境中就已然得到了预示，最后却在荀子声情并茂的"议兵"余音中尘埃落定……

回首往昔，四十五万赵国将士的碧血忠魂随着赵国的气数，随着六国的气数乃至于整个战国时代的气数一起深埋于长平的尘埃之下。而与此同时，中国历史上第一个统一的多民族国家的胎儿在那躁动难安的战国格局的母腹中悄然孕育了二百余年之后，终于在这场具有划时代意义的秦赵长平之战的催生之下凌然降世。而这两大历史时代交界之间的最具代表性的人物却恰恰应和了这一历史的走向。

他，刚刚出生，分久必合的历史使命，将落在他的肩上。

他正是千古一帝秦始皇，他生在赵都邯郸，却又走向了秦都咸阳。

与此并行，不禁令世人回思……

百家争鸣、集合大成的历史使命，将又落在谁的心头呢？

时近暮年的荀子，已然须发苍苍，他生在赵都邯郸，却又走向了楚国的兰陵。

七、著书兰陵

邯郸保卫战激战正酣之时，整个时代的命运却因邯郸城中一位婴儿的降世而发生天翻地覆的变化。

赵孝成王七年正月，一个名叫赵政的婴儿在赵都邯郸出世了。赵政天生奇貌：丰准长目，方额重瞳，怀鸷鸟之膺，发豺豹之声，龙章凤姿，比肩三皇，英气鸿志，势欺五帝。而他正是日后横扫六国、一统四海的千古一帝——秦始皇。

齐襄王十九年，齐襄王去世，他的儿子田建即位，史称齐王建。

《战国策》记载，君王后对待秦国很谨慎，对待诸侯也很诚敬，所以在君王后活着时，齐王建在位四十多年，没有遇到战祸。

秦始皇曾派使臣给君王后一副玉连环，说："齐国人都很聪明，但能解开这个玉连环吗？"君王后把玉连环拿给群臣看，群臣没有人知道如何解开。君王后拿起一把锤子把它敲破，告诉秦王的使者说："已经解开了。"

当君王后病危快死时，她告诫齐王建说："群臣中某某人可以任用。"齐王建说："请把他们的名字写下来。"君王后说："好。"于是，齐王建取笔和木简要她写下遗言。君王后却说："我已经忘记了。"

君王后死后，后胜担任齐国的相国，接受了秦国间谍很多的金、玉，派去秦国的宾客，都说一些符合秦国利益的变诈之辞，他们劝齐王建去秦国，而一点儿也不考虑备战的问题。

此时此刻，荀子已然感觉到了齐国的亡国之危，他身为稷下学宫的领袖，理应直言进谏，匡正时弊。

这时，齐王建当位，但朝政由君王后控制，齐国的内政存在着巨大的隐患。荀子针砭时弊，大声疾呼："女主乱之宫，诈臣乱之朝，贪吏乱之官！"意思是，那君王后在后宫扰乱，奸诈之臣在朝廷作乱，贪官污吏在官府捣乱，长此以往，国将不国。

荀子作为稷下学宫的领袖，竟然将批评矛头直指齐国权势最为煊赫的君王后。于是，齐国上下的谄媚之徒，纷纷群起而攻之。荀子的耿耿与正直进谏，却招来了各种谗言的围攻。可见，当时的齐国朝政，完全被一群谄媚的奸臣所窃取。

于是，荀子怀着复杂的心情，带领着弟子们离开了齐国。稷下学宫，也从此衰落，每况愈下。

荀子离开齐国，立即受到了楚国春申君的盛情邀请。

说起这位春申君，虽然位列"战国四大公子"的最后一位，亦可谓战国末期的传奇人物。

春申君是楚国人，名叫歇，姓黄。曾周游各地从师学习，知识渊博，奉事楚顷襄王。顷襄王认为黄歇有口才，让他出使秦国。当时秦昭王派白起进攻韩、魏两国联军，在华阳战败了他们，捕获了魏国将领芒卯，韩、魏两国向秦国臣服并侍奉秦国。秦昭王已命令白起同韩国、魏国一起进攻楚国，但还没出发，这时楚王派黄歇恰巧来到秦国，听到了秦国的这个计划。在这个时候，秦围已经占领了楚国大片领土，因为在这以前秦王曾派白起攻打楚国，夺取了巫郡、黔中郡，攻占了鄢城郢都，向东直打到竟陵，楚顷襄王只好把都城向东迁到陈县。黄歇见到楚怀王被秦国引诱去那里访问，结果上当受骗，扣留并死在秦国。顷襄王是楚怀王的儿子，秦国根本不把他看在眼里，恐怕一旦发兵就会灭掉楚国。黄歇运用自己的聪明才智上疏劝说秦王。秦昭王读了春申君的上疏后说："真好。"于是，秦王阻止了白起出征并辞谢了韩、魏两国，同时派使臣给楚国送去了厚礼，秦楚盟约结为友好国家。

黄歇接受了盟约返回楚国，楚王派黄歇与太子完到秦国作人质，秦国把他们扣留了几年之久。后来楚顷襄王病了，太子却不能回去。但太子与秦国相国应侯私人关系很好，于是黄歇就劝说应侯道："相国真是与楚太子相好吗？"应侯说："是啊。"黄歇说："如今楚王恐怕一病不起了，秦国不如让太子回去好。如果太子能立为王，他侍奉秦国一定厚重而感激相国的恩德将永不竭尽，这不仅是亲善友好国家的表示而且为将来保留了一个万乘大国的盟友。如果不让他回去，那他充其量是个咸阳城里的百姓罢了；楚国将改立太子，肯定不会侍奉秦国。那样就会失去友好国家的信任又断绝了一个万乘大国的盟友，这不是上策。希望相国仔细考虑这件事。"应侯把黄歇说的意思报告给秦王。秦王说："让楚国太子的师傅先回去探问一下楚王的病情，回来后再作计议。"黄歇替楚国太子谋划说："秦国扣留太子的目的，是要借此索取好处。现在太子要使秦国得到好处是无能为力的，我忧虑得很。而阳文君的两个儿子在国内，大王如果不幸辞世，太子又不在楚国，阳文君的儿子必定立为后继人，太子就不能接受国家了。不如逃离秦国，跟使臣一起出去；请让我留下来，以死来担当责任。"楚太子于是换了衣服扮成楚国使臣的车夫得以出关，而黄歇在客馆里留守，总是推托太子有病谢绝会客。估计太子已经走远，秦国追不上了，黄歇就自动向秦昭王报告说："楚国太子已经回去，离开很远了。我当死罪，愿您赐我一死。"秦昭王大为恼火，要杀黄歇。应侯进言道："黄歇作为臣子，为了他的主人献出自己生命，太子如果立为楚王，肯定重用黄歇，所以不如免他死罪让他回国，来表示对楚国的亲善。"秦王听从了应侯的意见便把黄歇遣送回国。

黄歇回到楚国三个月，楚顷襄王去世，立太子完为楚王，史称楚考烈王。考烈王元年，任命黄歇为相国，封为春申君，赏赐淮北地区 12 个县。15 年以后，黄歇向楚王进言道："淮北地区靠近齐国，那里情势紧急，请把这个地区划为郡治理更为方便。"并同时献出淮北 12 个县，请求封到江东去。考烈王答应了他的请求。春申君就在吴国故都修建城堡，把它们作为自己的都邑。

春申君已经担任了楚国相国，这时齐国有孟尝君，赵国有平原君，魏国有信陵君，大家都正在竞相礼贤下士，招徕宾客，互相争夺贤士，辅助君王掌握国政。

有一次，赵国平原君派使臣到春申君这里来访问，春申君把他们一行安排在上等客馆住下。赵国使臣想向楚国夸耀赵国的富有，特意用玳瑁簪子缩插冠髻，亮出用珠玉装饰的剑鞘，请求招来春申君的宾客会面，春申君的上等宾客都穿着宝珠做的鞋子来见赵国使臣，使赵国使臣自惭形秽。

由此可见，楚国之奢靡更胜于赵国。司马迁年少之时曾游历春申君的宫殿，不禁感慨："观春申君故城，宫室盛矣哉！"

春申君担任楚国相国的第 4 年，秦国坑杀了赵国长平驻军四十多万人。第 5 年，包围了赵国都城邯郸。邯郸向楚国告急求援，楚国派春申君带兵去救援邯郸，秦军解围撤退后，春申君返回楚国。

春申君担任楚国相国的第 8 年，为楚国向北征伐，灭掉鲁国。

公元前 261 年楚攻取了鲁的徐州，徐州即薛，原为齐邑，是鲁乘齐被五国合纵攻破时袭取的。这时又被楚攻取了。到公元前 256 年，就把鲁灭亡了，把鲁君迁封到鲁地的莒。鲁国为周公故地，孔子故里。不仅孔

春申君

子言必称周公，司马迁对周公也有一种深厚的景仰之情，而且把周公作为"立德立功立言"的楷模来学习仿效。在《太史公自序》中，他激动地回忆了父亲司马谈临终时的嘱托："天下称道歌颂周公，说他能够论述歌颂文王、武王的功德，宣扬周、邵的风尚，通晓太王、王季的思虑，乃至于公刘的功业，并尊崇始祖后稷。周幽王、厉王以后，王道衰败，礼乐衰颓，孔子研究整理旧有的典籍，修复振兴被废弃破坏的礼乐，论述《诗经》《书经》，写作《春秋》，学者至今以之为准则。"可见，鲁国的周公、孔子是激励司马迁完成《史记》创作的重要因素之一。

鲁国的文化底蕴，可见一斑。而鲁国的兰陵更是文化深厚。兰陵在《汉志》中属于东海郡。《史记正义》云："今沂州承县有兰陵山。"可见兰陵是因山而得名，故城在今山东苍山县西南兰陵镇。兰陵是荀子人生中的终老之地，同时也是百家争鸣思想沉淀的一片人文圣地。

春申君吞并鲁国，新得兰陵。于是，春申君就邀请了赵国大儒荀子来到楚国。春申君请荀子做楚国的兰陵令，一时，兰陵政通人和，百业兴旺。楚国也因而声名远扬，大有复兴之象。

春申君礼贤下士，任命荀子到兰陵施政，有着深远的文化意义。犹如孔子在鲁国为官，儒家的思想终于得到了施展的平台。游国恩先生评论："其实，荀子是当时的贤者。他做兰陵令时，必大得民心；客之谗他，不过是晏婴、子西阻封孔子的意思，算不得什么稀奇的事。"

荀子的命运，与孔子十分类似。

一日，齐景公又向孔子请教为政的道理，孔子说："管理国家最重要的是节约开支，杜绝浪费。"景公听了很高兴，打算把尼谿的田地封赏给孔子。后来，晏婴劝阻齐景公不要封赏孔子，他劝阻说："儒者这种人，能说会道，是不能用法来约束他们的；他们高傲任性自以为是，不能任为下臣使用；他们重视丧事，竭尽哀情，为了葬隆重而不惜倾家荡产，不能让这种做法形成风气；他们四处游说乞求官禄，不能用他们来治理国家。自从那些圣贤相继下世以后，周王室也随之衰微下去，礼崩乐坏已有好多时间了。现在孔子讲究仪容服饰，详定繁琐的上朝下朝礼节，刻意于快步行走的规矩，这些繁文缛节，就是几代人也学习不完，毕生也搞不清楚。您如果想用这套东西来改变齐国的风俗，恐怕这不是引导老百姓的好办法。"

后来，齐景公终将不能重用孔子，孔子也离开了齐国。

楚昭王想把七百里的地方封给孔子。楚国的令尹子西阻止说："大王使臣出使到诸侯各国的，有像子贡这样称职的吗？"昭王说："没有。"子西又问："大王左右辅佐大臣，有像颜回这样贤能的人吗？"昭王说："没有。"

子西又问："大王的将帅，有像子路这样英勇的吗?"昭王说："没有。"子西再问："大王各部主事的臣子，有像宰予这样干练的吗?"昭王也说："没有。"子西接着说："况且我们楚国的祖先在受周天子分封时，封号是子男爵，封地五十里。如今孔丘讲述三皇五帝的治国方法，申明周公、召公的德业，大王如果用了他，那么楚国还能世世代代公然保有几千里的土地吗?想当初文王在丰邑，武王在镐京，是以百里小国的君主，两代经营终而统一天下。现在孔丘如拥有那七百里土地，又有那么多贤能弟子辅佐，对楚国来说并不是福音。"昭王听了就放弃了原来的打算。

这年秋天，楚昭王死在城父。孔子也离开了楚国。

此时的荀子，在兰陵施政，恩泽广布。却和孔子一样，不能避免地遭受到了奸臣的谗言陷害。《战国策》与《韩诗外传》都记载了春申君与荀子的故事。

史料记载，有人对春申君说："商汤以亳为根据地，武王以鄗为根据地，他们的领地都不过百里，可是得了天下，现在荀子是天下的贤人，如果您资助他百里之地，我认为将会对您不利。您看怎么办?"春申说："好。"于是，春申君派人谢绝了荀子。荀子离开楚国，去到赵国，赵国任命荀子为上卿。

等到赵孝成王任命荀子为上卿之时，事情就又有了变化。

又有人对春申君说："以前伊尹离开夏，去到殷，因此殷得了天下而称王，夏失去天下而灭亡。管仲离开鲁国，去到齐国，因此鲁国衰弱，齐国富强。贤人在哪个国家，哪个国家的君主便定会受人尊敬，国家也一定会兴盛。现在荀子是天下的贤人，您为何辞绝了他呢?"春申君说："好。"于是，春申君又派人到赵国去召请荀子。

荀子写信谢绝了，信上说："《春秋》上告诫说，楚共王的儿子围，出使郑国，未离开国境，听说楚君生病，就返回宫中，去探病，于是他用帽带将父王勒死，自立为国君。齐大夫崔杼之妻很美，与齐庄公私通。崔杼便带领他的私党进攻庄公。庄公请求与崔杼平分国家，崔杼不许;庄公请求在宗庙自杀，崔杼仍不许。庄公逃跑，翻墙而出，崔杼用箭射中了庄公的大腿，将庄公杀死，另立庄公之弟为景公。近代所见的：李兑在赵国专权，困饿赵国主父赵武灵王于沙丘宫，以致他一百天就饿死了；淖齿在齐国专权，抽掉齐闵王的筋，把他吊在宗庙的大梁上，一夜他就死了。麻疯病是先天性的病，但往上与前代比，还不至于有像楚王被绞死，齐庄公被杀死的悲惨下场；往下与近代比，还不至于有像齐闵王被抽筋而死，赵武灵王被活活饿死的悲惨下场。那些被大臣杀害的国君，心中忧虑，形体痛苦，一定超过麻疯病人。由此看来，说'麻疯病人哀怜国君'是可以的。"

因此，荀子写了一首赋，意思是说："珍贵的随侯珠，不知佩戴啊！杂布、锦混杂乱安排！美女闾娵、美男子奢没人说媒啊！丑女嫫母、却很喜爱啊！人说瞎子当成千里眼啊！聋子认作顺风耳啊！正确硬要说是错误啊！吉利偏要说是灾祸啊！唉呀！老天爷啊！为什么人世间颠倒黑白，混淆是非，如此相同啊！"

荀子位列赵国上卿却无法施展自己的治国才能。赵国的朝政由奸臣郭开把持，郭开一度令赵国大将廉颇离开赵国，进而又陷害李牧至死，赵国末期的朝政如此昏暗。与郭开这样的奸佞小人同朝为官，即使是荀子也不能办到啊。

于是，在春申君的盛情邀请之下，荀子准备与弟子们在兰陵隐居，著书立说。

荀子在完成了对"百家争鸣"的思想总结与自己对儒家的深入思考之后，终于著成了《荀子》一书。此外，荀子对《诗经》、《礼记》、《周易》、《春秋》等经典古籍的保护、整理与传承都做出了难以磨灭的历史贡献。其中荀子从根牟子受《诗》以传毛亨，号《毛诗》；又从虞卿受《左氏春秋》以传张苍，张苍传于贾谊；还从子弓受《易》，并传其学。故此，清代史学家汪中在《荀卿子通论》中赞道："盖自七十子之徒既殁，汉诸儒未兴，中更战国暴秦之乱，六艺之传赖以不绝者，荀卿也。周公作之，孔子述之，荀卿子传之，其揆一也。"

在《荀子》一书中，提及春申君的地方只有一处："世之愚，恶大儒，逆斥不通孔子拘，春申道缀，基毕输。"意思是，世间的糊涂，憎恶伟大的名儒，不被重用遭驱逐，孔子几次被围住。春申君的德政被废除，儒术基业全倾覆。

郝懿行先生指出，"此荀卿自道。荀本受知春申为兰陵令，盖将借此以行道，殆春申亡而道亦连缀俱亡，基亦输也。"意思是，春申君后来被李园所杀，其儒术、政治、道德、基业尽皆倾覆。

《礼记·中庸》说："其人存，则其政举；其人亡，则其政息。"正是这个道理。

虽然如此，历史仍旧不能避免"春申君死而荀卿废"的悲惨结局。

春申君任宰相的第25年，楚考烈王病重。朱英对春申君说："世上有不期而至的福，又有不期而至的祸。如今您处在生死无常的世上，奉事喜怒无常的君主，又怎么能会没有不期而至的人呢？"春申君问道："什么叫不期而至的福？"朱英回答说："您任楚国宰相二十多年了，虽然名义上是宰相，实际上就是楚王。现在楚王病重，死在旦夕，您辅佐年幼的国君，因而代他掌握国政，如同伊尹、周公一样，等君王长大再把大权交给他，不就是您南面称王而据有楚国？这就是所说的不期而至的福。"春申君又问道："什么叫不期而至的祸？"朱英回答道："李园不执掌国政便是您的仇人，他不管兵事却豢养刺客为时已久了，楚王一下世，李园必定抢先入宫夺权并要杀掉您灭口。这就是所说的不期而至的祸。"春申君接着问道："什么叫不期而至的人？"朱英回答说："您安排我做郎中，楚王一下世，李园必定抢先入宫，我替您杀掉李园。这就是所说的不期而至的人。"春申君听了后说："您要放弃这种打算。李园是个软弱的人，我对他很友好，况且又怎么能到这种地步！"朱英知道自己的进言不被采用，恐怕祸患殃及自身，就逃离了。

此后17天，楚考烈王去世，李园果然抢先入宫，并在棘门埋伏下刺客。

春申君进入棘门，李园豢养的刺客从两侧夹住刺杀了春申君，斩下他的头，扔到棘门外边，同时派官吏把春申君家满门抄斩。而李园的妹妹原先受春申君宠幸怀了孕又入宫得宠于楚考烈王后所生的那个儿子便立为楚王，这就是楚幽王。

这一年，秦始皇即位已经9年了。缪毒也与秦国太后私乱，被发觉后，夷灭三族，而吕不韦因受牵连被废黜。秦始皇冲破一切阻碍，已然迈开了一统天下的历史脚步。

春申君没有做到善始善终，然而，荀子却始终坚守着著书立说、教书育人的理想。荀子晚年在兰陵著书，可以说是整个中华文化史的大事件。荀子于兰陵著书，历代史家文士多有推崇：

负笈无他奇货，笔端有力躬耕。

夔道颇思山谷，兰陵一变荀卿。（宋·李石）

荀令当年此谪居，空文惟有七篇余。

我今亦作兰陵守，不忍援毫便著书。（宋·陈襄）

老废兰陵已可悲，著书强欲晓当时。

一言性恶真成缪，读者何云但小疵。（宋·徐钧）

荀卿议论本该博，时乖废死兰陵郭。

后来蜀国空草玄，白首苍黄坠高阁。（明·胡应麟）

荀子作为一代宗师，其对当时和后代的影响还在于他的思想理论，荀子的思想理论集中在现存的《荀子》一书中。刘向在校书《叙录》中记述编定《荀子》的情况说："所校雠中《孙卿书》，凡三百二十二篇，以相校除复重二百九十篇，定著三十二篇。"《汉书·艺文志》、《隋书·经籍志》、《旧唐书·经籍志》等将荀子的著作称《孙卿子》。唐代学者杨倞为之作注，定名为《荀子》，以后逐渐为世人所接受，成为荀子著作的通称。

荀子的思想在唐代以前深受学者推崇，董仲舒、韩愈等对荀子多有赞美之辞。宋代以后，理学兴起，荀子由于主张"人性恶"而屡遭贬斥。故此，清代诗人梁鼎芬感叹惋惜："荀卿善言解，性恶惜未慎。刚决与果敢，道乃日月进。仁义奉孔孟，耿介尊尧舜。悠悠总不济，百年亦何迅。"

然而，对于荀子的性恶，启功先生的评价十分公允："佛陀徒止欲，孔孟枉教仁。荀卿主性恶，坦率岂无因。"

综观《荀子》，其内容之丰富，议论之深刻，堪称先秦学术的集大成者。他倡导的隆礼行法的思想，矫正了儒法两家的偏颇倾向，有其切近实际的一面。刘向校书《叙录》云："观孙卿之书，其陈王道甚易行，疾世莫能用；其言凄怆，甚可痛也。"汉代以后中国历代统治者奉行的儒法并重的治国策略，从政治思想史的角度看，当是由荀子开其端绪的。

荀子的思想主要集中在《荀子》一书中。《荀子》中的大多数篇章是荀子亲手所作，部分篇章是他的学生们辑录的关于他生前的言行。

综观《荀子》一书，荀子对当时思想界所热衷讨论的问题几乎都有所涉及，且多独到见解，诸如政治、经济、法律、军事、教育、历史、文艺等。毫不夸张地说，荀子是一位百科全书式的学者。究其原因。一方面是先秦学术轻分析、重整合的传统所致；另一方面，也可能是更重要的一方面，荀子生于战国末年，自春秋中期开始的诸子百家之学及相互间的争论已延续了二百多年，其间诸子对天地古今几乎无所不谈，其学术到了应该进行综合与总结的阶段，而荀子正当此任。郭沫若先生说："荀子不仅集了儒家的大成，而且可以说是集了百家的大成的。先秦诸子几乎没有一家没有经过他的批判。在他的学说思想里面，我们很明显地可以看得出百家的影响。或者是正面的接受和发展，或者是反面的攻击与对立，或者是综合的统一与衍变。"荀子的"集大成"是就其研究对象来讲的，而荀子作为研究主体，其思想倾向是非常明显的，即是对孔子仁政思想有所继承与创新的儒家思想。

首先，荀子思想中最为可贵的是人力战胜自然的思想。

在荀子的著作中，《天论》篇是非常杰出的。荀子认为天的变化是自然的变化，而且这种变化是有规律的，所谓"天行有常"。日月星辰的运行，春夏秋冬四季的更替，无论禹的时候还是桀的时候都是相同的，上天不会因人们厌恶冷天而取消冬令，大地也不会因人们厌恶辽远而缩小地面。日蚀月蚀的出现、风雨的失调、怪星的偶然出现，是世代常有的事。在种种自然的变化中，万物是各得其"和"以生的，各得其"养"以成的，因为人们看不见它们行事，而只见其成功，就称之为"神"。这个神不是指鬼神，而是指自然界变化的规律。

荀子认为人类社会的贫、病、祸、凶不是出于什么天意，而是由人自己来决定的。他说：务农而节用，天不能使他穷；营养足而适时的运动，天不能使他病；循着道而没有差失，天不能给予他祸害。他又说："天有其时，地有其财，人有其治。"也就是说："天"的"时"和"地"的"财"是需要"人"的"治"来利用它的。他又认为人的好、恶、喜、怒、哀、乐，是由于"形具而神生"，也就是说，人的精神活动是由于形体的物质存在而产生的，而形体是由自然所产生的。因而荀子把人类的情欲称为"天情"，把耳、目、鼻、口和形体称为"天官"，把指挥五官的心称为"天君"，把人类利用自然界万物来养活自己称为"天养"，把顺应人类生理需要就会使人得到幸福、违反人类生理需要就会使人遭到祸害的法则称为"天政"。荀子认为，人们如果能够"清其天君"——使心保持清醒，"正其天官"——正确地发挥五官的职能，"备其天养"——充分利用自然的供养，"顺其天政"——顺应按照人类生理需要而生活的法则，"养其天情"——正常表达自己的情感，人类的自然功能和需要就得到了保全。这样便明确了什么是可以做的，什么是不可以做的。于是，天地就尽其职守，万物都能为人役使。

荀子肯定"天"是自然的天，物质的天，完全按照自己的规律运行变化，与人类社会的治乱毫无关系。这种"天人相分论"，第一次把天与人、自然现象与社会现象区分开来，作出符合于当时生产力和科学水平的解释。他强调人类在认识自然、改造自然中的主观能动作用，主张"制天命而用之"（掌握自然的变化规律而利用它），这是人定胜天思想。但是，荀子这个"天人相分论"有它的局限性，他否定了探索自然规律的必要性，认为"圣人不求知天"；人类对于天地万物，"不务说其所以然，而致善用其材"。这样不要求探索自然规律而只讲求对自然的利用，就不可能掌握自然规律而加以充分利用，对自然的利用也只能限于非常狭小的范围之内，这就大大限制了"制天命而用之"的实际效果。

其次，荀子思想中最有见地的是人性本恶的理论。

荀子在人性论方面，提出"人之性恶"的理论。他认为人类生来就有感官上的要求，饿了要吃饱，冷了要穿衣，劳苦了要休息，耳目爱好声色，人情有所嫉恶。人的天性是"好利"、"疾恶"、"好声色"的，如果顺其自然发展，必然要发生争夺、残贼、淫乱等罪恶行为。他又认为人类行为有"性"、"伪"之分，"性"是天然生就，所谓"凡性者，天之就也"，是不经学习、不经努力而早就存在的。"伪"和"性"不同，是可以经过学习而学会的，经过努力而创造成功的。"性"本来是恶的，"伪"因为经过了学习和努力，才可能是善的。因此，荀子认为人们必须有贤师和法律来纠正错误，必须用礼义来加以教导，使人们恶的"性"能够化为善的"伪"。如果王公、士大夫的子孙不学礼义，应该归到庶人一类去；如果庶人的子孙能够学礼义，应该归到卿相、士大夫一类去。经过不断的学习和努力，小人可以变为君子，普通人可以变为圣人。

荀子所说的善和恶，是以礼义和法度作为衡量标准的。他所谓"善"，是指"正理平治"，就是指符合正道、维护统治秩序的行为；他所谓"恶"，是指"偏险悖乱"，就是指反对和破坏统治秩序的行为。因此，他所谓"性恶"，就是指人们的本性"偏险悖乱"，因此需要"为之立君上之势以临之，明礼义以化之，起法正以治人，重刑罚以禁之。"荀子的性恶论，是作为其"礼治"主张的理论依据的。

最后，荀子思想中最有影响的是重礼与行法的治国方略。

荀子认为人类能战胜自然，其原因在于能合群。人之所以能合群，其原因在于能"分"。"分"既是指生产的分工、生产品的分配，也是指人们的等级划分。"分"的标准是"义"。他说："故义以分则和，和则一，一则多力，多力则强，强则胜物。"同时，荀子认为人性本来是恶的，人类生来就有欲望，有欲望不能不有所追求，如果大家片面追求而没有"度量分界"，就不能不发生争斗，发生争斗就要乱。所以要"制礼义以分之"，使人们各安于自己的等级身份而"各得其宜"。荀子所说"度量分界"，主要是指"贵贱之等，长幼之差，智愚、能不能之分"，或者说"贵贱有等，长幼有差，贫富轻重皆有称者也"。除了贵贱、长幼之外，又有"贫富轻重"，再加上"智愚、能不能之分"。

荀子所说的礼和法是有区别的，礼主要起"化"的作用，法主要起"治"的作用。礼是统治的准则。他说"礼者，表也"，"表"就是标志、准则的意思，礼就是统治的准则。因此，法必须根据礼来制定。

他说："化性而起伪，伪起而生礼义，礼义生而制法度。"这是说，改变本性的恶，树立人为的善，随着人为的善的树立就产生了礼义，随着礼义的产生就制定了法度。因为法度是要依据礼义来制定的，所以说："礼者，法之大分，类之纲纪也"，"法者，治之端也"。可见荀子的政治思想是以礼义为主体而又兼重法的。

其中，荀子特别主张用"仁义"和"王道"来完成统一。

基于上述理论，荀子认为运用"礼义"才能达到统一天下的目的，就是所谓"义立而王"。首先要依据"礼义"来制定"义法"，也就是"王者之法"，或者说"千岁之信法"。其次需要选择"王者之人"来执行"王者之法"，选择好一个能够执行"王者之法"的相国。他主张"论一相，陈一法，明一指"，就是要实行中央集权，统一法制，确立一个起指导作用的政治纲领。他认为，能够做到"其法治，其佐（指相国）贤，其民愿，其俗美"，四者都属于上等的，叫做"上一"，做到"上一"就可以建成统一的"王"业。荀子说："君者舟也，庶人者水也。水则载舟，水则覆舟。"把国

圣人荀子

君与人民的关系看作水与舟的关系，这样的认识是比较深刻的。因此，他主张采用"节用裕民"、减轻赋税等措施来缓和阶级矛盾，采用"以德服人"的"仁义"和"王道"来争取人民归向，从而完成统一的历史任务。他认为，用王道可以取天下，用"霸道"只能使一国强盛。拿王道和霸道相比，霸道是次要的；拿仁义和武力相比，武力是次要的。要完成统一，只能以仁义为主，以武力为辅，"以不敌之威，辅服人之道。"因此他认为当时秦国的"锐士"，不及齐桓公、晋文公的"节制"之师，而桓、文的"节制"之师又不可以对敌商汤、周武王的"仁义"之师。

总之，礼对人性以化导，法对人性以矫治，隆礼行法可使人去恶向善，加之人皆有知晓仁义法正的质，有实行仁义法正的具，只要时时加以学习与修身，人皆可成为君子或圣人，那样人类美好的理想社会——王制就会到来了。

可以说，荀子为天下大一统奠定了坚实的理论基础。

此时此刻，秦始皇亲掌秦国大权，他已经开始谋划"横扫六合，一统天下"的千秋伟业了。

此时此刻，荀子也在兰陵对于百家争鸣和天下大势进行了极为深刻的思考与集合大成的总结。

秦始皇拔剑平天下，荀子运笔化人心，两千年的历史格局从此开始。荀子所生活的战国时代，社会经济和生产力有了飞速的发展。奴隶制度的崩溃、封建制度的建立、社会变革的激烈角逐，一时间，大浪淘沙，龙蛇并起，各个阶层都涌现出了富有思想的代言人，诸子横议、百家争鸣，成为这个时代独特而宝贵的人文财富。

荀子少怀壮志、周游列国、三为祭酒、主持学术，他的时代正是战国末期出现"分久必合"的黎明前夜，更是"百家集成"的收官时刻。这是孔子、孟子所无法比拟的。由于荀子非凡的天赋、光辉的人格、渊博的学识、宽广的胸襟，更得益于他所成长的赵国厚土、他所结交的稷下百家、他所目睹的战国乱世、他所亲历的各国君臣，这一切，都有利于成就一个集大成、建大业的一代宗师。

荀子批判、继承、融会、创新诸子百家之说，在大一统的历史潮流之下，与时俱进、兼容并包、取精用宏、别开天地，形成了一个完整而独特的思想理论——荀学。

有人说："荀卿及不上孔子。"这种说法是不对的。荀卿被迫处在乱世，身受严刑箝制；上没有贤德君主，下碰上暴虐之秦；礼制道义不能推行，教育感化不能办成；仁人遭到罢免束缚，天下黑暗昏昏沉沉；德行完美反受讥讽，诸侯大肆倾轧兼并。在这个时代，有智慧的人不能谋划政事，有能力的人不能参与治理，有德才的人不能得到任用。所以君主受到蒙蔽而看不见什么，贤能的人遭到拒绝而不被接纳。既然这样，所以荀卿抱着伟大的圣人的志向，却又给自己脸上加了一层装疯的神色，向天下人显示自己的愚昧。《诗》云："不但明智又聪慧，用来保全他自身。"说的就是这种人啊。这就是他名声不显赫、门徒不众多、光辉照耀得不广的原因。现在的学者，只要能得到荀卿遗留下来的言论与残剩下来的教导，也完全可以用作为天下的法度准则。他所在的地方就得到全面的治理，他经过的地方社会就发生了变化。看看他那善良的行为，孔子也不能超过。世人不加详细考察，说他不是圣人，有什么办法呢？天下不能治理好，是因为荀卿没有遇到时机啊。他的德行像尧、禹一样，世人却很少知道这一点；他的治国方略不被采用，反被人们所怀疑。他的智力极其聪明，他遵循正道、端正德行，足以成为人们的榜样。唉呀！贤能啊！他应该成为帝王。天地不知，竟然善桀、纣，杀害贤良。比干被剖腹挖心，孔子被围困在匡地，接舆逃避社会，箕子假装发疯，田常犯上作乱，阖闾放肆逞强。作恶的得到幸福，行善的反遭祸殃。现在那些立说的人又不考察实际情况，竟然相信那些虚名；时代不同，名誉从哪里产生？不能执政，功业哪能建成？志向美好、德行敦厚，谁说荀卿没有德才呢？

颇值得一提的是，赵国思想家荀子的两位高徒——韩非和李斯，他们在荀子归隐之后，继之而起，成为了当时能够左右天下的风云人物。甚至，韩非、李斯一度成为秦始皇的左膀右臂，从理论和实践上具体指导了秦始皇一统华夏的千秋大业。

第二章　荀子思想综述

一、荀子的天人思想

天人关系问题是中国哲学史上的最高问题。人诞生下来，举目四望，头顶与周身，苍苍茫茫，无限威严与酷厉；同类之属，匍匐于地，栉风沐雨，筚路蓝缕，却难于安然了身。人从哪里来，又向何处去？人的生存发展与"天"有什么联系？这是人类的必然之思。思考天与人的关系，就是思考人类自身的位置与价值。

（一）孔子、孟子的天人论

1. 孔子的天人观

《论语》一书，"天"字凡49见，其中复合词30见，有"天下"（23见）、"天命"（3见）、"天子"（2见）、"天禄"（1见）、"天道"（1见）五个词语。单言"天"的地方有19见，其中14见为孔子所说。孔子所言"天"，是道德义理之天，也是命运主宰之天，是神性的、有意志的最高存在。对人而言，天不可违抗，人应该效法天，"巍巍乎！唯天为大，唯尧则之"（《论语。泰伯》），"天何言哉？四时行焉，百物生焉"（《论语·阳货》）；天支配、赋予人以生命和道德，"天丧予"（《论语·先进》），"天生德于予"（《论语。述而》），"获罪于天，无所祷也"（《论语·八佾》），所以人对天要有所敬畏，"君子有三畏，畏天命，畏大人，畏圣人之言。小人不知天命而不畏也"（《论语·季氏》）。

（1）义理之"天"是人道德与力量的源泉

就天为至善的理想境界而言，天要为人们的道德修养、奋斗动力提供终极目标和典范。天要赋予人使命，给人以力量，指示人的行动方向。否则，天就不是人所效法的对象，不是人的道德所依。孔子并没有像后世荀子那样，从人类社会生活中寻求道德力量的依据，而是认为天赋予人以美德，天给予人奋斗的精神动力和困难时的力量源泉。在这方面，孔子还是承传着西周的天赋美德和使命的传统。如孔子在离曹适宋时，宋国

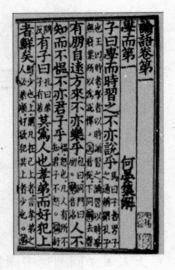

《论语》书影

司马桓魋砍树示威，欲杀孔子，孔子弟子劝孔子赶紧离开宋国，孔子毫不畏惧，说"天生德于予，桓魋其如予何？"（《论语·述而》）认为上天赋予自己道德和使命，桓魋又能将我怎么样？孔子在匡遇厄，被匡人围困，情况危急，门下弟子紧张害怕，但孔子十分镇静，认为自己承担着上天交给的延续西周文化的责任，只要上天存在，匡人就不可能将他如何。"文王既没，文不在兹乎？天之将丧斯文也，后死者不得与于斯文也；天之未丧斯文也，匡人其如予何。"（《论语·子罕》）认为天赋予人以道德力量和伟大使命，人世的灾难痛苦不可能改变天命的方向和天命的实现，众多的曲折只是人实现道德义命的一段坎坷历程。所以孔子对天心存敬畏，认为"获罪于天，无所祷也"（《论语·八佾》），即便是自己到处碰壁、"累累若丧家之狗"（《史记·孔子世家》），也说"不怨天，不尤人，下学而上达，知我者其天乎？"（《论语·宪问》）

孔子认为天赋予人道德义命，天指引着人们向着至善、君子方向前进。但是，《论语》中又找不到天帝谆谆然诰命的词句。孔子认为天不言、只以四时行和百物生来启示人们遵天行事，这表现出孔子对天也有淡泊的一面，并不那么执拗地认为天安排人世的一切。孔子认为重要的是人按天的意志行

事，这就导出了他的天人有分思想。

（2）命运之天带给人时运的盲目，从而人天分离

孔子生活在春秋时代，他不可能完全摆脱西周时期天为至高神的传统思想，他同样认为天掌控着人的命运，"唯天为大"，人力不可更改，所以人不能得罪天，但孔子又认为天并不是一个平稳恒定的人格神，而是常常表现为一种盲目的异己力量，因而人的努力与得到的结果并没有必然的联系。1993年湖北荆门郭店出土了一批楚墓竹简，其中《穷达以时》篇体现了孔子对天命的看法，认为天在无规律地流转，人的成功要靠时运，但人不能只等时运而不为，要注意到"天人有分"，人要尽力完成自己的道德义命：

> 有天有人，天人有分。察天人之分，而知所行矣。有其人，无其世，虽贤弗行矣。苟有其世，何难之有哉。舜耕于历山，陶埏于河浒，立而为天子，遇尧也；邵因衣胎盖帽经蒙巾，释板筑而佐天子，遇武丁也；吕望为臧棘津，战监门棘地，行年七十而屠牛于朝歌，举而为天子师，遇周文也；管夷吾拘囚束缚，释桎梏，而为诸侯相，遇齐桓也；百里转鬻五羊，为伯牧牛，释板□而为朝卿，遇秦穆；孙叔三射恒思少司马，出而为令尹，遇楚庄也。初韬晦，后名扬，非其德加。子胥前多功，后戮死，非真智衰也；骥厄张山，骏穴于邵棘，非亡体状也。穷四海，致千里，遇造故也。遇不遇，天也。动非为达也，故穷而不怨；隐非为名也，故莫之智而不吝。……穷达以时，德行一也。……幽明不再，故君子敦於反己。

《穷达以时》篇首先指出人天有别，知道天人有别才能明白自己的所行所为，才能不怨天尤人。文章认为天是盲目的，人的显达与否并不就是其人德能的表现，而只是时运的偶然来临。人即使有再好的贤德才能，如果时运不至，仍只能落泊无着，救世乏力；而一旦时运来临，就可以名扬天下，朝为布衣暮为相。人之显不显、能不能有所为，并非完全由自身决定，还得看有没有时运。否则即使你像舜一样仁圣，如果没有舜那样的机遇，仍是难有一番作为。

可以看出，一方面，孔子承认"天"的决定作用，认为它是人生与死、贫贱与显贵的决定者，人不可能摆脱命运而自我主宰，人有再好的贤德也无力阻止天不让你德行有传，不能阻止它让你富贵或贫贱，"死生有命，富贵在天"（《论语·颜渊》）。人只有听命于天，无助但安然地等待时遇、天命的到来。另一方面，孔子认为"天"又是盲目的，在向着非人格化方向发展，天不是始终稳定地关注着人世的一切，并不随着人的善恶相应施报，而是随心所欲，行善不一定给你以善报，为恶不一定回报你恶果。体现在人的事业成就上，则人的努力是一回事，能不能成功又是另一回事。人的富贵显达只是天命不经意的一次停留，时运来了只是上天对你的偶然垂青，时运不遇也是上天的一种定数。这里就产生了两种思路，一是完全听从于天命，二是认为天人有分，人不要在意命运之天的行为，而是在义理之天的指引下，着力于人事。孔子是后者，我们从孔子对鬼神的态度可以得出这个结论。

从逻辑上讲，如果"命运"的主宰是一种非人格性的力量，那么，人就不能与之建立任何交往关系，人无法对自己的遭遇作任何程度的改变与修正，人通过祭祀等方式并不就能与鬼神、与"天"发生什么联系。如果人的善行与恶行在天的眼中并没有分别，天并不按赏善罚恶行事，那么人也就可以不在乎天对人事的评价，这就导出了天人行为的分离。孔子对鬼神是敬而远之，更重视现实的德行修养与人事。"祭如在，祭神如神在。子曰：'吾不与祭，如不祭。'"（《论语·八佾》）"樊迟问知。子曰：'务民之义，敬鬼神而远之，可谓知矣。'"（《论语·雍也》）孔子认为祭神祭天并不能给人的行为以适当的回报，祭祀活动比不上现实人事的重要。"子疾病，子路请祷。子曰：'有诸？'子路对曰：'有之。谏曰：祷尔于上下神祇。'子曰：'丘之祷久矣。'"（《论语·述而》）孔子认为平时的德行比一时的祈祷重要得多。"季路问事鬼神。子曰：'未能事人，焉能事鬼？'敢问死。曰：'未知生，焉知死？'"明确表明孔子认为人的现实行为是先于祭祀活动需要重视的问题。从这里出发，受子产"天道远，人道迩"思想的影响，孔子对命运之天逐步游离，得出天人有分的结论。

（3）"人能弘道，非道弘人"，明确天人有分，自强在人

一方面，孔子承认受命于天，命运无序。西周初年，周人提出天职赏善罚恶、天命依善恶转移的思想，用于稳固自己的统治和激励周人奋发有为。孔子深受这种思想的影响，以春秋时代之周公自许，他多次梦到周公就是对自己能够继承周公之志、可以有一番作为的肯定。孔子积极行动，努力展现自己的才能。但在众多挫折面前，面对有道难行、困厄连至的无序，孔子也接受了命运是盲目的这一现实。"道之将行也与，命也；道之将废也与，命也。"（《论语·宪问》）认为自己的主张是否能够实现，不单单是自己努力的事，也得看时运与机遇。从现有文献看，孔子常常感慨自己不遇时运。如《荀子·宥坐》篇、《说苑·杂言》篇、《韩诗外传·卷七》都记载了孔子关于"遇不遇，时也"的感慨。《说苑·敬慎》记载孔子论诗，说到《正月》之六章时，懯然变色说："不逢时之君子，岂不殆哉？从上依世则废道，违上离俗则危身；世不与善，己独由之，则曰非妖则孽也；是以桀杀关龙逢，纣杀王子比干，故贤者不遇时，常恐不终焉。诗曰：'谓天盖高，不敢不局；谓地盖厚，不敢不踏。'此之谓也。"贤者不遇时，非但才华得不到施展，生命也常受到威胁。《孟子·万章上》说孔子"于卫，主颜雠由。弥子之妻与子路之妻兄弟也，弥子谓子路曰：'孔子主我，卫卿可得也。'子路以告。孔子曰：'有命'。"感言人能否有所作为在于时运。

另一方面，孔子承认天命但又不宿命。面对命运无常的困惑，孔子提出"天人有分"、察天人之分来明确人的所为，强调"人能弘道，非道弘人"（《论语·卫灵公》），这是孔子调和道德义命与天命无常的努力，是对人生奋斗的一种积极肯定，强调了人要有自己的人生目标，不要为命运的盲目而彻底丧失了人的主体性。人做人事，天行天职，时与遇都是天数，天不可预期、不可改造，人对天无可奈何，但人应该遵循道德义命对自己有所修正，有所充实，人不能毫无作为、被动地等待天命时运的到来，而应积极主动地

做好自己的准备，待时一至，展现自己的风华。"且夫芷兰生于深林，非以无人而不芳。君子之学，非为通也；为穷而不困，忧而意不衰也，知祸福终始而心不惑也。夫贤不肖者，材也；为不为者，人也；遇不遇者，时也；死生者，命也。今有人不遇其时，虽贤，其能行乎？苟遇其时，何难之有？故君子博学、深谋、修身、端行以俟其时。"（《荀子·宥坐》）君子之学，是为自己的修身养德，而不是为飞黄腾达，就像那优雅的兰花，并非只为别人而开放，而是当为则为，于幽谷也同样芬芳。天命不可预期，外在于人，所以君子应该以天所赋予的道德职责为指导，全副精力修养自身，在做好人事的基础上，等待时运的来临。即使身处困境，也应该努力奋进，不怨天，不尤人，用道德义命为责，以期实现君子的使命。

孔子晚年总结自己一生时说："吾十有五而志于学，三十而立，四十而不惑，五十而知天命，六十而耳顺，七十而从心所欲不逾矩。"（《论语·为政》）"五十而知天命"，是知道有天命存在，知道天人有分，而且知道自己应如何顺应天命的意思。《郭店楚墓竹简·语从一》说"知天所为，知人所为，然后知道，知道然后知命"，就是孔子这一思想的注解。孔子相信命运，也相信天命在很多时候是盲目的，但在"天人有分"的情况下，人只应着力于做人自身的事情。有天命，有人为，人为能否实现在于天命，人努力所做一切是尽人的道德义命，尽人之为人的职责。孔子对道德义命的重视，对人事的努力，宣扬了人的自觉自为意识，奠定了儒家天人关系中"天人有分"、积极人为的基本模式。

2. 孟子的天人思想

孟子在天人观念上，认为天赋予人德行，人的善性品质来源于天。孟子确信命运的存在，但强调人在命运面前应该积极有为，否则就不能实现"正命"。

先秦诸子中，对"天"下过明确定义的只有孟子、庄子、荀子、韩非子四人。庄子对"天"的定义在外篇《秋水》，此篇是否为庄子所作还有不同看法，加之一般认为孟子生年略早于庄子，所以孟子很有可能是第一个给"天"明确定义的人。孟子认为，"……天也，非人之所能为也。莫之为而为者，天也；莫之致而至者，命也。"（《孟子·万章上》）天是人力之外的必然，是人所不能为者。"吾不遇鲁侯，天也。臧氏之子焉能使予不遇哉。"（《孟子·梁惠王下》）天对人的命运有决定性的一面。

孟子之"天命"有两种不同的意义："命运"和"命令"。

"命运"是天对人的安排，是"莫之致而至者"，是有没有人的努力都会出现的结果，不受人力左右，人不可抗拒，人的所为与最终的结果并没有必然的联系，"若夫成功，则天也"（《孟子·梁惠王下》）。孟子举例说，益、孔子、周公、伊尹不有天下，皆是天的意志，非人力所为。"启贤，能敬承继禹之道。益之相禹也，历年少，施泽于民未久。舜、禹、益相去久远，其子之贤不肖，皆天也，非人之所能为也。……匹夫而有天下者，德必若舜禹，而又有天子荐之者，故仲尼不有天下。继世以有天下，天之所废，必若桀纣者也，故益、伊尹、周公不有天下。"（《孟子·万章上》）假如禹在位的时间长一些，益相禹的时间就会长一些，就能得到人们更多的拥戴，就有可能为天子。但益相禹七年而禹亡，禹之子启又有贤能，益就不能成为天子。这就是天命，人力决定不了禹的寿命与启的贤与不贤，人力也决定不了孔子能有被推荐为下一任天子人选的机会，也决定不了太甲、成王有着与桀纣一样的德行，所以孔子、伊尹、周公不能为天子，是天所为。

"命令"为上天之指令，亦即"道德义命"、"道德使命"，是上天给人指引的方向。人的所有道德属性皆来源于天，人之"四端"善性就是秉天而来，人性之本然与天具有一致性，所以人要按道德义命行事。人性的根据是天，所以知人之性即可知天，知道天对人的使命与要求。由此孟子特别强调"顺命"，认为人只有顺应命运才能得到"正命"："莫非命也，顺受其正。是故知命者不立乎岩墙之下。尽其道而死者，正命也；桎梏死者，非正命也。"（《孟子·尽心上》）人必须知道什么是应为，什么是不为，这才是

"知命"，只有知命者才能得到"正命"。在这里，孟子实际上是认为"命"不是单独外在地存在于天中，也不是单独内在地存在于人中，而是存在于天和人的相互关系中，人与天互动才能完成天命。某种意义上，"命"就是天和人的相互关系。这是孟子重视人为努力的表现，具有重大意义。

孟子一生行状，也和孔子一样，年轻时奔走各方，希望能找到施展自己才华的地方，但英雄总是无用武之地，生而有憾。对这种结局的解释，一方面，孟子同于孔子，认为命运天定，命运是凡人不可知的，是盲目的，自己是不遇时运。他用类同孔子的语言安慰自己："吾不遇鲁侯，天也。臧氏之子焉能使予不遇哉。"（《孟子·梁惠王下》）认为是天而不是人在控制自己的命运。"虽有智慧，不如乘势；虽有镃基，不如待时"（《孟子·公孙丑上》），人力不能奈何天命，只能尽人心力、等待时运的到来，孟子对齐人此语很是赞同，在与滕文公对话中也有表现："滕文公问曰：'齐人将筑薛，吾甚恐。如之何则可？'孟子对曰：'昔者大王居邠，狄人侵之，去之岐山之下居焉。非择而取之，不得已也。苟为善，后世子孙必有王者矣。君子创业垂统，为可继也。若夫成功，则天也。君如彼何哉？强为善而已矣。'"（《孟子·滕文公下》）天命非人为而成，它外在于人，所以孟子认为人不可强求它。"求则得之，舍则失之，是求有益于得也，求在我者也。求之有道，得之有命，是求无益于得也，求在外者也。"（《孟子·尽心上》）"口之于味也，目之于色也，耳之于声也，鼻之于臭也，四肢之于安佚也，性也，有命焉，君子不谓性也。仁之于父子也，义之于君臣也，礼之于宾主也，智之于贤者也，圣人之于天道也，命也，有性焉，君子不谓命也。"（《孟子·尽心下》）父子之间的仁、君臣之间的义、宾主之间的礼、贤者之于智慧、圣人之于天道，能否实现属于命运，但也是天性的必然（"使命"），君子对这些并非无能为力，因而要尽力去做；对美色美味舒适的追求虽属人的性情，君子却也不去强求，因为能否实现在于天命。"尧舜，性者也；汤武，反之也。动容周旋中礼者，盛德之至也；哭死而哀，非为生者也；经德不回，非以干

禄也；言语必信，非以正行也。君子行法，以俟命而已矣。"（《孟子．尽心下》）

另一方面，正因为《穷达以时》等文献必是孟子的学习资料、孔子"天人有分"思想必然对孟子有很大的影响，所以在面对厄运时，孟子比孔子更光辉、更积极、更有主体自觉。他强调人为，强调"道德义命"，强调人为对实现天命的重要作用，把苦难变成"天"、"命"对自己的一种考验和实现命运的一种方式，看看自己是否能在苦难中依然坚韧不拔，达至"正命"："舜发于畎亩之中，傅说举于版筑之间，胶鬲举于鱼盐之中，管夷吾举于士，孙叔敖举于海，百里奚举于市。故天将降大任于斯人也，必先苦其心志，劳其筋骨，饿其体肤，空乏其身，行拂乱其所为，所以动心忍性，曾益其所不能。"（《孟子·告子下》）孟子这种积极人为思想，这种强调通过人为来实现天命的理念，满载着"道德义命"的自觉，有着极其光辉的色彩，高扬了人力自为的崇高与必行。孟子将苦难当成一场天命对人的检测，认为人只有充分发挥人的主体自觉，才能完成上天给人的"道德义命"，才能知天知命，才能实现天命。"尽其心者，知其性也。知其性，则知天矣。存其心，养其性，所以事天也。夭寿不二，修身以俟之，所以立命也。"（《孟子·尽心上》）若是经受不住考验，则无话可说："自暴者，不可与有言也；自弃者，不可与有为也。言非礼义，谓之自暴也，吾身不能居仁由义，谓之自弃也。"（《孟子·离娄上》）

孟子认为命运只能控制人的生命流向，而不能控制人的意志与行为，"天时不如地利，地利不如人和"，"正命"的体现要靠人为，这是孟子对命运的一种强势表达，是孟子弘扬孔子思想的光辉之一，对荀子"制天命而用"精神有感染作用。

（二）老子、庄子的天道观

源于对社会发展方向的不同认识，对人类未来前景的不同态度，老庄的天人之际与孔孟的天人思想完全相反，走向了另一条道路。孔孟相信天命，以道德义命为人生方向，强调人为、人的自我努力；老庄认为天道自然，天为客观存在，没有天命，也不能有人为。道自然、无为，无为而无不为。人应该效法自然，无为而治。也由此，在社会面临新的重构时，孔孟是积极入世，奋力革新；老庄则对现实政事感到失望，消极避世，自我超脱，有着明显的犬儒色彩。

1. 老子人道效法天道思想

老子，姓李，名耳，楚国苦县历乡曲仁里（今河南鹿邑东）人，曾任东周王室管理藏书的官吏，相传他看到东周王室衰微，就离开东周，在函谷关被关令尹喜挽留，著《道德经》五千言，然后西去，不知所终。现行《老子》一书，虽经战国时人损益修订，但仍反映了老子思想。

老子

（1）《老子》一书的年代

《老子》一书的成书年代问题，学界至今聚讼不已，它涉及《论语》与《老子》谁先谁后的大事。自梁启超提出《老子》书作于战国末之说后，仅民国前期学者群集讨论的文字就有 50 万字之多，其主要论文与观点大都收集在《古史辨》第四册和第六册中。本书只就 20 世纪 50 年代以来有影响的几个观点略为陈述。

侯外庐在《中国古代思想学说史》和《中国思想通史》中认为，老子思想是对孔、墨显学的批判发展，老子思想后出于孔、墨。侯外庐认为，孔、墨虽对旧时代进行了有力批判，但其精神指归还是对将要出现的新世界充满着向往之情。然而到了战国时代，思想家们开始对新社会进行怀疑，"在社会理想方面怀疑了现实世界，在人类道德方面怀疑了私学，在历史方面怀疑了发展，在信心方面怀疑了个体，在阶级方面怀疑了斗争，老子思想表现了对孔、墨的批判的发展"。《墨子》书中只有批判孔子而没有批判老子，亦说明《老子》当在孔、墨之后。

冯友兰认为，从孔子以前"无私人著作之事"、春秋时期之书都是就某一具体的事发表议论、《老子》一书中的主要概念与主要原则都是哲学思想发展到一定高度才能出现等三方面判断，撰写《老子》的老子是战国时期的人。针对有人提出从春秋时期哲学思想的发展趋势看，在春秋末期应该有《老子》这样的思想出现，冯友兰说："一种趋势只决定一种发展的方向，不能决定某一具体的事实发生的具体时期。历史中没有决定某一具体事实必须在某一时期发生的规律。"冯先生进而认为战国时道家学术思想的代表人物，是先有杨朱，其后才有老聃和庄周，杨朱是道家思想的先驱。

陈鼓应认为《老子》比《论语》早出，是老子开私人著述之先河。在《老子注译及评介》一书的修订版中，陈鼓应说："先秦各书固多为一个学派之作，但《老子》这本书主要是成于一人之手。其中有些语句，或不免有后学增补之处，但它基本上是出于一人的手笔。这不仅由本书理论前后一贯可证，文体的一律尤为明证"，"老子即老聃，《老子》一书为老聃所作，成书年代不至晚于战国初"。

在《老学先于孔学——先秦学术发展顺序倒置之检讨》一文中，陈鼓应力挺《老子》成书早于《论语》，从孔子问礼于老子的时间、地点、内容及先秦典籍的其他记载来进行立论。

陈鼓应的立论与证明存在两个问题，一是思想史发展过程中的一个规律是：如果先前有人根据某种传闻而撰写有某某之事，由于其首先着鞭占据了话语的规则与话语范围，后起者必从之，否则就没有对话的空间与情景。后起者唯一可做的就是对对话内容的修改或对内容作出新的解释。这种情况在先秦尤其明显，如儒、墨兴起禅让思潮对其他各家所造成的思想影响。二是陈鼓应认为先秦典籍中记载的、表明《老子》成书早于《论语》的例子都不确切。

荀子思想综述

　　如陈鼓应认为《论语·宪问》中"或曰：'以德报怨，何如？'子曰：'何以报德？以直报怨，以德报德'"这条记载是孔子引用《老子》话的铁证。但"以德报怨"、"以德报德"等应该是春秋时期的俗语。《国语·周语中》记载襄王十三年，郑人伐滑，王使游孙伯请滑，郑人执之。王怒，将以狄伐郑，大夫富辰谏曰："不可。……郑在天子，兄弟也。郑武、庄有大勋力于平、桓；我周之东迁，晋、郑是依；子颓之乱，又郑之繇定。今以小忿弃之，是以小怨置大德也，无乃不可乎！且夫兄弟之怨，不征于他，征于他，利乃外矣。章怨外利，不义；弃亲即狄，不祥；以怨报德，不仁。"可见，"以怨报德"及由此而来的"以德报怨"、"以德报德"等并不是老子的专利，而是当时的通用语。

　　郭沂在《从郭店楚简〈老子〉看老子其人其书》中认为，竹简本《老子》有完全区别于今本的独特的思想体系，其思想、语言、文字、章次等更原始，加之今本《老子》在内容上有多处矛盾、在文本上有多处重复，故而得出结论：竹简《老子》出自春秋末期与孔子同时的老聃，今本《老子》出自战国中期与秦献公同时的太史儋；后者曾将前者全部纳入并加以改造。这一设想并未得到学界的多少认同。由于《郭店楚墓竹简》中的老学思想记载，现学界比较多的声音是认为《老子》早于《论语》。

　　先秦诸子之书，大都不是出于一人一时之手，而是经过多人、多次、长时期的辑录与修改，其中必然羼入后人的文字。《老子》也是如此。本书认为，到荀子时，老子思想应该有一定范围的流传。但就现通行本《荀子》一书所见材料而论，《老子》思想在当时的影响并不很大，比不上思孟学派、墨家学说。如在《孟子》书中，就没有老子思想的反映。荀子思想有与老子思想相类同处，但就整体而言，老子思想对荀子思想的影响并不大。

　　（2）《老子》的天道与人道

　　老子认为，"道"是世界的本原，是真实存在的客体："道之为物，惟恍惟惚。惚兮恍兮，其中有象；恍兮惚兮，其中有物。窈兮冥兮，其中有精；

其精甚真，其中有信。"（《老子·二十一章》）"有物混成，先天地生。寂兮寥兮，独立而不改，周行而不殆，可以为天地母。吾不知其名，强字之曰道。"（《老子·二十五章》）"道"不是神秘的、超感觉的神性存在，道是客观实体，是浑然一体的真实存在，"其中有物"，"其中有精"，尽管是恍惚的，却是真实可信的。另一方面，道又不同于某一具体存在物，它不是某一物，只是一种恍惚的存在，是一种最广大、最精微、最普遍的存在。道"先天地生"，"独立而不改，周行而不殆"，自本自根，无为而无不为，对"万物生之畜之，长之育之，亭之毒之，养之覆之"（《老子·五十一章》），生养万物，为天地之母。

　　具体到天与人问题上，老子将"道"视为一种规律性的存在，认为存在着"天道"与"人道"之别。老子认为，"人法地，地法天，天法道，道法自然。"（《老子·二十五章》）而人为道生，"道生一，一生二，二生三，三生万物"（《老子·四十二章》），也即人为自然所生化，所以人与天的关系、人道与天道的关系，就是人效法天，人道效法天道，也即人道效法自然。人道效法自然，就是说人要有为，人要按照自然的本然状态去有为，而不能妄为。人为道生，人是自然的一部分，无论就生物系统还是社会系统而言，都与整个宇宙系统相应，所以人的一切行为与社会举措都应该与宇宙之道、天地之道相一致，不能肆意放纵，违背天道。天道为本、为大，人道依天道为法则。"天之道，不争而善胜，不言而善应。"（《老子·七十三章》）天道的主要特征，就是"为而弗争"。"夫唯不争，故无尤"（《老子·八章》），"夫唯不争，故天下莫能与之争"（《老子·二十二章》）。"不争"是天道真义，故而圣人"以辅万物之自然而不敢为"（《老子·六十四章》）。"天地不仁，以万物为刍狗"，所以"圣人不仁，以百姓为刍狗"。

　　但在现实中，人道与天道相背离，人道没有很好地遵守天道。"天之道损有余而补不足，人之道则不然，损不足以奉有余。"（《老子·七十七章》）而要改变现状，恢复人道应有的模样，就应该效法天道，力行"诎"、

"屈"，"为而弗争"。老子认为，施政者应该具备"柔弱"、"无为"的品格和风貌，淳朴、纯洁、不自以为是、不固执己见、不扰民、以百姓之心为心，这种经过天道浸润的人道才能立于不败之地，才能不妄为，社会才会安稳。

（3）荀子对老子天人关系的回应

老子认为天道无为，人顺应天道应该"屈"和"拙"，应该为后不为先。"大直若屈，大巧若拙"（《老子·四十五章》），"我有三宝，持而保之。一曰慈，二曰俭，三曰不敢为天下先。慈故能勇；俭故能广；不敢为天下先，故能成器长"（《老子·六十七章》）。荀子从人具有主观能动性、人可以知天用天思想出发，对老子强调人在"天"、"自然"面前的"屈""拙"姿态进行了批评。荀子认为老子只看到人应效法自然的一面，而没有看到人有自立自为的另一面。"老子有见于诎，无见于信；……有诎而无信，则贵贱不分。"（《荀子·天论》）老子只是委曲求全，只知退后与守柔，而不是积极进取、自为、刚强与争先，这样使人没有向上的动力，也就分不出高低贵贱，礼义制度就没有意义，社会发展就失去了动力。所以荀子说老子"自以为知道，无知也"（《荀子·天论》）。荀子认为社会发展可以越来越好，人通过社会教化可以为善，成为圣人。老子则认为社会越来越不好，人只有无为才能恢复其本然天性，天下才会祥和。荀子对老子天人问题上的批评，实是他们对社会发展的不同看法而来。

荀子认为老子有诎无伸的行状不是君子所为，君子的做法是以礼义为则，"时诎则诎，时伸则伸"（《荀子·仲尼》）。"与时屈伸，柔从若蒲苇，非慑怯也；刚强猛毅，靡所不信，非骄暴也；以义变应，知当曲直故也。"（《荀子·不苟》）《易经·系辞下传·第三章》记载孔子在解释《易》"憧憧往来，朋从尔思"时说的一段话，似乎是对荀子这种君子"时诎则诎，时伸则伸"思想的说明："日往则月来，月往则日来，日月相推而明生焉。寒往则暑来，暑往则寒来，寒暑相推而岁成焉。往者屈也，来者信也，屈信相感而利生焉。尺蠖之屈，以求信也。龙蛇之蛰，以存身也。精义入神，以致用也。利用安身，以崇德也。"

另外，相传为老子弟子的文子，对老子只诎不伸思想的弊端也进行了补充与修正。《文子·微明》中说："道可以弱，可以强，可以柔，可以刚，可以阴，可以阳，可以幽，可以明，可以包裹天地，可以应待无方。……圣人能阴能阳，能柔能刚，能弱能强，随时动静，因资而立功，睹物往而知其反，事一而察其变，化则为之象，运则为之应，是以终身行之无所困。"《文子·上仁》说："太刚则折，太柔则卷，道正在于刚柔之间。"也是对老子主柔的一种变通。

2. 庄子"蔽于天而不知人"

庄子（约公元前368—前286年），姓庄名周，宋国蒙（今河南商丘，也有称为安徽蒙县）人。在家乡做过管理漆园的小官，一生主要隐居著述，学术思想渊源于老子。庄子的朋友很少，只与惠施关系密切。很有意思的是，庄子与孟子同时（年龄比孟子略小），但两人书中都未提到对方，对此后人多有猜测，大部分学者认为两人确实就互相不知对方。庄子对社会的失望，或许与他未入社会主流有关。《庄子》一书，《汉书·艺文志》载为52篇，今本只有33篇，为郭象所删订。学界一般认为内7篇是较为可靠的庄子本人作品。有激进者如王葆玹，认为现行《庄子》一书中只有《齐物论》才是唯一的现存庄周作品。本书认为《庄子》内7篇大抵为庄子所作，也有后学的加工，但其主体思想未变；外篇与杂篇，虽多为庄子后学所作，但保留和反映了庄子的思想观念，可以作为庄子思想的引证材料。

在天人关系上，庄子继承了老子的天道自然、人道效法思想，认为"天"为自然之天，人为自然所生。人"受命于天"，"道与之貌，天与之形"（《庄子·德充符》），"夫大块载我以形，劳我以生，佚我以老，息我以死"（《庄子·大宗师》），庄子将人的存在根据归源于道、天，孙以楷认为这在中国哲学史上"是第一次明确人之由来"。人源于天，受命于天，所以

"无以人灭天"（《庄子·秋水》），也不要"以人助天"（《庄子·大宗师》），而是应该依天而行，顺天而为，"与天为徒"（同上）。

天不依人的意志为转移，"有人，天也；有天，亦天也。人之不能有天，性也。圣人晏然体逝而终矣"（《庄子·山木》）。天能造就、影响人，而人不能影响天，所以"知其不可奈何而安之若命，德之至也"（《庄子·人间世》）。人是自然的产物，在自然面前，人只是万物之一，人不能妄为，不能违背天道与自然。"吾在于天地之间，犹小石小木之在大山也。方存乎见少，又奚以自多！计四海之在天地之间也，不似礨空之在大泽乎？计中国之在海内不似稊米之在太仓乎？号物之数谓之万，人处一焉；人卒九州，谷食之所生，舟车之所通，人处一焉。此其比万物也，不似豪末之在于马体乎。"（《庄子·秋水》）人在天道的照拂下，应该保持谦卑，依顺自然而行事。"六合之外，圣人存而不论。"（《庄子·齐物论》）在"天"和自然大道面前，人应有其所止。自然最为完满，人对自然的任何改变，都会损害自然的本性，有违天道。"马，蹄可以践霜雪，毛可以御风寒。龁草饮水翘足而陆此马之真性也。虽有义台路寝，无所用之。及至伯乐，曰：'我善治马。'烧之，剔之，刻之，雒之。连之以羁絷，编之以皁栈，马之死者十二三矣！饥之渴之，驰之骤之，整之齐之，前有橛饰之患，而后有鞭筴之威，而马之死者已过半矣。"（《庄子·马蹄》）人的最好态度，就是纯粹地因任自然："是故凫胫虽短，续之则忧；鹤胫虽长，断之则悲。故性长非所断，性短非所续，无所去忧也。"（《庄子·骈拇》）顺自然之性而无为。

庄子认为现实中的人生充满了各种痛苦，而要消除这痛苦就必须要依天道而行。人"一受其成形，不亡以待尽，与物相刃相靡，其行尽如驰而莫之能止，不亦悲乎！终身役役而不见其成功，苶然疲役而不知其所归，可不哀邪！人谓之不死，奚益！其形化，其心与之然，可不谓大哀乎？人之生也，固若是芒乎？其我独芒，而人亦有不芒者乎？"（《庄子·齐物论》）人与客观世界的改造斗争，永无止境，使人陷于物的摧残之下；人的行动常常与结果相对立，人不能实现自己的目的，使人降为不能主宰自己的异己存在，面对未来"不知所归"；人之形决定人之心，形化心化，形灭心亡，人沦为无自我内涵的形式存在。要解除这种痛苦，就要得道，要用闻道、心斋、坐忘之法来忘却现实的烦恼，求得内心的自由。庄子将人的自由的实现变为内求，对外部世界消极、顺自然，所以荀子非之。

荀子认为，庄子"蔽于天而不知人"，"由天谓之道，尽因矣"（《荀子·解蔽》）。认为庄子只看到天，而忽视人的主体存在，忽视人在天道面前并不是无所作为，而是可以在顺天道的情况下尽人为。庄子虽然注意到了天人的不同，认为"知天之所为，知人之所为者，至矣！知天之所为者，天而生也；知人之所为者，以其知之所知，以养其知之所不知，终其天年而不中道夭者，是知之盛也"（《庄子·大宗师》）。但是，庄子的知天、知人是不对自然利用的"知"，只是顺天的"知"，这是其缺憾所在。在人与自然关系上，庄子认为理想的"真人"是"不知说生，不知恶死，其出不欣，其入不距，翛然而往，翛然而来而已矣，不忘其所始，不求其所终，受而喜之，忘而复之，是之谓不以心捐道，不以人助天"（《庄子·大宗师》），否定了人对客观世界的能动作用。

此外，庄子在强调顺天时也走向了另一种形式的宿命论。庄子说："死生，存亡，穷达，贫富，贤与不肖，毁誉，饥渴，寒暑，是非之变，命之行也。"（《庄子·德充符》）人生确实有许多事情无能为力，"死生，命也；其有夜旦之常，天也。人之有所不得与，皆物之情也"（《庄子·大宗师》），死与生均非人力所能安排，就如白天和黑夜那样永恒流转，完全出于自然，但是，如果认为连贫与富、贤与不肖、毁与誉都是天命的安排，这就完全否认了人的自我努力。所以荀子批判他"蔽于天而不知人"。荀子在《天论》中提出"大天而思之，孰与制天命而用之"，就含有对庄子顺天、虚无与逃避思想的批评。司马迁在《史记·孟子荀卿列传》中评论说："荀卿嫉浊世之政，亡国乱君相属，不遂大道而营于巫祝，信机祥，鄙儒小拘，如庄周等

荀子思想综述

又滑稽乱俗，于是推儒、墨、道德之行事兴坏，序列著数万言而卒。"亦对庄子表示批评。

（三）荀子天人思想的内涵与特色

《荀子·天论》曰：

天行有常，不为尧存，不为桀亡。应之以治则吉，应之以乱则凶。强本而节用，则天不能贫；养备而动时，则天不能病；修道而不贰，则天不能祸。……故明于天人之分，则可谓至人矣。……大天而思之，孰与物畜而制之！从天而颂之，孰与制天命而用之！望时而待之，孰与应时而使之！因物而多之，孰与骋能而化之！思物而物之，孰与理物而勿失之也！愿与物之所以生，孰与有物之所以成！故错人而思天，而失万物之情。

这一段大气磅礴的宣言，揭示了天人关系中人的地位的历史变化。仅此一篇，就可奠定荀子在中国思想史上不可动摇的地位。

荀子在天人关系上对中国思想史的贡献，至少有四点：一是只有他首先以专篇方式强调"天人有分"，指出天人有区别、有不同，人不是天的投影，进而提出"制天命而用之"。二是荀子既强调天人有分，又坚持天人合一，认为天与人有不同的职能、有区别才能相合一。也就是说，天与人是平等的，只有地位平等的双方才能合一。荀子降低了天的神圣性，提高了人的地位。三是在天人关系中，荀子明确了人之存在的独特意义和价值，强调了人的主体自觉，认为人能知命，人更可以对命运进行修正。这既是对孔孟儒学命运天定、人只有自强而待命的超越，是对墨子人命非天、人力自定的发扬，也是对老庄和黄老道家"人道顺天"、"人道无为"思想的批判。四是荀子由"天人有分"出发，指出人亦有分，突出等级名分与礼治的重要，从天人有分中找到人类有分的法理依据。

1. 荀子天人有分概念的来源

荀子天人有分思想的研究一直是荀学研究的重心。侯外庐等在《中国思想通史》中认为"儒家的天道观，到了荀子手里就变了质，即由有意志的天变为自然的天、物质的天。这中间显然受了道家自然天道观的影响。……荀子扬弃了道家的神秘的'道'，撷取了其中的自然观点，因此，他所谓的'天'，不是孔墨的有意志的天，而是自然的天；不是道家的观念的天，而是物质的天"。认为荀子的自然天道观批判地接受了宋、尹之初期道家学派的思想。冯友兰也认为"荀子所言之天，则为自然之天，此盖由于老庄之影响也"，荀子"改造了老聃所说的道'无为而无不为'的思想，又驳斥了认为自然有意识的有神论，否定了意志的天和目的论"。孔繁在其《荀子评传》中赞成冯友兰的看法，认为"荀子正是吸收老子'道法自然'思想，提出'不为而成，不求而得，夫是之谓天职'。不为、不求均说明自然界自身的运行是无目的无意志的，所谓天职，指天之自身的自然职分。……不过，荀子虽吸收老庄自然主义，却克服了老庄的消极无为的宿命思想，他批评老子'有见于诎，无见于信'……批评庄子'蔽于天而不知人'。即庄子安守天命而忽视人之有为进取。荀子既吸收道家自然主义，主张自然界规律不受意念支配，又注重儒家人事有为思想，提出'制天命而用之'，主张人定胜天"。

各位前贤的分析很有道理。结合最近出土的文献资料，本文认为：荀子天人有分思想中有道家"自然之天"的重要因子，有先秦子产等人关于"天道"与"人道"区分的传统思想影响，但"天人有分"这一概念的直接来源，在于儒家。

现存先秦传世文献中有关天人之分的论述主要有：

《左传·昭公十八年》记载子产说："天道远，人道弥，非所及也，何以知之。灶焉知天道，是亦多言矣，岂不或信。"这是关于天人有分的较早论述。子产把天道和人道区别开来，认为天道是虚无的，人道才是具体的。用人道来解释吉凶祸福才合理与可信，而不能用天来限制人。

《文子·上义》载："凡学者能明于天人之分，通于治乱之本。守职明分，以立成功。"《文子》此书，过去一直认为是伪书，1995 年公布了 1973 年河北定州八角廊西汉中山怀王墓出土的竹简《文子》后，学界不少人遂认为传世《文子》并非伪书。《文子》晚于《老子》，早于《淮南子》，很难说荀子看到了没有。

《庄子·大宗师》载："知天之所为，知人之所为者，至矣！知天之所为者，天而生也；知人之所为者，以其知之所知以养其知之所不知，终其天年而不中道天者，是知之盛也。"

《慎子·威德》说："天有明，不忧人之暗也；地有财，不忧人之贫也；圣人有德，不忧人之危也。天虽不忧人之暗，辟户牖必取己明焉，则天无事也；地虽不忧人之贫，伐木刈草必取己富焉，则地无事也；圣人虽不忧人之危，百姓准上而比于下，其必取己安焉，则圣人无事也。"

这几个材料都明确了天人的不同。除《文子》外，荀子大都应该看到过。由于这几个材料都不是出自儒家文献，所以以往的研究名家认为荀子的天人有分思想是来源于老庄道家或黄老学派，从最近的出土材料看，值得商讨。本文前已指出，1993 年湖北荆门郭店出土的楚墓竹简中，《穷达以时》篇明确地表明孔子提出了"天人有分"这一思想，说明儒家在天人问题上也很早就区别了天人的不同。

《穷达以时》开篇言道："有天有人，天人有分。察天人之分，而知所行矣。有其人，无其世，虽贤弗行矣。苟有其世，何难之有哉。"这就是荀子"天人有分"概念的直接来源。

本书认为，荀子在当时一定看到了这批郭店楚简所记录的文献，理由有三：一是荀子多年在稷下学宫（"年十五始来游学于齐"），且三为祭酒，以稷下学宫当时的盛况，一定会拥有郭店简这批文献的同样材料。对于一个以批判诸子、融合百家为己任的学者来说，荀子不可能没有看到这些文献，《荀子·宥坐》篇中，就收录有与《穷达以时》篇内容相同的一章，只是少了《穷达以时》开篇的"有天有人，天人有分。察天人之分，而知所行矣"

这段话，就是明证。二是《荀子·正论》篇，其中批判禅让学说一章，在郭店楚简未出土以前，荀学研究者只能猜测荀子所批必有所指，但找不出相应的文献。而《郭店楚墓竹简·唐虞之道》篇，其所立论恰恰是《荀子·正论》此章所批评的，我们可以有把握地猜定荀子是针对《唐虞之道》篇来进行立论的，由此亦证明荀子看到了郭店这批文献。三是《荀子》、《天论》与《穷达以时》篇中"天人之分"一语词语相同，而上举四篇有关天人之际文献中，只有《文子·上义》中出现了"天人之分"一词。由于《文子》是否为伪仍不确切，加之《郭店楚墓竹简·穷达以时》篇的形成应该早于《文子·上义》，所以本书判断是儒家首先提出"天人有分"，荀子"天人有分"概念的直接来源就是孔门后学所记录孔子思想的《穷达以时》篇，就是孔子的"天人有分"思想。

荀子"天人有分"思想虽源于孔子，但与孔子之意有很大的不同。孔子之天，虽说有盲目、混乱的一面，并不严格体现出规律性，然而它还是有意志，有神性，是义理之天和命运之天；荀子之天，则脱尽神性与意志，是自然之天，是老子所言的客观存在。孔子提出天人有分，是着力于就人事的自为而言，人之命运受天的支配，人只有尽道德义命去努力；荀子高扬天人有分，是突出人与天的平等地位，突出人事不是天的使命，而是人自己的事，人的命运自己支配，人的德行不源于天，而是社会发展前进的必须。荀子"天人有分"思想源于孔子而又吸收多家思想并作了进一步的深化，是对儒学发展的大贡献。

2. 荀子天人有分的思想内涵

（1）在天与人的关系思维中，荀子继承了孔子天人有分思想，吸收了老庄自然为一客观实体观念，将天当成一个非人格化的自然体，天为自然之天，不是有意志的裁决者。"天行有常，不为尧存，不为桀亡"，"不为而成，不求而得，夫是之谓天职"（《荀子·天论》）。"天"为纯粹的自然，不是人的命运之神、德行之维，控制人的超验存在。

荀子坚信，天是一个外在于人的独立体，"列星随旋，日月递炤，四时代御，阴阳大化，风雨博施，万物各得其和以生，各得其养以成。……皆知其所以成，莫知其无形，夫是之谓天"（《荀子·天论》）。万物生成的自然过程，这就是天。天不以任何人的意志为转移，"天不为人之恶寒也辍冬，地不为人之恶辽远也辍广"（同上）。天有自己的规律，"天有常道"，不为尧存也不为桀亡。所以人世的治乱祸福只是人类自身的事，与天没有关系。将国家兴亡、社会治乱、个人荣辱说成天的意志，只是为自身不努力而推诿的一种托词。"治乱，天邪？曰：日月星辰瑞历，是禹桀之所同也，禹以治，桀以乱；治乱非天也。时邪？曰：繁启蕃长于春夏，畜积收藏于秋冬，是禹桀之所同也，禹以治，桀以乱；治乱非时也。地邪？曰：得地则生，失地则死，是又禹桀之所同也，禹以治，桀以乱；治乱非地也。"（同上）所以，人要明白天道，自己努力。"志意修，德行厚，知虑明，生于今而志乎古，则是其在我者也。故君子敬其在己者，而不慕其在天者"，"明于天人之分，则可谓至人矣"。反之，"错人而思天，则失万物之情"（同上）。由此，荀子将人与天平等对待，将长久压在"神性之天"下的人解放出来。一是为人解开了命运的枷锁，二是突出了人要为自己的命运负责的意识，三是强调人性的善恶与"天"没有丝毫的关系。人天分离，就不能从天之所谓抑恶扬善中得到人性善的证明。这为荀子批判孟子"人性善"解决了"天命"这一最大障碍，也为荀子强调差别、坚持礼制是人类社会发展所需奠定了法理基础。

（2）"天"是客观的实在，人可以把握其运行规律，利用它来为人类服务。

"天"不为而成，不求而得，是外在于人的独立存在。所以一方面，人对天客客气气，不强做解人："虽深，其人不加虑也；虽大，不能加焉；虽精，不加察焉。夫是之谓不与天争职。"但是另一方面，人又可在一定程度上参与和利用"天"："所志于天者，已其见象之可以期者矣；所志于地者，已其见宜之可以息者矣；所志于四时者，已其见数之可以事者矣；所志于阴阳者，已其见和之可以治者矣。"（《荀子·天论》）通过了解"天"的规律而可以作出相宜的判断与行为。

荀子认为必须清楚地知道什么是"可为"、什么是"不可为"，才能算是"知天"："清其天君，正其天官，备其天养，顺其天政，养其天情，以全其天功。如是，则知其所为，知其所不为矣；则天地官而万物役矣。其行曲治，其养曲适，其生不伤，夫是之谓知天。"（《荀子·天论》）所以，"自知者不怨人，知命者不怨天；怨人者穷，怨天者无志。"（《荀子·荣辱》）人之"命"是人自己的事，与天无关，所以"命"也可知："古之所为处士者……知命者也。"（《荀子·荣辱》）

人能知天、知命，就可以"制天命而用之"——掌握自然规律而利用、应用它："大天而思之，孰与物畜而制之！从天而颂之，孰与制天命而用之！望时而待之，孰与应时而使之！因物而多之，孰与骋能而化之！思物而物之，孰与理物而勿失之也！愿与物之所以生，孰与有物之所以成。"（《荀子·天论》）"天有其时，地有其财，人有其治，夫是之谓能参。舍其所以参，而愿其所参，则惑矣。"（《荀子·天论》）"故天之所覆，地之所载，莫不尽其美，致其用，上以饰贤良，下以养百姓而安乐之。"（《荀子·王制》）人处于困境是人自身的缘由，"楛耕伤稼，楛耨失岁，政险失民；田薉稼恶，籴贵民饥，道路有死人"，这些都是"人祅"而不是"天"为。

《荀子·天论》中有两个字特别重要，一是"参"，一是"制"。"参"是指人能对天人关系有清楚的把握与了解，知道天人有分，人可以适当地借用天、地为自己服务。"制"是"参"的另一种表达，它是"利用"、"理解"、"洞察"、"掌握"之意。细研《天论》，可以肯定地说，"制天命"就是"知天命"，此处"制"即为"知"，而不是"控制"、"战胜"之意。如果理解为"战胜"与"控制"，则有太过之嫌，与荀子整篇文章意旨不符。荀子的"制天命"与孔子的"知天命"有相通的内容，但更多、更重要的是荀子的新思想——通过知天命而用天命，利用天时地财而人治。

有人依据《荀子·天论》而说荀子最伟大之处在于提出了"人定胜天"思想。本书认为，荀子的"明于天人之分"和"制天命而用之"，只是说明人在发挥主体自觉、"参"天时地财（"知天命"）之后，人能够获得行为的主动性，不必机械、无助地等待"时"与"遇"，从而可以对人自身的命运进行把握与修正。它只是一种强调人的主体性的提法，并没有说人由此就可以"胜天"、超越"天"。人能"知天"，但不一定人能"胜天"和"控制天"。"人定胜天"是后人的发挥。

荀子由天人有分、人可以知天知命，直指人可以"用天"，这种天人理论，发前人所未发，特别高扬人的地位与自尊，将天、人并列，平等相视，开中国思想史上天人之际一条新路。

但是，人能随心所欲地用天吗？荀子决然反对。"天"外在于人，人对待"天"必须遵循其规律而不能任意发挥，因为天不以人的高兴与否、虔诚多少而变化，"应之以治则吉，应之以乱则凶"，遵循它的规律而行，就能吉；逆之而动，社会就会动乱。人应顺天而为，不能妄为。"人之命在天"（《荀子·天论》），指的是人的命运在于恰当地掌握和利用"天"。天有天的事，人有人的事，天有天的运行规则，人有人的行动常道，两者泾渭分明。"天"浩大无边，深邃广博，人不应去加以干涉，也不必去深究，至人、君子只是认识"天"的浩渺、顺应天的规则而使人有更好的生存条件，"大巧在所不为，大智在所不虑"（《荀子·天论》），做自己该做的、能做的事，注意自己的分工与定位，在了解自然的基础上和谐地利用自然。"草木荣华滋硕之时，则斧斤不入山林，不夭其生，不绝其长也。鼋鼍鱼鳖鳅鳝孕别之时，罔罟毒药不入泽，不夭其生，不绝其长也。春耕、夏耘、秋收、冬藏，四者不失时，故五谷不绝，而百姓有余食也。污池渊沼川泽，谨其时禁，故鱼鳖优多，而百姓有余用也。斩伐养长不失其时，故山林不童，而百姓有余材也。"（《荀子·王制》）知之，适当地用之，这才是人对天的应有态度。

蒙培元说："在人与自然的关系问题上，荀子并未建立起以人主宰自然的'人类中心论'式的价值学说，而是以人与自然的统一和谐为最高目的。这正是荀子之所以为儒家的重要标志。"确实如此。

（3）荀子是"知天"与"不求知天"的统一。一方面，荀子认为人可以知天；另一方面，荀子又说"唯圣人为不求知天"。二者看似矛盾，实则为内在统一。

荀子认为，一方面，"天"提供我们生存所需的一切物资，养育万物与人，人生存在"天"之下，就要一定程度上的"知天"，顺应"天"的规律而行事；另一方面，"天"至高无上，无形而大，无为而功，"故天者，高远之极也"（《荀子·礼论》）。有人，天是如此；没有人，天亦如此。"天行有常"，它不为尧存也不为桀亡，人是不可能真正认识的，所以人没有必要去、也没有能力去企图最终掌握它，人应该意识到自身能力的有限性，只要了解天与人有关的一般运行规律就可，"其于天地万物也，不务说其所以然，而致善用其材"（《荀子·君道》），"知其所为，知其所不为，则天地官而万物役矣"（《荀子·天论》）。人的智慧就是在人自身所能做的范围内行事，着重解决社会政治文化经济问题。《荀子·解蔽》说："凡以知，人之性也；可以知，物之理也。以可以知人之性，求可以知物之理，而无所疑止之，则没世穷年不能无也。其所以贯理焉虽亿万，已不足浃万物之变，与愚者若一。学、老身长子，而与愚者若一，犹不知错，夫是之谓妄人。故学也者，固学止之也。"《庄子·天下》中慎到说"知不知，将薄知而后邻伤之者也"，认为如果人强求知其所不知，势必将为知所迫，最后的结果是损伤了自己。荀子"惟圣人为不求知天"也是此意。"知天"是指人应了解万物及其规律；"不求知天"，是指不要花主要精力去探讨天事而忘记人事，更不要如邹衍等阴阳家那样去探求一些虚无缥缈、没有益处、没有结果的天事。人事才是最主要的。

荀子讲"天行有常"，但又说"唯圣人为不求知天"，这就显示了荀学为儒学的特征：思考的重心是人事而不是天事。"道者，非天之道，非地之道，人之所以道也，君子之所道也。"（《荀子·儒效》）荀子之"道"，不是老庄的自然之道，而是人事之道、社会治理之道。荀子跳出了老庄道家的思维局限，在明确"天"为"阴阳大化"的自然界后，论述的重心就集中在社会关系的领域，探讨其理想社会的实现及其制度安排，实现"人之道"。李存山曾说"荀子的思想还奠定了中国封建文化以'人道'（仁学）压'天道'的主题"，是有道理的。

（4）从天人有分、天人职责不同出发，荀子深入探讨和发展了儒家礼治思想，由天人有分延伸到人与人、人与社会之间也是有分，每个人、每个职位也有不同的职责，由此构成人与自然谐和、人与社会谐和的王道天下。

天人有分不仅仅是荀子天人关系的思考，也是荀子社会理想的出发点与落脚点。因为天人有分，所以人的差异与不同都是人自身的事，因此要通过明分而组成人类社会；又因为人性为恶，人的教化与修养又有不同，有着明显的差别，所以必须用礼义制度来规范人类社会。故此，荀子从天人有分中找到了人与人有分的本源依据，找到了礼义制度必须存在的法理基础。天与人有分，所以人应积极有为，合理利用天时与地利，加强农业生产，富裕社会，实现王道理想；人与人有分，所以人应该"明分使群"，遵守制度规范与要求，加强协作，和谐发展。

二、荀子的人性学说

荀子的人性论在先秦乃至整个儒家思想史上都别具特色，而最为著名的则是性恶说，当然，这也是最容易遭到后儒误解与诟病的部分。程颐曰："荀子极偏驳，只一句'性恶'，大本已失。"这是将性恶说作为荀子人性学说乃至整个学说的核心。其实，荀子的人性学说相当复杂，远非性恶说所能概括。作为荀子天人思想的延续，人性论同样要服务于重构礼乐制度的主题，它是礼乐重构的另一个奠基。因而，探讨荀子的人性论，不仅要注意其与天人思想的一致性，而且要考虑到重建礼乐制度的主题，更不能脱离儒学史和哲学思想史的背景。

（一）性之二分与性道并举

性与天道是儒家哲学的两块基石，其中又以天道更为根本，因为性也是由天派生出来的。并且，在儒家那里，"性道对举"是一个极为重要的思路。儒家人性论有两个层面：一、实然之性，也就是"人是什么"；二、应然之性，也就是"人应该是什么"，这类似于休谟区分"是"与"应该"的做法。

1. 实然之性与应然之性

实然之性不同于应然之性，这一点，儒家早有觉察。《论语·阳货》记载了孔子关于人性的唯一一次论述："性相近也，习相远也。"从这个论断看，孔子并没有区分实然之性与应然之性；不过，通读《论语》，还是可以发现孔子对人性的区分。《论语·里仁》篇载：

> 子曰："富与贵，是人之所欲也；不以其道得之，不处也。贫与贱，是人之所恶也，不以其道得之，不去也。君子去仁，恶乎成名？君子无终食之间违仁，造次必于是，颠沛必于是。"

孔子的这段论述，既有人的实然之性（"欲"与"恶"），也有人的应然之性（"仁"）。文中的"欲"与"恶"显然不可能是人性"应该"是的样子，而只可能是人的实然之性，不然，则不会有"不处也"、"不去也"的结论。这是孔子论性的第一层意思，即人性有实然的一面。但这并不是孔子论性的重点。因为，孔子特别注重人禽之别："鸟兽不可与同群，吾非斯人之徒与而谁与？"（《微子》）而这种好利恶害之"欲"（性）并不能起到"别人禽"的作用。为了彰显人性的高贵，孔子将重点放在了人"优于"或"善于"动物之"性"上。这是孔子论性的第二层意思：人性还有应然的一面。子曰："不义而富且贵，于我如浮云。"（《述而》）这无非是说，"富"与"贵"并非人的特质，人的特质在于"义"，也就是前文所说的"仁"。易言之，"仁"与"义"才是人的应然之性。非但如此，孔子还主张将人的应然之性与人的实然之性联系起来进行考察，这是孔子论性的第三层意思。《论语·八佾》载：

> 子夏问曰："巧笑倩兮，美目盼兮，素以为绚兮。何谓也？"
> 子曰："绘事后素。"
> 曰："礼后乎？"
> 子曰："起予者，商也。始可与言《诗》已矣。"

对"礼后乎"，学界有多种解释。朱熹认为，"礼"后于"忠信"："礼必以忠信为质，犹绘事必以粉素为先。"赵明教授则结合"绘事后素"的比喻，认为：礼义应该以人所具有的朴素而自然的资质为基础，而这种自然资质也就是以自然欲求为表征的人"性"，它应该是"无善无恶"的。何谓"绘事后素"？朱熹云："绘事，绘画之事也。后素，后于素也。《考工记》曰：'绘画之事后素工。'谓先以粉地为质，而后施五采，犹人有美质，然后可加文饰。"仅从"素"可以解释为"无色"的角度看，赵氏的说法确实更合理。刘宝楠的解释则更为复杂："盖五色之黑黄苍赤，必以素为之介，犹五德之仁义智信，必以礼为之闲。且礼者，五德之一德，犹素者五色之一色。以礼制心，复礼为仁，礼失而采，礼云礼云。太素者，质之始也，则素为质。后素者，绘之功也，则素为文。故曰'素以为绚'。素也者，万物之所成终而所成始也。故《履》初素，《贲》上白。素者，《履》之始；白者，《贲》之终。然则忠信之人，可以学礼。何谓也？忠而无礼，则愿也；信而无礼，则谅也。愿则愚，谅则贼，不学礼，而忠信丧其美也。是故画缋以素成，忠信以礼成。素者，无色之文；礼者，无名之朴。"黄怀信赞成朱熹的说法："后，后于。……绘事后素，言绘画需先有白底，即五彩之绘总是出现在素地之上，以素地为基础，故而诗人'素以为绚'也。礼后乎，乃子夏悟出之理，言礼亦后起者乎。"无论何种解释，有一点是可以肯定的，即人的应然之性是在人的实然之性的基础上用"礼义"加以改造后得到的。如何实现这一目标？孔子的方法是"习"，子曰："学而时习之，不亦说乎？"（《学而》）又云："无友不如己者。"（《学而》）这样做，都是为了完善人性，最终使人能够达到"欲而不贪"（《尧曰》）的境界。

在孔子论性的基础上，孟子将儒家的人性论推向了一个新的高度。对人的实然之性中并不十分高尚的部分，孟子亦有察觉："口之于味也，有同耆焉；耳之于声也，有同听焉；目之于色也，有同美焉。至于心，独无所同然乎？心之所同然者何也？谓理也，义也。圣人先得我心之所同然耳。故理义之悦我心，犹刍豢之悦我口。"（《告子上》）关于这种人生而有之的实然之性（自然人性）是否能算是"人之性"，有一段著名的论辩，《孟子·告子上》载：

告子曰："生之谓性。"

孟子曰："生之谓性也，犹白之谓白与？"

曰："然。"

"白羽之白也，犹白雪之白；白雪之白犹白玉之白与？"

曰："然。"

"然则犬之性犹牛之性，牛之性犹人之性与？"

在这段论辩中，告子主张实然之性即人性（生之谓性）；孟子则依据告子的前提，"引"出了"犬之性犹牛之性，牛之性犹人之性"的结论。这显然不符合儒家"别人禽"的宗旨。所以，在孟子看来，实然之性并非"人"之性："口之于味也，目之于色也，耳之于声也，鼻之于臭也，四肢之于安逸也，性也，有命焉，君子不谓性也。"（《尽心下》）又云："君子所性，仁义礼智根于心。"（《尽心上》）总之，与孔子一样，孟子论性也是特别注重人区别于禽兽之"特性"的。正如张岱年所云："孟子所谓性，指人之所以为人的特性，而非指人生来即具有的一切本能。"赖永海教授也认为：孟子认为所谓性，"应该是某一个属类的特性、个性，例如，人之性，应该是人区别于其他生物如禽兽等的特性，而不是把一切生物之属性都看成是人之本性"。这可以借助数学上的一个例子来理解：正方形的定义是在矩形定义的基础上得出的，正方形之所以是正方形而不是一般的矩形，就是因为它异于一般矩形的地方，即邻边相等；同样，人性的定义也只能在动物性的基础上得出，人之所以异于低等的动物（禽兽），就是因为他们具有和禽兽不一样的因素，比如道德、理性等。也就是说，孟子的探讨人性的方式是有其优点的。孟子云："人之所以异于禽兽者几希，庶民去之，君子存之。"（《离娄下》）那么，此"几希"之性是什么呢？这就是孟子所说的四善端："恻隐之心，仁之端也；羞恶之心，义之端也；辞让之心，礼之端也；是非之心，智之端也。"（《公孙丑上》）在孟子看来，此"善端"乃人之为人的根本所在："无恻隐之心，非人也；无羞恶之心，非人也；无辞让之心；非人也；无是非之心，非人也。"（《公孙丑上》）不仅如此，这种"几希"之性还是君子与小人的分水岭，孟子曰："体有贵贱，有大小。无以小害大，无以贱害贵。养其小者为小人，养其大者为大人。"（《告子上》）在接下来的一段对话中，孟子进一步阐述了这一思想：

公都子问曰："钧是人也，或为大人，或为小人，何也？"

孟子曰："从其大体为大人，从其小体为小人。"

曰："钧是人也，或从其大体，或从其小体，何也？"

曰："耳目之官不思，而蔽于物。物交物，则引之而已矣。心之官则思，思则得之，不思则不得也。此天之所与我者。先立乎其大者，则其小者不能夺也。此为大人而已矣。"

君子小人的差别就在于从大体还是从小体。何谓大体？何为小体？朱熹释曰："大体，心也。小体，耳目之类也。"小体即人的实然之性中同于禽兽的部分；大体即人性中不同于（高于、优于）禽兽的部分，也就是人的应然之性。这种应然之性是人性完善的目标，每一个真正意义上的、有价值追求的人，都应该永不停息地追求、扩充这种人性，从这个意义上来说，人性"只能是善的，不能是恶的"。但这并非先天的性善论：在孟子看来，虽然道德礼义乃"求则得之，舍则失之，是求有益于得也，求在我者也"（《尽心上》）的，但这只是一种可能而非现实，要变成现实的善性，仍需要主体不断地完善、扩充，否则就可能迷失本心而流于恶。这也解释了为什么人性是善的，而在现实中却有恶人。

与孟子不同，荀子所说的"性"更多的是人的实然之性，因而，他不仅不回避而且正视人与禽兽相同之处，但是，荀子论性的最终归宿却是人的应然之性。荀子论性，可分为以下几个层次。

首先，"以欲为性"。荀子曰：

饥而欲食，寒而欲暖，劳而欲息，好利而恶害，是人之所生而有也，是无待而然者也。（《荣辱》）

若夫目好色，耳好声，口好味，心好利，骨体肤理好愉佚，是皆生于人之情性者也。（《性恶》）

这种好利恶害之性（欲）不仅是"禹、桀之所同也"（《荣辱》），而且是"人、禽之所同也"。在荀子看来，人欲本无所谓善恶，但欲望的过分膨胀则可能带来恶。而荀子的"性恶论"，也只能在这个层面解释：其实质乃"人欲可能趋恶论"。

其次，"以人生而有之的材质为性"，荀子云：

性者，本始材朴也。（《礼论》）

生之所以然者谓之性。（《正名》）

不事而自然谓之性。（《正名》）

凡性者，天之就也，不可学，不可事。（《性恶》）

这种与生俱来的性（材质）是无所谓善恶的，因而与告子的"生之谓性"、"食色性也"中的性相近。徐复观亦云："荀子对于性的规定，与告子'生之谓性'，几乎完全相同。而'可与如此，可与如彼'的说法，也与告子的'决诸东方则东流，决诸西方则西流'的说法，毫无二致。"在荀子看来，小人的材质与圣人相同，荀子云："涂之人也，皆有可以知仁义法正之质，皆有可以能仁义法正之具"（《性恶》），所以"涂之人可以为禹"（《性恶》）。虽然如此，但现实中还是有圣人与小人的不同。所以，在这个层面，荀子应该是一个"性朴可塑论"者。但是，欲是性派生出来的："性者，天之就也；情者，性之质也；欲者，情之应也。"因此，欲也是人与生俱来的材质之一。这样说来，人性（材质）之中本来就蕴涵了"能够向善"与"可能趋恶"的因素，进而，荀子的性论还可以理解为"性善恶混论"。需要特别说明的是：无论是"性恶论"还是"性善恶混论"，都仅仅是一种可能，因而与先天人性论不同。要将可能变为现实，都离不开一个修为的过程。这关系到荀子人性论的第三个层次：人性向善，包括两个方面。其一，人性应该也必须向善，荀子云："学恶乎始？恶乎终？曰：其数则始乎诵经，终乎读《礼》；其义则始乎为士，终乎为圣人。真积力久则入，学至乎没而后止也。故学数有终，若其义则不可须臾舍也。为之，人也；舍之，禽兽也。"（《劝学》）其二，人性能够向善，荀子云："涂之人皆可以为禹。"（《性恶》）荀子和孟子一样，"认为普通的人只要肯努力，也能成圣贤"。如果说，荀子在前两个层面还是从实然的角度论性的话，那么，在第三个层面则是从应然的角度论性了，这是荀子论性的目的与归宿，也正是这个层面，使荀子的人性论保持了儒家的本色。

　　2. 性与道

　　儒家人性论的最高根据是天（道），这种传统肇始于孔子。子贡云："夫子之文章，可得而闻也；夫子之言性与天道，不可得而闻也。"（《公冶长》）对"不可得而闻也"，有三种解释：其一，因为孔子很少说性与天道的问题，所以不可得而闻；其二，孔子在谈论性与天道问题时，其内容与方式同前人都大不相同，而"不可得而闻"就是"闻所未闻"的意思；其三，孔子对性与天道问题的论述十分深奥，无法用言语恰当表述，因而不可仅仅

从听到的言论之表面去理解。相对来说，后两种解释有些牵强，但无论哪种解释，有一点是肯定的：孔子已经将性与天道相提并论了。孔子将性与天道相连做法，给人性善找到了形上的依据。由于人性源自天道，那么追求性与天道的统一，也是理所当然的了，子云："吾十有五而志于学，三十而立，四十而不惑，五十而知天命，六十而耳顺，七十而从心所欲不踰矩。"（《为政》）这不仅可以看做是孔子不断追求与道合一的历程，也说明，在孔子那里，性与道并不是本然地合一的。

孔子之后，性道对举成了儒家主要的特色之一。《中庸》云："天命之谓性，率性之谓道，修道之谓教。"这是将孔子的思想发展为本然的"性道合一"，进而在性与道之间建立了直接的联系。孟子沿着这一方向继续向前推进。孟子云："仁义礼智，非由外铄我也，我固有之也。"（《告子上》）最能体现孟子性道合一的想的则是其"尽心"、"知性"、"知天"的论断，孟子曰：

尽其心者，知其性也。知其性，则知天矣。存其心，养其性，所以事天也。夭寿不贰，修身以俟之，所以立命也。（《尽心上》）

在孟子那里，心与性是合一的，性必须通过心来显现，因而"尽心"就必然可以"知性"。又因为性与道（天）是合一的，所以"知性"就可以"知天"。正是在这个意义上，孟子被多数学者认为是"天人合一"论者。既然性与道（天）是本然地相合的，而作为创生性、本原性的道（天）只能是善的，因而孟子的人性论也只能是"性善论"。

荀子沿着一条与思孟学派不同的路径，拓展了孔子性道对举的思想。在思孟学派那里，性与道是本然相合的；而在荀子，性与道的相合则需要经过几个迂回的过程。首先，从根本上说，性是源自于天（道）的，在这个意义上，性与道是相合的。但这并不是荀子论述的重点，因为对至上之道，荀子更多持存而不论的态度。荀子更关心的是自然之道和人道（尤其是人道），或者说"性"如何与自然之道或人道（尤其是人道）相合。在荀子看来，性乃是形下之天的一种形式，而自然之道乃是形下之天所应该遵守或符合的规律。但"应该"并不等于"事实"，在现实中，"性"不仅常常偏离"道"，而且有违背"道"的情形："今人之性，生而有好利焉，顺是，故争夺生而辞让亡焉；生而有疾恶焉，顺是，故残贼生而忠信亡焉；生而有耳目之欲，有好声色焉，顺是，故淫乱生而礼义文理亡焉。然则从人之性，顺人之情，必出于争夺，合于犯分乱理，而归于暴。"（《性恶》）正是由于荀子发现了人的实然之性不仅不会本然地符合道，而且有背离道的可能，所以他才会力倡

《荀子》书影

"性恶"。而为了矫正恶性，达到性与道合一的应然状态，就必须经过积极的人为，也就是化性起伪。荀子曰："必将有师法之化、礼义之道，然后出于辞让，合于文理，而归于治。"（《性恶》）而要化性起伪，则离不开师、法与礼义之道。因为，在荀子那里，所谓的人道说到底就是礼义法度，而师乃是礼义法度的三本之一："君师者，治之本也。"（《礼论》）这些还不够，在化性起伪的过程中，更需要积极的修为，并且要"不可以已"（《劝学》），如此才能达到性与道相合，最终达到"与天地参"的境界。这与思孟学派又是殊途同归。

（二）性伪分合与善恶之争

儒家论性的思路与论天的思路完全一致，更确切地说，人性论乃天人观的一部分，荀子亦是如此。需要注意的是：荀子乃至整个儒家，都是以礼乐制度或者是以人道为核心来建构自己的思想体系的。

1. 性伪分与性伪合

荀子所说的性，从根本上说乃源自于形上之天。作为形上之天的表现形

式之一，性也是一种形下之天。在形下之天的层面，天与人是不同的，而性即天、人即伪，因而性与伪也是不同的。荀子曰：

性者，本始材朴也；伪者，文理隆盛也。（《礼论》）

凡性者，天之就也，不可学，不可事。礼义者，圣人之所生也，人之所学而能、所事而成者也。不可学、不可事，而在人者，谓之性；可学而能、可事而成之在人者，谓之伪。是性、伪之分也。今人之性，目可以见，耳可以听；夫可以见之明不离目，可以听之聪不离耳。目明而耳聪，不可学明矣。（《性恶》）

从《荀子》的文本来看，无论是性还是伪，含义都十分复杂。张岂之认为：荀子所说之"性"含义有三："天然的禀性"、"原始的素质"和"生理的本能"；相应地，"伪"也有三层含义："后天形成的品格"、"思虑和行为的积习"和"对原始素质的加工"。一言以蔽之，"'性'是先天的本能，'伪'是后天的作为；'性'是不可学不可事的，伪是能是而能成的；'性，是不可丧、不司离的，'伪'是有得有失的"。正是在这个意义上，才可以说，主张性、伪之分是荀子论性的一个重要特点。

在形下的自然之天的层面，荀子的思路是在严辨天人的基础上，通过积极的人为达到新的天人合一；在人性之天的层面，荀子也遵循了同样的思路：在严辨性、伪的基础上，通过积极的人为而达到性、伪相合。在荀子，虽然性、伪不同，但并非毫无关系："无性，则伪之无所加，无伪，则性不能自美。"（《礼论》）性是伪的基础，离开了作为材质的"性"，作为人为的"伪"就无从谈起；但作为实然状态的"性"不仅不美，而且有趋恶的倾向，因而要达到应然状态的"善性"，就离不开"伪"，而人性应该向善是先秦儒家乃至全部儒家共同的主张。为了实现人性向善，荀子主张性、伪合：

性、伪合，然后成圣人之名，一天下之功于是就也。故曰：天地合而万物生，阴阳接而变化起，性伪合而天下治。天能生物，不能辨物也；地能载

人，不能治人也；宇中万物、生人之属，待圣人然后分也。（《礼论》）

性、伪相合的途径是"化性起伪"，而君子与小人的区别也正在于能否化性起伪，荀子云：

凡人之性者，尧、舜之与桀、跖，其性一也；君子之与小人，其性一也。今将以礼义积伪为人之性邪，然则有曷贵尧、禹，曷贵君子矣哉？凡贵尧、禹、君子者，能化性，能起伪，伪起而生礼义。然则圣人之于礼义积伪也，亦犹陶埏而生之也。用此观之，然则礼义积伪者，岂人之性也哉？所贱于桀、跖、小人者，从其性，顺其情，安恣睢，以出乎贪利争夺。（《性恶》）

如此，荀子从性、伪分出发，经过化性起伪，实现了性、伪合，也就是从天人相分出发，实现了天人合一，从这个意义上说，荀子的人性论是其天人思想的一部分或延续。

有一个问题需要特别说明。由于荀子主张"伪起而生礼义"，所以很多人认为荀子所说的性是可变的，如杨大膺认为：荀子学说的根本观念为"性恶可塑"。周炽成则持相反观点：既然荀子所说的性是"固定不变"，那么"性固定不变，而伪千变万化"。"这一区分与《性恶》所提出的另一主张——化性起伪严重相悖。"周氏的理由是："化性就是改变人性，变化人性。既然人性是'不可学，不可事'的，为什么它可以'化'呢？既然人性是固定不变的，为什么它可以'化'呢？……《性恶》的作者陷入了一个极大悖难：改变不可改变的东西！"其实，这里并不存在"不可调和的矛盾"，关键在于如何理解"化"与"化的对象"。荀子曰：

故枸木必将待檃栝烝矫然后直，钝金必将待砻厉然后利。今人之性恶，必将待师法然后正，得礼义然后治。今人无师法，则偏险而不正；无礼义，则悖乱而不治。古者圣王以人之性恶，以为偏险而不正、悖乱而不治，是以为之起礼义、制法度，以矫饰人之情性而正之，以扰化人之情性而导之也。使皆出于治、合于道者也。（《性恶》）

　　杨倞注："矫，疆抑也。扰，驯也。"钟泰曰："导，当作'道'。"王天海云："扰，顺也，驯也。"此处"矫"、"扰"、"化"互释，理解为"疏导、引导"是更为合适的。而荀子所谓的"性恶"，更确切地说乃是"因为人的趋利避害的本性容易导致恶的行为"，这从荀子"以欲为性"可以得到证明。人们通常将人的"趋利避害之性"（人性自私）等同于人性恶。其实，人性趋利避害并不等于人性恶，因为这乃是动物乃至生物的本能，这种本能有可能导致恶行，同样也有可能导致善行：只要让人们真正认识到行善比作恶符合更大、更根本、更长远的利益即可。那么，所谓"化性"就是要"化"（疏导、引导）这种人皆有之的、可能流于恶（当然也可能合于善）的好利恶害之欲，以使其在礼义法度的范围内得到比较合理的满足，这并不是要改变人性，也无须改变人性，此其一。其二，不可变的乃是作为材质的性，而可化的对象只是性的表现。这可以从荀子的比喻中得到启示：性犹如"陶埏"、"枸木"、"钝金"（材质），无论人们对性（材质）施加任何改造，都必须以性（材质）为基础，并且性（材质）的本质是无法改变的，能改变的只是性（材质）的表现形式。一言以蔽之，所谓性不可变，不是人性不能向善（合于善），而是说对人性的改造必须以人性中不可变的因素为基础，这与孔子"绘事后素"（《八佾》）的思想亦有相通之处。如此，所谓的"化性起伪"就容易理解了：犹如治水，不能一味地堵、截，而应该顺应水的特性，将其疏通到需要水的地方；化性也是如此，性的本质是不可变的，但人们却可以在性能知礼义法度与利害关系的基础之上，根据其"好利恶害"之特性，使性的表现（包括欲的表现与材质的表现）向善方面发展，而避免流于恶。荀子的理论也可以这样表述：圣王（圣人）不仅制定了作为准则的礼义法度，而且还设计了奖优罚劣的具体措施（胡萝卜加大棒），这样做的基础恰恰是人的"好利恶害"之性；圣王（圣人）这样做之所以有效，还因为人性中有权衡利弊的知性，在知性的权衡之后，人们发现，遵守礼义法度才能得到最大的利，所以才会遵守准则。如此看来，性虽不可变，但却可以

荀子诠解

荀子思想综述

通过后天的人为，使性的表现符合善（应然之性）的标准。因而，即便荀子所说的性是"不可变"的，性恶与化性起伪也并不存在不可调和的矛盾。

　　2. 道性善与倡性恶

　　先秦儒家十分关注人性问题，其中，最著名的是孟子的性善论与荀子的性恶论。孟子认为人性善：

　　人皆有不忍人之心。先王有不忍人之心，斯有不忍人之政矣。以不忍人之心，行不忍人之政，治天下可运之掌上。所以谓人皆有不忍人之心者，今人乍见孺子将入于井，皆有怵惕恻隐之心——非所以内交于孺子之父母也，非所以要誉于乡党朋友也，非恶其声而然也。由是观之，无恻隐之心，非人也；无羞恶之心，非人也；无辞让之心，非人也；无是非之心，非人也。恻隐之心，仁之端也；羞恶之心，义之端也；辞让之心，礼之端也；是非之心，智之端也。人之有是四端也，犹其有四体也。有是四端而自谓不能者，自贼者也；谓其君不能者，贼其君者也。凡有四端于我者，知皆扩而充之矣，若火之始然，泉之始达。苟能充之，足以保四海；苟不充之，不足以事父母。（《公孙丑上》）

　　仁义礼智，非由外铄我也，我故有之也，弗思耳矣。故曰，"求则得之，舍则失之"。或相倍蓰而无算者，不能尽其才者也。（《告子上》）

　　孟子所说的人性善，其实就是人心善：向善的本性根植于每个人内心的良知良能。在这里，孟子用了一个"见孺子将入于井"的事例来证明自己的观点。但是，这个事例并不是真实发生的，说到底它只是一个"思想的事例"，而思想中的情状是不能简单地等同于现实的。同时，孟子这种将个人经验普遍化的做法，也是需要检讨的。他由自己见到孺子入井有某种心理活动来推断别人也会有类似想法。这样做，其实已经预设了一个前提：人的心都是相同或者相通的。要说明"人的心都是相同或者相通的"，必须回答"心"为何物的问题。孟子所说的心无非肉团之心、认知之心或道德之心。如果为肉团之心，那么他就无法摆脱生理主义之嫌。孟子当然不会同意这样的说法，这也不符合儒家"别人禽"的宗旨。如果是认知之心或道德之心，那么认知之心或道德之心从何而来？如果不是由生理结构决定的，就只能承认有一个人格神：而人格神的存在也是需要证明的。但是，孟子人性论的最大缺陷不是理论上的，而是在道德修养中难以操作。以"四端说"为核心的性善论，决定了孟子的修身方法只能是内省的，孟子云：

仁者如射：射者正己而后发；发而不中，不怨胜己者，反求诸己而已矣。(《公孙丑上》)

爱人不亲，反其人；治人不治，反其智；礼人不答，反其敬。行有不得者，反求诸己。(《离娄上》)

存其心，养其性，所以事天也。(《尽心上》)

万物皆备于我矣。反身而诚，乐莫大焉。强恕而行，求仁莫近焉。(《尽心上》)

在孟子看来，道德修养无需外求，只要能够将人性中"善的原质""发动出来"就会有善行。而"善的原质"就是"仁义礼智"四端，也就是"人类具有分辨是非的仁心或道德心"。但由于种种原因，仅仅依靠良心的"内省"，很难保证人们有善行，即便在有了法律等强制性的措施之后还不能完全禁止某些人的丑恶行径，更不要说没有强制措施的情况了。

也许，正是因为看到"性善论"在实践中的困难，荀子才提出了"性恶论"，荀子云："人之性恶，其善者伪也。"(《性恶》)为了确立"人之性恶"的观点，荀子对孟子的"性善论"进行了猛烈的抨击：

孟子曰："人之学者，其性善。"

曰："是不然。是不及知人之性，而不察乎人之性、伪之分者也。凡性者，天之就也，不可学，不可事。礼义者，圣人之所生也，人之所学而能、所事而成者也。不可学、不可事，而在人者，谓之性；可学而能、可事而成之在人者，谓之伪。是性、伪之分也。"(《性恶》)

荀子认为，性善论的错误在于不明白"性、伪之分"，是将"伪"（礼义）作"性"的结果。此外，荀子还通过礼义的存在反证了"性善"的不可能：

孟子曰："人之性善。"

曰："是不然。凡古今天下之所谓善者，正理平治也；所谓恶者，偏险悖乱也。是善恶之分也已。今诚以人之性固正理平治邪，则有恶用圣王、恶用礼义哉？"（《性恶》）

这个论证表面上没有问题，其实缺陷很大：此处，荀子预设了礼义是用来纠正人性之恶的前提；反之，如果将礼义解释为"仁的自然流露"，进而认定礼义为人之本然的东西，同样也说得通。为了论证人性不善，荀子还重新解释了何谓"性善"，这是一种釜底抽薪的论证方法：

孟子曰："今人之性善，将皆失丧其性故也。"

曰："若是则过矣。今人之性，生而离其朴、离其资，必失而丧之。用此观之，然则人之性恶明矣。所谓性善者，不离其朴而美之，不离其资而利之也。使夫资朴之于美、心意之于善，若夫可以见之明不离目、可以听之聪不离耳。故曰：目明而耳聪也。"（《性恶》）

显然，荀子论性乃是"从性之自然义出发"，也就是从生物的生理本能的角度出发，因此这里所说的性，在某种程度上就是"人之所以同于禽兽者"。更确切地说，所谓"性恶"，乃是"人性不美"，而不是"人性坏"。但是，这个批评也是有问题的，因为，孟子同样可以从人异于、优于禽兽的、应然的层面进行回击。总之，荀子对性善论的批评并不是很有力的，所以，才会有人认为他"根本没有击中要害"。

除了对人性善的批评，荀子还从正面论述了人性恶（人性不美）。主要有三个论证。首先，荀子从经验的层面论述了人性恶，荀子云：

今人之性，生而有好利焉，顺是，故争夺生而辞让亡焉；生而有疾恶焉，顺是，故残贼生而忠信亡焉；生而有耳目之欲，有好声色焉，顺是，故淫乱生而礼义文理亡焉。然则从人之性，顺人之情，必出于争夺，合于犯分乱理，而归于暴。故必将有师法之化、礼义之道，然后出于辞让，合于文理，而归于治。用此观之，然则人之性恶明矣，其善者伪也。

从这段论述看，荀子认为性本无所谓善恶，现实中是善还是恶，关键就在于人们如何对待自己的欲望，如果"顺之发展，则产生人生之过恶"。这个论证很好理解，但是，论证一个哲学问题是不能仅仅停留在经验层面的，毕竟只借助经验而得到的结论具有很大的或然性。

其次，荀子从人渴望善的角度论证了人性恶，荀子云：

凡人之欲为善者，为性恶也。夫薄愿厚，恶愿美，狭愿广，贫愿富，贱愿贵，苟无之中者，必求于外。故富而不愿财，贵而不愿势，苟有之中者，必不及于外。用此观之，人之欲为善者，为性恶也。今人之性，固无礼义，故强学而求有之也；性不知礼义，故思虑而求知之也。然则性而已，则人无礼义，不知礼义。人无礼义则乱，不知礼义则悖。然则性而已，则悖乱在己。用此观之，人之性恶明矣，其善者伪也。（《性恶》）

胡伟希教授认为：这种从人的心理方面寻找根据的说法，与西方基督教从"原罪说"来论证伦理道德之起源，有异曲同工之妙。但是，这一论证也是最无力的：人追求善固然可以说是缺少善，但是缺少善未必就是恶；并且，同样可以说，由于人追求善、有向善的意向，因而人性是善的。

再次，荀子还通过礼的起源与作用来证明人性恶：

人生而有欲，欲而不得，则不能无求；求而无度量分界，则不能不争；争则乱，乱则穷。先王恶其乱也，故制礼义以分之，以养人之欲、给人之求，使欲必不穷乎物，物必不屈于欲，两者相持而长。（《礼论》）

也就是说，礼的存在就是因为人性恶，一旦离开了礼义师法，天下必然大乱，荀子云：

今当试去君上之势，无礼义之化，去法正之治，无刑罚之禁，倚而观天下民人之相与也。若是，则夫强者害弱而夺之，众者暴寡而哗之，天下悖乱而相亡，不待顷矣。用此观之，然则人之性恶明矣，其善者伪也。（《性

恶》)

这同样是为了说明人性恶。在荀子看来，礼不可能出自天或大自然，而只能出自人为，也就是伪。但是，本性为"恶"的人为何可以制定出"善"的礼义呢？这是因为人有明辨是非、权衡利弊以及观物取象的理性，这在圣人尤其明显。但是，我们同样可以因为人具有这种理性而认定人性是善的。并且，从荀子思想的整体来看，此处又有循环论证的嫌疑：一方面，荀子通过"性恶"论证礼的必要性；另一方面，又通过礼的存在说明"性恶"。所以说，荀子的这个论证也是有问题的。从礼产生于人为（伪）的角度看，荀子所说的礼，也是一种规范，它类似于西方契约论中的契约。或者说，礼是人们在自然状态或原初状态下订立的契约。这与西方契约论还有不同：契约论中，约定的双方是平等的；而荀子的礼，更多的是圣王制定的。或者说，前者是双向的协商，后者是单向的给予。

既然人自然的、生而具有的实然之性有趋向恶的倾向，那么要达到符合社会道德要求的应然之善性，就离不开礼义教化，荀子云：

故枸木必将待檃栝烝矫然后直，钝金必将待砻厉然后利。今人之性恶，必将待师法然后正，得礼义然后治。今人无师法，则偏险而不正；无礼义，则悖乱而不治。古者圣王以人之性恶，以为偏险而不正、悖乱而不治，是以为之起礼义、制法度，以矫饰人之情性而正之，以扰化人之情性而导之也。使皆出于治、合于道者也。今之人，化师法、积文学、道礼义者为君子，纵性情、安恣睢而违礼义者为小人。用此观之，人之性恶明矣，其善者伪也。（《性恶》）

教化的结果就是"性、伪合"。但由于荀子认为"道德是对人的自然本能的克制。人只有改造人性之自然，才能符合人道之当然"，因而所谓的道德教化也就是一个逆性、戕性的过程。既然如此，要实现"性、伪合"就必须借助师、法乃至强制的手段了。

3. 孟荀性论之关系

从绝对意义上看，不仅孟、荀不同，而且可以说："从孔子经过孟子再到荀子，三人中间，没有相同的主张。孔子以为性是纯素的，孟子认为性是善的，荀子却认为性是恶的。"如果仅从一个主张性善一个认为性恶看，孟、荀的人性论确实是对立的，这也是学界通行的观点，如谢无量认为："自来论性者，孟子始言绝对之性善，荀子始言绝对之性恶，二家适相反。"但这并不是简单的对立，赖永海教授云："荀子之人性论与孟子很不相同，或者说正相反对。此中所言的'正相反对'，亦不是如学界平常所说的，一个主'性善'，一个倡'性恶'，而主要指他们对于人之所以成为人的本性的理解上观点的对立；'正相反对'的另外一个含义是他们在人性理论上带有相互批判的味道——此说也许会引来歧义，因为荀子远在孟子之后，何以批判荀子？实际上，荀子对于'人性'的看法有点接近于告子，而孟子对于告子是明持批判态度的。"陈少峰亦云："孟子以为人性就是人区别于动物的东西"，"荀子以为人性就是人的自然本能"。"但人还是有区别于动物的，那就是人有化性而至于合群明分的特质，这也是人的高贵的标志。"这说明，孟、荀之间的差异并没有通常认为的那么大。不仅如此，还有人认为孟、荀的人性论并不矛盾。吕思勉云："荀子之言性恶，与孟子之言性善，初不相背也。"钱逊则认为两者是基本一致的，并作了详尽的论证：

与告子、法家不同，他们都强调人与禽兽的区别，认为人之所以为人是在于人有人伦、有道德。他们也都肯定了人人都有对善的追求，都可以为善；肯定了人在道德上的平等。应该说，这两点正是孟子、荀子人性思想中核心的、实质的内容，也是儒家区别于法家的根本之点。而所以有性善性恶之争，除了因为对人性的理解不同之外，一个重要的问题是怎样认识和解决人人可以为善的理想与现实存在的恶之间的矛盾，怎样来达到"人皆为尧舜"的理想境界。孟子主性善，是认为善属先天，恶起自后天；善在内，恶在外。荀子主性恶，是认为恶属于先天，善起于后天；恶在内，善在外。所以孟子主张养心寡欲，反身而诚，尽心知性知天，着重于人们内心的自觉修养；荀子则主张化性起伪，积善成圣，着重于后天的教育、学习和对本性的改造。由此又引出二人在政治思想上的不同主张。所以可以说，荀子的性恶论，最重要的还不在这个"恶"字上，而是在这"性伪之分"的"伪"字上；人性善恶之争，实质上是对于善是性还是伪的争论，可以说是关于善的性伪之争。这个问题，也是道德、礼法的起源问题。

现在，这种观点得到越来越多学者的认同，比如，杨正馨就从人兽区别、人性构成、人性培养、善恶起源、个人能动性、人性阶级实质等方面进行了论述，认为孟、荀在先天人性善恶的抽象设定方面的对立只具有表面的意义，或者说，孟、荀人性论同大于异，不存在根本对立。黄宝先则从孟、荀人性论的理论基础、追求目标、修养方法三个方面论证了孟、荀人性论的相同之处。魏义霞也从"价值判断而非是非判断"、"善恶标准的一致性"、"圣人情结"与"人性与礼乐教化"四个方面论证了孟、荀人性论的相通之处。

我们认为，孟、荀的人性论不是对立的，因为，他们探讨的人性并不处在同一个层面：孟子是从应然层面论性；而荀子更从实然层面论性。既然他们讨论的问题并不在一个平台上，因而不存在绝对的对立。不仅如此，他们之间还具有相通之处，主要体现在以下几点。

第一，孟、荀都认为人性有向善的必要性。立足于"人禽之别"是儒家论性的共同之处：在孟子，人应该将善的潜质扩充出来才能真正称为人，否则就是放其心而不知求，自甘与禽兽为伍；在荀子，人性中有可能为恶的欲望并不是人之为人的特质，人的特质在于群、辨、礼义法正，因而荀子认为人只有"化性起伪'，达到"性伪合"才能成为君子，也才是真正的人。

第二，孟、荀都相信人性具有向善的可能性。孟子相信"人皆可以为尧舜"（《告子下》），而荀子认为"涂之人可以为禹"（《性恶》）。也就是说，无论人性原来如何，都可以不断地得到完善，因而他们都承认道德修养是可能的。在孟子，可能性就是人生具有的"四端"，在荀子就是人的认识之心与趋利避害之本性：认识之心可以知道什么是善什么是恶，也能权衡利弊，在这个过程中，最终发现只有遵守道德规范才能有最大、最长远的利益，这样，人就会按照利益最大化的原则选择将人性不断向善推进。

第三，孟、荀都认为人性是一个不断完善的过程。在孟子看来，人要达到现实的善性，离不开道德的修为，也就是说，"性善是一个过程"；而在荀子，要想达到"性、伪合"，更离不开艰苦的"为学"工夫。

第四，孟、荀人性论的最终目的是相同的。无论是孟子还是荀子，他们探讨人性的目的，都是为了提升人的道德水平，通过对理想人格的培育，达到治平天下的目的。这也是儒家一贯的传统。

第五，他们都是人性平等论者。无论是孟子还是荀子，他们都坚持"人人自然平等，所有的人都没有天生的缺陷，都有尽善尽美的潜质"。人性的平等，不仅体现为起点的平等，而且体现在人性修为目标的一致性上。

综上所述，孟、荀人性论是殊途同归的。

但是，由于对人性善恶的不同认定，也就决定了孟、荀对道德修养的途径、平治天下的方案有所不同：孟子由于相信人性向善的自觉，因而偏重反身而求的内省；而荀子则因为更清楚地看清了人性中有流于恶的可能性，因而特别强调规范的作用，其提出的具体方案也只能是隆礼重法。任何一种理论的解释力都是有限的。从学理上看，孟、荀人性论思想的分歧是"求真"与"求善"分歧，并不存在绝对的谁是谁非。人性包括实然之性与应然之性，也不可能是永不改变的，而是一个不断由实然之性向应然之性进发的过程，因而"人"也就是一个不断由实然状态向应然状态前进的存在者。但是，在治理国家以及进行道德教化的过程中，荀子的性恶论应该说是一个比较占优的选择。这类似于帕斯卡尔关于上帝存在的打赌：赌上帝存在（性恶），如果上帝存在我们将赢得上帝的拯救；如果上帝不存在（性善），我们也没有失去什么，所以赌上帝存在（性恶）是一个绝对占优的选择。

众所周知，世上并不存在单纯的道德问题，道德的背后往往都是利益关系：即使在特别注重"义利之辨"的儒家那里，道德的背后仍然是"利"，只是他们所说的"义"乃天下之大利。如此似乎预设了这样的一个前提：人是趋利避害的。虽然这个前提尚需证明，并且无法解释某些现象，但是却可以提高道德教化的可操作性。不可否认，在这个世界上确实存在一些道德高尚的人，他们安贫乐道，任何时候都能坚守做人的原则，这种人不是道德教化的主要对象。道德教化的主要对象是大多数的普通人，因而只要能把普通人的问题解决了，道德教化的任务也就基本完成了。这也是选择性恶论的一个现实原因。对此，王充早有公论："夫孙卿之言，未为得实；然而性恶之言有缘也。一岁婴儿，无推让之心：见食，号欲食之；睹好，啼欲玩之。长大之后，禁情割欲，勉励为善矣。"（《性本》）也就是说，性恶论有其存在的合理性与实用性，这就是："性恶论为礼教的权威性提供了基础"，所以，如果让"孟子进入实际操作过程，他也会转变立场，首肯荀子的性恶论"。

（三）圣凡同性与习染之别

在先秦儒家看来，圣人与小人本性相同，之所以有圣、凡之分，关键在于后天的习染。荀子的人性修养论坚持了这一原则，但由于荀子对人的实然之性中不美一面的洞察与强调，加上对实现人的应然之性实现可能性的不够乐观的估计，因而在现实中并不认为人人皆可成圣。与之相应，荀子特别强调师法与礼义的作用，也在一定程度上偏离了孔孟强调主体自觉的人性论，而有与法家合流之倾向。

1. 圣凡同性

在人性问题上，孔子主张人人平等，所谓"性相近也，习相远也"（《阳货》）。孟子亦是如此，他的人性平等思想，主要体现为"四善端"说以及"人皆可以为尧舜"（《告子下》）的说法。荀子虽主人性恶，但亦认为圣、凡同性，提出了"涂之人可以为禹"（《性恶》）的命题，孔繁认为这一提法与孟子"人皆可以为尧舜"的说法意义相同。也有人认为两者不能

"简单地等同起来"，这主要体现为由凡入圣的途径不同：在孟子，主要通过发明本心的道德涵养；而在荀子，则需要化性起伪的修为。荀子的论述有以下几个层次。

首先，圣人与凡人（小人）具有相同的欲望。荀子云："凡人有所一同：饥而欲食，寒而欲暖，劳而欲息，好利而恶害，是人之所生而有也，是无待而然者也，是禹、桀之所同也。"（《荣辱》）又云："若夫目好色，耳好声，口好味，心好利，骨体肤理好愉佚，是皆生于人之情性者也。"（《性恶》）这与孔子"富与贵，是人之所欲也"，"贫与贱，是人之所恶也"（《里仁》）的论述十分相似。孟子也有类似的说法："口之于味也，有同耆焉；耳之于声也，有同听焉；目之于色也，有同美焉。"（《告子上》）但是，在孟子看来，这种"口腹之欲"根本称不上是"人之性"，所以"君子不谓性也"（《尽心下》），它充其量只是一种动物的本能。荀子则不然，在他看来，欲也是人之性，而且是圣人与凡人均有的现实之性。

其次，圣人与凡人具有相同的材质。荀子云："涂之人也，皆有可以知仁义法正之质，皆有可以能仁义法正之具。"（《性恶》）这里，"知仁义法正之质"说的是认识的能力，与孟子所说的"是非之心"（《公孙丑上》）是一样的；而"能仁义法正之具"则是实践的能力。既然圣人与凡人具有相同的材质，那么，他们人性发展的可能性也就是一致的，荀子云："今使涂之人者，以其可以知之质、可以能之具，本夫仁义法正之可知之理、可能之具，然则其可以为禹明矣。"（《性恶》）一旦离开了这种人皆有之的材质，人不仅会迷失人性修为的方向，而且失去了提升人性境界的能力，"化性起伪"也就无法实现了。荀子的这些论述与孟子"圣人与我同类"，"凡同类者，举相似也"（《告子上》）的表述具有相似性，或者说，荀子人性论受到孟子很大影响：这不仅体现在荀子对孟子的继承上，而且也体现为荀子对孟子的反驳言论之中，前者是正面的继承，而后者则是一种反模仿。

最后，圣人与凡人都应该向善，当然也能够向善。荀子云："学恶乎始？

恶乎终？曰：其数则始乎诵经，终乎读《礼》；其义则始乎为士，终乎为圣人。真积力久则入，学至乎没而后止也。故学数有终，若其义则不可须臾舍也。为之，人也；舍之，禽兽也。"（《劝学》）这是将能否知道和能否守礼义法正作为人禽之别的主要特征。也就是说，在应然之性的层面，圣人与凡人也是相同的。至此，荀子从人性不美出发达到了与孔孟完全一致的目标。所不同的是，圣人境界在孔子是与道合一的"从心所欲不踰矩"（《为政》），在孟子是不失本色的"赤子之心"，在荀子则是对实然之性改造之后而达到的"性、伪合"。

2. 习染之别

理论上，圣、凡同性；但现实中的圣、凡之别却犹如天、壤。原因何在？这首先是因为圣、凡所处的环境不同。荀子云：

南方有鸟焉，名曰蒙鸠，以羽为巢，而编之以发，系之苇苕，风至苕折，卵破子死。巢非不完也，所系者然也。西方有木焉，名曰射干，茎长四寸，生于高山之上，而临百仞之渊；木茎非能长也，所立者然也。蓬生麻中，不扶而直；白沙在涅，与之俱黑。兰槐之根是为芷，其渐之滫，君子不近，庶人不服。其质非不美也，所渐者然也。（《劝学》）

圣、凡之别是由于不同的环境造成的。并且，环境也是一种"无待而然者"。也就是说，人必然要受到环境的影响。正是在这个意义上，有学者认为荀子是一个"环境论者"。此其一。

但面对环境，人并不是完全被动的，而是可以在一定的范围内选择环境，荀子云：

故君子居必择乡，游必就士，所以防邪辟而近中正也（《劝学》）

夫人虽有性质美而心辩知，必将求贤师而事之，择良友而友之。得贤师而事之，则所闻者尧、舜、禹、汤之道也；得良友而友之，则所见者忠信敬让之行也。身日进于仁义而不自知也者，靡使然也。今与不善人处，则所闻者欺诬、诈伪也，所见者污漫、淫邪、贪利之行也，身且加于刑戮而不自知

者，靡使然也。传曰："不知其子视其友，不知其君视其左右。"靡而已矣！靡而已矣！（《性恶》）

并且，面对相同的环境，不同的人由于所积不同，其结果也不同：

天非私曾、骞、孝己而外众人也，然而曾、骞、孝己独厚于孝之实，而全于孝之名者，何也？以慕于礼义故也。天非私齐、鲁之民而外秦人也，然而于父子之义、夫妇之别，不如齐、鲁之孝具、敬文者，何也？以秦人从情性、安恣睢、慢于礼义故也，岂其性异矣哉？（《性恶》）

任何人，只要不断积善，最终都会成为圣贤："尧、禹者，非生而具者也，夫起于变故，成乎修，修之为，待尽而后备者也。"（《荣辱》）也就是说，人们对环境的态度及所积之不同，也是圣、凡之别的一个重要因素，所谓"可以为尧、禹，可以为桀、跖，可以为工匠，可以为农贾，在势注错习俗之所积耳"是也。此其二。

其三，圣、凡之别还与人们在为学与道德修养过程中的努力程度有关。荀子曰：

今使涂之人者，以其可以知之质、可以能之具，本夫仁义法正之可知之理、可能之具，然则其可以为禹明矣。今使涂之人伏术为学，专心一志，思索孰察，加日县久，积善而不息，则通于神明，参于天地矣。故圣人者，人之所积而致矣。（《性恶》）

从理论上看，"圣可积而成"；但在现实中，并非每个人都能做到，原因何在？荀子云：

可以而不可使也。故小人可以为君子，而不肯为君子；君子可以为小人，而不肯为小人。小人君子者，未尝不可以相为也，然而不相为者，可以而不可使也。故涂之人可以为禹，则然；涂之人能为禹，未必然也。虽不能为禹，无害可以为禹。足可以遍行天下，然而未尝有遍行天下者也。夫工匠农贾，未尝不可以相为事也，然而未尝能相为事也。用此观之，然则可以为，未必能也；虽不能，无害可以为。然则能不能之与可不可，其不同远

矣，其不可以相为明矣。（《性恶》）

虽然在人性平等，人人都可能成圣人，但"可能"不等于"就是"，究竟是成圣人还是做小人，还取决于人是否积极地进行修为，以及修为活动中的态度与努力程度。

（四）礼乐重构与人性学说

与天道观一样，人性论也是荀子为了重构礼乐的形上奠基之一，因而也可以说"性恶论是礼论的基础"之一，但这种奠基（基础）也是为了礼乐重构的合法性而产生的，或者说，荀子的思路是由礼乐到人性，而不是由人性到礼乐。

1. 礼乐重构与人性不美

一种观点认为：荀子是因为发现"人性恶"才隆礼重法的，胡适云："性恶论的自然结果，当主张用严刑重罚来裁制人的天性。"这种观点认为性恶论必然导致对规范的强调，这种观点有两个问题。首先，性恶不必然导致对严刑重罚（规范）的强调，荀子所说的"性恶"，其实应该是"人性不美"，而这种不美的、自私的、趋利避害的人性，只要疏导恰当，同样可以导致善行；同样，性善论者也有强调规范乃至主张法治的，比如，性善论者孟子也重视"礼"，据统计"礼"在《孟子》一书中出现达 68 次，足见孟子十分重视作为规范的"礼"；也就是说，"性善"还是"性恶"与"隆礼"之间并不存在绝对的因果关系。其次，即使两者之间存在因果关系，但谁是"因"谁是"果"尚不确定。"性恶论"固然可能是"礼论"的原因，同样也可能是荀子为了隆礼而寻找的根据。而根据荀子思想学说隆礼的特征，后者的解释可能更为合理些，这也符合荀子处理天人关系的思路。

另一种更激进的观点认为：性恶论乃荀子思想的基本观点或者逻辑起点。比如，杨大膺就将"性恶可塑"作为荀子的"根本观念"。范寿康认为："荀子学说的基本为性恶论。"姜尚贤也认为："荀子的性恶论为其学说思想的中心，在先秦诸子中是最有特色的创建。"劳思光则给出了自己的推演："性恶及师法之说，为荀子之心性论之基本理论；论心与天则为荀子心性论寻求出路之回旋过程；论君与礼则为荀子心性论之归宿。"但这个起点是有问题的。性恶论固然是荀子最为"出名"的学说，但并不能因此就认为它是荀子的思想的逻辑起点。首先，"性恶论"与"尊君"、"隆礼"之间并不存在必然的因果关系；其次，"性"与"伪"由"分"而"合"的思路很明显是"天"与"人"由"分"而"合"思路的延续，与其说"论心与天则为荀子心性论寻求出路之回旋过程"，毋宁说荀子的人性论乃天人思想的一部分（或说是其延续）。更为重要的是，荀子的人性论并非简单的"性恶"所能概括：荀子论性具有多重含义，用"性恶"概括荀子的人性论，显然将问题简单化了。

也许是意识到荀子学说的复杂性，陈大齐才会说："性恶说固是荀子学说的基本观点，但荀子学说的基本观点绝不止此一种。"而韦政通更明确地认定："性恶说仅是他系统的一小部分，荀学的精华亦不在此。"这就进一步否定了性恶论为荀子思想基础的论断。郭沫若的论断更为激进："他急于想成一家言，故每每标新立异，而很有些地方出于勉强。他的性恶说便是有意地和孟子的性善说对立的。"郭氏所论，虽有偏颇，但也说明"性恶"并非荀子学说之根本。

我们认为，荀子是为了给礼乐制度寻找一个更为坚实的基础，才对人性进行了深入的探讨。由于荀子看到现实中人们（特别是统治者）放纵自己欲望所造成的恶果，因而过分关注了人性中消极的因素，以至于有"人之性恶，其善者伪也"（《性恶》）的论断，这当然不是荀子人性论的全部。但荀子对人性一旦作出自己的认定之后，他的人性理论也就反过来影响他的礼乐思想。正如李承贵教授所云："人性假设为恶，意味着道德建设要围绕'恶'进行。"在荀子看来，人性中不仅有"倾恶"的欲望，也有遏制恶的材质，这不仅为重构礼乐制度寻找到了人性论的基础，而且使得"化性起伪"、"隆礼重法"等内外兼治的重构礼乐制度的思路成为可能。

2. 荀子性论之得失分析

　　孟子的人性论强调道德主体的自觉，但操作起来比较困难，以至于在某些人看来具有神秘主义倾向。而荀子的人性论所引发的"化性起伪"、"隆礼重法"等内外兼治的思路，弥补了孟子人性论的缺陷，提高了道德教化的可操作性，正如刘黎明所云："与孟子相比，荀子少了人文主义精神而多了实用主义色彩，少了理想主义的憧憬而多了具体过程的操作。"并且，荀子的人性论面对的是绝大多数人的实然的状态，因而在治理国家和道德教化时显得更为务实。这是荀子人性论的优点。

　　但荀子的人性论也存在致命的弱点：从逻辑上看，所谓人性应该是人区别于其他类的特殊之性，但荀子的人性恶论"不符合人性是使人所以为人的机能系统的人性概念"，换句话说，荀子所重视的乃是人相似于动物性的自然本性，而这是与人的"道德自觉及人的道德价值实现相冲突的"。这是荀子人性论的第一个矛盾；荀子人性论的第二个矛盾存在于应然与实然的冲突之中：人的实然之性是恶（不美）的，但人却要实现应然的善（美）性，虽然人性中有向善的材质与可能，但"可能"并不是"现实"，并且，很多人（尤其是小人）往往容易乃至自甘放纵自己的情欲，因而要实现人的应然之性，就不是"循性、顺性的过程，而是一个逆性、戕性的过程：人越是能逆性、戕性，人便越是大德大善，越是了不起的圣人"。为了解决这些矛盾，荀子用人的"认知之心"作为道德的基础，强调对情欲的疏导，但这主要是对"中人以上"的可教之材的；对于"中人以下"之材，荀子则有意地将道德礼义制度化，从而在一定程度上牺牲了道德主体的自觉性；而道德主体的自觉性，在某种意义上来说，是人之为人的一个重要标志，是人具有超越性的一个重要体现。至于"愚顽之材"，荀子不仅强调道德的制度化，更是主张将其强制化。如此一来，很容易导致威权主义和对人性与自由的压抑。因而，在某种程度上来说，荀子的人性论又偏离了孔孟儒家的传统，既然圣人也"是'礼（法）'与'师'硬性打磨出来的，这足以使那些希图成为圣人的凡夫俗子们望而却步了"，人类的理想与自信都不见了。"有的只是庸俗的功利，扼杀性灵的说教。儒家的生命学说大大失色了"。所以说，荀子的人性论有与法家合流的倾向。这是荀子人性论的不足之处。

也许有人认为，荀子对人性的探讨方式有利于科学的产生，但这种说法是值得商榷的。从哲学史上看，探讨人性主要有两种模式：第一种，将人现实地具有的所有的特点都算做是人性；因而，在这种方式下作出的判断乃事实判断。第二种，只有人的特殊之性才是人性；也就是说，是人应该具有的属性，从而，在这种方式下作出的判断更多的是价值判断。比较而言，第一种探讨方式类似于经验主义，因而与近代科学有较多的相似之处，这也是荀子探讨人性的方式。如果荀子将这个原则贯彻到底，也许会有利于科学的产生，但是由于荀子重构礼乐制度的愿望太强烈了，以至于阻碍了对人性作更为精细、深入的探讨，这一点颇似他的天（主要是自然之天）论，而所谓的近代意义的科学也就无从谈起了。这也说明，过分强调实用性不利于科学研究的进展。

三、荀子的礼治思想

（一）关于礼的起源

礼是荀子社会政治思想的核心内容，他深入地探讨了礼的起源和本质问题，为后来封建社会的礼治提供了理论根据。关于礼的起源，他说：

礼起于何也？曰：人生而有欲，欲而不得，则不能无求，求而无度量分界，则不能不争。争则乱，乱而穷。先王恶其乱也，故制礼义以分之，以养人之欲，给人之求。使欲不穷乎物，物必不屈于欲，两者相持而长，是礼之所起也。

礼的起源是为了节制人们的欲望，防止人们的争夺。这里首先承认人生而有欲望要求，欲望要求无度量分界则发生争夺，因此要用礼义加以节制。这说明，礼的发生非是要压制人的欲望，而是要使欲望得到合理解决。制定礼义是要使人的欲求有度量分界，因此说礼乃养人之欲，给人之求，使欲求和财物保持平衡，即两者相持而长，这便是礼的起源。荀子又说：

礼者，养也。刍豢稻梁，五味调香，所以养口也；椒兰芬苾，所以养鼻也；雕琢刻镂，黼黻文章，所以养目也；钟鼓管磬，琴瑟竽笙，所以养耳也；疏房檖䫉越席，床第几筵，所以养体也。

这是强调礼之养人之欲的意义，人生而有欲，此所说欲指人的生理需求，如五味养口，芬香养鼻，雕饰文采养目，钟鼓琴瑟等音乐养耳，房屋宫室、床铺桌席养身体。这些均属人的生理欲望，是人所以赖以生存之养，而礼养人之欲，给人之求，这是礼得以存在和发生的前提。但是礼还有它另外的重要内容，这便是"别"。荀子说：

君子既得其养，又好其别。曷谓别？曰：贵贱有等，长幼有差，贫富轻重皆有称者也。

此所说"别"，即前面所引先王制礼义以分之之"分"，而"别"与"分"即指贵贱有等，长幼有差，贫富轻重皆有称。贵贱长幼贫富之别，包含人之伦理的和等级的二者差别在内。贵贱长幼之差，指君臣、父子、君民等上下秩序，而贫富轻重则指社会人群占有财富之差别，此即礼之"分"与"别"。例如贵为天子，其所得之"养"为最高。天子、诸侯、大夫、庶民各有其不同等级之"养"，这便是君子既得其养，又好其别的意义。荀子说：

分均则不遍，执（势）齐则不壹，众齐则不使。有天有地而上下有差，明王始立而处国有制。夫两贵之不能相事，两贱之不能相使，是天数也。执（势）位齐而欲恶同，物不能澹（赡）则必争，争则必乱，乱则穷矣。先王恶其乱也，故制礼义以分之，使有贫富贵贱之等，足以相兼临者，是养天下之本也。《书》曰："维齐非齐"，此之谓也。

分均则不遍，是荀子看到社会财富是有限度的，分配必须要有差别，不能绝对平均分配。势齐则不壹，众齐则不使，指势位不能完全一样，众人亦不能完全平等，如果完全一样，完全平等，那样就难以统一步调和支使民众了。这如同天在上地在下，差别是不可避免的。因此，两贵不能相事，两贱不能相使，成为不依人的意志的规律。人的势位都一样，而欲恶又相同，将因为财物不丰赡而分配不均发生争夺，争夺则社会必乱。先王正是为了防止发生乱，而制定礼义，使贫富贵贱各有其等级，而能互相制约，此乃保证天下人各得其养之根本。荀子引用《尚书》"维齐非齐"，是说平等必须包含在不平等里，只有维持不齐，即礼义之"别"，才能维持齐，即保持社会秩序的安定，使人们各安其生业。

因为礼起于人之生理欲求，生理欲求和人之情感欲望相关，因此，荀子提出要以礼义统率人的情性，要以礼制情，而不能任情违礼。他说：

孰知夫出死要节之所以养生也，孰知夫出费用之所以养财也，孰知夫恭敬辞让之所以养安也，孰知夫礼义文理之所以养情也。故人苟生之为见，若者必死；苟利之为见，若者必害；苟怠惰偷懦之为安，若者必危；苟情说（悦）之为乐，若者必灭。故人一之于礼义，则两得之矣；一之于情性，则两丧之矣。

上引出死要节，可能古时传写有误，史家多解说为忠于名节，即人活在世上，应以名节为重；出费用以养财，出与黜同。以上二句是强调人人重名节、节义以养生，不苟且偷生；要省费用，即出费制用以养财政。要于恭敬辞让中求安适，要以礼义节文养情。不能只以活命为生，只以求利为图；不能以怠惰偷懦求安，不能以情悦之乐为满足。否则，则所收之效果将会相反。因此，如果以礼义齐一情性，则礼义和情性两得，都能恰到好处；而专一于情性，纵情任情，则将使礼义和情性两丧。这些都说明以礼义节制情性即情感欲望之重要，此亦是礼之养人之欲，给人之求，使欲必不穷乎物，物必不屈于欲，两者相持而长。礼义不是扼杀人之欲望要求，而是使欲望要求合理发展，礼义之重要意义即在于此。

荀子进而探讨礼之本源，提出礼有三本，他说：

礼有三本，天地者，生之本也；先祖者，类之本也；君师者，治之本也。无天地，恶生？无先祖，恶出？无君师，恶治？三者偏亡，焉无安人。故礼，上事天，下事地，尊先祖而隆君师，是礼之三本也。

此所说礼有三本，是指礼之本源有三，天地指人类生存环境，人类依天地而生存绵延，故人应尊奉天地；先祖指人的血缘系统，祖先乃血缘之始，有血缘才有人类绵延，故人要尊奉祖先；君师为政治教化之本源，社会的安宁，人民安居乐业，要靠君师之教育感化，故人应尊奉君师。此所谓礼之三本，被荀子赋予了宗教意义，所谓上事天，下事地，尊先祖而隆君师是从祭祀的意义上而言，亦是后来封建社会所尊奉之天、地、君、亲、师。众多的礼义节文特别是祭祀之礼均导源于礼之三本，儒家之神道设教，亦归本于三本。荀子说："故王者天太祖，诸侯不敢坏，大夫士有常宗，所以别贵始，贵始得之本也。郊止乎天子，而社至于诸侯。道及士大夫，所以别尊者事尊，卑者事卑，宜大者巨，宜小者小也。"礼有三本，天子以始祖配天，因此郊祭，即祭天地只能是天子。诸侯大夫皆有不同等级的祭庙祭祖规定。而"持手而食者不得立宗庙"。普通劳动者不能有与大夫以上之祭祀。礼有三本，缺一不可。此礼之所以神圣之处，所以成为至高无上。荀子说：

天地以合，日月以明，四时以序，星辰以行，江河以流，万物以昌；好恶以节，喜怒以当；以为下则顺，以为上则明，万物变而不乱，贰之则丧也，礼岂不至矣哉！立隆以为极，而天下莫之能损益也。本末相顺，终始相应，至文以有别，至察以有说，天下从之者治，不从者乱，从之者安，不从者危，从之者存，不从者亡。

这里将自然界和社会均包括在礼的范围之内，这是因为荀子认为如果社会人事搞不好，将会影响到人与自然关系，而带来人与自然界不协调，关于这方面的道理，我们将在后面提到。这里认为礼之别上下，甚为重要，依礼而行，为下则逊顺，为上则明察，上下顺从，虽万变而不会失序；而如果违礼而行，则顺从和安宁便会丧失，礼岂不是至高无上？以隆礼为准则，天下莫能损益，一切照礼行事，则治，违礼行事，则乱，甚至安危存亡皆以遵礼或背礼为转移。

（二）礼的本质

礼是西周以来的典章制度、规矩、礼节。礼起源于原始氏族社会，经夏、殷两朝至周代发展最为完备。孔子曾说：

殷因于夏礼，所损益可知也；周因于殷礼，所损益可知也；其或继周者，虽百世可知也。

这是说，《周礼》是由夏、殷两代之礼"损益"而来，最为完善。损益是发展变化，而非简单的增减；损益亦离不开继承，故说殷因夏礼，周因殷礼，"因"即继承，这是有规律可循的。故可推知后来朝代只能在周礼基础上加以损益。孔子视夏、殷、周三代为理想社会，而周代最为繁荣发达，他赞叹说："周监于二代，郁郁乎文哉！吾从周。"此乃赞叹周礼之隆盛。荀子继承孔子思想，其基本立场也是维护周礼，如他说：

《周礼》书影

五帝之外无传人，非无贤人也，久故也。五帝之中无传政，非无善政也，久故也。禹汤有传政而不若周之察也，非无善政也，久故也。传者久则论略，近则论详，略则举大，详则举小，愚者闻其略，而不知其详，闻其详而不知其大也。是以文久而灭，节族久而绝。

这是说，五帝时代久远，其人其事已少有传说，禹、汤政事虽有传说，

亦因年代久远而不如周代详察。愚者无法和圣人相比，故不能闻略知详，闻详知大，这亦说明礼之文理，日久而消失，礼之节奏，日久而失传。荀子说这些，亦在于推重周礼之详备完善。荀子一生便是致力于周礼之研究、整理而使其完善的。据近人郭沫若考："《荀子》全书反复强调礼字"，"不见礼字的就只有《仲尼》和《宥坐》两篇。但自《大略》、《宥坐》以下六篇乃'弟子杂录'，早成定论，足见向来认为荀子手笔的二十六篇之中，就只有《仲尼》一篇没有礼字了。"郭氏这一考证，对于说明荀子思想之于礼的注重，是有意义的。

荀子在《礼论》、《富国》等篇均反复对礼下过定义，他说："礼者，贵贱有等，长幼有差，贫富轻重皆有称者也。"这个定义表明，礼是维护封建社会伦理政治等级的制度和规范，封建社会是有严格等级制度的社会，礼具有道德和法的双重性质，礼和刑虽有区别，其维护社会稳定秩序的意义则相同。礼起维护伦理规范的作用，比较多地重视教化，而刑则属暴力强制作用。儒家虽礼刑并用，然而着重于礼义教化，对于礼之社会规范作用，荀子曾作如下问答：

请问为人君？曰：以礼分施，均遍而不偏。请问为人臣？曰：以礼待君，忠顺而不懈。请问为人父？曰：宽惠而有礼。请问为人子？曰：敬爱而致恭。请问为人兄？曰：慈爱而见友。请问为人弟？曰：敬诎而不苟。请问为人夫？曰：致功而不流，致临而有辨。请问为人妻？曰：夫有礼则柔顺听侍，夫无礼则恐惧而自竦也。此道也，偏立而乱，俱立而治，其足以稽矣。

这可以说是荀子对儒家忠、义、孝、悌等礼义规范的细致的描述。荀子对君臣、父子、兄弟、夫妇提出全面的道德规范要求，即君要公，臣要忠，父要慈，子要孝，兄要友，弟要恭，夫对妻要守礼，妻对夫要顺从。这里关于为人夫要致功而不流，致临而有辨，解说不一，"功"有解说为"和"，"不流"有解说为"无流淫之行"；"临"有解为"隆"，指隆礼法，"辨"解为"别"，指男女有别。此便是立人之道，便是礼，君以礼分施；臣以礼待君；父宽惠有礼，等等。皆以礼为衡准，即君臣、父子，上下皆要守礼，不可偏废，而是否维护这些伦理规范，成为治乱之根源。荀子这里虽认为君臣、父子、兄弟、夫妇为主从关系，然而亦具有双向关系，并非单方面之服从。这与后来封建社会之三纲尚有区别。荀子生当全中国即将统一，封建中央集权即将出现前夕，他的关于礼制思想具有强化封建宗法伦理规范的内容，但同时仍保留有周礼自氏族社会沿袭下来的伦理之间的平等因素。这是我们必须看到的。荀子强调对礼的实行和践履，他说："夫行也者，行礼之谓也。礼也者，贵者敬焉，贱者惠焉。"敬贵，孝老，尊长，慈幼，和对普通人之惠爱，这是基本的伦理道德原则。对幼者慈，对贱者惠，亦是不可缺少的。但是荀子维护礼制的最终目的在于从根本上维护宗法制度，为此，他的礼论的实质仍在于从理论和实践上严格上下伦理等级秩序。荀子说：

少事长，贱事贵，不肖事贤，是天下之通义也。有人也，势不在人上，而羞为人下，是奸人之心也。

这是对怀有犯上作乱之心图谋不轨者的警告，礼所规定上下规范是天经地义，即为天下之通义，是绝对不容违背的。这可以说是礼的实质。荀子又说：

人有三不祥，幼而不肯事长，贱而不肯事贵，不肖而不肯事贤，是人之三不祥也。

三不祥是因为其违背天下之通义，必然要招致祸灾。因为它破坏上下等级秩序而为社会带来混乱。对此，荀子强调礼之维护国家政权的意义。他说：

无君以制臣，无上以制下，天下害生纵欲，欲恶同物，欲多而物寡，寡则必争矣。

礼虽重教化，然亦包含有强制，荀子引法入礼，强调刑赏作用，故以礼作为强化国家政权的工具，认为必须以君制臣，以上制下，才可以制止人们害生纵欲，因欲多物寡而发生争夺。这里值得注意的是不能欲恶同物。这是说，欲多物寡，而不能平均，不平均乃是为了维持不同等级的人具有不同等的享受，此亦所谓"维齐非齐"。因此，所说天下之通义，便是礼所维持之不平等。荀子认为礼所以成为治之本，不仅具有规范制度的作用，而且在于它还具有真理的意义，还起指导人们实行规范的思想指导的作用。他说：

礼之理诚深矣，"坚白"、"同异"之察，入焉而溺；其理诚大矣，擅作典制辟陋之说，入焉而丧；其理诚高矣，暴慢恣睢轻俗以为高之属，入焉而队。故绳墨诚陈矣，则不可欺以曲直；衡诚县矣，则不可欺以轻重；规矩诚设矣，则不可欺以方圆；君子审于礼，则不可欺以诈伪。故绳者直之至，衡者平之至，规矩者方圆之至，礼者人道之极也。

礼之理深，高且大，此理指义理、道理、真理，由其义理深，而使《坚白》、《同异》之察辩遇礼之理便销声匿迹了；由其道理之大，而使擅作典制以乱礼者遇礼之理便无法存在了；由其为至高真理，故以暴慢恣睢轻俗诋毁礼者遇礼之理便碰得头破血流了。礼因其具有真理的意义，其如同绳墨，如同衡，如同规矩，曲直、轻重、方圆皆由其鉴别，故君子用礼之理来审察事物，则诈伪者不能欺诓。由此观之，礼乃人道之极，乃人所应遵守之至高无上之法则、原理。荀子又说：

礼之中焉能思索，谓之能虑；礼之中焉能勿易，谓之能固。能虑、能固，加好者焉，斯圣人矣。

因为礼之理诚深，故要能虑，要思索，礼之理诚高，要严守礼而不变，此所谓能虑、能固，而再加以能好之，这样便可以成为圣人了。荀子又说：

天者，高之极也；地者，下之极也；无穷者，广之极也；圣人者，道之极也。

礼如天高如地厚如宇宙之广大无穷，这样，礼便成为天经地义，而礼又为圣人完美无缺的理解和贯彻。因此说圣人者乃道之极也。荀子又说：

礼者，以财物为用，以贵贱为文，以多少为异，以隆杀为要。文理繁，情用省，是礼之隆也；文理省，情用繁，是礼之杀也。文理情用，相为内外；表里并行而杂，是礼之中流也。故君子上致其隆，下尽其杀，而中处其中，步骤驰骋厉骛不外是矣。是君子之坛宇宫廷也，人有是，士君子也，外是，民也，于是其中焉方皇周挟，曲得其次序，是圣人也。故厚者，礼之积也；大者，礼之广也；高者，礼之隆也；明者，礼之尽也。

这里指出，财物为礼的物质基础，而文饰即以车服旗章来明礼之贵贱，以多少异制表现礼别上下，隆杀表现礼之丰厚和简略。文理繁多情用简省，表现礼之隆丰；文理简略情多繁厚，表现礼之质朴。君子于礼，上致其隆，下尽其杀，使隆厚和质朴皆能得当，而获得礼之适中（中处其中），因此，或缓或急，虽驰骋厉骛而不失礼，此为君子所守之规范及其为人之标准。人能做到如此程度，则为君子，不能做到这种程度，则属于无知的民氓。因此，可以说，于礼适中，徘徊周币委曲皆得其次序者为圣人。有圣人而有礼之厚重、广大、崇高和明察。这也是荀子所强调的君子、圣人于礼的重要意义。

（三）义利之辨

荀子发挥儒家义利之辨，以礼义节制欲利，他说：

荣辱之大分，安危利害之常体，先义而后利者荣，先利而后义者辱；荣者常通，辱者常穷；通者常制人，穷者常制于人。是荣辱之大分也。

荀子将义利和荣辱相联系，认为先义后利者荣，先利后义者辱，此儒家重义主张。先义后利乃见利思义，先利后义乃唯利为上。荀子并不否定利，不是只讲义而不讲利，而是主张不以利害义，荀子又说：

义与利者，人之所两有也。虽尧舜不能去民之欲利，然而能使其欲利不克其好义也。

这里强调尧舜不能去民之欲利，而能使民不以欲利妨害其好义，这表明荀子重视人民正当的欲利要求，和那种只讲义而忽视利不同。他是将义与利说成人之两有，缺一不可。荀子还强调在上者即统治者首先要讲义，然后才可以使人民讲义，他说：

> 君臣上下，贵贱长少，至于庶人，莫不为义，则天下孰不欲合义矣。

君臣上下，贵贱长少莫不为义，自然全社会人民都能为义了，然而要达到这样的理想政治，则必须在上者贵义和敬义，荀子说：

> 凡奸人之所以起者，以上之不贵义、不敬义也。夫义者，所以限禁人之为恶与奸者也。今上不贵义、不敬义，如是，则下之人百姓皆有弃义之志而有趋奸之心矣，此奸人之所以起也。且上者下之师也，夫下之和上，譬之犹响之应声、影之象形也。故为人上者，不可不顺也。

荀子这里将问题提得十分尖锐，而将奸人之起归咎为在上者之不贵义和不敬义。并且明白指责当时在位者不贵义、不敬义（今上不贵义、不敬义），这样对于百姓所有弃义之志和趋奸之心，就要由在上者负责了。因此，荀子劝告在上者必须顺从礼义。他说：

> 夫义者，内节于人而外节于万物者也，上安于主而下调于民者也。内外上下节者，义之情也。然则，凡为天下之要，义为本而信次之。古者，禹汤本仁义务信，而天下治；桀纣弃义背信，而天下乱。故为人上者，必将慎礼义、务忠信，然后可。此君人者之大本也。

此所说义内节于人而外节于万物，是指义乃人类行事标准和内在之精神本质，而从广义上说义亦适合于调节万物，实际是调节人与物之关系。此亦所谓事变得应，万物得宜。而从治国来说，礼可以调节君主和臣民上下关系。这样，所谓内节于人外节于物，上安于主下调于民，便是义的作用和情理。荀子这里强调义为本而信次之，亦是为了突出义的意义，而以信包括于义之内，并非认为信不重要。故说禹汤本义务信，桀纣弃义背信。并以此强调为人上者要慎礼义务忠信，即义和信并重。荀子将这个原则提到君国之大本的高度，荀子又说：

> 入孝出弟，人之小行也；上顺下笃，人之中行也；从道不从君，从义不从父，人之大行也。若夫志以礼安，言以类使，则儒道毕矣。

荀子提出从道不从君，从义不从父，道和义意思相同，这里所说道义乃最高原则和范畴。故荀子将入孝出弟、上顺下笃这些礼法规范归为小行和中行，而将义推为至上，即从道不从君，从义不从父，即忠孝原则与义相违背时，则所从者为义而非君、父。所谓志以礼安，言以类使，此礼指礼义，类指统类，即一切以礼义之最高道理为准则。如此则儒道完备，虽圣君如舜，亦不可以有丝毫违背。荀子这个思想对后来封建社会伦理政治的发展，具有重要的影响。

（四）"群"学思想

荀子提出"群"学思想，认为人类能合群，而礼的社会职能是明分使群，他说：

水火有气而无生，草木有生而无知，禽兽有知而无义；人有气、有生、有知亦且有义，故最为天下贵也。力不若牛，走不若马，而牛马为用，何也？曰：人能群，彼不能群也。

荀子已有气为物质基础观念，认为无机物、有机物、植物、动物和人类都是由气构成的，而植物有生命无知觉，动物有知觉而没有礼义，人既有气又有生命知觉而且有礼义。礼义即人类社会道德伦常，即所谓"群"，即社会组织。荀子提出自然界由无机物到有机物、到动植物类到人类社会发展的图式。人类社会是由自然界运动变化演进而来，这近似于唯物史观之社会起源论。"群"即社会，故近代严复译斯宾塞《社会学原理》为《群学肄言》，即借用荀子群学之名。因为人有社会组织，人类才能团结一致，征服自然界，力不若牛，走不若马，而能以牛马作工具为人使用，即役使牛马。荀子进一步对"群"的起源作出解说：

人何以能群？曰：分。分何以能行？曰：义。故义以分则和，和则一，一则多力，多力则强，强则胜物；故宫室可得而居也；故序四时，裁万物，兼利天下，无它故焉，得之分义也。

人何以能群，是由于"分"，这即是说"群"，即社会群体之中包含着"分"，分即分别，此所谓分即礼义之分，亦即是说"群"由"分"来维持的，所谓制礼义以分之，有了礼义，有了伦理道德，便可以使之各安其职分，而使社会秩序井然，这便是"和则一"，这样便达到人群之团结，有了人群之团结，便能发挥人定胜天的作用。此即所说"多力则强，强则胜物"，可以修筑宫室以居住，可以把握季节变化以进行生产，可以使全社会成员获得经济利益。所有这些都说明，人类要进行生产以求生存，必须依靠社会群体的力量。人不能生活在社会群体之外，而社会群体的维护又是因为有了礼义而能明分使群的结果。荀子又说：

故人生不能无群，群而无分则争。争则乱，乱则离，离则弱，弱则不能胜物；故宫室不可得而居也，不可少顷舍礼义之谓也。能以事亲谓之孝，能以事兄谓之弟，能以事上谓之顺，能以使下谓之君，君者，善群也。群道当，则万物皆得其宜，六畜皆得其长，群生皆得其命。

人生不能没有社会组织，社会组织必须由礼义来维持。如果失去礼义，便会发生争夺而引起混乱，乱则不能团结，不能团结则弱，那样人类便不能战胜自然，也就没有宫室可以居住了，因此礼义是须臾不可分离的，而礼义就是孝、悌、忠、信。所谓人君，就是善群者。荀子认为君者乃善群也，是强调国家在社会组织方面的重要意义。封建制度以家族为基本构成单位，而以国家政权为社会组织的最高支配者，君主、皇帝、天子为社会人群首领。故说君者，善群也。所谓群道当，群道在此指礼义，只有礼义得当，才可以理顺人事，稳定秩序，而使生产发展，物产丰富，使万物、六畜、群生发挥为人类利用的效益。群学思想所着重者，一为实行礼义，一为发展农业生产。群要由礼义来维持，而群的力量之发挥则主要在于发展生产，增加社会财富。因此，他又强调群道得当，在于不违农时。他说：

养长时，则六畜育；杀生时，则草木殖。政令时，则百姓一，贤良服。圣王之制也，草木荣华滋硕之时，则斧斤不入山林，不夭其生，不绝其长也；鼋鼍鱼鳖鳅鳝孕别之时，罔罟毒药不入泽，不夭其生，不绝其长也；春耕、夏耘、秋收、冬藏，四者不失时，故五谷不绝，而百姓有余食也；污池渊沼川泽，谨其时禁，故鱼鳖优多而百姓有余用也；斩伐养长不失其时，故山林不童而百姓有余材也。

这里强调了不违农时对于发展农林牧渔生产之极端重要，此乃儒家发展农业经济的重要思想。荀子认为不违农时，还要有正确的发展生产的政策作保证，要使生产发展，还要不断地增大扩大再生产的能力。因此，不能竭泽而渔，而要留有充分的积蓄和繁殖条件，以使再生产不断扩大。这表明，荀子所说君者善群，不仅在于贯彻礼义道德，而且还在于能够发展生产以使人民生活富足，要使百姓有余食，有余用，有余材，此为君者善群之善于长养人民，只有不断发展生产，才能使百姓富足，而百姓富足，国家才能富足。荀子又说：

圣王之用也，上察于天，下错于地，塞备天地之间，加施万物之上；微而明，短而长，狭而广，神明博大以至约。

圣王的功用能上察天时，下通地理，广大无边，无所不包。所谓微而明，短而长，狭而广，指圣王由微知显，由小知大，由近知远，因为其神明博大而精深。杨倞注说圣王能如此，皆因其能用礼义之故。荀子亦作出相同解释：

人之生，不能无群，群而无分则争，争则乱，乱则穷矣。故无分者，人之大害也；有分者，天下之本利也；而人君者，所以管分之枢要也。

这里进一步对君者善群作出解说，即君主掌管分之枢要，枢要指纲领和根本，纲举目张，故抓纲领最为重要。这亦说明群道得当，君主这一环节十分重要，所谓枢要，当指礼义之大原则，而此大原则即是"道"和君之道。荀子说：

道者，何也？曰：君之所道也。君者，何也？曰：能群也。能群也者，何也？曰：善生养人者也，善班治人者也，善显设人者也，善藩饰人者也。

善生养人者，人亲之；善班治人者，人安之；善显设人者，人乐之；善藩饰人者，人荣之。四统者俱而天下归之，夫是之谓能群。

此所说"道"和君之所道亦是君王能群之道。"君之所道"，原文为"君之道"，据王念孙引《韩诗外传》"君之所道"改。这里对君者能群又作出稍详解说。所谓"善生养人"是"省工贾，众农夫，禁盗贼，除奸邪，是所以生养之也"。即对工商轻税，而鼓励农民耕耘，禁止盗贼骚扰，除却贪官污吏剥民，这从鼓励生产和改善环境保证农民安居乐业着眼，此即所谓善生养人，自易受到人民之亲近。所谓"善班治人"，是"天子三公，诸侯一相，大夫擅官，士保职，莫不法度而公，是所以班治之也"。"班治人"，据王先谦考"班"应读为"辨"，辨治人是指以礼义治人，是要天子三公、宰相、大夫、士各守其职，尽职尽责，以公道行法度，而使人民安宁。所谓"善显设人"是"论德而定次，量能而授官，皆使人载其事而各得其所宜，上贤使之为三公，次贤使之为诸侯，下贤使之为士大夫，是所以显设之也。"这是尚贤使能主张，用人要以德才为准，所谓论德定次，量能授官，而且要打破出身和资格限制，上贤可使为三公，次贤可使为诸侯，下贤可使为士大夫，这样做好了，便可以招引天下贤士来归。所谓"善藩饰之者"，是"修冠弁衣裳，黼黻文章，雕琢刻镂皆有等差，是所以藩饰之也。"此藩饰即指礼节仪式，文采修饰，皆以标示不同之等差，以别上下，明贵贱，这样做好了，人皆可享受所应得之荣耀。以上为君主明分使群所应当做好的，做好了便可以出现社会大治的局面，即："天子诸侯无靡费之用，士大夫无流淫之行，百吏官人无怠慢之事，众庶百姓无奸怪之俗，无盗贼之罪，其能以称义遍矣。"荀子提出群学思想，而将礼义之功能归为明分使群，而又强调君者善群，君要严守礼义，而将礼义提到"道"之高度，而君之道，首先在于善生养人。这样便把发展生产，增加财富，使人民安居乐业提到社会职能首位。可以认为，荀子的群学思想，在先秦诸子社会政治学说当中是较为突出的，它的理论水平达到其他诸子未能达到的高度。近代梁启超曾说："荀子论社会起源，最为精审。"用"最为精审"评价荀子的群学思想，似也并不为过。

（五）法后王而一制度

儒家主张法先王，到了荀子则提出法后王，可以说荀子提出法后王，是先秦儒家的新思想。后王何所指，荀子在《非相篇》有较详叙述：

圣王有百，吾孰法焉？故曰文久而息，节族久而绝。守法数之有司极礼而褫。故曰：欲观圣王之迹，则于其粲然者，后王是也。彼后王者，天下之君也，舍后王而道上古，譬之是犹舍己之君而事人之君也。故曰：欲观千岁，则数今日；欲知亿万，则审一二；欲知上世，则审周道；欲知周道，则审其人，所贵君子。故曰：以近知远，以一知万。以微知明，此之谓也。

这段话表明荀子法后王宗旨。杨倞注：后王，近世之王也。这和荀子所说后王意思相近。荀子所说文久而息，节族久而绝，文指礼仪，节族（节奏）指制度，是说礼之仪节制度因年代久远而失传。守礼法之数的官员亦因年久而废弛遗忘。因此，可以认为，圣王之迹粲然可观者为后王，即近世之王，而非上古之王，因此荀子说后王者天下之君也，舍后王而道上古犹舍己之君而事人之君。后王是天下之君，当然是指当今之天下即当今时代政治。荀子所说法后王，具有由近及远意义，如他所说欲观千岁则数今日，欲知上世则审周道。此所说周道有二种解释，一是指详观其道，即周遍全备认识道；一是指周制周礼即周代典章制度。荀子所说法后王，包含有周制意义，如他说：

五帝之外无传人，非无贤人也，久故也；五帝之中无传政，非无善政也，久故也；禹、汤有传政而不若周之察也，非无善政也，久故也。传者久则论略，近则论详。略则举大，详则举小。愚者闻其略而不知其详，闻其细而不知其大也。是以文久而灭，节族久而绝。

这里明白表示周代政治最为详察。五帝时代久远，其贤人善政已失传；

禹、汤时代善政虽有流传，亦因年代久远，亦比不上周代政治详察。所说传者久则论略，近则论详，亦符合历史发展之实际状况。孔子曾说："夏礼吾能言之，杞不足征也；殷礼吾能言之，宋不足征也。文献不足故也，足则吾能征之矣。"此所说文献不足，即表示夏礼、殷礼所传文献不足，故孔子叹息他谈夏礼殷礼缺少文献证明。因此，孔子亦认为周礼详察，他言礼要以周礼为依据。他说："周监于二代，郁郁乎文哉！吾从周。"荀子说粲然可观之圣王之迹是指周制，这和孔子思想亦有一致。荀子又说：

王者之制，道不过三代，法不贰后王。道过三代谓之荡，法贰后王谓之不雅。衣服有制，宫室有度，人徒有数，丧祭械用皆有等宜。声则凡非雅声者举废；色则凡非旧文者举息；械用则凡非旧器者举毁。夫是之谓复古，是王者之制也。

此处所说"道"指原理、原则，"法"指章程制度。荀子所说"道"多指王道、礼义、仁义。此所说道不过三代，法不贰后王，道过三代谓之荡，荡指浩荡不可考；法贰后王谓之不雅，雅指正，不雅即不正。这里后王亦是指三代，而三代中以周制为详备。三代之礼互有损益，如衣服、宫室、人徒、丧祭之礼皆沿于三代；雅声、旧文、械用亦为三代相传之礼节仪式。此所谓复古即坚持礼之雅正，实为坚守周礼的意思。这亦表明荀子法后王与法先王相一致。因为后王（周制）是三代发展而成。

荀子为强调法后王，即着眼于完善当世之礼义政治，还将法后王当做学者言行标准之一，他说：

君子言有坛宇，行有防表，道有一隆。言道德之求不下于安存，言意志之求不下于士，言道德之求不二后王。道过三代谓之荡，法二后王谓之不雅。高之下之，小之臣（巨）之，不外是矣。是君子之所以骋志意于坛宇宫庭也。故诸侯问政，不及安存，则不告也；匹夫问学，不及为士，则不教也；百家之说，不及后王，则不听也。夫是之谓君子言有坛宇，行有防表也。

言有坛宇指言谈要有界域，行有防表指行为要有标准，道有一隆指求道要专一。此段文字有两处"言道德之求"，据杨倞考，前一个言道德之求，其中道德可能系政治之误，是说言政治之求要言及百姓，安存即以百姓言。后一个言道德之求是指道德教化，要以当世为主，而不应去谈远古，此即不二后王之意。荀子要求君子驰意于坛宇宫庭，即所言皆应有益于现世，不应过多妄引前古以乱当世，故于强调诸侯问政要及于百姓，匹夫问学要及于为士，又说："百家之说，不及后王，则不听也。"不听亦包括不说在内，此为荀子于儒家最为重视现实之表现。他的法后王思想充满积极的进取精神。

关于荀子所说后王，历来有二种解释，前面我们已引用杨倞所说："后王，当今之王"，"后王，近世之王"。近代刘师培说："后，继体君也（见《说文》），盖开创为君，守成为后。开创之君，立法草创，而成文之法，大抵定于守成之君，如周之礼制，定于周公、成王是也。荀子所言后王，均指守成之主言，非指文、武言也。"梁启雄亦作按语说："后王，未详；拟是指总汇'百王''圣王政教'之迹的'君师'，是一位理想的'德才兼备'的、有位或无位的圣人——王或素王。"另一种解释是清代刘台拱和王念孙认为荀子所说的"后王"即是指的文、武（见《荀子集解·非相》注），近代章太炎则认为荀子法后王是法孔子，他说："荀子所谓后王者，则素王是；所谓法后王者，则法《春秋》是。"近人郭沫若认为荀子"法后王"与孟子"尊先王"毫无区别。我们认为，荀子所说"法后王"应当包含上述两种解释的内容。他主张"法后王，一制度"，具有注重当时新兴封建政治制度的意义。但是他"法后王"与"法先王"亦不矛盾，从继承和发展周礼的立场看，他法后王是包括文、武、周公和孔子在内的。因此，他批判"不法先王，不是礼义"的惠施、邓析学派；批判"略法先王而不知其统"的子思、孟轲学派。他在回答秦昭王问儒时说："儒者法先王，隆礼义，谨乎臣子而致贵其上者也。"此所说先王自是包括古代圣王。荀子在解释礼的起源时还说："礼起于何也？曰：人生而有欲，欲而不得，则不能无求，求而无度量分界，则不能不争。争则乱，乱则穷。先王恶其乱也，故制礼义以分之，以养人之欲，给人之求，使欲必不穷乎物，物不必居于欲，两者相持而长，是礼之所起也。"礼为先王制定，此先王当指古时圣王。这些都表明荀子法后王与法先王相一致。荀子认为，要继承发展礼义，必须吸取历史经验，借鉴先王，如他在《成相篇》中总结尧、舜、禹、汤以来的历史经验说："观往事，以自戒，治乱是非亦可识。"在《正名篇》他说："若有王者起，必将有循于旧名，有作于新名。""有循于旧"就是借鉴和继承历史上有用的东西，"有作于新"，是说要随着历史的变化而不断革新和发展。"循旧"和"作新"是辩证统一的，都是历史进步需要的。

四、荀子的王霸思想

（一）崇王黜霸

在王霸问题上，荀子继承了儒家自孔子以来崇王黜霸的思想，他在《仲尼篇》说：

仲尼之门，五尺之竖子，言羞称乎五伯，是何也？曰：然，彼非本政教也，非致隆高也，非綦文理也，非服人之心也。乡方略，审劳佚，畜积修斗，而能颠倒其敌者也。诈心以胜矣，彼以让饰争，依乎仁而蹈利者也，小人之杰也，彼固曷足称乎大君子之门哉！

荀子这一思想与孟子思想亦有相同处，孟子曾说："仲尼之徒无道桓、文之事者，是以后世无传焉。"孟子是在回答齐宣王问齐桓、晋文之事时说这番话的。他是要齐宣王不要讲霸道而应讲王道。荀子与孟子所说意思相同，他批评霸道非本政教，"本"字据王引之考应为"平"字，本政教应为平政教，梁启雄赞同此说。批评霸道非致隆高，是指未隆高礼义。非綦文理，亦指不重视修习礼义。而非服人之心，自是指霸道依仗实力权谋而不是依靠仁义争取民心。荀子并不抹杀霸道功绩，如说他们重视方略，审慎劳佚，能蓄积战备修整军队以战胜敌人。但是他们是以诈心（权谋）取胜，以让饰争，行仁蹈利。他们所谓"让"乃是以退让掩饰争夺，所谓"行仁"乃假仁义之名以谋取利益，并非真让真仁。因此，他们不过是小人之杰，怎能会被大君子之门所称道呢？此所说大君子之门即圣人之门仲尼之门。荀子又说：

齐宣王

用国者，义立而王，信立而霸，权谋立而亡。三者明主之所谨择也，仁人之所务白也，挈国以呼礼义而无以害之，行一不义，杀一无罪，而得天下，仁者不为也；栎然扶持心国且若是其固也。

此所说义立而王，是指王道依靠仁义而立；信立而霸，指齐桓公、晋文公等霸主能讲信用；权谋立而亡，是指那些根本不讲信义、信用专靠权谋欺诈之诸侯。荀子这里将信立与权谋立相区别，是对齐桓公等霸主的肯定。荀子虽然崇王黜霸，但是并不完全否定霸道，这方面，我们在后面还要提及。荀子在这里仍是强调要以王道仁义取天下，故他对王道要求极高，认为实行王道治理和领导国家，要做到举国皆行礼义而不发生违背行为；所谓行一不义，杀一无罪而得天下不为，此乃重申汤武以王道仁义取天下之宗旨。而王道之持心持国，不行不义，不杀无罪，落然如石之坚固。荀子以孔子为王者师，要实行王道，必须采取孔子主张，他说：

仲尼无置锥之地，诚义乎志意，加义乎身行，箸之言语，济之日，不隐乎天下，名垂乎后世。

此所说仲尼无置锥之地，是说仲尼乃圣人不得势者，虽不得势，然其立身行事皆严格以义为准，诚义乎志意，加义乎身行。而且将其立身行事著书

荀子思想综述

立说传于后代，此即所谓箸之言语。而当其义得以实行之日，他的思想便使天下昭明，他的名声亦为后世称颂。荀子是以仲尼不得势而其思想学说之效益却无穷，以启发当时之有势者效法孔子，行其学说以夺取天下，故他又说：

今亦以天下之显诸侯，诚义乎志意，加义乎法则度量，箸之以政事，案申重之以贵贱杀生，使袭然终始犹一也。如是则夫名声之部发于天地之间也，岂不如日月雷霆然矣哉！故曰：以国齐义，一日而白，汤武是也。汤以亳，武王以鄗，皆百里之地也，天下为一，诸侯为臣，通达之属，莫不从服，无它故焉，以济义矣，是所谓义立而王也。

此说天下之显诸侯，指战国争霸有实力者，即诸侯得势者，这些争霸者，如有能效法仲尼，坚定其仁义之意志，使其法则度量皆合于义，而于政事方面赏善罚恶方面皆能合义，如此则名声发于天地之间，将如日月雷霆一般。汤武即是这样名声大白于世，而能以百里之地统一天下，这便是实现义（济义）的结果，这便是所说的义立而王。荀子和孟子一样，都认为行王道便可以像汤、武那样以百里之地取天下。他说：

百里之地可以取天下，是不虚，其难者在人主之知之也。取天下者，非负其土地而从之之谓也，道足以壹人而已矣。彼其人苟壹，则其土地且奚去我而适它！故百里之地，其等位爵服，足以容天下之贤士矣；其官职事业，足以容天下之能士矣；循其旧法，择其善者而明用之，足以顺服好利之人矣。贤士一焉，能士官焉，好利之人服焉，三者具而天下尽，无有是其外矣。故百里之地，足以竭势矣，致忠、信、箸仁义，足以竭人矣，两者合而天下取，诸侯后同者先危。

这里所说百里之地取天下，其难者在人主之知，是指当时诸侯不明了王道的意义，而对百里之地，区区小国能征服天下抱怀疑态度。因为他们只知依靠实力兼并土地，而不明白取天下非指专门兼并土地，而在于以"道"壹人，即以王道争取人心，则兼并之土地才可以巩固。荀子强调以百里之地进行王道示范，其意义极为重大，例如庆赏得当，其等位爵服可以招天下贤士；用人得当，人尽其才，其官职事业可以吸引天下才能之士；损益旧法择旧法之善者而明用之，使法度公平，则可以吸引好利之人（百姓）来归。因此，百里之地做出示范，便可以使实力强盛（竭势）而无敌天下。荀子认为尚贤使能得当（贤士一焉，能士官焉）而又能吸引百姓来归（好利之人服焉），那么便具备了取天下的条件。这样，百里之地亦可以发挥无比强盛之势。而致忠信、箸仁义，二者做好了便能争取天下人心归向。这样竭势、竭人的结果，便可以取天下。诸侯能先行王道者必胜，而觉悟迟者则危。

荀子看到，在争夺天下时，劳动者即平民百姓作用之重要，争取人心主要是争取百姓之心，他说：

用国者，得百姓之力者富，得百姓之死者强，得百姓之誉者荣。三得者具而天下归之，三得者亡而天下去之。天下归之之谓王，天下去之之谓亡。

这话说得十分明确，得百姓之力，指百姓之致力于生产，此为增加财富之源；得百姓之死，指百姓忠实拥护，效死不去；得百姓之誉，指百姓之称誉和讴歌。三得者具，便可以取天下，此便是王道。荀子看到诸侯在夺取天下时，要获得富国强兵和荣誉，必须得到百姓的拥护，这是很深刻的思想。荀子又说：

百姓贵之如帝，亲之如父母，为之出死断亡而不愉（渝）者，无他故焉，道德诚明，利泽诚厚也。

这是说，要得到百姓竭诚拥护，尊贵之如帝王，亲近之如父母，为之出死断亡而不渝，此据郝懿行说改"愉"为"渝"，王先谦以为愉乃偷之误。（见王先谦《荀子集解》）荀子认为，要得到百姓竭诚拥护，必须行仁义德政，必须关心百姓切身利益。

荀子以百里之地可以取天下的主张和孟子的王道思想有接近之处，孟子说过："以德行仁者王，王不待大，汤以七十里，文王以百里。"所说"王不待大"，指要行仁义，要在百里之内做出示范，以争取天下人心归向，孟子

荀子思想综述

强调"以心服人"，荀子强调"以德兼人"，具有相同意义，荀子说：

凡兼人者有三术：有以德兼人者，有以力兼人者，有以富兼人者。彼贵我名声，美我德行，欲为我民，故辟门除涂以迎我入；因其民，袭其处，而百姓皆安，立法施令莫不顺比；是故得地而权弥重，兼人而兵愈强，是以德兼人者也。非贵我名声也，非美我德行也，彼畏我威，劫我势，故民虽有离心，不敢有畔虑，若是则戎甲俞众，奉养必费；是故得地而权弥轻，兼人而兵俞弱，是以力兼人者也。

荀子这里用以德兼人和以力兼人区别王道和霸道，王道行仁义得民心，所到之处，人民开门（辟门）扫路（除涂）以迎王师。荀子还强调王道要安定人民生活居处，所谓因其民袭其处，百姓皆安；而且要施行好的法令，即立法施令莫不顺比，顺比指得到人民赞同。这便可以巩固新取得地盘，聚集人力，而增强权势和兵力。为了强调王道以德兼人之优越性，荀子对于以德兼人和以力兼人作了原则的比较和区分。他指出，霸道靠实力征服，以威势慑人，强迫敌国人民归顺。这样地盘愈大，需要兵力愈多，军费开支增加，军队质量下降，将会使经济发生危机，其结果则使实力削弱而遭到失败。荀子认为要统一天下，只有实行王道，霸道是不可以统一天下的，他说："以德兼人者王，以力兼人者弱，以富兼人者贫。古今一也。"这是从历史（汤、武）经验和春秋战国以来的形势来说明问题，特别是战国以来诸侯割据的大势，天下统一形势在望，更使荀子对以王道统一中国充满信心。

（二）用兵要以仁义的军事思想

荀子将王道主张贯彻到用兵思想，认为军事上的胜败在于士气，而士气之高低由于民心向背，他曾和临武君在赵孝成王面前议兵，《荀子·议兵篇》载：

临武君与孙卿子议兵于赵孝成王前。

王曰：请问兵要？

临武君对曰：上得天时，下得地利，观敌之变动，后之发，先之至，此用兵之要术也。

孙卿子曰：不然，臣所闻古之道，凡用兵攻战之本，在乎壹民。弓矢不调，则羿不能以中微；六马不和，则造父不能以致远；士民不亲附，则汤武不能以必胜也，故善附民者，是乃善用兵者也。故兵要在乎善附民而已。

这里，临武君对赵孝成王问用兵之要的回答，仅仅从军事战术本身作出说明，天时地利皆为用兵之条件，而后之发先之至，则为诱敌而迅速主动击敌之战术，这些均属战术问题。荀子认为这并非用兵之根本，用兵之根本在于争取民心，即所谓壹民。荀子以弓矢不调，羿不能射微中的；六马不相协和，造父无法驾驭致远，以喻汤、武不得士民亲附，亦不能取胜于敌，都是在强调用兵的先决条件或根本，并不在于战术，而在于人民拥护，士气高昂。因此说兵要在乎善附民而已。临武君对荀子主张未能理解，仍将用兵归结为权谋，他说：

不然，兵之所贵者势利也，所行者变诈也，善用兵者，感忽悠暗，莫知其所从出，孙吴用之无敌于天下，岂必待附民哉？

临武君将用兵所贵者，仅仅是有利的形势和机会，所使用手段是变诈，善用兵者使敌感忽悠暗情况不明，不知采取何种对策，从而取胜于敌，孙膑、吴起等兵家都是这样做的，他们无敌于天下，并没有依赖附民即民心归向。荀子对此种说法作了尖锐的批驳，荀子说：

不然，臣之所道，仁人之兵，王者之志也。君之所贵，权谋势利也；所行，攻夺变诈也，诸侯之事也。仁人之兵，不可诈也；彼可诈者，怠慢者也，路亶者也，君臣上下之间滑然有离德者也。故以桀诈桀，犹巧拙有幸焉；以桀诈尧，譬之若以卵投石，以指挠沸，若赴水火，入焉焦没耳。

此所指仁人之兵王者之志，指以王道仁义指导用兵，这是荀子的主张。而临武君所主张的权谋势利、攻夺变诈，则属霸道，为当时诸侯割据所崇奉，故荀子说它是诸侯之事。这亦可以看到荀子对战国诸侯用兵之鄙视。荀子认为仁人之兵，用变诈对付是无效的，唯有对付那种怠慢而无秩序之兵，那种疲惫不堪（路亶）之兵，那种君臣上下离德离心涣散之兵，才可以偶然发生效用。荀子讥之为以桀诈桀，或许巧拙有幸可施，而如果对付仁义之兵，那就如同以桀诈尧，那便如同以卵击石，以指挠沸，将手指去探沸汤沸油，非招致惨败不可。荀子这些话亦表明他在用兵方面对霸道权谋之疾恶。荀子将军事和政治联系，认为政治好军事才会好，便将政治指导军事这一原则提到相当高度，而使王道和霸道有了原则区别。荀子又说：

仁人上下，百将一心，三军同力。臣之于君也，下之于上也，若子之事父，弟之事兄；若手臂之扞头目而覆胸腹也；诈而袭之与先惊而后击之一也。

这是指仁人朝廷，上下一致，将帅同心，兵士齐力，臣对于君，下对于上，如同父子、兄弟一般亲密，临战时，如同以手臂捍卫头目和胸腹一般，努力作战，保卫国家利益不受侵害。因为仁义之师士气旺盛，用大张旗鼓（先惊而后击之）进攻，同样可获得与诈而袭之相同的胜利战果。荀子又说：

仁人之兵，聚则成卒，散则成列，延则若莫邪之长刃，婴之者断；兑则若莫邪之利锋，当之者溃。

仁人之兵，士气旺盛，加上训练有素，便可以所向无敌。荀子所强调的乃在于以良好的政治，即以王道仁义武装士兵头脑，强调以政治统率军事，他在说服赵孝成王和临武君时又强调说：

凡在大王，将率末事也，臣请遂道王者诸侯强弱存亡之效，安危之势：君贤者其国治；君不能者其国乱。隆礼贵义者其国治；苟礼贱义者其国乱。治者强，乱者弱，是强弱之本也。

此所说将率末事，是在国家生活中军事并不成为主导方面，主导的乃是政治，国之强弱存亡安危系于政治，而政治之好坏又系于君主贤或不肖，君主贤而隆礼贵义则国治，君主不贤而又简礼贱义则国弱，所谓简礼贱义是指于礼上草率而又不守信义，不讲仁义。这亦可见荀子用兵的指导思想在于以政治统率军事，体现出儒家军事思想的特色。

荀子批评战国诸侯之军事称霸"皆干赏蹈利之兵也，庸徒鬻卖之道也"。霸道本身即属权谋势诈，他们只能以利诱招募兵员，缺乏一个正确的指导思想，此种雇佣兵无有礼义加以节制，故说是干赏蹈利之兵和庸徒鬻卖之道。这种兵是不会有真正的战斗力的。荀子又说：

若夫招近募选，隆势诈、尚功利之兵，则胜不胜无常，代翕代张，代存代亡，相为雌雄耳矣，夫是之谓盗兵，君子不由也。故齐之田单，楚之庄蹻，秦之卫鞅，燕之缪蛆，是皆世俗之所谓善用兵者也，是其巧拙强弱则未有以相君也，若其道一也，未及和齐也，搞契伺诈，权谋倾覆，未免盗兵也。齐桓、晋文、楚庄、吴阖闾、越勾践，是皆和齐之兵也，可谓入其域矣，然而未有本统也，故可以霸而不可以王，是强弱之效也。

战国时期，诸侯以单纯军功行庆赏，荀子对军功赏罚并不完全反对，但他反对那种单纯隆势诈尚功利的做法，而攻伐胜败反复无常，各派军事力量，做法无大区别，均无正确指导思想。故荀子称之为盗兵。像田单、庄蹻、卫鞅、缪蛆（不详），皆为各国名将，荀子都不将他们放在眼里，因为他们用兵都靠权谋诈道，谁也不比谁好，故荀子说他们也都不免为盗兵而已。至于春秋时期的霸主，如齐桓公、晋文公、楚庄王、吴王阖闾、越王勾践，其在军事上虽有信义可循，已达到和齐之兵，进入礼义教化之域，然而从根本言尚无本统，即于礼义仁义方面未能臻于完善，偏离礼义甚多，故仅能达到霸道，距王道尚远，此乃强弱之效。荀子所说强弱之别，是因他认为只有行仁义王道才可以统一天下，霸道远不足以承担这一任务，王道必胜，霸道必败，此乃强弱之分。关于荀子强调用兵要以仁义为本统，荀子和其弟子陈嚣、李斯曾有问答。《荀子·议兵》载：

陈嚣问孙卿子曰：先生议兵，常以仁义为本，仁者爱人，义者循理，然则又何以兵为？凡所为有兵者，为争夺也。

孙卿子曰：非汝所知也，彼仁者爱人，爱人，故恶人之害之也；义者循理，循理，故恶人之乱之也。彼兵者，所以禁暴除害也，非争夺也。故仁人之兵，所存者神，所过者化，若时雨之降，莫不说（悦）喜。是以尧伐驩兜，舜伐有苗，禹伐共工，汤伐有夏，文王伐崇，武王伐纣，此四帝两王，皆以仁义之兵行于天下也。故近者亲其善，远方慕其德，兵不血刃，远迩来服，德盛于此，施及四极。

陈嚣认为用兵是为争夺，即以战争进行争夺，强者胜，弱者败，自无仁义可言。因此，对荀子用兵以仁义为本提出质疑。荀子则指出陈嚣乃片面理解了仁义，因为仁者爱人，故厌恶人害人；义者循理，故厌恶人乱理。仁义之兵之所以表现为爱人和循理，便是禁暴除害，禁暴除悍是为解民倒悬，将人民于暴政下解放出来。因此，仁义之兵非为争夺。所谓仁人之兵所存者神，所过者化，此神、化意义相同，指大军所到之处和所过之地，均使人民受到仁义之感化和教化，而受到人民欢迎如降时雨。因此，兵不血刃就可使远近来服，这完全是以仁义盛德影响及于边远。尧舜禹汤文武之武功，便是这样得来的。《荀子·议兵》又载：

李斯问孙卿子曰：秦四世有胜，兵强海内，威行诸侯，非以仁义为之也，以便从事而已。

孙卿子曰：非汝所知也，汝所谓便者，不便之便也。吾所谓仁义者，大便之便也。彼仁义者，所以修政者也，政修则民亲其上，乐其君，而轻为之死。故曰：凡在于军，将率末事也。秦四世有胜，諰諰然常恐天下之一合而轧己也，此所谓末世之兵，未有本统也。故汤之放桀也，非其逐之鸣条之时也；武王之诛纣也，非以甲子之朝而后胜之也，皆前行素修也。此所谓仁义之兵也。今汝不求之于本，而索之于末，此世之所以乱也。

李斯所说"以便从事"，是主张军事依靠实力和权谋，和上面陈嚣所说用兵是为争夺，意义相近，均不赞同用兵要以仁义。荀子则批评他所说以便从事之"便"乃是"不便之便"。因为以仁义修政亲民，得到人民拥护，人民便会为之死战。荀子还针对李斯所炫耀的"秦四世有胜，兵强海内"的说法，指出秦虽四世有胜，基础强盛，然而仍常恐天下诸侯联合以轧己，因为它无仁义王道为精神支柱，而招致列国诸侯之联合反对，而引起恐惧，这种表现亦不过是没有本统的末世之兵而已。荀子认为行王道仁义并非一日之功，而是前行素修，即长期坚定不移地贯彻行仁义的结果。像汤放桀、武王伐纣虽然很快取得胜利，然而却是长期行仁义得到天下人民的拥护而逐渐获得成熟的成功条件，才能一举而放桀和诛纣。荀子批评李斯不求之本而索之末，是要启发他认识以仁义修政之长期性和艰巨性，而不能以眼前利益唯权谋是图。在战国末期，只有依靠王道仁义用兵，才可以统一中国，统一了才可以得到巩固，秦国虽灭六国取得统一而其祚命极短，完全证明了荀子理论预见之正确。

荀子还以王道仁义或霸道权谋总结战国用兵的经验教训，指出兼并土地并不难，而困难的是如何巩固战果保住土地. 他说：

兼并易能也，唯坚凝之难焉。齐能并宋，而不能凝也，故魏夺之。燕能并齐，而不能凝也，故田单夺之。韩之上地，方数百里，完全富足而趋赵，赵不能凝也，故秦夺之。故能并之而不能凝，则必夺；不能并之又不能凝其有，则必亡。

此所说"凝"指凝聚人民以巩固土地。战国争雄，兼并土地乃平常现象，然而土地容易兼并亦容易失去，这从齐燕韩赵秦等国的争夺中可以看出。土地得而复失即在于不能凝聚人民，甚至不能凝聚人民者，连原有土地都保不住。荀子认为能凝之方能并之，而能凝聚人民者，则在兼并战争中所向无敌。因此，荀子将"凝"民提到最高原则，他说：

能凝之则必能并之矣。得之则凝，兼并无强。古者汤以薄，武王以镐，皆百里之地也，天下为一，诸侯为臣，无它故焉，能凝之也。

对兼并来的土地能凝聚而不失，才算得上真兼并，汤、武以百里之地取天下，便在于对征服之土地人民能够凝聚，这样，能凝之则必能胜之，便成仁者无敌于天下之真理。对此，荀子对"坚凝"进一步提出结论性的看法，

荀子思想综述

他说：

> 凝士以礼，凝民以政；礼修而士服，政平而民安；士服民安，夫是之谓大凝。以守则固，以征则强，令行禁止，王者之事毕矣。

凝士以礼，礼即礼遇；凝民以政，政即德政；对士以上要求修礼，而对众庶百姓要行德政、仁政。由此获得士服民安，士服民安而谓大凝，即最牢固的凝聚。这说明荀子所说的凝民乃王道之根本大计，而非一时权宜之计，它充分说明了得民心者得天下这一颠扑不破的真理。

（三）王霸亦有兼用

荀子在王霸问题上，与孟子亦有不同倾向，即他崇王道并不完全否定霸道，如我们前面所引："用国者义立而王，信立而霸，权谋立而亡。"这里以"信立"肯定了霸道，并以之与"权谋立"加以区分，说明霸道并非全属权谋。荀子还曾说：

> 王夺之人，霸夺之与，强夺之地。夺之人者臣诸侯，夺之与者友诸侯，夺之地者敌诸侯。臣诸侯者王，友诸侯者霸，敌诸侯者危。

这里所说霸夺之与，"与"指结盟，结盟自然要讲信用，此亦信立而霸的意义，与诸侯结盟讲信用，自是友好表现。齐桓、晋文之霸道便是在与诸侯结好的基础上建立的。荀子据此进一步对春秋五霸予以肯定，他说：

> 德虽未至也，义虽未济也，然而天下之理略奏矣，刑赏已诺信乎天下矣，臣下晓然皆知其可要也。政令已陈，虽睹利败，不欺其民；约结已定，虽睹利败，不欺其与。如是，则兵劲城固，敌国畏之；国一綦明，与国信之。虽在僻陋之国，威动天下，五伯是也。

霸道在德义方面比不上王道那样广大深入，然而德义精神还是具备的，此所谓天下之理略奏（凑），其守信便意味着守义，故能不以利败得失而欺民，亦不以利败得失而欺骗盟友，故能取信于民和取信于盟而保持自己之强盛。荀子又说：

非本政教也，非致隆高也，非綦文理也，非服人之心也，乡方略，审劳佚，谨畜积，修战备，龂然上下相信，而天下莫之敢当。故齐桓、晋文、楚庄、吴阖闾、越勾践，是皆僻陋之国也，威动天下，强殆中国，无它故焉，略信也。是所谓信立而霸也。

霸道虽在政教、隆礼和修习礼仪方面不足，然而能做到乡正方略，审视劳佚，谨用积畜，修整战备，即其指导方针大体正确，用兵用民皆重视劳佚，而能节俭用度，加强战备以应付敌情。其君臣君民上下相互信赖如同牙齿上下（龂然）相互作用一般，致使天下诸侯莫敢侵犯，此即所谓信立而霸。荀子视五霸为僻陋之国威动天下，指以一国的力量称霸诸侯，而他所指五霸为齐桓公、晋文公、楚庄王、吴王阖闾、越王勾践，不包括宋襄公和秦穆公，与《春秋左传》所指五霸有所不同。

荀子继承孔子，对齐桓公称霸多有肯定，他认为齐桓公个人品德方面有大缺陷，然而能持大节尚贤使能，故能称霸诸侯。他说：

齐桓，五伯之盛者也，前事则杀兄而争国；内行则姑、姊妹之不嫁者七人，闺门之内，般乐奢汏，以齐之分，奉之而不足；外事则诈邾袭莒，并国三十五。其事行也若是其险污淫汏也，彼固曷足称乎大君子之门哉！

大君子之门即指孔子之门，此乃解说仲尼之门言羞称乎五霸。然而荀子并未以齐桓公私德和德行有亏而对他加以否定，而是认为齐桓公所以称霸，亦由其有霸者之大节，他说：

若是而不亡，乃霸，何也？曰：於乎！夫齐桓公有天下之大节焉，夫孰能亡之？俫然见管仲之能足以托国也，是天下之大知也。安忘其怒，出（忘）其仇，遂立以为仲父，是天下之大决也。立以为仲父而贵戚莫之敢妒也，与之高、国之位，而本朝之臣莫之敢恶也；与之书礼三百，而富人莫之敢距也。贵贱长少，秩秩焉，莫不从桓公而贵敬之，是天下之大节也。诸侯有一节如是，则莫之能亡也；桓公兼此数节而尽有之，夫又何可亡也。其霸也，宜哉！非幸也，数也。

此所说桓公有天下之大节，指桓公举贤不避仇。

五、荀子的教育思想

（一）性论

研究教育，可从心理学出发，亦可从社会学出发。研究教育如是，研究政治亦复如是。荀子是政治家，亦是教育家，欲事研究，可从社会学出发亦可从心理学出发。今兹之研究，首及荀子之性论者，盖采心理学的观点，而荀子之性恶论又为荀子思想之根基故也。

孔子以前，人性之善恶，未成讨究之论题，孟荀而后，性善性恶，乃成纷争之焦点。孟子道性善，荀子曰："人之性恶，其善者伪也。"此矛盾抵牾之两说，予后代学者以绝大之刺激而莫不亹勉讨究之。董仲舒谓："圣人之性，不可以名性；斗筲之性，不可以名性；性者，中民之性。"《春秋繁露·实性篇》此性三品说之权舆也。至韩愈乃明谓："性之品有上、中、下三：上焉者，善焉而已矣；中焉者，可导而上下也；下焉者恶焉而已矣。"《原性》王充谓："论人之性，定有善有恶。其善者固自善矣，其恶者故可教告率勉使之为善。"《论衡·率性篇》此有性善有性不善之说也。扬雄谓："人之性也，善恶混；修其善则为善人，修其恶则为恶人。气也者，所以适善恶之马也与？"《法言》此性有善有不善之说也。有性善有性不善，系言性之善恶随人而异；性有善有不善，系言一人之性兼具善恶也。宋儒分性为二，曰：本然之性，气质之性，而气质之性又可变而善。其说实导源于扬雄。性有三品，事实也；然而何故有三品乎？有性善有性不善，亦事实也，然而何故有性善有性不善乎？是二说者，皆未曾有事于说明。若夫善恶混之说与夫气质本然之分，则对于人性不一之事实而企图予以说明之努力也。故不得不谓为进一步的思想。

人性之讨究，诚起于孟荀之争，然而荀子思想之真相究竟何若？吾人试摒弃前人从来之认识而一虚心探究之。似前人之认识，实有未必全真者。吾人于今日存在之荀子书，当然不能断定其绝无脱简错简乃至后人故意附益之病，然而吾人终不得不依据荀子书而参综比较之，以期窥见其真相。为便利妥慎计，试先论荀子对于性善说之破坏论。

孟子曰："人之性善。"曰：是不然。凡古今天下之所谓善者，正理平治也；所谓恶者，偏险悖乱也。是善恶之分也已。今诚以人之性固正理平治邪？则有（注：同又）恶用圣王，恶用礼义矣哉！虽有圣王礼义，将曷加于正理平治也哉？今不然，人之性恶。故古者圣人以人之性恶，以为偏险而不正，悖乱而不治，故为之立君上之势以临之，明礼义以化之，起法政以治之，重刑罚以禁之，使天下皆出于治，合于善也。是圣王之治而礼义之化也。今当去君上之势，无礼义之化，去法正之治，无刑罚之禁，倚而观天下民人之相与也。若是，则夫强者害弱而夺之，众者暴寡而哗之，天下之悖乱而相亡不待顷矣。用此观之，然则人之性恶明矣，其善者伪也。故善言古者必有节于今，善言天者必有征于人。凡论者，贵其有辨合，有符验。故坐而言之，起而可设，张而可施行。今孟子曰"人之性善"，无辨合符验，坐而言之起而不可设，张而不可施行，岂不过甚矣哉？故性善则去圣王，息礼义矣；性恶则与圣王，贵礼义矣。故檃栝之生，为枸木也；绳墨之起，为不直也；立君上，明礼义，为性恶也。用此观之，然则人之性恶明矣，其善者伪也。直木不待檃栝而直者，其性直也；枸木必将待檃栝、烝、矫然后直者，以其性不直也。今人之性恶，必将待圣王之治，礼义之化，然后皆出于治，合于善也。用此观之，然则人之性恶明矣，其善者伪也。

上所引文，有三层论旨。第一，人性偏险悖乱，故有用于圣王礼义。第二，苟去礼义政刑，则必乱亡。第三，用檃栝之直乎枸木以喻圣王礼义之善乎恶性。

第一论旨，似基于性善则行为必善，行为必善故无所须于教化。教化之兴，以由于行为之悖乱，行为之悖乱又由于人之性恶。故今者当讨论"是否行为必归于善，然后性善之说可以成立"。换言之，即行为之悖乱是否于性恶之外尚可别有原因也。孟子曰："人性之善也，犹水之就下也；人无有不善，水无有不下。今夫水，搏而跃之，可使过颡；激而行之，可使在山。是岂水之性哉？其势则然也！人之可使为不善，其性亦犹是也。"《孟子·告子》水性就下，然而在事实上亦不必就下，因外在的势力可以使其发为逆性的活动也。卢梭谓人性善，一切罪恶皆缘于社会之堕落，苟能离避社会之污染，听任儿童自然发育，则无不善矣。故渠所主张之教育，为消极教育，教育者但须扫除迫人为恶之恶势力，而受教育之发育则不必多所干涉。孟子卢梭皆认定人性虽善而外在势力究可驱使为恶。然而孟子对于人性之发育，又不似卢梭之执持消极态度已也。孟子曰："苟得其养，无物不长，苟失其养，无物不消。"《孟子·告子》又曰："今夫麰麦，播种而耰之，其地同，树之时又同，浡然而生，至于日至之时，皆熟矣。虽有不同，则地有肥硗，雨露之养，人事之不齐也。"《孟子·告子》依孟子之论，可见人性虽善，而教养之功仍不可缺，环境之良适仍为必要。荀子人性正理平治即无所用乎圣王礼义之说，不足以困难孟子。倘必以为性善即无所用于教化，则是两人之基本根据大有出入，言各有指，未可相非也。然而荀子又似未能贯彻此项论旨者。《性恶篇》曰：

孟子

　　圣可积而致，然而皆不可积，何也？曰：可以而不可使也。故小人可以为君子而不肯为君子，君子可以为小人而不肯为小人。小人、君子者，未尝不可以相为也。然而不相为者，可以而不可使也。故涂之人可以为禹则然，涂之人能为禹，未必然也。虽不能为禹，无害可以为禹。足可以遍行天下，然而未尝有能遍行天下者也。夫工匠、农、贾，未尝不可以相为事也，然而未尝能相为事也。用此观之，然则可以为，未必能也；虽不能，无害可以为。然则能不能之与可不可，其不同远矣，其不可以相为明矣。

涂之人可以为禹，而未必果能为禹，是人为之可然且不能期其必然矣，然则人性虽善，又何能期望人人以必归于善耶？

荀子之第二论旨，假设一无政府状态，从而推想其间之争夺悖乱。此其诉诸事实之论证也。在无政府状态之下，必然发生悖乱争夺，此吾人所可承认者也。然而此项议论，只能证明圣王礼义乃至政刑之不可废除，而不能证明悖乱争夺之由于性恶也。在无政府状态之下，不必人人皆陷于悖乱争夺之途，社会之悖乱扰攘争夺类由于少数之狂暴分子，且此少数分子之狂暴亦不必出于其生性之本恶。前已言之，人性虽善，不能期其行为之必归于善。故去圣王息礼义之后，少数分子之悖乱争夺，不足用为摧毁性善说之论据。

荀子之第三论旨，用枸木待檃栝而直以喻性恶待圣王礼义而化。荀子认为直木之性直，枸木之性不直，是竟以形状为本性矣。依是以为推论，则善人之性善，恶人之性恶，善人不待圣王礼义而善，其以性善也。就木之已然形状加之以形容之辞，又即此形容之辞而指为木之本性，实属粗疏已极之论证方法。木之本性，毋宁谓为直向前伸，倘无外力之压迫，其形状率归于直。因枸木之形状而断定其性不直，是何异于因水之在山而断定水性之就上乎？故此论亦不足以摧破性善之说。

持性善说者，曾提出另一论点以难荀子。荀子亦予以解答。《性恶篇》云：

问者曰："礼义积伪者，是人之性，故圣人能生之也。"应之曰："是不然。夫陶人埏埴而生瓦，然则瓦埴岂陶人之性也哉？工人斫木而生器，然则器木岂工人之性也哉？夫圣人之于礼义也，辟（同譬）则陶埏而生之也。然则礼义积伪者，岂人之本性也哉？

凡人之性，尧、舜之与桀、跖，其性一也；君子之与小人，其性一也。今将以礼义积伪为人之性邪？然则有（同又）曷贵尧、禹，曷贵君子矣哉？

凡所贵尧、禹、君子者，能化性，能起伪，伪起而生礼义。然则圣人主于礼义积伪也，亦犹陶埏而生之也。用此观之，然则礼义积伪者，岂人之性也哉？"

礼义积伪是人之性，此一论点，确足颠覆荀子之论据。荀子能提出解答之，足见其思想之周密，惜乎其解答之不甚圆满耳。上所引文，有两层论旨。第一层使用比喻推论。意若曰：瓦埴非陶人之性，器木非工人之性，故礼义积伪非人之性；陶人埏埴而生瓦，工人斫木而生器，圣人陶埏人而生礼义积伪。孟子所谓戕贼杞柳以为杯棬者，正是此论。比喻推论，最不可恃。荀子此喻，殊未足以服人。陶人诚埏埴以生瓦矣，陶人能揉石以生瓦乎？圣人苟陶埏人以生礼义积伪矣，圣人能陶埏禽兽以生礼义积伪乎？瓜种之所生恒为瓜，豆种之所生恒为豆，陶人埏埴而生瓦，以其所埏者本有可埏之性也。工人斫木而生器，以其所斫者本有可斫之性也。圣人陶埏人而生礼义积伪，以人本有可陶埏以生礼义积伪之性也。故曰：荀子比喻，殊未足以服人。

荀子谓尧、舜之与桀、跖，其性一也。是尧、舜之性恶，同于桀、跖矣。又谓所贵尧、禹、君子者，能化性，能起伪。尧、禹之性既已恶矣，何故又能化性起伪耶？如曰：性恶而仍有化性起伪之可能，则是性恶而行为不必恶矣。彼持性善说者亦将曰：性善而行为不必善，人之行为不善正无碍于其本性之善也。故荀子之第二论旨，于持"礼义积伪是人之性"之说者，亦不足以使其心悦而诚服也。

荀子之论，有使人迷惑于其性恶说之真意者。《礼论篇》曰：

两情者（注：两情谓忧与愉），人生固有端焉。若夫断之继之，博之浅之，益之损之，类之尽之，盛之美之，使本末终始，莫不顺比，足以为万世则，则是礼也，非顺孰修为之君子莫之能知也。故曰：性者，本始材朴也；伪者，文理隆盛也。无性，则伪之无所加；无伪，则性不能自美。性伪合，然后圣人之名一，天下之功于是就也。故曰：天地合而万物生，阴阳接而变化起，性伪合而天下治。

此种性伪合之议论，与性恶说似不甚相容，夫性既恶矣，则亦用人力以矫之去之化之而已，何所用其合于伪哉？然而荀子则曰：无性，则伪之无所加。是伪有所待于性而后行也。夫相待而成者，必不相反。譬诸甲乙二力，背道而驰，决不能合为一力。今曰性伪合，则是所性与所伪，其本质当不相反。然而荀子之言曰：人之性恶，其善者伪也。性之与伪，其内容又似恰相反焉者。此不能使人无疑者一也。《正论篇》曰：

世俗之为说者曰："尧、舜不能教化。是何也？曰：朱、象不化。"是不然也。尧、舜，至天下之善教化者也，南面而听，天下生民之属莫不振动从服以化顺之。然而朱、象独不化，是非尧、舜之过，朱、象之罪也。尧、舜者，天下之英也。朱、象者，天下之嵬，一时之琐也。今世俗之为说者，不怪朱、象，而非尧、舜，岂不过甚矣哉？夫是之谓嵬说。羿、蜂门者，天下之善射者也，不能以拨弓曲矢中。王梁、造父者，天下之善驭者也，不能以辟（同躄）马，毁舆致远。尧、舜者，天下之善教化者也，不能使嵬琐化。

夫人性既恶，善既由于化性起伪，则善教化之尧、舜，又何故而不能使嵬琐化乎？嵬琐之为嵬琐，其原因安在，姑不考论。然而嵬琐者恶也，于嵬琐之为恶既不能化之，何至于性之恶又独能矫变之乎？教化之力，既止于嵬琐，则恶人之性，亦当为教化之所失效。依此论以推之，性伪合之说又似确为荀子之真意者。诚以朱、象嵬琐，尧、舜不能施其化，人性果恶，圣人又安得而变正之哉？《性恶篇》曰：

古者圣王以人之性恶，以为偏险而不正，悖乱而不治，是以为之起礼义，制法度，以矫饰人之情性而正之，以扰化人之情性而导之也。始皆出于治，合于道者也。

依此，是圣人能矫饰恶的人性矣，又曷为而尧、舜不能教化嵬琐乎？吾人反覆思量，于荀子思想之真意，益不得不虚心以求之。在《性恶篇》之首端，荀子表明其性恶论之论据如下：

人之性恶，其善者伪也。今人之性，生而有好利焉，顺是，故争夺生而辞让亡焉；生而有疾恶焉，顺是，故残贼生而忠信亡焉；生而有耳目之欲、好声色焉，顺是，故淫乱生而礼义文理亡焉。然则从人之性，顺人之情，必出于争夺，合于犯分乱理而归于暴。故必将有师法之化，礼义之道，然后出于辞让，合于文理，而归于治。用此观之，然则人之性恶明矣，其善者伪也。

此荀子性恶论之基本论据也。吾人欲了解其意义，须先了解其所谓"性"与"伪"者究具如何之意义也。两人所用名辞，若其内涵一有出入，则议论之文辞每每尽可相反，而议论之实质反至绝无违害。此所以于"性"与"伪"之涵义，不可不慎为审察也。荀子曰：

不可学、不可事而在人者谓之性，可学而能、可事而成之在人者谓之伪。是性伪之分也。今人之性，目可以见，耳可以听。夫可以见之明不离目，可以听之聪不离耳，目明而耳聪，不可学明矣。《荀子·性恶篇》

"不可学，不可事"，杨注解作"不学而能，不事而成"，后之注释者宗之。夫"不可。学不可，事而在人者"与"不学不事而在人者"，其辞意果无差别乎？"可。学而能，可。事而成"与"学而后能，事而后成"，其辞意亦果无差别乎？荀子曰："可以见之明不离目，可以听之聪不离耳，目明而耳聪，不可学明矣。"是荀子于一"可"字，始终未尝粗忽视之。目之明，耳之聪，盖不仅无待于学，无待于事，实亦非学之所能为力，非事之所能有济者也。"可学而能"之于"学而能"，"不学而能"之于"不可学而能"，其关系有如下图。

 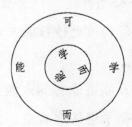

可学而能者，未必果已学而能之，故"可学而能"者之范围大于"学而能"者之范围。非学之所能为力，而依然能之者，只是无待于学而即能之者之中之一部分，故"不学而能"者，其范围大于"不可学而能"者。无待于学而能之者，无碍于加之以学，例如男女饮食，不学而能者也；然而于男女之欲可加之以学而至于男女有别焉；于饮食之欲可加之以学而至于饮食有节焉。又如目之明，耳之聪，不可学者也；然而无碍于加之以学而至于非礼勿视，非礼勿听焉。荀子之所谓性者，殆摒去其可加之以学之部分而专指其不可学之部分。故曰："不可学不可事而在人者谓之性。"世人于两"可"字皆忽视之，似为非是。知此，则知荀子之说，实为性可道论，且于一切后天的转变，一概摒诸性情之外。而目之为"伪"其性可导论，可见之于下列之议论中：

"涂之人可以为禹。"曷谓也？曰：凡禹之所以为禹者，以其为仁义法正也。然则仁义法正有可知可能之理，然而涂之人也，皆有可以知仁义法正之质，皆有可以能仁义法正之具，然则其可以为禹明矣。今以仁义法正为固无可知可能之理邪？然则唯（注：读为虽）禹不知仁义法正，不能仁义法正也。将使涂之人固无可以知仁义法正之质，而固无可以能仁义法正之具邪？然则涂之人也，且内不可以知父子之义，外不可以知君臣之正。不然。今涂之人者，皆内可以知父子之义，外可以知君臣之正，然则其可以知之质，可以能之具，其在涂之人明矣。今使涂之人者以其可以知之质，可以能之具，本夫仁义之可知之理，可能之具，然则其可以为禹明矣。《荀子·性恶篇》

此段议论，从理论上与事实上，说明人皆有可以知仁义法正之质，有可以能仁义法正之具，故涂之人可以为禹。大似性善论者之议论，而不类性恶论者之所执持。"人皆可以为尧舜"，孟子岂不曾明言之乎？此段议论，岂果为后人之所增益乎？吾意非也。荀子之所谓"可以知之质，可以能之具"者，即人性之可导性也，人性之可导性，荀子初不否认之。其所否认者只在不可学不可事之生性之必然统发于善耳。荀子言性，必去乎人为之事。孟子言性，必即乎人为之功。二人心目中之所谓性，根本不同，故无比较之可能。孟子曰："乃若其情，则可以为善矣，乃所谓善也。"《孟子·告子》是其所谓性善者，明明系就"性之可以为善"以言之也。"可以为"三字，万不可忽略放过。荀子持论，恰恰相反，于"学"，于"事"，于"为"，一概划出于性之范围之外。虽然人之肯学、肯事、肯为，毕竟系发于人性之自然，孟子之说终较荀子为优。然而依一定的观点，厘定确定的界说，而自为其条贯的思考，固为学者之当然权利，荀子本不必自同于孟子之界说。特是吾人不可不察两人界说之歧异，而致误认两人思想之果然冲突耳。总言之，孟子言性，系就其"可以为"者而言之；荀子言性，系就其"不可事"者而言之，言各有指，初不相反。

荀子主张化性起伪，且将化之与伪概归于人为，而无与于性之作用。故曰：

> 人之性恶，其善者伪也。今人之性，生而有好利焉，顺是，故争夺生而辞让亡焉；生而有疾恶焉，顺是，故残贼生而忠信亡焉；生而有耳目之欲、好声色焉，顺是，故淫乱生而礼义文理亡焉。然则从人之性，顺人之情，必出于争夺，合于犯分乱理而归于暴。《荀子·性恶篇》

吾人阅读此文，于"顺是"二字，万不可忽。荀子之意，只谓性不可顺，情不可从而已，自是性可导论者之本色。其所重视者，在予性以化导，与"节性""养性"之说，初不相妨。荀子谓："人之性恶，其善者伪也。"郝懿行曰："'伪'，作为也；'伪'与'为'古字通。""人之性"为一名词短语，为下文"恶"之主辞；下文"其"字，当指"人之性"而非指"人"，故"人之性恶，其善者伪也"应解作"人之性恶，性善乃由于为"。似此，则合于人性可导而善之主要意旨矣。荀子谓："不可学、不可事而在人者谓之性，可学而能、可事而成之在人者谓之伪。"其所谓"事"与"伪"者，又属如何之意义乎？《正名篇》曰：

> 生之所以然者谓之性。性（注：当作生）之和所生，精合感应，不事而

自然谓之性。性之好、恶、喜、怒、哀、乐，谓之情。情然而心为之择谓之虑。心虑而能为之动谓之伪。虑积焉、能习焉而后成谓之伪。正利而为谓之事。正义而为谓之行。所以知之在人者谓之知。知有所合谓之智。智（注：字衍）所以能之在人者谓之能。能有所合谓之能。

"事"之意义为正利而行。何以知其正利，则有赖于虑。"伪"有能为积习之意。然而能为积习又当何所为何所习乎？则必用虑以择之。"虑"者，辨别思考之谓也。性善乃由于伪，而伪之所向则全恃乎辨别思虑。是荀子之性论，实际上乃以思导性之说也。孟子曰：

恻隐之心，人皆有之；羞恶之心，人皆有之；恭敬之心，人皆有之；是非之心，人皆有之。恻隐之心，仁也；羞恶之心，义也；恭敬之心，礼也；是非之心，智也。仁、义、礼、智，非由外铄我也，我固有之也，弗思耳矣。《孟子·告子》

又曰：

耳目之官，不思而蔽于物。物交物，则引之而已矣。心之官则思。思，则得之，不思，则不得也。《孟子·告子》

荀孟二子，于性之可以为善，其所见既同；而于导性向善之有待于辨别思虑，其所见又同。故二家之说，极形近似，至于其所以一倡性善，一标性恶者，则全由于两人对于性之界说，一则就其"可以为"之点而言之，一则去其"可以为"之点而言之也。人之为善，毕竟系出自本性。本性不向善，圣人之教，礼义之化，皆无能为力矣。况圣人与我同类，人性皆恶，圣人何能独异？倘圣人之性亦恶，则圣人又何由而能示人以礼义法正也哉？故即人之肯为善而主张性善，其说似较性恶论为平实简易。然而荀子既认定不可学不可事而在人者谓之"性"，又谓性可由积习思虑以导入于善，则言各有当，自成一说，亦不必强加轩轾。特是不察其实，而蔽于其名，是为人类之恒情；此所以千百年来聚讼纷纭，莫可终结也。

（二）智论

性既待思虑辨择而后善，故致知穷理之事，甚为重要。《荣辱篇》曰：

凡人有所一同，饥而欲食，寒而欲暖，劳而欲息，好利而恶害，是人之所生而有也，是无待而然者也，是禹、桀之所同也。目辨白黑美恶，耳辨音声清浊，口辨酸咸甘苦，鼻辨芬芳腥臊，骨体肤理辨寒暑疾养，是又人之所常生而有也，是无待而然者也，是禹、桀之所同也。可以为尧、禹，可以为桀、跖，可以为工匠，可以为农贾，在（执）（注：衍文）注错习俗之所积耳。（是又人之所生而有也，是无待而然者也，是禹、桀之所同也，）（注：衍文）为尧、禹则常安荣，为桀、跖则常危辱，为尧、禹则常愉佚，为工匠农贾则常烦劳。然而人力（注：当为多）为此而寡为彼，何也？曰：陋也。

又曰：

陋也者，天下之公患也，人之大殃大害也。故曰：仁者好告示人。告之示之，靡之儇之，铅之重之，则夫塞者俄且通也，陋者俄且僩（注：僩闲古字同）也，愚者俄且知也。

上文意谓禹、桀生性一同，其所以或为禹或为桀者，乃由于积习之不同。至于积习之所以不同，则又由于有陋有不陋也。《修身篇》曰："多闻曰博，少闻曰浅，多见曰闲，少见曰陋"，陋系就知识而言，可概见矣。曰"仁者好告示人"，告示亦所以启发人之心智也。化性起伪，必须乎智，此言殊甚显然。

荀子重知，故于求知之心理条件，三致意焉。求知之心理条件，有消极的与积极的两方面。消极的方面为"解蔽"，积极的方面为"虚一而静"。请先述其消极的方面。《解蔽篇》曰：

凡人之患，蔽于一曲而暗于大理。治则复经，两疑（王先谦《集解》云天下之道一而已矣，有与之相敌者，是为两；有与之相乱者，是为疑。）则惑矣。天下无二道，圣人无两心。今诸侯异政，百家异说，则必或是或非，或治或乱。乱国之君，乱家之人，此其诚心莫不求正而以自为也，妬缪于道而人诱其所迨（注：近也，谓所好也）也。私其所积（注：习也），唯恐闻其恶也。倚其所私，以观异术，唯恐闻其美也。是以与治虽（注：当作离）走而是己不辍也，（注：言离去正道而走，而自以为是，不辍止也。）岂不蔽于一曲而失正求也哉！心不使焉，则白黑在前而目不见，雷鼓在侧而耳不闻，况于使（注：当作蔽）者乎！

感情的偏私可以转移认识作用，使其不能正确，或且大谬绝伦，然而自身不察，反且自以为是而不肯略一反省焉。此求知之根本大患也。此患不去，真知不获。人情喜怙过饰非，人情亦好是己而非异。故曰：私其所积，唯恐闻其恶也；倚其所私以观异术，唯恐闻其美也。《大学》曰："所谓修身在正其心者：身有所忿懥则不得其正；有所恐惧则不得其正；有所好乐则不得其正；有所忧患则不得其正；心不在焉，视而不见，听而不闻，食而不知其味——此谓修身在正其心。"曰"有所"者，曰"不在焉"者，皆心已先为一物所蔽之意也。此一物者，或为情感，或为成见，或为外物，则殊不一定。《大学》又曰："人之其所亲爱而辟焉，之其所贱恶而辟焉，之其所畏敬而辟焉，之其所哀矜而辟焉，之其所敖惰而辟焉。故好而知其恶，恶而知其美者，天下鲜矣！故谚有之曰：'人英知其子之恶，莫知其苗之硕。'""之其所……而辟焉"者，依感情之所向而陷于认识之谬误也。不因好之而不知其恶，不因恶之而不知其美，是认识作用不因感情作用而丧失其正确也。人于其子，爱之至，故不察其恶；人于其苗，望之殷，故不觉其硕，感情足以转移认识，乃出于心理作用之自然而为从事求知者之所应矫正防范者也。此二段所言，与荀子之意，如合符节。《解蔽篇》曰：

墨子蔽于用而不知文，宋子蔽于欲而不知得（注：通德），慎子蔽于法而不知贤，申子蔽于执而不知知（注：音智），惠子蔽于辞而不知实，庄子蔽于天而不知人。故由用谓之道，尽利矣；由俗（注：当为欲）谓之道，尽嗛矣；由法谓之道，尽数矣；由执谓之道，尽便矣；由辞谓之道，尽论矣；

由天谓之道，尽因矣。此数具者，皆道之一隅也。夫道者，体常而尽变，一隅不足以举之。曲知之人，观于道之一隅而未之能识也，故以为足而饰之，内以自乱，外以惑人，上以蔽下，下以蔽上，此蔽塞之祸也。

大抵学者专研既久，心习遂牢，故每每囿于所知而不见其所未习。墨子为功利所蔽而不知礼乐之文饰；若由于实用，而认为是即为道，则道尽于求利矣。宋子蔽于人之有欲而不知尚德；若从人所欲，不加节制，而认为是即为道，则道尽于快意矣。慎子蔽于法治而不知法待贤而举；由法不由贤，而认为是即为道，则道尽术数矣。申子蔽于权势，主张以刑威驭下，不知权势须有才智以运用之；由势不由智，而认为是即为道，则道尽于便宜矣。惠子蔽于虚辞，不知实理；由虚辞不由实理，而认为是即为道，则道尽于辩说矣。庄子蔽于无为自然之道，不知人功之作用；从天然不从人为，认为是即为道，则道尽于因任自然无从治化矣。此数子者，皆蔽于成见囿于一说者也。

解蔽为求知之消极的条件。其积极的条件虚一而静，本为心理上可有之自然现象，求知者须当保持之，勿使丧乱，则求知之积极条件具备矣。《解蔽篇》曰：

心何以知？曰：虚一而静。心未尝不臧（注：通藏）也，然而有所谓虚。心未尝不满（注：当为两）也，然而有所谓一。心未尝不动也，然而有所谓静。人生而有知，知而有志。志也者，臧也，然而有所谓虚，不以所已臧害所将受谓之虚。心生而有知，知而有异，异也者，同时兼知之。同时兼知之，两也。然而有所谓一，不以夫一害此一谓之一。心，卧则梦，偷则自行，使之则谋。故心未尝不动也，然而有所谓静，不以梦剧乱知谓之静。未得道而求道者，谓之虚一而静。作之，则将须道者之虚则人（注：当为入），将事道者之一则尽，尽（注：疑衍）将思道者（注：疑脱之字）静则察。

此荀子解答心以何法而知之问题也。人心有藏、有两、有动，然而不害其可虚、可一、可静，人生而有认识作用，有认识作用，即有印象，印象即为记持其所认识。然而所记持者，不害于其所将接受者。认识作用既生，又知有差别之存在，所谓认识者根本即以认识差别为其精髓。故认识作用于互异之两物同时兼知之。同时兼知之，是一个动程而兼具两种作用。虽然兼具两种作用，仍不失其综合统一性，不以互异之两端中之任何一端有所妨害于其他之一端。认识作用之中，又有定静之情状。卧梦、偷纵、谋虑，皆心之动也。然而不因想象烦嚣错乱其知。虚、一、静，皆此心可有之自然现象，然而亦为求知之当然法则。对于不知而求知之人，当告之以虚一而静，勿以成见害所初闻，勿见一端而遗弃他端，勿以纷动而丧失宁静。上所引文中，所谓"谓之虚一而静"者，私意"之"字指"未得道而求道者"，"谓之"之意，犹云"告之"也。下文"作之则"者，为求道者树立法则也。法则维何？即将须道者之虚，虚则能入也；将事道者之一，一则能尽也；将思道者之静，静则能察也。故谓虚一而静，又为求知之当然法则。虚者，不怀成见也；一者，综合两异端也；静者，保持其灵明情状也。是为求知之积极条件。虚、一、静三者，又有连续关系。虚则一，一则静，故曰"虚一而静"，"而"字有连贯三者之用。《解蔽篇》曰：

取三以上之物而对勘之，曰参稽，取两物而对勘之，曰赞稽，是或一说也。诚以既求兼知，于论题中所有各端，自当一概审核之也。

《解蔽篇》又云：

故《道经》曰："人心之危，道心之微。"危微之几。惟明君子而后能知之。故人心譬如槃水，正错而勿动，则湛浊在下而清明在上，则足以见须眉而察理矣。微风过之，湛浊动乎下，清明乱于上，则不可以得大形之正也。心亦如是矣。故导之以理，养之以清，物莫之倾，则足以定是非，决嫌疑矣。小物引之则其正外易，其心内倾，则不足以决庶理矣。

此言定是非，决嫌疑，必须心境清明而后可。心境如何而能清明乎？是则有待于"导之以理"而"养之以清"。能导之以理、养之以清，则物诱莫之能倾矣。是为以理导心，以清养心。《正名篇》曰：

志轻理而不重物者，无之有也；外重物而不内忧者，无之有也。行离理而不外危者，无之有也；外危而不内恐者，无之有也。心忧恐则口衔刍豢而不知其味，耳听钟鼓而不知其声，目视黼黻而不知其状，轻暖平簟而体不知其安。故向万物之美而不能嗛也。

此言志轻理则内忧，行离理则内恐，内恐则认识作用举失其正。味、声、状、触如是，而是非之判断，嫌疑之辨别，则尤为如是。认识而欲正确，必须扫除情感，一秉正理以衡之。譬如决囚，生之非由于我之爱之，死之亦非由于我之恶之；揆之于理，彼实当生，非由于我欲其生；揆之于理，彼实当死，亦非由于我欲其死。摒绝一切主观的偏向，而衡之以严格的理智，然后判断可几于正确。此所谓"导之以理"也。《解蔽篇》曰：

凡观物有疑、中心不定，则外物不清；吾虑不清，则未可以定然否也。冥冥而行者，见寝石以为伏虎也，见万物莫形而不见（注：读为现），莫见而不论（注：读为伦），莫论（注：读为伦）而失位，坐于室而见四海，处于今而论久远。疏观万物而知其情，参稽治乱而通其度。经纬天地而材（注：或为裁）官（注：谓不失其任）万物，制割大理而宇宙里（注：当为理）矣。恢恢广广，孰知其极？睪睪（注：读为昊昊，广大貌）孰知其德？涫涫（注：沸貌）纷纷，孰知其形？明参日月，大满八极，夫是之谓大人，夫恶有蔽矣哉？

此言宇宙万物，本有一定之秩序条理。大人者，明参日月，大满八极，能明能大，乃能认识万物之极乃至其德其形。欲知万物之情，必须疏观之。欲通治乱之度，必须参稽之。疏观与参稽，皆求虚之术，亦即求知之法。疏观者，贯通之也；参稽者，对勘之也。贯通与对勘，实为求知之重要方术。《解蔽篇》又曰：

心枝（注：通岐）则无知，倾则不精，贰则疑惑。以赞稽之，万物可兼知也。身尽其故则美，类不可两也，故知者择一而壹焉。农精于田而不可以为田师，贾精于市而不可以为贾师，工精于器而不可以为器师。有人也，不能此三技而可使治三官，曰：精于道者也，（注：似脱一非字）精于物者也。精于物者以物物，精于道者兼物物。

此言认识活动必须保持其综合统一之作用。若走入歧径则于全境无所知，若偏于一曲则于至理无所识，若可否两受则疑惑滋生。故求知之法，在于赞稽万物以求兼知。兼知之，即起综合作用矣。精于物者以物物，仅知一物之为物，精于道者兼物物，概知各物之为各物。故能身尽其事故，而使同类者皆综合为一，不使成为两，再取此一而一心执持之。"赞稽"二字，杨注解作"助考"。《说文解字》："赞，见也。"《易》："昔者圣之作易也，幽赞于神明面生蓍。"韩康伯注云："赞，明也。""赞"字三义，未知孰合于荀子本意。窃意赞稽与参稽之义相近。

见植林以为后（注：疑为立）人也，冥冥蔽其明也。醉者越百步之沟，以为跬步之浍也，俯而出城门，以为小之闺也，酒乱其神也。厌目而视者，视一以为两；掩耳而听者，听漠漠而以为哅哅：执乱其官也。故从山上望牛者若羊，而求羊者不下牵也，远蔽其大也。从山下望木者，十仞之木若箸，而求箸者不上折也，高蔽其长也。水动而景摇，人不以定美恶，水势玄也。瞽者仰视而不见星，人不以定有无，用精惑也。有人焉，以此时定物，则世之愚者也。彼愚者之定物，以疑决疑，决必不当。夫苟不当，安能无过乎？

此言决定是非，必须去其疑乱。神乱心疑，决不足以定是非，是为"养之以清"。养之以清，导之以理，皆为求静之方法。静也、一也、虚也，皆求知之积极的心理条件，而三者又复连环相生。虚而后能一，一而后能静。不为成见所蔽，乃能虚受。能虚受乃能兼知异端，择善而从，或融合两端，统括为一，而固执之。取舍既决，趋向已定，则是知其所止，自然能定能静矣。故荀子又力言学止。《解蔽篇》曰：

学，老身长子而与愚者若一，犹不知错，夫是之谓妄人。故学也者，固学止之也。恶乎止之？曰：止诸至足。曷谓至足？曰：圣也。圣也者，尽伦者也。王也者，尽制者也。两尽者，足以为天下极矣。故学者，以圣王为师，案以圣之制为法，法其法以求其统类，类（注：疑衍）以务象效其人。向是而务，士也；类是而几，君子也；知之，圣人也。

此言依傍他力以为学也。物理法度，两尽其宜者，足为天下之准则，所以为至足之境，而为学者之所当依止。效法其法则以求其法则之要领，以模仿其为人。使自身性格与彼相化。具有与彼相类似之性格，然后于彼听认识之真理，始能认识之。性格与认识，具有密切关系。教育家于受教育者未依恃自力以求真理之先，必当依据健全的典型，以培成受教育者之优良性格，使其性格不至为害于彼之求真活动于未来。此依傍他力以为学之所以必要，而法圣王之说之所以不可蔑视也。然而荀子于依自力以致思之事，亦复频频及之。《解蔽篇》曰：

空石之中有人焉，其名曰觙，其为人也，善射（注：设为廋辞隐语，使人意度之也）以好思。耳目之欲接则败其思，蚊虻之声闻则挫其精，是以辟耳目之欲，而远蚊虻之声，闲居静思则通。思仁若是，可谓微乎？孟子恶败而出妻，可谓能自强矣（注：疑脱未及思也四字）；有子恶卧而焠掌，可谓能自忍矣，未及好也。辟耳目之欲，（可谓能自强矣，未及思也。）（注：此十字疑衍）蚊虻之声闻则挫其精，可谓危矣，未可谓微也。夫微者，至人也。至人也，何强？何忍？何危？故浊明外景，清明内景。圣人纵其欲，兼其情，而制焉者理矣。夫何强？何忍？何危？故仁者之行道也，无为也；圣人之行道也，无强也。仁者之思也恭。圣人之思也乐。此治心之道也。

此言思能致通，故当静思。有强而未必能思者，有能思而未必能好思者，有能危以思而未必能思而微者，皆致思之情态上之差别也。仁者之思也恭，故虚一而静；圣人之思也乐，故无强、无忍、无危。圣人从心所欲不逾矩，因其辨理纯熟，故任何行为皆与理合。是荀子以理为求知之目的，以思为求知之方法。要可见矣。曰："辟耳目之欲，而远蚊虻之声，闲居静思则通"，似以静思为求通之必要方法，于感觉经验，虽不否认其认识功能，但其重思维胜于感经验之意，则殊为显然。荀子于感觉经验之不可无条件而依恃之，所见极为真切。《解蔽篇》曰："从山上望牛者若羊，而求羊者不下牵也，远蔽其大也；从山下望木者，十仞之木若箸，而求箸者不上折也，高蔽其长也。"此正常状态下感觉经验之不甚正确，乃人人之所通知，而荀子之所深加措意者也。然而荀子并不否认感觉之认识功能。《正名篇》曰：

贵贱不明，同异不别，如是则志必有不喻之患，而事必有困废之祸。故知者为之分别，制名以指实，上以明贵贱，下以辨同异。贵贱明，同异别，如是则志无不喻之患，事无困废之祸，此所为有名也。然则何缘而以同异？曰：缘天官。凡同类同情者，其天官之意物也同，故比方之疑似而通，是所以共其约名以相期也。形体、色、理以目异，声音清浊、调竽奇声以耳异，甘、苦、咸、淡、辛、酸、奇味以口异，香、臭、芬、郁、腥、臊、洒、酸（注：疑当为漏庮，朽木臭也）奇臭，以鼻异，疾、养、沧、热、滑、铍（注：当为钑，与涩同）、轻、重以形体异，说（注：悦也）、故（注：作而致其情也）、喜、怒、哀、乐、爱、恶、欲以心异。心有征知。征知则缘耳而知声可也，缘目而知形可也，然而征知必将待天官之当簿其类然后可也。五官簿之而不知，心征之而无说，则人莫不然谓之不知，此所缘而以同异也。

此论经验何故而有异同。一切经验上的差别，皆起于天生官能之有异。凡同类的生物，其天官之意识物象也莫不相同，故于其所意识者取而比方之，辄相似而相通。所以使其共同约名以相期会。形、体、色、理之所以特成为形、体、色、理之经验者，乃由于目之作用之故。声音清浊、调竽奇声之所以特成为声音清浊、调竽奇声者，乃由于耳之作用之故。推而至于味觉经验之所以成为味觉经验，嗅觉经验之所以成为嗅觉经验，痛、痒、冷、热、滑、涩、轻、重、悦、故、喜、怒、哀、乐、爱、恶、欲诸经验之所以成为是等经验，亦莫不由于天生官体之各具一种特殊的功能也。此心虽然能自动地发为认识作用，不必待五官之接受刺激，是即所谓征知者，然而征知之事，不能离耳以知声，离目以知形，必须天官之当簿其类。若天官所簿非类，以耳接形，以目接声，则形觉声觉之经验不能构成。五官簿之而无所觉，心征之而不得其意义，是即不知矣，故经验性质之所缘而有差别，乃缘于天官功能之各异。高等心思虽可发为征知活动，然而必须借重于天官之当簿其类的活动，认识作用，始能构成。

求知又须思维。荀子于思维之术，亦殊经心。《正名篇》曰：

名也者，所以期累（注：当为异）实也。辞也者，兼异实之名以论一意也。辨说也者，不异实名以喻动静之道也。期命也者，辨说之用也。辨说也者，心之象道也。心也者，道之工宰也。道也者，治之经理也。心合于道，说合于心，辞合于说，正名而期，质请（注：当为情）而喻。辨异而不过，推类而不悖，听则合文，辨则尽故。以正道而辨奸，犹引绳以待曲直，是故邪说不能乱，百家无所窜。

此言辨说思维之准则。名之功用，在别异实体。故曰："同则同之，异则异之。单足以喻则单，单不足以喻则兼。单与兼无所相避则共，虽共，不为害矣。知异实者之异名也，故使异实者莫不异名也，不可乱也，犹使异（注：当为同）实者莫不同名也。故万物虽众，有时而欲遍举之，故谓之'物'。'物'也者，大共名也。推而共之，共则有共，至于无共然后止。有时而欲遍（注：当为别）举之，故谓之'鸟兽'。'鸟兽'也者，大别名也。推而别之，别则有别，至于无别然后止。"《正名篇》辞之功用，在说明一个意旨，而其构成则在于兼综二以上之异实之名。每一判断之构成，至少必须综合两个名辞。结合二名之判断为肯定判断，分离二名之判断为否定判断。无论为肯定抑为否定，每一判断终必兼异实之二名以论定一意。所谓"论"者，即肯定之或否定之也。辨说即推理作用。推理之功用在晓谕动静，动静即是非也。推理所含之实名，不异于其所依据之辞之所含有者。在三段论式中，其结论所含之名辞，必须已见于其大前提或小前提之中者。故曰："不异实名以喻动静。""命"者，公认一名以指一物也。故曰："名无固宜，约之以命。"《正名篇》"期"者，名不能喻，更以形状大小会之。例如以

"马"名马，是为"命"；于"马"之名更以"大""小""黑""白"等字会之，是为"期"。期命也者，辨说之用也。盖辨说之功用在晓谕是非，晓谕是非即所以使名实相应而无错迕也。道由心出，故曰："心也者，道之工宰也。"心之想象乎道，又全恃推理作用。故曰："辨说也者，心之象道也。"凡此，皆言推理作用之构成及其各阶段之作用。于是更进而申述推理之当然法则。

道为求治之常理。既已见道，而心与之合矣，则当据道以为演绎的推论。依据根本原理以为推论，并依据推论以为判断。故曰："心合于道，说合于心，辞合于说。"至于归纳推理，则首当正各物之名，本其实而喻指之。其次乃辨别其不同者，勿使过差；推扩其同类者，勿使乖悖；是为分类工夫。"听则合文，辨则尽故"者，杨注谓为："听它人之说，则取其合文理者；自辨说则尽其事实也。"窃意《说文解字》云："文，错画也，象交文。""听则合文"者，评判一种推理，当会合其所交错之理论以勘验之也。归纳推理之结论，不可与前已成立之定论相违背，否则必须能推翻已成之定论而后可。故荀子为人树立一种实际法则曰："听则合文。""辨则尽故"者，自为推理时，须于一切事实莫不穷搜而统括之也。归纳推理，有一种事实未曾顾及，或即至于颠覆其整个的结论。故荀子又示人以一种实际法则曰："辨则尽故。"为演绎推论，或归纳推论，果能恪守上述之诸种法则，当然"邪说不能乱，百家无所窜"矣。

荀子又于推论之所见谬论，见有三惑之存焉。《正名篇》曰：

"见侮不辱""圣人不爱己""杀盗非杀人也"——此惑于用名以乱名者也。验之所以（注：疑衍）为有名而观其孰行，则能禁之矣。"山渊平""情欲寡""刍豢不加甘，大钟不加乐"——此惑于用实以乱名者也。验之所缘无（注：疑衍）以同异而观其孰调，则能禁之矣。"非而谒楹有牛，马非马也"——此惑于用名以乱实者也。验之名约，以其所受悖其所辞，则能禁之矣。凡邪说辟言之离正道而擅作者，无不类于三惑者矣。

　　此段文字，不能尽通，但其大要，可得而解。"杀盗非杀人"，乃误于"盗"与"人"之为二名，而不察盗实为人之一类。故为惑于用名以乱名。破之之法，在于验其所以为名而观其可行与否。如谓"杀盗非杀人"，则"盗"之为名必非所以指称任何人者，然而事实上不如是也。"山渊平"，乃误于谬执名之所指，其实无定，只缘固定于创名时之所期命，故高之与下，可以随意更易，虽谓山与渊平，亦无不可。殊不知名以喻实，实同则喻之以同名，实异则喻之以异名；今若于高下不同之山与渊竟称为平，则"平"字所指之实情错乱，而意思有不喻之患矣。故破之之法，在验其所缘以同异而观其得调理与否，"马非马"者，以概念上所谓马者本为某种形状之一物，今兹所见之马则白其色或黑其色，故用以称马之"马"名非今兹所见之马。是为以马之名乱马之实。破之之法，在指出其所是者之违反其所非者，今兹所见之马，乃马之概念之上更附益之以颜色之形容辞者，故白马不得谓为非马。因白马与马，名虽不同，而其实质则极多共同之点也。

　　荀子之时，学者务为奇辞巧辩以相夸胜，不精察事实之真相，事理之统类，变端之齐一。荀子患之，于立言之术，汲汲探求其准则，故其所见，多有可述，如上之所已言者。故荀子又曰：

　　君子之言，涉然而精，俛然而类，差差然而齐。彼正其名，当其辞，以务白其志义者也。彼名辞也者，志义之使也，足以相通则舍之矣；苟之，奸也。故名足以指实，辞足以见极，则舍之矣。外是者谓之切，是君子之所弃，而愚者拾以为己宝。故愚者之言，芴（注：同忽）然而粗，啧然而不类，諻諻然而沸。彼诱其名，眩其辞，而无深于其志义者也。故穷藉而无极，甚劳而无功，贪而无名。

（三）积论

　　荀子谓性恶，化性起伪，乃即于善。或善或恶，全系于为，为之则善，不为则恶。孟子言性善，亦重行为。曰："乃若其情，则可以为善矣"；曰：

"人皆可以为尧、舜"；其重视行为之意，昭昭然矣。特是既认性为善，则存养此性，勿使丧亡，自是应有之推论。故孟子又常言存养之事。曰："学问之道，求其放心而已矣"；曰："古之人所以大过人者无他焉，善推其所为而已矣。"性既善矣，故只须操存，勿使佚放，便不失其善；只须推广，勿使停滞，便不竭其用。一切作为，皆发诸内心，其气运自然，其生机活泼，为善之时，有油然不尽之兴趣。荀子言性恶，性恶自无所用其存养，更无所用其扩充。修养要术，全在力行。有似逆水行舟，怠懈不得，其势紧张，其情枯塞窘迫。此孟、荀修养议论之所缘而不同也。《儒效篇》曰：

性也者，吾所不能为也，然而可化也；情（注：当为积）也者，非吾所有也，然而可为也。注错习俗，所以化性也。并一而不二，所以成积也。习俗移志，安居移质，并一而不二则通于神明，参于天地矣。故积土为山，积水而为海，旦暮积谓之岁。至高谓之天，至下谓之地，宇中六指谓之极；涂之人百姓积善而全尽谓之圣人。彼求之而后得，为之而后成，积之而后高，尽之而后圣。故圣人也者，人之所积也。

性成于自然，非人力之所能施为，然而可导而化也。导而化之，是为人为，化之而不一其次，则成积习；积习也者，化性之方法也。积之而不改，习之而不变，遵循前辙，无所更易，久而久之，自志安而质移矣。一撮之土，可以为山；一勺之水，可以成流；人患无恒耳。有恒，则圣可积而成也。《性恶篇》曰：

"涂之人可以为禹。"曷谓也？曰：凡禹之所以为禹者，以其为仁义法正也。然则仁义法正有可知可能之理，然而涂之人也，皆有可以知仁义法正之质，皆有可以能仁义法正之具，然则其可以为禹明矣。今以仁义法正为固无可知可能之理邪？然则唯（注：当为虽）禹不知仁义法正，不能仁义法正也。将使涂之人固无可以知仁义法正之质，而固无可以能仁义法正之具邪？然则涂之人也，且内不可以知父子之义，外不可以知君臣之正。不然。今涂之人者，皆内可以知父子之义，外可以知君臣之正，然则其可以知之质，可以能之具,其在涂之人明矣。今使涂之人者以其可以知之质,可以能之具,本夫仁义之可知之理,可能之具,然则其可以为禹明矣。今使涂之人伏术为学,专心一志,思索孰察,加日悬久,积善而不息,则通于神明,参于天地矣。故圣人者,人之所积而致矣。

禹之所能为,涂之人亦可以为之,患在不为而已。涂之人果能伏膺道术,熟察精思,积之以长久之时日,持之以不懈之精神,则圣人可为而至也。《劝学篇》曰:

积土成山,风雨兴焉;积水成渊,蛟龙生焉;积善成德,而神明自得,圣心备焉。故不积跬步,无以至千里;不积小流,无以成江海。骐骥一跃,不能十步;驽马十驾,功在不舍。锲而舍之,朽木不折;锲而不舍,金石可镂。蚓无爪牙之利,筋骨之强,上食埃土,下饮黄泉,用心一也。蟹六跪而二螯,非蛇蟺之穴无可寄托者,用心躁也。是故无冥冥之志者无昭昭之明,无惛惛之事者无赫赫之功。行衢道者不至,事两君者不容。目不两视而明,耳不两听而聪。螣蛇无足而飞,梧鼠五技而穷。《诗》曰:"尸鸠在桑,其子七兮。淑人君子,其仪一兮。其仪一兮,心如结兮。"故君子结于一也。

上言积善之道,在心结于一,锲而不舍。心结于一者,志力集中也。锲而不舍者,自强不息也。能志力集中,不二三其心,能锲而不舍,不中道而废,则无为而不可成,无境而不可造也。《劝学篇》又曰:

学至乎没而止也。故学数有终,若其义则不可须臾舍也。为之,人也;舍之,禽兽也。

学至乎没而止,一息尚存,不容稍懈。此刚健奋发之精神,为学者之所必备。学必至于发愤忘食,不知老之将至,方足以言学而不厌。学而不厌,美德也。然而不仅为美德而已,实为人生之所不可不具。人性本恶,学以化之,乃归于善。不学不化,顺其自然,则恶而已矣。安于恶而不学,则是禽兽也。故曰:"为之,人也;舍之,禽兽也。"依性恶以持论,教育的价值,当然益足见重。故荀子书以《劝学篇》首,而《劝学篇》又始以"君子曰:

学不可以已。"《劝学篇》曰：

　　君子曰：学不可以已。青，取之于蓝而青于蓝；冰，水为之而寒于水。木直中绳，𫐓以为轮，其曲中规，虽有槁暴，不复挺者，𫐓使之然也。故木受绳则直，金就砺则利，君子博学而日参省乎己，则知明而行无过矣。

　　人性恶，欲离恶而就善；则学不可以已。学博，则知识足，认识明，足以指导行为而使其无所过失。故荀子之思想体系，其出发点在认定人性本恶与夫善由于为。但欲为善，又必须用知以指导行为；欲有知可用，又必须博学以明之。学博然后知明，知明然后行正，行正然后性化于善。故曰："学不可以已。青，取之于蓝而青于蓝；冰，水为之而寒于水。"言学则才过其性，性虽恶而学足成善也。

　　学之为言也，有求知之义，有力行之义；二义俱合，方足为学。《劝学篇》曰：

　　学恶乎始？恶乎终？曰：其数则始乎诵经，终乎读礼；其义则始乎为士，终乎为圣人。真积力久则入，学至乎没而止也。故学数有终，若其义则不可须臾舍也。为之，人也；舍之，禽兽也。故《书》者，政事之纪也；《诗》者，中声之所止也；《礼》者，法之大分，群（法：疑衍：）类之纲纪也。故学至乎《礼》而止矣。夫是之谓道德之极。《礼》之敬文也，《乐》之中和也，《诗》《书》之博也，《春秋》之微也，在天地之间者毕矣。

　　为学之术，在始乎诵经，终乎读礼。礼者，行为之准则也。故曰："法之大分，数之纲纪也。"类者，礼法所无，触类而长者也，有若律条之比附。《天论篇》曰："不知贯，不知应变。"贯者，类之纲纪也。人必通晓行为之准则，而又能依据准则之精意而泛应曲当，然后道德可得而几。此言为学之事须读书以明理。理既明矣，又须身体力行，始足以润美其身。否则记诵之学，谈说之资，何足以裨益人生。故曰："其义则始乎为士，终乎为圣人。"士与君子圣人，乃为学之三大阶段，而为学者之所当努力奔赴者。然而其根本前提，则在乎身体实践。故又曰：

荀子思想综述

君子之学也，入乎耳，箸乎心，布乎四体，形乎动静，端而言，蝡而动，一可以为法则。小人之学也，入乎耳，出乎口。口耳之间则四寸耳，曷足以美七尺之躯哉？古之学者为己，今之学者为人。君子之学也，以美其身；小人之学也，以为禽犊。《荀子·劝学篇》

人性本恶，故当力学以化性美身。性不化，身不美，虽学何益？学重力行，本为儒者之所同然；惟持性恶之说，则重视力行，尤为不得不然。诚以不勉强为善，则势将听任自然，而恶性之为祸必有不可胜言者矣。《天论篇》曰：

大天而思之，孰与物畜而制之？从天而颂之，孰与制天命而用之？望时而待之，孰与应时而使之？因物而多之，孰与骋能而化之？思物而物之，孰与理物而勿失之也？愿于物之所以生，孰与有物之所以成？故错人而思天，则失万物之情。

荀子于一般人事，皆反对错人而思天，于不事人为听任自然之说，不惜竭力以掊击之。荀子之于自然，其所持之真意，虽不必果如时人之论，确为勘天主义或自然征服说，然而毕竟反对顺任自然而主张有以利用之，故可谓为用天主义。曰："愿于物之所以生，孰与有物之所以成"，言不当就物之始点以存想，当就物之终局以致意。性者，人之所以生者也，何须愿望其善；学者，人之所以成者也，自当力求其正。错天以思人，故当舍性而言伪，伪者，为也。

为善又贵纯全，不宜驳杂参差。《劝学篇》曰：

百发失一，不足谓善射；千里跬步不至，不足谓善御；伦类不通，仁义不一，不足谓善学。学也者，固学一之也。一出焉，一入焉，涂巷之人也。其善者少，不善者多，桀、纣、盗跖也。全之尽之，然后学者也。君子知夫不全不粹之不足以为美也，故诵数以贯之，思索以通之，为其人以处之，除其害者以持养之，使目非是无欲见也，使耳非是无欲闻也，使口非是无欲言也，使心非是无欲虑也。及至其致好之也，目好之（注：疑通于，下三之字同）五色，耳好之五声，口好之五味，心利之有天下。是故权利不能倾也，群众不能移也，天下不能荡也。生乎由是，死乎由是，夫是之谓德操。德操然后能定，能定然后能应，能定能应，夫是之谓成人。天见（注：疑当为贵）其明（注：大也），地见（注：疑当为贵）其光（注：通广），君子贵其全也。

善学者，必通伦类之条贯，为仁义而纯一，以至乎尽之，粹之，全之而后止。学之之法，则在于诵说而条贯之，思索而通达之，身体实行以践履之，排除恶诱以持养之。非礼勿视，非礼勿听，非礼勿言，非礼勿动，非礼勿虑。至其所得于学者深，好之极而养之熟，则五色五声五味乃至有天下皆不足以挠之，因其所好有甚焉者在也。是故富贵不能淫，威武不能屈，可以为之生，可以为之死矣。所谓颠沛必于是，造次必于是也。学之终果，应当乃尔。是所谓全也，学之鹄的之所在也。

人之气质，各有所偏，欲其纯粹全尽，必须有以持养之。所谓"除其害以持养之"也。《修身篇》曰：

治气养心之术：血气刚强，则柔之以调和；知虑渐（注：通潜）深，则一之以易良；勇胆猛戾，则辅之以道顺；齐给便利，则节之以动止；狭隘褊小，则廓之以广大；卑湿、重迟、贪利，则抗之以高志；庸众驽散，则劫之以师友；怠慢僄弃，则炤（注：同照）之以祸灾；愚款端悫，则合之以礼乐，通之以思索。凡治气养心之术，莫径由礼，莫要得师，莫神一好。夫是之谓治气养心之术也。

治气养心之术，在即其质之所偏而各用一术以矫之，使归于中正而合于礼法。故守礼在治气养心之术之中，实为其简捷之法。能得师，则知礼自易。能专一其好礼之心，则其功效自神。一好，则其所学，当然能纯能粹能尽能全，而不患心术之不得其养，不得其治矣。

进德要术，端在于学。学而不息，可全可尽。自初学以至于能全能尽，其间有若干阶段可分。大体言之，则有士、君子、圣人之三者。《修身故跬步而不休，跛鳖千里；累土而不辍，丘山崇成；厌其源、开其渎，江河可竭；一进一退，一左一右，六骥不致。彼人之才性之相悬也，岂若跛鳖之与六骥足哉？然而跛鳖致之，六骥不致，是无他故焉，或为之，或不为尔。道虽迩，不行不至；事虽小，不为不成。其为人也多暇日者，其出入不远矣。好法而行，士也。笃志而体，君子也。齐明而不竭，圣人也。人无法，则伥伥然；有法而无志其义，则渠渠然；依乎法而又深其类，然后温温然。

德业待为而成。其为人也多暇日者、不肯为者也。为又何所依据乎？曰：法。法者，礼也。好礼而行之，可谓为士。固其志以履道，可谓为君子。智虑敏瞻，应变不竭，可谓为圣人。人无礼，则不知所措履；有礼而不识其义，则不知所守；守礼而又深知统类，据原理以应事变，然后有从容中节之妙。故修学要术，首在依礼以制行，积行以成习，其次又当致知以通礼意，礼意通然后于礼得为活泼适当的应用，而行为方不失其明慧的指导。粗通者为君子，精通者为圣人。士者，初发之阶也；圣人者，最高之境也；居乎其间，不高不卑，可为人人之努力目标者，则为君子。故君子为荀子所恒言。《儒效篇》曰：

君子言有坛宇，行有防表，道有一隆。言道德（注：疑当为政治）之求，不下于安存；言志意之求，不下于上；言道德之求，不二后王。道过三代谓之荡，法二后王谓之不雅。高之下之，小之臣（注：当为巨）之，不外是矣，是君子之所以骋志意于坛宇宫庭也。故诸侯问政不及安存，则不告也；匹夫问学不及为士，则不教也；百家之说不及后王，则不听也。夫是之谓君子言有坛宇，行有防表也。

此言君子言有界域行有标准，乃君子言行之一般准则也。荀子主法后王。《非相篇》曰：

人之所以为人者，何已（注：同以）也？曰：以其有辨也。饥而欲食，寒而欲暖，劳而欲息，好利而恶害，是人之所生而有也，是无待而然者也，是禹、桀之所同也。然则人之所以为人者，非特以二足而无毛也，以其有辨也。今夫狌狌形笑（注：当为形相），亦二足而（注：当为无）毛也，然而君子啜其羹，食其截。故人之所以为人者，非特以其二足而无毛也，以其有辨也。夫禽兽有父子而无父子之亲，有牝牡而无男女之别，故人道莫不有辨。辨莫大于分，分莫大于礼，礼莫大于圣王。圣王有百，吾孰法焉？故（注：疑衍）曰：文久而息，节族久而绝，守法数之有司极礼（注：礼字衍）而褫。故曰：欲观圣王之迹，则于其粲然者矣，后王是也。

此荀子言法后王之故，乃由于礼文久则息灭，节奏久则废绝，惟后王粲然，故当法之。后王者，谓文、武也，亦孔子"吾从周"之意耳。《修身篇》曰：

君子之求利也略，其远害也早，其避辱也惧，其行道理也勇。君子贫穷而志广，富贵而体恭，安燕而血气不惰，劳倦而容貌不枯，怒不过夺，喜不过予。君子贫穷而志广，隆仁也；富贵而体恭，杀执也；安燕而血气不惰，柬理也；劳倦而容貌不枯，好交（注：交当作文，文谓礼也）也。怒不过夺，喜不过予，是法胜私也。《书》曰："无有作好，遵王之道；无有作恶，遵王之路。"此言君子之能以公义胜私欲也。

此言君子处各种境况，皆能遵守人间行为之正常法则，而不以一己之私意坏人群之公准。避辱虽若甚怯，而行道理则殊为勇敢，故君子有正大之勇而无血气之勇。"自反而缩，虽千万人，吾往矣"，此行道理之勇也。"自反而仁矣，自反而忠矣，其横逆犹是也，是亦禽兽而已矣，于禽兽又何难焉"，此避辱之怯也。孰谓儒者果为懦夫哉？《儒效篇》曰：

用百里之地而不能以调一天下，制强暴，则非大儒也。彼大儒者，虽隐于穷阎漏屋，无置锥之地，而王公不能与之争名；（在一大夫之地，则一君不能独畜，一国不能独容，成名况乎诸侯，莫不愿得以为臣；）（注：此三十二字疑衍）用百里之地，而千里之国莫能与之争胜，箣棰暴国，齐一天下，而莫能倾也。是大儒之征也。其言有类，其行有礼，其举事无悔，其持险应变曲当，与时迁徙，与世偃仰，千举万变，其道一也。是大儒之稽也。其穷也，俗儒笑之；其通也，英杰化之，嵬琐逃之，邪说畏之，众人媿之。通则一天下，穷则独立贵名，天不能死，地不能埋，桀、妬之世不能污，非大儒莫之能立，仲尼、子弓是也。故有俗人者，有俗儒者，有雅儒者，有大儒者。不学问，无正义，以富利为隆，是俗人者也。逢衣浅带，解果其冠，略法先王而足乱世术，缪学杂举，不知法后王而一制度，不知隆礼义而杀《诗》《书》；其衣冠行伪已同于世俗矣，然而不知恶者（注：者字衍），其言议谈说已无以异于墨子矣，然而明不能别；呼先王以欺愚者而求衣食焉，得委积足以揜其口则扬扬如也；随其长子，事其便辟，举其上客，偄然若终身之虏而不敢有他志，是俗儒者也。法后王，一制度，隆礼义而杀《诗》《书》，其言行已有大法矣，然而明不能齐，法教之所不及，闻见之所未至，则知不能类也，知之曰知之，不知曰不知，内不自以诬，外不自以欺，以是尊贤畏法而不敢怠傲，是雅儒者也。法先王，统礼义，一制度，以浅持博，以古持今，以一持万，苟仁义之类也，虽在鸟兽之中，若别白黑，倚物怪变，所未尝闻也，所未尝见也，卒然起一方，则举统类而应之，无所儗（注：读为疑）作（注：同怍），张法而度之，则暗然若合符节，是大儒者也。

俗人、俗儒、雅儒、大儒凡四层阶段。人各随所志而各有所安，各随其意而各有所指。毁之，可也，特自身须不为俗人。誉之，亦可也，特自身须有志于大儒。否则誉之固无益，毁之亦有损。

至于行为之具体标准，则一本于礼。《君道篇》曰：

请问为人君。曰：以礼分施，均遍而不偏。请问为人臣。曰：以礼待君，忠顺而不懈。请问为人父。曰：宽惠而有礼。请问为人子。曰：敬爱而致文。请问为人兄。曰：慈爱而见友。请问为人弟。曰：敬诎而不苟。请问为人夫。曰：致功而不流，致临而有辨。请问为人妻。曰：夫有礼则柔顺听侍，夫无礼则恐惧而自竦也。

据此，可见各种行为之准则，皆在于守礼。《礼论篇》曰："故绳者，直之至；衡者，平之至；规矩者，方圆之至；礼者，人道之极也。"人间行为，万不可离礼，离礼则乱。荀子认为准则规矩，古今不变。《非相篇》曰：

夫妄人曰："古今异情，其（注：疑脱所字）以治乱者异道。"而众人惑焉。彼众人者，愚而无说，陋而无度者也。其所见焉，犹可欺也，而况于千世之传乎！妄人者，门庭之间，犹可诬（注：当作挟）欺也，而况于千世之上乎？圣人何以不（注：疑脱可字）欺？曰：圣人者，以己度者也。故以人度人，以情度情，以类度类，以说度功，以道观尽，古今一度（注：度字衍）也。类不悖，虽久同理。

以自身之经验解释他人之经验，乃人间相互了解之基本法则——是所谓"以己度"也。惟自身之经验不足不全不至，则于万变之情曲，不能尽晓也。能尽晓者，惟圣人耳。圣人之认识无不正确，于义类之不相背者，知其理永远同一，不以时间而变异。故曰："类不悖，虽久同理。"世间果无不变的真理乎？不可不深长思之。以吾所见，则自有载籍以来，自然界之法则未变也，人类之天性未变也，人间的基本关系未变，从而所以调适其关系者，亦未变也。

（四）渐论

渐者，渍也，感染也，一物因他物之熏染而生起变化也。易辞以言之，则为环境之转化作用。荀子认性为恶，其所以能化于善者，则由于事为。事为之所以可能者，则缘于渐渍。无渐渍则不知事为，不事为则无以化性于善。故荀子之教育学说，特重外力之感染作用，是盖持性恶说者之必然的结论也。教育之动力，不发自受教者之内心，即来自受教者之外缘。今于受教者之本性，既认为恶矣，则教育之动力，自不能不求之于外界。荀子虽然认定思虑有指导性行之功能，但是其所重视者，毕竟为外界之师与礼法。反乎荀子而持性善说之孟子，虽然亦曾言及规矩准绳，然而在孟子之意，礼义之悦我心，正犹刍豢之悦我口，圣人不过先得我心之所同然者耳。故其修养方法，特重于自力之发挥，如"养吾浩然之心"，如"善推其所为"，如"求放心"种种条教，盖莫非示人以运用自力之方术者。故谓持性善说者特重自力教育，持性恶说者，特重他力教育。

彼西方之性善说者卢梭氏，不惟重视自力教育而已，且主张听任自然而坚决反对任何之干涉，且主张避去社会之熏染而安置儿童于纯净之地带。彼既信赖人类之生性，又复厌恶当代之文明，故以复归自然为其标橥，而谓"凡如自然之原状者，皆为善，一经人为，便成恶"。荀子曰："人之性恶，其善者伪也。"与卢梭意旨，恰属正面冲突。故荀子绝端重视外界之感染，于当时之文化虽然不必满意，特是憧憬于文武之礼法而不厌示人以取法后王。《劝学篇》曰：

蓬生麻中，不扶而直。"白沙在涅，与之俱黑。"（注：今本脱此八字）兰槐之根是为芷。其渐之滫，君子不近，庶人不服，其质非不美也，所渐者然也。故君子居必择乡，游必就士，所以防邪僻而近中正也。

此言环境移人，不可不慎择交游，因所与交游者皆足渐渍我也。《儒效篇》曰：

故圣人也者，人之所积也。人积耨耕而为农夫，积斫削而为工匠，积反（注：读为贩）货而为商贾，积礼义而为君子。工匠之子莫不继事，而都国之民安习其服。居楚而楚，居越而越，居夏而夏，是非天性也，积靡使然也。

积者，频作同一之行为以养成习惯也；靡者，顺也，效法风尚以凝成习惯也。积为努力，靡为模仿。工匠之子，其所以莫不继事者，都国之民，其所以安习其服者，乃至其所以居楚而楚，居越而越，居夏而夏者，皆感染之功力，模仿之作用也。是之谓渐，是之谓靡。然而吾人所宜受其感染者，又为何物乎？《劝学篇》曰：

学莫便乎近其人。《礼》《乐》法而不说，《诗》《书》故而不切，《春秋》约而不速。方其人之习君子之说，则尊以遍矣，周于世矣。故曰：学莫便乎近其人。

学之经（注：读如径）莫速乎好其人，隆礼次之。上不能好其人，下不能隆礼，安特将学杂识（注：识字衍）志，顺《诗》《书》而已耳，则末世穷年，不免为陋儒而已。将原先王，本仁义，则礼正其经纬蹊径也。若挈裘领，诎五指而顿之，顺者不可胜数也。

渐染之法有二，第一在近其人，第二在隆礼，而二者之间，又有不可分离之关系。《修身篇》曰：

礼者，所以正身也。师者，所以正礼也。无礼，何以正身？无师，吾安知礼之为是也？礼然而然，则是情安礼也。师云而云，则是知若师也。情安礼，知若师，则是圣人也。故非礼，是无法也；非师，是无师也。不是师法而好自用，譬之是犹以盲辨色，以聋辨声也，舍乱妄无为也。故学也者，礼法也。夫师，以身为正仪而贵自安者也。《诗》云："不识不知，顺帝之则。"此之谓也。

一身之行为，依据矩范始得而正。礼之必要与功用，正在于此。然而欲明礼之是非，无师以启发而指导之，亦难得其正矣。毁法谤师，自堕恶道而已。或谓依傍师法以为学，是藉他力以行教育，非教育之究竟境地。教育之究竟地，实为自力教育。一切道德，皆当发于自心；一切判断，皆当依据自信。若取法乎礼，又安知礼之果是而非非耶？若取决于师，又安知师之必归于是而万无一失耶？是非之究竟审判官，实为理性，一切言行，概当诉诸理性之前。理性认为是，虽礼与师皆谓为非，吾必以为是；理性认为非，虽礼与师皆认为是，吾必谓为非。必如是，然后礼法之错误可得而纠正，师言之纰缪，可得而认识。文明始有进步之可能，知识始有增益之希望。希腊古哲之言曰："吾爱吾师，吾尤爱真理。"好学之士，不当如是乎？

此说也，用之于成年人则可，用之于学校儿童则不可；用之于秀杰之士则可，用之于多数人众则不可。试问能为独立思考者，世间能有几人？试问能自为判断不失正鹄而又果然不为他人之暗示所影响者，世间更有几人？试问能独立发现真理而有崭新贡献于文明者，世间又有几人？独立判断，自为思考，未始不可。特是不假师法之力而欲人人独立判断，自为思考，是何异以真理之发明家或几微之认识者，期望之于举世之人人乎？夫人而知其不可能也。且即在少数果能独立思考之人，于独立思考之先，亦必于民族已有之知识充分了解而领受之，然后可以进为独立的思考。礼为民族知识之结晶，师为民族知识之代表。蔑礼弃师，而望真知之获得，是何异南辕而北辙。人于年幼之时，知识未充之际，于师于礼，皆当存一尊崇之心，而力求所以了解之，把握之，融受之。若未曾子解，便事批判，则亦妄人而已，灾必逮乎其身。若夫深思独见之士，确知礼有不是，师有不然，则改之正之，其术殊多，不患尊礼崇师之果足窒塞思想之自由与夫社会之进步也。勇于思维者，决不能为故常所拘囿，而寻常人众，不树之以堤防，则横流溃决，转瞬间事耳。故荀子之论，系就大众之教育以立言也。大众者，有模仿而无创造，有吸收而无独思者也。不知此事，不足与言教育。独立思考，特殊见解，乃世人之所罕能而又常喜用以自欺自慰者也。所谓近其人者，尊师与择友之谓也。《性恶篇》曰：

夫人虽有性质美而心辩知，必将求贤师而事之，择良友而友之。得贤师而事之，则所闻者，尧、舜、禹、汤之道也；得良友而友之，则所见者，忠、信、敬、让之行也。身日进于仁义而不自知也者，靡使然也。今与不善人处，则所闻者，欺诬诈伪也；所见者，污漫、淫邪、贪利之行也。身且加于刑戮而不自知者，靡使然也。传曰："不知其子视其友，不知其君视其左右。"靡而已矣！靡而已矣！

人之知识，取之于其交游；人之性格，亦得之于其交游。所谓自我者，乃社会熏染之所形成，染于苍则苍，染于黄则黄者也。此人之所以贵得贤师良友也。礼是行为之准则，凡法制规例皆属之。礼之为用，又何如乎？《礼礼起于何也？曰：人生而有欲，欲而不得则不能无求，求而无度量分界则不能不争，争则乱，乱则穷。先王恶其乱也，故制礼义以分之，以养人之欲，给人之求，使欲不必穷乎物，物必不屈于欲，两者相扶而长，是礼之所起也。

礼之功用，就客观言之，在为人己之间，树立共守之界限，各不相侵，斯各得其求。就主观言之，在使欲不过度，物不为欲所屈。个人由是而安，社会由是而定。各人之欲，苟穷乎物而不止，则势必侵人之所有而享受不得其平，享受不得其平，于是而争夺起，纷乱生。《正名篇》曰：

凡语治而待去欲者，无以道欲而困于有欲者也。凡语治而待寡欲者，无以节欲而困于多欲者也。有欲无欲，异类也，性之具也（注：此四字原文作生死也，疑误），非治乱也。欲之多寡，异类也，情之数也，非治乱也。欲不待可得，而求者从所可。欲不待可得，所受乎天也；求者从所可，所（注：原文脱去）受乎心也。所受乎天之一欲，制于所受乎心之多，固难类所受乎天也。人之所欲，生甚矣，人之所恶，死甚矣，然而人有从生成死者，非不欲生而欲死也，不可以生而可以死也。故欲过之而动不及，心止之也。心之所可中理，则欲虽多，奚伤于治！欲不及而动过之，心使之也。心之所可失理，则欲虽寡，奚止于乱！故治乱在于心之所可，亡于情之所欲。不求之其所在，而求之其所亡，虽曰我得之，失之矣。性者。天之就也。情者，性之质也；欲者，情之应也。以所欲为可得而求之，情之所必不免也；以为可而道之，知所必出也。故虽为守门，欲不可去，性之具也。虽为天子，欲不可尽。欲虽不可尽，可以近尽也；欲虽不可去，求可节也。

欲为情之应，情为性之质，性为天之就，故欲为所受乎天。欲有可得，有不可得，而求者从所可，是则心思智虑之功能，而吾人之所资以导欲节欲者也。导之节之将奈何？曰：期其中理而已。中理则欲不患多，失理则虽寡不可。欲者，性之具也，所受乎天者也，不可得而去，然而可得而节也。节之以心智，斯可合理矣。理者，心之所可者也。礼者，礼之所凝现者也。就其为抽象者以言之，则为理；就其为具体者以言之，则为礼。故导欲以理与以礼导欲，实互相印证而不相悖谬。理为吾心之所认定，而礼则为先哲之所制成，先哲之创制之也，亦复以理为据。《礼论篇》曰：

礼之理诚深矣，坚白同异之察入焉而溺；其理诚大矣，擅作典制辟陋之说入焉而丧；其理诚高矣，暴慢、恣睢、轻俗以为高之属入焉而队。

曰：礼之理，足见礼之中自含有其原理也。规则典制之所以构成，自有其理由在；无理由的律例，决不能推行久远。故荀子教人，虽以具体的礼为依归，而其究竟依据则仍在乎理。初学者，恪守具体矩范以立身制行，斯可无大过矣。更进而洞察礼之本源，畅晓礼之微意，则足以参赞化育而登圣哲之堂，入圣哲之室矣；然而非人人之所能几及也。立法创制，究属少数人事。于多数人，但期循礼守法可也。

礼之功用，在养人之欲，给人之求，前已言之矣。兹更为一言，以引伸其说。《礼论篇》曰：

孰知夫出死要节之所以养生也？孰知夫出费用之所以养财也？孰知夫恭敬辞让之所以养安也？孰知夫礼义文理之所以养情也？故人苟生之为见，若者必死；苟利之为见，若者必害；苟怠惰偷懦之为安，若者必危；苟情说（注：读为悦）之为乐，若者必灭。故人一之于礼义，则两得之矣；一之于情性，则两失之矣。故儒者将使人两得之者也，墨者将使人两丧之者也，是儒墨之分也。

"孰知夫"之"孰"，杨注解作"甚"，兹认作诘问之辞；玩下文"苟生""苟利"'苟怠惰偷懦"诸语，似以释作诘问辞于语气为顺。苟生反死，苟利反害，苟安反危，苟乐反亡，是以情性之欲须合于礼义。以礼养性，使其发也，无背于中，然后可生、可利、可安、可乐。故曰："礼义者，治之始也。"《王制篇》是为礼之功用。其次，请论礼之精意。《礼论篇》曰：

礼有三本：天地者，生之本也；先祖者，类之本也；君师者，治之本也。无天地恶生？无先祖恶出？无君师恶治？三者偏亡焉，无安人。故礼，上事天，下事地，尊先祖而隆君师，是礼之三本也。

人类之生存、产出、治安，分别有赖于天、地、亲、君、师，故天、地、亲、君、师为生存、产出、治安之所本，而礼之本亦即在此三者。又曰：

大飨，尚玄尊，俎生鱼，先大羹，贵食饮之本也。飨，尚玄尊而用酒醴，先黍稷而饭稻粱；祭，齐（注：齐读为骤，升也）大羹而饱庶羞，贵本而亲用也。贵本之谓文，亲用之谓理，两者合而成文，以归大（注：大读为太）一，夫是之谓大隆。故尊之尚玄酒也，俎之尚生鱼也，俎之先大羹也，一也。利爵之不醮也，成事之不俎不尝也，三臭之不食也，一也。大昏之未发齐（注：发齐，谓婚礼父亲醮子而迎）也，大庙之未入尸也，始卒之未小敛也，一也。大路之素未（注：素未当为素末，素末即素币）集（注：帱之假字）也，郊之麻绕也，丧服之先散麻也，一也。三年之丧，哭之不文（注：疑当作反）也，《清庙》之歌，一倡而三叹也，县一钟，尚拊之（注：之字衍）膈，朱纮而通越也，一也。凡礼，始乎棁（注：棁疑当作税，税者敛也），成乎文，终乎悦校（注：校疑当作恔）。故至备，情文俱尽；其次，情文代胜；其下，复情以归大一也。

贵本则溯追上古，礼至备矣，兼备之谓文；亲用则曲尽人情，礼至察矣，密察之谓理；理又统于文，故曰："两者合而成文。"礼虽备成文礼，然犹不忘本而归于太一。太一，谓太古时也。文理归于太一，是礼之盛也。"故尊之尚玄酒"以下诸古礼，虽未能尽得其读，通其义，要其大意不外一于古而从乎质也。凡礼，始乎收敛，成乎文饰，终乎悦快。情文俱尽，乃为礼之至备。情谓礼意，如丧主哀，祭主敬之类；文谓礼物威仪也。其次，情文不能俱尽，或情胜于文，或文胜于情，是亦礼之次也。又其次，虽无文饰，但复情以归质素，亦不失为礼，若潢污行潦之水可荐于鬼神是也。礼之度数文物，或繁或省，有其一定之理法。《礼论篇》又曰：

礼者，以财物为用，以贵贱为文，以多少为异，以隆杀为要。文理繁，情用省，是礼之隆也；文理省，情用繁，是礼之杀也；文理情用，相为内外表里，并行而杂（注：杂读为匝，周匝也），是礼之中流也。君子上致其隆，下尽其杀，而中处其中。

财物如赠品之类，贵贱如勋章之类，多少如礼炮有数额之类，隆杀则随宜升降，唯求其适。文理谓威仪，情用谓忠诚。文过于情，是礼之隆盛；情过于文，是虽减杀，亦复成礼。文情或丰或杀，表里符应，并行周币，得礼之中道。知礼者于大礼则极其隆厚，小礼则尽其降杀，用得其中，皆不失礼也。

人之行动，或公或私，莫不有则，斯莫不有礼。然而礼有其所谨。《礼论篇》曰：

礼者，谨于治生死者也。生，人之始也；死，人之终也；终始俱善，人道毕矣！故君子敬始而慎终。终始如一，是君子之道，礼义之文也。夫厚其生而薄其死，是敬其有知而慢其无知也，是奸人之道而倍叛之心也。君子以倍叛之心接臧谷，犹且羞之，而况以事其所隆亲乎！故死之为道也，一而不可得再复也，臣之所以致重其君，子之所以致重其亲，于是尽矣。故事生不忠厚、不敬文谓之野，送死不忠厚、不敬文谓之瘠。君子贱野而羞瘠。

慎终追远，民德归厚，故君子不以天下俭其亲。此狭义的功利主义者之所忽也。然而丧葬之仪，踵事增华；于物为浪费，于情为不必。哭泣之哀，毁性伤生，于亲为不孝，于己为愚昧。知礼者皆不为也。礼贵得中。《礼论篇》曰：

丧礼之凡，变而饰，动而远，久而平。故死之为道也，不饰则恶，恶则不哀，尔（注：同迩）则玩，玩则厌，厌则忘，忘则不敬。一朝而丧其严亲，而所以送葬之者不哀不敬，则嫌于禽兽矣，君子耻之。故变而饰，所以灭恶也；动而远，所以遂敬也；久而平，所以优生也。礼者，断长续短，损有余，益不足，达爱敬之文，而滋成行义之美者也。故文饰、粗恶，声乐、哭泣、恬愉、忧戚，是反也，然而礼兼而用之，时（注：更也）举而代御。故文饰、声乐、恬愉，所以持平奉吉也；粗衰、哭泣、忧戚，所以持险奉凶也。故其立文饰也，不至于窕冶；其立粗衰也，不至于瘠弃：其立声乐恬愉也，不至于流淫惰慢；其立哭泣哀戚也，不至于隘慑伤生：是礼之中流也。故情貌之变足以别吉凶，明贵贱亲疏之节，期（注：期当为斯）止矣。外是，奸也，虽难，君子贱之。

据此，可见礼有其中，行贵适度；自外于是者，殆将邀名求利也。故称之曰：奸。又曰：

三年之丧何也？曰：称情而立文，因以饰群别、亲疏、贵贱之节而不可益损也，故曰无适不易之术也。创巨者其日久，病甚者其愈迟，三年之丧，称情而立文，所以为至痛极也。齐衰、苴杖、居庐、食粥、席薪、枕块，所以为至痛饰也。三年之丧，二十五月而毕，哀痛未尽，思慕未忘，然而礼以是断之者，岂不以送死有已，复生有节也哉？凡生乎天地之间者，有血气之属必有知，有知之属莫不爱其类。今夫大鸟兽则（注：若也）失亡其群匹，越月逾时则必反铅（注：同沿）过故乡，则必徘徊焉，鸣号焉，踟躅焉，踟蹰焉，然后能去之也。小者是燕爵，犹有啁噍之顷焉，然后能去之。故有血气之属莫知于人，故人之于其亲也，至死无穷。将由夫愚陋淫邪之人与？则彼朝死而夕亡之，然而纵之，则是曾鸟兽之不若也！彼安能相与群居而无乱乎？将由夫修饰之君子与？则三年之丧，二十五月而毕，若驷之过隙，然而遂之，则是无穷也。故先王圣人安为之立中制节，一使足以成文理，则舍之矣。

然则何以分之？曰：至亲以期断。是何也？曰：天地则已易矣！四时则已遍矣！其在宇中者，莫不更始矣！故先王案以此象之也。然则三年何也？曰：加隆焉，案使倍之，故再期也。由九月以下，何也？曰：案使不及也。故三年以为隆，缌、小功以为杀，期、九月以为间。上取象于天，下取象于地，中取则于人，人所以群居和一之理尽矣。故三年之丧，人道之至文者也。夫是之谓大隆，是百王之所同，古今之所一也。君之丧所以取三年，何也？曰：君者，治辨之主也，文理之原也，情貌之尽也，相率而致隆之，不亦可乎？《诗》曰："恺悌君子，民之父母。"彼君子者，固有为民父母之说焉。父能生之，不能养之；母能食之，不能教诲之；君者，已能食之矣，又善教诲之者也，三年毕矣哉！乳母，饮食之者也，而三月；慈母，衣被之者也，而九月；君，曲备之者也，三年毕乎哉！得之则治，失之则乱，文之至也；得之则安，失之则危，情之至也。两至者俱积焉，以三年事之犹未足也，直无由进之耳。

礼为人群树立一定之准则，使情笃者俯而就之，使情薄者仰而及之，勿使薄者流于刻毒，厚者流于沉溺。此礼在人群中之伟大功用也。于其所厚者薄，则无所不用其薄矣。人情浅薄，群类犹能相与群居而无乱乎？三年之丧，立法用意，盖立足于社会本位，所以和一人群者也，视为家族道德者，陋矣。在"君即国家""君即政府"之时代，君乃所以保持秩序、维公义、设教化者也。于君而报之以三年之丧，即所以报国家报政府也。不遭丧乱之祸者，不识国恩之浩大。惟备沾国泽者，始可高唱打破国界以自娱！亡国之民，乌足言者！

六、荀子的利民思想

（一）君者舟也，庶人者水也，水则载舟，水则覆舟

荀子继孔、孟提倡德政、仁政之后提出"惠民"、"爱民"主张。荀子的"惠民"、"爱民"主张较之孔、孟，更为直接从君主和当政者如何从维持和巩固自己的统治这个利害关系上着眼，他说：

马骇舆，则君子不安舆；庶人骇政，则君子不安位。马骇舆，则莫若静之；庶人骇政，则莫若惠之。选贤良，举笃敬，兴孝悌，收孤寡，补贫穷。

如是，则庶人安政矣；庶人安政，然后君子安位。传曰：君者舟也，庶人者水也，水则载舟，水则覆舟。此之谓也。

荀子不掩饰庶人和君子被统治和统治关系，他以马骇舆形容庶人骇政，生动而深刻，马骇舆对乘舆之君子造成威胁，庶人骇政，使当政之君子不能安位。荀子以此对当政者提出警告，要他们认识实行惠民爱民政策之重要，而警惕勿施暴政。荀子将君民关系比做舟和水的关系，水能载舟，亦能覆舟，这是很深刻的思想，它总结了历史上特别是春秋战国时期为政的经验。《荀子·哀公篇》记述，舟水之喻是孔子回答鲁哀公发问时说的，当时孔子说"君出鲁之四门以望鲁四郊，亡国之虚（墟）则必有数盖焉，君以此思惧，则惧将焉而不至矣！且丘闻之，君者，舟也；庶人者，水也。水则载舟，水则覆舟，君以此思危，则危将焉而不至矣！"孔子是以亡国之墟为殷鉴，对哀公提出警告。这亦说明，君民关系如舟和水，水能载舟亦能覆舟，乃儒家一贯思想。这亦成为儒家民本思想的重要内容，它要为君者警惕，不要激化与民众之间的对立，免得被民众推翻。荀子将选贤良、举笃敬、兴孝悌、收孤寡、补贫穷说成为惠民的重要内容，因为尚贤使能，可使政治清平；褒彰笃敬奖励孝悌，可使风俗淳厚；赈济鳏寡贫穷，可使社会安宁。这样，便可以使庶人安政，庶人安政，君子就可以安位了。荀子进一步说：

君人者欲安，则莫若平政爱民矣；欲荣，则莫若隆礼敬士矣；欲立功名，则莫若尚贤使能矣。是君人者之大节也。三节者当，则其余莫不当矣；三节者不当，则其余虽曲当，犹将无益也。

此所说平政爱民，即惠民，包括收孤寡，补贫穷，使人民安居乐业；此所说隆礼敬士，即举笃敬，兴孝悌，提倡礼义教化；尚贤使能，即选贤良，委以君国大任。荀子认为这是君主必须具备的大节。这三大节概括起来说，即爱民、隆礼和尚贤，这也是荀子政治思想之核心内容。三大节亦是为政的纲领，纲举目张，故说"三节者当，则其余莫不当"。荀子所说平政爱民，表现于经济政策上是：

王者之［法］，等赋，政事，财万物，所以养万民也。田野什一，关市几而不征，山林泽梁，以时禁发而不税。相地而衰政（征），理道之远近而致贡，通流财物粟米，无有滞留，使相归移也。四海之内若一家，故近者不隐其能，远者不疾其劳，无幽闲隐僻之国，莫不趋使而安乐之，夫是之谓人师，是王者之法也。

此所说王者之法，主要指经济政策而言，等赋指按等级征赋税；政事，政与正通，指正民事；赋税和政事皆为裁制万物以养民，养民自是为民着想，而非向民夺利；田亩收十分之一轻赋，关市查禁投机者而不征税；山林湖泽，取材捕鱼，要掌握季节时令；以土地之肥瘠而收轻重不同之税；对致贡之要求要以路途远近而有区别；疏通商业使财物交换流通不致滞留，而有利于交换，这一切都是发展经济所必需。荀子常用四海之内若一家，形容政治局面之协和与经济形势的繁荣，反映当时全中国即将统一的趋势。所谓无幽闲隐僻之国皆趋使安乐之，这是他美好的政治和经济理想，当时的历史进程，正是这样。发展经济为统一打下物质基础，而统一之后又将大有利于经济发展。

荀子认为要增加国家财政收入，必须藏富于民，首先必须发展生产使人民富裕。他说：

足国之道，节用裕民，而善藏其余。节用以礼，裕民以政。彼裕民故多余，裕民则民富，民富则田肥以易，田肥以易则出实百倍。上以法取焉，而下以礼节用之。余若丘山，不时焚烧，无所藏之，夫君子奚患乎无余！故知节用裕民，则必有仁义圣良之名，而且有富厚丘山之积矣。此无它故焉，生于节用裕民也。

这里提出"节用裕民"主张，节用自指节俭用度而不使赋敛过重，以使人民收获物能有节余。所谓节用以礼，是以礼节制在上者，不使奢侈无度，以避免加重人民负担。所谓裕民以政，是指平政爱民，省徭役，薄税敛，使人民得以温饱而有余裕以增加扩大再生产能力。例如人民富裕多余，投入土地肥料便充足，土地肥沃，产量便能多倍增加。君以法取，即取于民有度量，而民亦能以礼节制用度，而能对国家奉献，这样财富便能无限增长，而使收获物余若丘山，所说不时焚烧，无所藏之，自是形容丰收之后，仓廪储备不尽。如此丰富自不必发愁不足了。因此，节用裕民，不仅获得仁义圣良之好政声，而且收富厚丘山取用不竭之实效。这表明，社会生产发展，财富增加，民众富裕，君上之收入亦随之增多，这便是民富而使国富之辩证法。荀子这些看法，充分体现出《论语》所说"百姓足，君孰与不足？百姓不足，君孰与足？"荀子又说：

不知节用裕民则民贫，民贫则田瘠以秽，田瘠以秽则出实不半，上虽好取侵夺，犹将寡获也；而或以无礼节用之，则必有贪利纠矫之名，而且有空虚穷乏之实矣。此无它故焉，不知节用裕民也。

不知节用裕民自然取夺于民要多，荀子进行辩论，总是将正反两面之道理都讲透彻，明白揭示出事物之正反利弊。这里他将不知节用裕民之害处说得亦甚深刻。取夺于人民多，人民自然要贫穷，无有节余，自然无力扩大再生产，土地荒芜，收成减少，如此，上虽好取侵夺，亦难以搜括多少，而且还要落得贪利收取（纠矫）之坏名声。荀子这些看法，从正反两个方面说明民富则国富，民贫则国贫，要使人民富裕，才能不断扩大再生产，才能使国家增加财政收入。如果不实行节用裕民，百姓贫穷，不得温饱，那就谈不上有什么财富奉献给君上了。因此，荀子反复强调：

轻田野之税，平关市之征，省商贾之数，罕兴力役，无夺农时，如是则国富矣。夫是之谓以政裕民。

荀子已经看到社会财富的增加要依靠劳动生产者，即农民，他说：

上好功则国贫，上好利则国贫，士大夫众则国贫，工商众则国贫，无制数度量则国贫。

上好功则加重向农民征用力役，上好利，则加重对农民厚赋厚敛，自然要造成农民的贫困。而士大夫众，工商众，则增多非劳动生产者人数，而增

荀子诠解

加寄生阶层，农民劳动力减少，生产自然要下降。而从农民身上榨取时又无有制数度量，农民自是要破产了。此乃国家贫穷的根源之一。这些均表明荀子之重农主义，维护农业生产的发展。荀子从民富则国富的角度提出治理国家者必须重视开源节流，他说：

　　下贫则上贫，下富则上富。故田野县鄙者，财之本也；垣窌仓廪者，财之末也。百姓时和，事业得叙者，货之源也，等赋府库者，货之流也。故明主必谨养其和，节其流，开其源，而时斟酌焉。潢然使天下必有余，而上不忧不足。如是，则上下俱富，交无所藏之，是知国计之极也。

　　这里所说田野县鄙，是指农民居住和耕作之农村。强调田野县鄙为财之本，即指农业生产为财之本，本即源。而仓廪府库乃财之末，末即流，要发展生产必须开源节流。开源要保证农业生产不断发展，节流则是节省费用开支，而使农民有富余。百姓时和指发挥天时地利，耕耘收获皆得时宜，事业得叙指政策和农时使生产有序，这样便可以起到开源的作用。明主能在这些方面做得好，如积水一般使农民生产者有余财，而在上者亦不忧不足。荀子说：

　　故禹十年水，汤七年旱，而天下无菜色者，十年之后，年谷复熟，而陈积有余。是无它故焉，知本末源流之谓也。

　　因此，可怕的是不知开源节流，而又贪得无厌。荀子又说：

　　故田野荒而仓廪实，百姓虚而府库满，夫是之谓国蹶。伐其本，竭其源，而并之其末，然而主相不知恶也，则其倾覆灭亡可立而待也。

　　荀子且从历史发展的高度总结是否重视开源节流的经验和教训，他说：

　　将以求富而丧其国，将以求利而危其身，古有万国，今有十数焉，是无它故焉，其所以失之一也。君人者，亦可以觉矣。

　　这表明，荀子开源节流主张，在经济上和政治上均是积极的，提高到发展生产和国家胜败的关系。因此，荀子又对当时当政者对人民之无限聚敛提出尖锐批评，他说：

今之世而不然，厚刀布之敛以夺之财，重田野之税以夺之食，苛关市之征以难其事。不然而已矣，有掎挈伺诈，权谋倾覆，以相颠倒，以靡敝之，百姓晓然皆知其污漫而将大危亡也。

荀子最为反对聚敛，认为聚敛最为丧失民心，聚敛之君，因为其危害人民最大，无一不遭到灭亡下场。荀子说：

成侯、嗣公聚敛计数之君也，未及取民也；子产取民者也，未及为政也；管仲为政者也，未及修礼也。故修礼者王，为政者强，取民者安，聚敛者亡。故王者富民，霸者富士，仅存之国富大夫，亡国富筐箧、实府库。筐箧已富，而百姓贫，夫是之谓上溢而下漏；入不可以守，出不可以战，则倾覆灭亡可立而待也。……聚敛者，召寇、肥敌、亡国、危身之道也，故明君不蹈也。

这里对聚敛之害之抨击，可以说再深刻不过了，卫君成侯、嗣公皆为聚敛计数之君，即巧取豪夺于民而坏名声者。荀子认为最危险的是富筐箧实府库，当筐箧富时，百姓则贫穷，上溢下漏，富者奢侈荒淫，贫者家徒四壁，此等昏暗统治，将遭到众叛亲离，其灭亡可立而待。荀子将召寇、肥敌、亡国、危身都归之于聚敛，而警告当政者勿蹈覆辙，这样便将其为惠民而反对聚敛提高到无以复加了。

（二）隆礼和重法

荀子社会政治思想有礼法并重主张，这是他和孟子不同之处，如他说：

听政之大分，以善至者待之以礼，以不善至者待之以刑。两者分别，则贤不肖不杂，是非不乱。贤不肖不杂则英杰至，是非不乱则国家治。若是，名声日闻，天下愿，令行禁止，王者之事毕矣。

此乃礼刑并重主张，礼以赏善，刑以罚恶，赏罚分明，则贤不肖不能混杂，是非不能淆乱。以赏待贤，有益招徕英杰之士，以刑制恶，则使不肖者畏罚而退。如此使贤不肖不杂，是非不乱，则会为国家带来平治，由此树立信誉使天下人仰慕，而能令行禁止，推行王道。荀子还说：

王者之论，无德不贵，无能不官，无功不赏，无罪不罚，朝无幸位，民无幸生。尚贤使能，而等位不遗；折愿禁悍，而刑罚不过。百姓晓然皆知夫为善于家而取赏于朝也，为不善于幽而蒙刑于显也，夫是之谓定论，是王者之论也。

此王者之论亦是赏罚并重主张，所谓无功不赏，无罪不罚，即是赏罚并重。赏罚得当，有功者赏，有罪者罚，可使朝无幸位，民无幸生。即在朝廷之上无法以侥幸获得官位，而身为百姓者亦因法律无情而无法侥幸逃脱罪责。所谓尚贤使能等位不遗，是指赏得其当，而使贤者得进；折愿禁悍，抑制狡黠之人和禁止暴悍之人。而刑罚不过，即刑罚得当，而减少犯罪。这样做的结果，可使百姓知道在家中做好事也可以取赏于朝廷；而于暗处做坏事亦逃不出公开的刑罚。这便是王者之定论，而此定论正是法家所追求的法治的效果。荀子还说：

德必称位，位必称禄，禄必称用。由士以上则必以礼乐节之，众庶百姓则必以法数制之。量地而立国，计利而畜民，度人力而授事，使民必胜事，事必出利，利足以生民，皆使衣食百用出入相掩必时藏余，谓之称数。故自天子通于庶人，事无大小多少，由是推之，故曰"朝无幸位，民无幸生"。此之谓也。

对于上引士以上以礼乐节之，众庶百姓以法数制之，杨倞注曰：君子用德，小人用刑。这样，荀子思想便有礼不下庶人，刑不上大夫之嫌。其实荀子是在强调礼乐刑罚之重要说这番话的，他所强调的仍在庆赏刑罚得当，所谓德必称位，位必称禄，禄必称用，使在朝廷不能侥幸得赏。至于士和庶人其阶级地位不同，在礼节和法数方面自有不同。然而赏罚要当，这在任何人都适用，故荀子说自天子至于庶人，事无大小，皆可推论，此乃"朝无幸位，民无幸生"之确切的解说。荀子重法同时亦重视以德教化，法制和德教不可缺一，他说：

不教而诛，则刑繁而邪不胜；教而不诛，则奸民不惩。诛而不赏，则勤属之民不劝；诛赏而不类，则下疑俗俭（险），而百姓不一。故先王明礼义以壹之，致忠信以爱之，尚贤使能以次之，爵服庆赏以申重之。时其事，轻其任，以调齐之。潢然兼覆之，养长之，如保赤子，若是，故奸邪不作，盗贼不起，而化善者劝勉矣。

这里所说不教而诛则刑繁而邪不胜，教而不诛则奸民不惩，均属礼法并重主张，而不偏于某一方面，因为偏于用刑而不教化，则必然引起刑罚虽多，并不能有效地起到禁止奸邪的作用；而偏于教化，不用刑罚，奸邪之民便因不受惩罚肆无忌惮。而且只诛不赏，勤励之人将变得怠惰；诛赏不类即诛赏不当，则令民众疑惑致使风俗变坏而没有统一原则可循。荀子说到这里又强调了礼义忠信教化作用之重要。荀子这些思想反映战国末期时代特点，当时社会处于战乱之中，必须刑赏有类，治法为彰，才能矫正混乱的社会秩序。这样，在荀子思想中便显现出礼与法观念之矛盾，使他隆礼而又重法。荀子说："罪至重而刑至轻，庸人不知恶矣，乱莫大焉。"重罪必须重判，这是法治思想。他又说："杀人者不死，而伤人者不刑，是谓惠暴而宽贼也，非恶恶也。"杀人者偿命，伤人者受刑，不这样做不足以禁暴惩恶。因此必须罪刑相称，不要罚不当罪，荀子又说："一物失称，乱之端也。夫德不称位，能不称官，赏不当功，罚不当罪，不祥莫大焉。"这里，荀子已将国家治乱和赏罚是否得当联系起来，使他与法家严格法治措施接近起来。荀子又说：

夫征暴诛悍，治之盛也。杀人者死，伤人者刑，是百王之所同也，未有知其所由来者也。刑称罪则治，不称罪则乱。故治则刑重，乱则刑轻。犯治之罪固重，犯乱之罪固轻也。《书》曰："刑罚世轻世重。"此之谓也。

征暴诛悍为王道宗旨，这也是法家所赞同的，例如杀人抵命，伤人受刑，自古以来，法律皆如此，无有人怀疑过，故说百王之所同，未有知其所由来者。荀子这里所说治则刑重，乱则刑轻，具有双重意义。其一是指刑重有益于求治，刑轻使刑不称罪，难治乱世。其二是指治世犯罪者少，偶有犯罪易受重刑；乱世犯法者多，又为环境所迫，故量刑应从轻。这些均表明，荀子既赞同治世用重刑，而又对乱世犯罪者怀有哀矜之情。因此，荀子虽有礼法并重思想，重视刑罚所起的稳定社会治安的作用，然而他的基本立场在儒家之隆礼，而不在法家之隆法。如他说：

凡人之动也，为赏庆为之，则见害伤焉止矣。故赏庆刑罚势诈不足以尽人之力，致人之死。为人主上者也，其所以接下之百姓者，无礼义忠信，焉虑率用赏庆刑罚势诈除阨其下，获其功用而已矣，大寇则至，使之持危城则必畔，遇敌处战则必北，劳苦烦辱则必奔，霍焉离耳，下反制其上。故赏庆刑罚势诈之为道者，佣徒粥（鬻）卖之道也，不足以合大众，美国家，故古之人羞而不道也。

这与法家一断于法的主张具有原则区别，荀子明确反对单纯使用庆赏刑罚，因为单纯使用庆赏则易诱人趋利，单纯使用刑罚则易趋人避害。荀子将庆赏刑罚和势诈并提，亦可看到他之贬抑法家庆赏刑罚主张。荀子认为，做人君上，对下属臣民百姓，要以礼义忠信疏导，而不应以赏庆刑罚势诈控制。荀子认为，君上对人民不用仁义教化，用赏罚势诈，那么人民对待君上，便会是有利的就干，有害的就回避，而当形势一旦不利于君上，或者受到逼迫厉害时，马上就可能叛离而去。因此，荀子将单纯使用赏庆刑罚批评为"佣徒鬻卖之道"，归属于雇佣买卖关系，其间缺乏任何道义精神，不可以团结民众，无益于国家社稷，故为古人所羞道。此古人自是儒家所崇奉之古圣先贤，包括孔子在内。

（三）源清则流清，源浊则流浊

荀子和孔、孟相一致，认为国家政治好坏，与君主贤明和昏暗密切相关，他说：

君子者，治之原也。官人守数，君子养原：原清则流清，原浊则流浊。

故上好礼义，尚贤使能，无贪利之心，则下亦将慕辞让，致忠信，而谨于臣子矣。如是，则虽在小民，不待合符节别契券而信，不待探筹投钩而公，不待衡石称县而平，不待斗斛敦概而啧。故赏不用而民劝，罚不用而民服，有司不劳而事治，政令不烦而俗美，百姓莫敢不顺上之法，象上之志而劝上之事，而安乐之矣。

此所说君子即指君主。官人守数指当政者要遵守制度、原则、度数，例如取予于民便应掌握度数；君子养原指君主为施政之原，因此，要正本清源，首先要正君，使君正。源清则流清，源浊则流浊，流指政事和被导向之臣民。源清流清，源浊流浊，指社会治乱之本原在君上。上行下效，只要君上以礼义待民，尚贤使能，无贪利之心，而民必定以礼义服之，即慕辞让，致忠信以报效君上。所说不待合符节别契券而信，不待探筹投钩而公，云云，皆表示君上取信于民之重民，探筹投钩有似于抽签，抽签要诚则似有神助。荀子以此补充合符节别契券。还有衡石称县，衡指度量衡；斗斛敦概，指以升斗量物。这些譬喻表明荀子将源清则流清的道理发挥到极致，而对君主好礼义讲信用提出极高要求。所谓赏不用而民劝，罚不用而民服，是荀子从政的最高理想，体现出王道政治气象。孔子所说："其身正，不令而行；其身不正，虽令不从。"孟子所说："君正，莫不正，一正君而国定矣。"经由荀子更为加深了理论价值。荀子又说："君者仪也，民者景也，仪正而景正。君者盘也，民者水也，盘圆而水圆。"强调君上必须以身作则，又说："主者，民之唱也；上者，下之仪也。彼将听唱而应，视仪而动。"人民效法君上如影之随仪，水之随盘，君主之言（唱）教和身（仪）教之表率作用，至关重要。荀子又说：

故上者下之本也，上宣明则下治辨矣，上端诚则下愿悫矣，上公正则下易直矣。治辨则易一，愿悫则易使，易直则易知；易一则强，易使则功，易知则明，是治之所由生也。

荀子以上者为下之本，他虽然强调以王道仁义争取民心至关重大，统治者没有人民的拥护是不可以打天下和坐天下，然而他又认为主宰社会者为君上而非人民，人民只能被动地听从君主，这是他思想之局限性。然而他强调君主为政要宣明，即清楚明白而易使人辨别；要端诚，即端正诚实，而使人无有疑虑，这样，才能调动人民为君上国家效力，而使国家得到好的治理。儒家向来认为社会治乱在于政治好坏，政治好坏在于朝廷清明或昏暗，而不能归咎于百姓好坏，此所以使他们注重"格君心之非"，而为百姓鸣不平。明代儒者王廷相曾有名言："使我之政诚无害其民焉，而民又忍有不肖之心以及我哉！故曰民无刁良，惟政翕张。"这亦是对荀子"源清则流清"、"上者下之本也"所作的理论发挥。这也可以看出儒家在这个问题上所坚持的一贯宗旨。

七、荀子的禅让思想

（一）燕国禅让事件

公元前318年至前314年，在周召公奭的属地燕国，召公后裔导演的一个事件，影响了中国封建社会近两千年的朝代更替仪轨，这就是中国历史上有确切文字记载的第一次有名有实的禅让——燕王哙真实地禅其王位于相国子之。

根据《史记·燕召公世家》和《战国策·燕策一》记载，事件的基本概况是：燕王哙在燕国国力不强而又希望为霸的情况下，重用相国子之，进而效法远古圣王尧禅让天子之位于舜的形式，将王位禅让于子之，自己为臣。而哙的儿子太子平不甘王位旁落，起兵谋反，被子之镇压。随后，早就有侵燕之心的齐国趁着燕国这一内乱，以行义兵为借口，发兵伐燕，哙与子之皆战死。齐国大胜，掠夺财物无数。30年后，燕国报复，占领了齐国除聊、莒、即墨外的所有土地，齐国为此而遭灭顶之灾。

燕王哙与子之的让位事件，与春秋末年至战国时期发展起来的圣君传王位于贤者而不是自己直系后裔的一种王权更替学说——禅让思潮有关。

禅让思潮是在礼崩乐坏、周王室衰微、各诸侯国力图霸业的形势下，战国诸子运用历史传说而发展出来的一种唯贤是举、贤能至上的国家发展理论。它的思维模式是：国家要强大，百姓要安康，就要举贤能，而举贤能的最高目标或极致，就是将国君的王位让于贤能，由贤能将国家带入一个更美好、更强大的社会。这种思潮的历史依据是，在远古圣王的那个黄金时代，禅让是天子之位承继的唯一形式，尧禅天子之位于舜，舜亦禅位于禹。

燕王哙雕像

那么，历史上真的存在过禅让这一元首王位更替制度吗？

范文澜认为存在过禅让这一王位更替制度，说"远古遗留下来的史实，大致可信"。郭沫若认为"尧舜禅让，虽是传说，但也有确实的史影，那就是原始公社时期的族长传承的反映"。"这一传说在一定程度上，反映了部落联盟议事会的情况。"翦伯赞认为："尧舜时有'禅让'的故事，尧老传位于舜，舜老又传位于禹，但也都是得到四岳十二牧同意的。可见军事首长一切事情都得听命于部落酋长会议。这正是军事民主主义的特点。"童书业认为"禅让传说似本为古代氏族社会酋长选举制度在后世传说中之反映，尧舜传说中固混有天帝之神话，

范文澜

然其传说之本源出于氏族制，似不可诬"。而顾颉刚则与诸位先生看法有异，不认为有此历史事实，认为"禅让说"是墨家制造的"伪史实"，"禅让说是直接从尚贤主义里产生出来的，倘没有墨家的尚贤思想，就绝不会有禅让的传说"。

我们知道，在人类早期口耳相传的历史时期，神话往往就是历史事实的折射。而能不能正确地通过这一折射来探寻那涅槃的历史，就是史学家的能力。一般来说，无论怎样努力，我们都只能得到近似的结果，而难以下确凿的结论。就此而言，大概在原始社会时期存在过类似于禅让这一元首职位更替模式的情形，而春秋战国时的各家禅让学说也一定有着理想化的过程与经历。谢和耐在评论中国思想形成时说："中国的思想家，尽管有独创性，也不是按想象在写作。他们和我们一样，吸取了丰富的传统思想，并且借鉴于另一个思想世界"，"我们发现，同时代所具有的特点，都带有消失的古代痕迹。"

（二）《论语》和《尚书·尧典》中的禅让思想

禅让的逻辑前提是选贤举能，只有选贤举能才能发展出禅让思想来。

西周春秋时期，周王室是在不同的层次选拔不同层级的管理人才。俞正燮在《癸巳类稿·乡与贤能论》中说："太古至春秋，君所任者，与共开国之人及其子孙也。虑其不能贤，不足共治，则选国子教之，上士中士下士府史胥徒取诸乡与贤能。大夫以上皆世族，不在选举也。选举则乡主之，乡大夫以近畿秩尊。非近畿者，乡吏主之，非大夫也，所以用之也小，故主之者不必尊人，亦习知其分之不可越也。故孔子仕委吏乘田，其弟子俱大夫家臣。"礼制规定，层级不可逾越，所以下一层级选拔的人才不可能到上一层级任职。衰败之世家，其子弟纵然杰出，也难于进入国家管理的更高层次。

一切都在春秋末年、战国时期改变了。那时各国争霸，亟须大量人才，而传统的世官制度及官学体系一时难以适应与满足，于是一些诸侯国开放旧有的世官制度，举能的选择层面下移，从一些没落的贵族中挑选贤能之士充实到管理阶层，使一些普通之"士"进入以前通过平常路径不能到达的阶层，掌握以前不可能握有的权力，任职层级甚至可升达君主之外的任何职位。如《论语·尧问》篇记载的舜，就是一个阶层很低、自己亲自从事一切劳动而升至天子的人物形象；《论语·雍也》也记载孔子说"雍也可使南面"，雍不过是普通士人，此时为鲁国贵族季氏的家臣，孔子说他可以南面辅佐君王，就是当时社会舆论的实情。

选贤举能的终极是王位相让，即禅让。现存传世文献中，较早涉及禅让的史料是《论语》与《尚书》。

1.《论语》中的尧舜禹禅让记载

孔子赞成选贤举能，《论语》中也多次记载孔子自己被举的故事，如阳虎举之、公山弗扰举之、佛肸举之，但孔子并不赞成禅让。虽然史料没有孔子赞成禅让的记载，也没有孔子否定禅让之说的记录，但纵观孔子思想，可知他是不赞成禅让的。

《论语》中涉及禅让的，只有《论语·尧问》一篇。此篇记载："尧曰：'咨！尔舜。天之历数在尔躬，允执其中，四海困穷，天录永终。'舜亦以命禹。"这是说，尧在退位前对舜说，谨慎为政，信执其中，才能穷极四海，天禄长终。舜在退位前，也向接位的禹说了同样的诫语。

但有许多人认为此节非孔子与弟子对答语。郑玄认为此节有阴阳家的图录之名，江声认为此节可能是《舜典》逸文，崔述《唐虞考信录》怀疑此节非孔子所传，顾颉刚认为此篇所记也非儒家气象，认为此节文字早则出于战国之末，迟则当在秦汉之交。

本文认为，《论语》为孔门弟子所集，《论语·尧问》此章被收集在此就一定有其考虑。也就是说，或是孔子说过尧舜禹禅让的话（在讲课或闲谈时），或是其弟子认为将尧舜禅让的话让孔子讲出来更有效，因为七十子之辈是大讲特讲禅让（详见下文对《唐虞之道》的分析）。但即便是孔子说过禅让，也不一定就表示孔子赞成在他那个时代应该实行禅让！依孔子对周礼的态度，可以推想他是反对禅让的——禅让不符合嫡长子继承这一周制。

在《论语》中，出现尧、舜、禹的文字凡10见，分别为《论语·雍也》1见、《论语·泰伯》4见、《论语·颜渊》1见、《论语·宪问》2见、《论语·卫灵公》1见、《论语·尧问》1见。涉及的内容既有对尧舜禹以天为法则、礼仪制度灿然美好的赞扬，也有对圣王遵守礼仪、举贤用能、贵为天子而不为私利的称颂，还出现两次对尧舜的遗憾，认为尧舜在自我修养、博施于民方面做得还是不够，有所欠缺。除有问题的《论语·尧问》外，就没有讨论圣王行禅让的记载了。

我们知道，孔子的政治选择非常明确。他说："周监于二代，郁郁乎文哉！吾从周。"（《论语·八佾》）也就是说，在传子和传贤的问题上，孔子虽对"大道之行也，天下为公"无上赞扬，但他对禹、汤、文、武、成王、周公的肯定，对周礼的称颂，表明他认定在不同的时代就该行相宜的制度，小康之世则必须行"小康"之世的礼制："此六君子者，未有不谨于礼者……有不由此者，在势者去，众以为殃。"（《礼记·礼运》）笔者认为，对历史上的尧舜禅让孔子的态度也许是肯定的，但孔子并不主张在春秋之世行传贤制，这也是明确的。时势移也。

《孟子·万章上》记载孔子说："唐虞禅，夏后殷周继，其义一也。"这话一是可以理解为三代的汤武革命与尧舜的禅让本质相同——都是合乎民心的；二是可以理解为尧舜与禹汤文武都顺应时代的需要，在王位更替上选择了最好的方式，其思路与依据是一贯的。无论怎样解释，都可以看出信奉周道的孔子是不会支持在春秋之世行禅让的。

我们再从孔子对周公的仰慕上作一分析。

孔子对周公极为敬仰，认为其才能极其高妙，并说自己多能梦见周公。孔子敬仰周公的一个重要原因是周公制礼行礼、完美地处理好了亲亲与贤贤的关系。

从亲亲角度看，周公是一个模范。《荀子·儒效》说周公"兼制天下立七十一国，姬姓独居五十三人焉；周之子孙，苟不狂惑者，莫不为天下之显诸侯"。这是周公的亲亲行为表现。周公自身非常贤能（《尚书·金縢》载"予仁若考能，多材多艺，能事鬼神。乃元孙不若旦多材多艺，不能事鬼神"），但在武王去世、成王年幼时，若按贤贤原则，应该是周公继承王位（而且商代有兄终弟及的传统），但是周公只是代摄王位，一到成王长大，就将国家控制权交给侄子成王。这体现了周公对嫡长子继承王位这一周制的维护。他开创和维系了周制的亲亲原则。

从贤贤角度看，周公为周代的稳定，大举贤能，史籍记载其举贤数十人，并留下了"周公吐哺，天下归心"的佳话。

周公的高妙处，在于亲亲为主，贤贤为辅。辅不掩主，亲亲为大，王位不可落于外人之手。

孔子仰慕周公，必不赞成禅让，而只会推崇"礼让"。

"礼让"有两种含义：一为普通的讲礼貌，此处不予讨论；一为"举贤"，此处略加说明。

通过"礼让"推举贤能是西周春秋时期贵族间的传统。《诗经·角弓》之"民之无良，相怨一方；受爵不让，至于已斯亡"就是对不礼让者提出的批评。在各种文史记载中，这一时期有不少礼让高位的贤者，更有许多礼让王位的人，如吴太伯、仲雍、伯夷、叔齐、鲁隐公、弗父何、宋宣公、宋穆公、太子兹父（宋襄公）、公子目夷、公子去疾、季札、公子郢、公子启等。他们礼让的共同点是让位于兄弟、子侄等家族之间，属自家之事。

孔子非常重礼让，认为要以礼让治国："能以礼让为国乎，何有？不能以礼让为国，如礼何？"（《论语·里仁》）孔子之"礼让"，除遵守周礼之外，也可指大臣之间、贵族之间的"贤让"，即举贤。但礼让不一定会发展到禅让。

"礼让"与"禅让"是有差别的，也是相对的。礼让是王位传位于家族内部之人，是内部人之事；禅让是将王位传让给家族外部的人，是传给另一家族。当然，从逻辑上说，礼让推论到极致，可以发展到禅让，墨子就是将这两者并列平举的。但这只是一种理论设想，许多人并不如此推理，因为每种学说、每个人都有它的理论底线。从现有文献看，孔子就没有将礼让发展到禅让。孔子的礼让与举贤是有限度的，他并不是如墨家那样主张彻底尚贤，而是有他自己的保留与考虑："君子学道则爱人，小人学道则易使也。"（《论语·阳货》）礼让也是在贵族之间、家族之间礼让，礼让不能超越自己所属的阶层与等级。这点尤为孟子所继承和发扬。

2.《尚书·尧典》中的禅让记载

《尚书·尧典》是一篇禅让思潮研究者极为关注的重要文献。《尚书·尧典》记载尧年高后，想将天子之位传给贤能者，经与众多贤臣讨论研究，决定对舜进行考核。舜为"瞽子，父顽、母嚚、象傲，克谐，以孝烝烝，乂不格奸"。三年后，尧认为舜可行，欲传王位与舜，舜辞而不受。后来舜代尧摄天子位。二十八年后，尧死，丧期三年过后，舜即天子位，完成了禅让全套过程。

由于《尚书》的崇高地位，历来人们很少怀疑这一历史记载的真实性。但顾颉刚由确定《尚书·尧典》并不是西周或更早时期所写定的文献入手，认为就中所记的上古圣王禅让故事是战国时期人们的编造。顾颉刚在1922年准备编写《中学本国史教科书》时，将《诗》、《书》、《论语》三书中的古史观念比较分析后，"忽然发现了一个大疑窦——尧、舜、禹的地位问题！《尧典》和《皋陶谟》我是向来不信的，但我总以为是春秋时的东西；哪知和《论语》中的古史观念一比较之下，竟觉得还在《论语》之后。……所以在我的意想中觉得禹是西周时就有的，尧、舜是到春秋末年才起来的。越是起得后，越是排在前面。等到有了伏羲、神农之后，尧、舜又成了晚辈，更不必说禹了"。1923年6月1日顾颉刚在给胡适的信中更为明确地认为"《尧典》、《皋陶谟》、《禹贡》。这一组决是战国至秦汉间的伪作，与那时诸子学说有相连的关系"。

顾颉刚认为《尧典》和《皋陶谟》"是儒家政治理想的结晶而把它史事化的，也就是把自己的政治理想作为古代固有的历史提出，作者尽量利用了不少远古材料，借了尧、舜、禹、稷、契、皋陶、伯夷等许多古代不同时期、不同民族的不同传说中的祖先或神话人物，'倒乱千秋式的拉拢'，集中安排到一个朝廷里，成为同气连枝的君臣、兄弟、姻戚，又从而编排其在位的先后，成为前后相承的政权继承人。又把他们说成是理想的圣人，做出了很多美政"。这思想在当时确为新颖。

为更进一步说明禅让是春秋末、战国时人所兴起之思潮，顾颉刚又对《周易》进行研究，发现在《周易》经中并没有关于尧舜禅让的任何记载，只是在《易传》中才大量出现。顾先生又检索《尚书》，发现《尚书》中的商周书也没有关于尧舜禅让的故事，反倒是后人追写的虞夏书中有。由此顾先生确证尧舜禅让的故事是战国时人所兴起的一个元首更替之理想。

本文认为，尧舜禹禅让的故事由后人写定并不就等于说历史上没有发生过禅让这一行为。前人书写不易，保存更是困难，还有可能就是认为其不值得记载。几千、几万年的文明史，并没有多少东西能够记载下来。有传说，就有原型，后人写定的禅让故事是整理而不是伪造，虽然有一些想象在内，但历史上应该确有禅让事实的影子。

顾颉刚认为禅让思潮的发起人是墨家而不是儒家。是墨家的尚贤、尚同思想直接催生出禅让学说来，并认为《孟子》书中的禅让故事也是墨家学说流入了儒家而改造的。我们从 20 世纪 90 年代出土的文献中知道，他的这一推论是可以商量的。

至晚在春秋末年，就有人在整理上古传说与文献，宣传禅让思想，儒家是其中的积极分子。相比于墨家，儒家是禅让思想的更早倡导者。但这儒者不是孔子，而是孔门七十子之辈或七十子后学，这从 1993 年湖北郭店出土的竹简文献《唐虞之道》就可发见端倪。《唐虞之道》也间接证明了《尧典》、《皋陶谟》等文非常有可能是七十子之徒整理而成。

（三）《郭店楚墓竹简·唐虞之道》中的禅让思想

1993 年出土的郭店楚墓竹简《唐虞之道》，填补了禅让思潮史上从孔子到孟子、从墨子到战国中后期禅让学说大盛之间的史料空白，使禅让思潮有一个完整的连接。

现学界大多认可《唐虞之道》是战国中期人们所熟知的儒家文献，为七十子（墨子晚于或约同于七十子）或七十子后学所作。

《唐虞之道》说："古者圣人二十而冠，三十而有家，五十而治天下，七十而致政，四肢倦惰，耳目聪明衰，禅天下而授贤，退而养其生。"从"七十而致政"这一说法来看，《礼记·曲礼》、《礼记·王制》、《礼记·内则》中有"七十曰老"、"七十而致事"、"七十养于学"、"七十不俟朝"、"七十致政"等记载，而此前的传世文献中只有《左传·文公十六年》有"宋公子鲍礼于国人，宋饥，竭其粟而贷之。年自七十以上，无不馈诒也，时加羞珍"关于年"七十"待遇的记载，所以《唐虞之道》应该是与《礼记·曲礼》、《礼记·内则》同一时期的作品，是七十子后学对儒家思想的注释。

《唐虞之道》赞颂"禅"而反对"传"，赞颂尧舜而否定夏商周三代的家天下（"禅而不传义恒绝，夏始也"），与《礼记·礼运》篇的"天下为公"思想相吻合。《礼记·礼运》载"大道之行也，天下为公"。郑玄注曰："公，犹共也。禅位授圣，不家之。"孔颖达正义进一步解释道："为公，谓揖让而授圣德，不私传子孙，即废朱、均而用舜、禹是也。"《礼记·礼运》认为禹、汤、文、武、成王、周公六人，都是"天下为家"时期杰出的人物。然而他们不能恢复到天下为公的时代，只能用"礼"来规范社会，保障百姓有一个小康生活。这个"各亲其亲，各子其子，货力为己，大人世及以为礼"的时代，虽有举贤，但目的不是为天下，而是为自己的家族私利，"礼"的主要作用是保护亲亲与血缘，故而不可能有禅让情形发生。禹汤六君子"爱亲"是做到了，但"尊贤"不彻底，"仁而未义"。"不禅而能化民者，自生民未之有也"（《唐虞之道》），所以他们是不可能真正化民而让天下心服的，只能用礼来规范。《唐虞之道》和《礼记·礼运》两者思路一致，是同一思想、同一时期的作品。

《唐虞之道》一定早于孟子。《唐虞之道》只说尧禅让于舜而没有说舜禅让于禹，而孟子讲舜禅让于禹；《唐虞之道》没有舜行孝悌的事实说明，《孟子·万章上》则详细列出了舜行孝悌的具体事实，如舜修补仓廪而其父母撤去梯子并在底下烧火，舜浚井而其父母想把他活埋，父母和弟弟分割他的财产而舜没有责怪、立为天子后还封象于庳等。孟子认为"仁人之于弟也，不藏怒焉，不宿怨焉，亲之而已矣"，进一步明确了孝悌之义，也是孟子发展《唐虞之道》的一个佐证。

《唐虞之道》证实了孔门七十子及其后人确实对先前的禅让之道下过很大工夫，也证实了是儒家首先系统地提出禅让思想。它是孔子之后儒家思想的发展，是由"举贤"这一对一般职位的要求发展到"禅让"这一对王位诉求的激烈变革之体现。由举贤而禅让，是一种质的变革。因为举贤时局面可以控制在君王手中，而禅让则是要君王让位。

《唐虞之道》的主旨，一是强调要行禅让，二是要解决禅让理论和儒家亲亲尊尊思想的矛盾，其本质是为了解决世袭统治与贤能统治（用艾兰之语为"世袭统治与道德统治"）的矛盾。只有这个问题梳理清楚了，其余的理论才有生根处。

1.《唐虞之道》强烈要求实行禅让制度。它论证了禅让制度的实质、历史依据、理论依据以及实施办法，将禅让提到一个前所未有的高度，说"不禅而能化民者，自生民未之有也"，并确立了禅让优先于传子的地位，"禅而不传，圣之盛也"。《唐虞之道》通过阐述尧舜禅让之道来论证"尚德"、"尊贤"政治的重要性，认为尧舜之道的核心是"禅而不传"，这是其能"化民"而"王天下"的必要前提。

　　《唐虞之道》对"禅"与"传"有特别的界定："禅"就是以天下为公，视天子之位的职责就是为天下的人们服务，天子职位应该由最贤能的人来担任，而且要将王位让于外人（或另一部落）而非自己后代中的贤能者；"传"就是私天下或者说是"家天下"，将天子之位私传给自己的儿子、兄弟或其他同族人。它解释说："禅也者，上德授贤之谓也。上德则天下有君而世明，授贤则民兴教而化乎道。"尧舜"禅而不传"、"利天下而弗利也"，所以能为天子。行禅让，是"圣之盛"与"仁之至"："禅而不传，圣之盛也。利天下而弗利也，仁之至也。"

　　《唐虞之道》是从对"圣人"的论述来说禅让的。《唐虞之道》对"圣人"的定义是"仁"与"义"的高度统一，也就是"爱亲"与"尊贤"的统一。两者缺一不可。而禅让则是"尊贤"的应有之义。凡是圣人，如果发现有孝、悌、慈、忠者，就可以视其为禅让对象。

　　圣人为何能尊贤禅让？因为圣人"知命""不专"，"方在下位，不以匹夫为轻；及其有天下也，不以天下为重。有天下弗能益，无天下弗能损"。所以圣人举天下之重若轻，有贤哲就能禅让王位。

　　2. 《唐虞之道》认为"爱亲"与"尊贤"是一个双生共同体，单面存在就有大欠缺，就不能做到"仁义"。"爱亲忘贤，仁而未义也；尊贤遗亲，义而未仁也。""爱亲"是社会一切行为的最内核，也是一切理论思考的起点，由"爱亲"，才能推导出"爱天下之民"。但"爱亲"一定要同时"尊贤"，使"世无隐德"并能禅让王位，这样才能化天下之民，才能称得上是"圣人"；也只有这样的圣人，才会将王位再禅让给贤者，而不是自己的家人。

　　"夫圣人上事天，教民有尊也；下事地，教民有亲也；时事山川，教民有敬也；亲事祖庙，教民孝也；太学之中，天子亲齿，教民弟也。先圣与后圣，考后而甄先，教民大顺之道也。尧舜之行，爱亲尊贤。爱亲故孝，尊贤故禅。孝之放，爱天下之民。禅之传，世无隐德。孝，仁之冕也。禅，义之至也。……爱亲忘贤，仁而未义也。尊贤遗亲，义而未仁也。古者虞舜笃事瞽瞍，乃弋其孝；忠事帝尧，乃弋其臣。爱亲尊贤，虞舜其人也。禹治水，益治火，后稷治土，足民养生。……知天下之政者，能以天下禅矣。"“圣人"的标志是尊贤与亲亲同行。爱亲才能孝顺，尊贤才能禅让。圣人不会因为"爱亲"而忘了"尊贤"，将天下之位作为自己爱亲的私产；圣人也不会因为"尊贤"而忽略"爱亲"。圣人是"爱亲"与"尊贤"完美相融，即孝顺与禅让相合的人。

文章举尧与舜为例进行说明。"古者尧之与舜也：闻舜孝，知其能养天下之老也；闻舜弟，知其能嗣天下之长也；闻舜慈乎弟象，□□知其能为民主也。故其为瞽盲子也，甚孝；及其为尧臣也，甚忠。尧禅天下而授之，南面而王天下，而甚君。故尧之禅乎舜也，如此也。"舜是圣人中的典型，既爱亲，又能举贤（举禹、益、后稷等），忠诚于天下，能正其身，又能正世，所以尧才放心地将天下禅让于他。

爱亲与尊贤的统一，也就是对某一宗族利益的义务和对更大群体利益（天下百姓）的义务二者的统一。《唐虞之道》对"亲亲"与"尊尊"矛盾的化解，进一步阐明了儒家所渴望的理想禅让和理想社会。《礼记·中庸》说"仁者人也，亲亲为大；义者宜也，尊贤为大。亲亲之杀，尊贤之等，礼所生也"，应该是《唐虞之道》仁义合体理论之所本，二者思想是同一的。《礼记·大学》中虽有"君子贤其贤而亲其亲"之语、有"见贤而不能举，举而不能先，命也"之说，但其总旨在于强调修身，强调由修身而齐家治国平天下，"古之欲明明德于天下者，先治其国；欲治其国者，先齐其家"，"家齐而后国治，国治而后天下平"，而对"尊贤"是"爱亲"必不可少的补充这一论点并没有涉及。但《唐虞之道》不仅讲"爱亲"，而且强调"尊贤"，认为能处理好家族内之"爱亲"，又能对别人之"尊贤"（"禅让"），这样的人才能担任治理天下的重任，才是仁与义二者的完美结合。而仅有"爱亲"或只"尊贤"那是远远不够的。过去相传《大学》为曾子所作，

《中庸》为子思所作，通过简文《唐虞之道》也可得到一个重要的补充与证据。《唐虞之道》是对《礼记·中庸》的发挥，是对《礼记·大学》的补充与完善，强调圣王的标准是"亲亲"与"尊尊"同时进行，不可偏废。

《唐虞之道》在"爱亲"中特别强调"孝"，这与孔子的论述有所不同。孔子之孝，是谈晚辈对长辈的敬意与尊重，或者是晚辈由于有大功于世而使家庭增光。如"父在，观其志；父没，观其行；三年无改于父之道，可谓孝矣"（《论语·学而》），"人不间于其父母昆弟之言"者为孝（《论语·先进》），"不改父之臣，与父之政"是孝之"难能也"（《论语·子张》）。但在亲亲关系中，孔子同样强调父父、子子，并没有以孝来掩替亲亲，所以《唐虞之道》不是孔子所作，应是曾子、子思一派所为。

《唐虞之道》简文的问世，使战国时期禅让思潮的理论阐述渊源有自，我们可以清楚地勾勒出这一思潮从孔子谈论、七十子推崇、墨学跟进、其他诸子蜂起、燕王实践、孟荀总结与反思的全过程，细嚼一个理论从提出到实践、到反思的众多意蕴。

（四）战国诸子对禅让的态度

1. 墨家对尚贤的推崇

顾颉刚在《禅让传说起于墨家考》中认为春秋战国时期的禅让思潮首先是墨家发动的。但遍览现存《墨子》，只在《墨子·尚贤》篇讲"尚贤"时，有尧以舜贤故举之为天子的记载。《墨子·鲁问》有"让贤"之语，但其意不在讲举贤、让位，而是说要共同分享。《墨子》的"举贤"，主要是指上位者寻找与任用贤能，也包括最后让贤能者接任天子君主之位，与儒家作品《唐虞之道》以"禅让"等同"尊贤"的主张相距甚远。《容成氏》虽说为墨家作品，但从其内容分析，比《唐虞之道》更晚。从只说尧举舜而不讲舜举禹来看，《墨子·尚贤》与《唐虞之道》为同期作品，但《唐虞之道》系统论述"禅让"思想，《墨子·尚贤》只是侧重"举贤"的重要性。

所以本书认为禅让思潮的始作俑者应该是儒家。

墨家看重"尚贤"远甚于"禅让"。墨家是将"禅让"放在"尚贤"这一大的语境中来说的。儒家（《唐虞之道》）之"尊贤"直通"禅","禅"是"尊贤"的前提条件；墨家之"尚贤"包含"让","让位"是"尚贤"的副产品。儒墨两家之重贤，重点不一，意义不一。与儒家的尊贤与尊亲并举、缺一不可之不同，墨家只有尚贤，没有尊亲。这是儒墨两家"禅让"思想的最大差异。

墨子"尚贤"，是无差别的、破除了一切限制的唯贤是举，是晚周之世的"专家治国论"，认为举贤是一个平稳发展的社会所必需，正如我们在做衣服、烹调时会请专家来制作一样，治理国家也应该请这些专门的贤能之人。"古者圣王之为政，列德而尚贤，虽在农与工肆之人，有能则举之，高予之爵，重予之禄，任之以事，断予之令……故当是时，以德就列，以官服事，以劳定赏，量功而分禄。故官无常贵，而民无终贱，有能则举之，无能则下之，举公义，辟私怨。"并举例说，"古者尧举舜于服泽之阳，授之政，天下平；禹举益于阴方之中，授之政，九州成；汤举伊尹于庖厨之中，授之政，其谋得；文王举闳夭、泰颠于罝罔之中，授之政，西土服"（《墨子·尚贤上》），"尚贤"才能使社会得到良好的治理。

2. "民心"、"天命"决定"天下"：孟子的禅让思想

孟子对禅让有非常多的论述，既有理论阐述（《孟子·万章上》），又对实际事件进行评论（《孟子·梁惠王下》、《孟子·公孙丑下》）。孟子对禅让的态度：一是体现了他的天命观。孟子信天命又重人为，所以在禅让问题上游走不定。有时是民心确立天子，有时是天命决定归属。二是贯彻了他的天下理念。认为诸侯让国必须得到天子、民心的同意，诸侯不能"以燕伐燕"。

（1）孟子对禅让的阐述

一方面，孟子认为，王天下者，必须得天下之民心。认为"唐虞禅，夏后殷周继，其义一也"，只要得民心，"禅"与"继"有同等的法律效应。

另一方面，孟子又认为前王意属的禅让对象能不能最终得到王位，完成禅让，是由天命决定的。是天命而不是德行能力决定民心取向。孟子在禅让理论上的矛盾，源自于他的信天命而又讲人为的天命观。

为论述方便，现分两段将《孟子·万章上》引录讨论。

《孟子·万章上》第五章，论上古之禅让。

万章曰："尧以天下与舜，有诸？"

孟子曰："否。天子不能以天下与人。"

"然则舜有天下也，孰与之？"

曰："天与之。"

"天与之者，谆谆然命之乎？"

曰："否。天不言，以行与事示之而已矣。"

曰："以行与事示之者，如之何？"

曰："天子能荐人于天，不能使天与之天下；诸侯能荐人于天子，不能使天子与之诸侯；大夫能荐人于诸侯，不能使诸侯与之大夫。昔者，尧荐舜于天，而天受之；暴之于民，而民受之。故曰，天不言，以行与事示之而已矣。"

曰："敢问荐之于天，而天受之；暴之于民，而民受之。如何？"

曰："使之主祭，而百神享之，是天受之；使之主事，而事治，百姓安之，是民受之也。天与之，人与之，故曰天子不能以天下与人。舜相尧二十有八载，非人之所能为也，天也。尧崩，三年之丧毕，舜避尧之子于南河之南，天下诸侯朝觐者，不之尧之子而之舜；讼狱者，不之尧之子而之舜；讴歌者，不讴歌尧之子而讴歌舜。故曰：天也。夫然后之中国，践天子位焉。而居尧之宫，逼尧之子，是篡也，非天与也。《泰誓》曰'天视自我民视，天听自我民听'，此之谓也。"

这段话，说的是天子虽为天下之最高位，却不能将天下让于别人，也不能决定下一任天子是谁。上古所谓禅让，只是天子向天推荐下一任天子的人选罢了。至于其能不能成为天子，还得由天来决定。天怎样来表示其意见呢？通过老百姓的反应，"天视自我民视，天听自我民听"。若老百姓依附他，支持他，他就能成为天子；反之，不能。

孟子的逻辑思维是：天子之位是先天所预设的，这个位子所赋予的使命要取得民心的支持。"得天下有道，得其民斯得天下矣。得其心，斯得其民矣。得其心有道，所欲与之聚之，所恶勿施尔也。"（《孟子·离娄上》）因为"民为贵，社稷次之，君为轻。是故得丘民而为天子"（《孟子·尽心下》）。没有民心支持，就不是正统的天子，而是僭越，只能暂时，不能长久，必定失去。"桀纣之失天下也，失其民也。失其民者，失其心也。"（《孟子·离娄上》）"不仁而得国者，有之矣；不仁而得天下者，未之有也。"（《孟子·尽心下》）天子的完满形式是位置与所得位的人完全相符，如尧、舜、禹。位子可以抢夺，可以让与，但民心不能给予，未得民心者不可得天下。纵使在位之天子以天子之位相让，也是不可以！因为天下不可渡让，天下是天下人之天下，天子只能为天下之民服务而不能将天下视为其一人所有。天下人尊天子为王，但天子不能做天下人不乐意的事，不能代天下人选择新的王，将天子之位让与别人。"溥天之下，莫非王土"，此"土"是属于天子此一位置拥有而不是哪一个具体天子所有，天子不能随便转让给不能承受之人。只有得到天下民心之人，才能受让天下，如舜受之于尧、禹受之于舜。尽管孟子也说过"好名之人能让千乘之国"（《孟子·尽心下》），"是故以天下与人易，为天下得人难"（《孟子·滕文公上》），但这只是一时兴之所叹，并没有否认他的只有得民心者才能得天下的理念。

如果孟子一直坚持这个理论，那孟子就更伟大了。我们就可以从中发掘出许多现代政治元素，如决定天下政权或统治者的因素是人民、人民至上、君主权力有限、君主任期、国家权力制衡、公民的选举权与决定权等。可惜，孟子并不是如此，在讨论到三代时，他就不坚持民心决定论，而是相信天命决定。

《孟子·万章上》第六章，论三代之传子。

万章问曰："人有言，'至于禹而德衰，不传于贤，而传于子。'有诸？"

孟子曰："否，不然也。天与贤，则与贤；天与子，则与子。昔者，舜荐禹于天，十有七年，舜崩，三年之丧毕，禹避舜之子于阳城。天下之民从之，若尧崩之后不从尧之子而从舜也。禹荐益于天，七年，禹崩，三年之丧毕，益避禹之子于箕山之阴。朝觐讼狱者不之益而之启，曰：'吾君之子也。'讴歌者不讴歌益而讴歌启，曰：'吾君之子也。'丹朱之不肖，舜之子亦不肖。舜之相尧、禹之相舜也，历年多，施泽于民久。启贤，能敬承继禹之道。益之相禹也，历年少，施泽于民未久。舜、禹、益相去久远，其子之贤不肖，皆天也，非人之所能为也。莫之为而为者，天也；莫之致而至者，命也。匹夫而有天下者，德必若舜禹，而又有天子荐之者，故仲尼不有天下。继世以有天下，天之所废，必若桀纣者也，故益、伊尹、周公不有天下。伊尹相汤以王于天下，汤崩，大丁未立，外丙二年，仲壬四年，太甲颠覆汤之典刑，伊尹放之于桐，三年，太甲悔过，自怨自艾，于桐处仁迁义，三年，以听伊尹之训己也，复归于亳。周公之不有天下，犹益之于夏、伊尹之于殷也。孔子曰：'唐虞禅，夏后殷周继，其义一也。'"

在这里，孟子坚持认为，夏商周三代的"传"，其表面形式与上古的"禅"不同，而其根本主旨则完全相同：都是天意的表示！但这里的"天意"与前一段的"天意"所指不一样：第一段"天意"是指民心，第二段"天意"是指"命运"。能否得天下为天子，与贤能无关，与民心无关，而与天命有关。

这段内容，孟子想解决的是儒家历史叙述的衔接问题。在儒家的古史系统中，三代以前是禅让王位，三代则是革命获取，并且传王位于儿子、兄弟而不是外人。孔子欣赏周道，《唐虞之道》等儒家文献则肯定"禅"而否定"传"。这历史怎么解释？是上古不好还是三代不好？所以启之得位是关键，他要完成由"禅"到"传"的转变。他的问题处理好了，汤武革命就有了生根处。孟子的解决方案是：协政时间的长短决定民心，而协政时间长短又是由天命来决定的！前王意属接受王位的人能不能得到王位，完成禅让，还得看天意是不是让前王的儿子不贤、不肖。如果其子贤、肖，则就不能禅让而只能"传"。这样就使儒家关于上古三代的历史具有一致性——它们的传位都是合乎民心、合乎天意的，因而是完美的，合理的，不应有任何怀疑。

武王伐纣

　　孟子的这一解释，体现了他民心论与天命论的矛盾。孟子想讲民心为王，可是民心又不可能贯穿上古三代的王位更迭历史，于是他不得不讲命运，用"天命论"来补"民心论"之不足。他的禅让理论，浸透了命运天定的天命观。

　　一是禹只给了益10年（算上发丧的3年）的时间协政，使他不能获得广泛的民心，所以禹死后天下百姓不从益而从启。而尧给了舜28年，舜给了禹17年。孟子说这是天意，是天让舜禹为天子、不让益为天子。如果按儒家的说法，10年时间也可以让真正的贤能之士得到广泛的社会赞同，足可得天下民心。孔子就说"苟有用我者，期月而已可也，三年有成"（《论语·子路》）。孟子自己也认为大的诸侯国施仁政5年、小的诸侯国施仁政7年就可以王天下。孟子说益10年都不行，益不有天下是为天意。

　　二是启协助父亲从政时间长，而且还得父之余荫而使天下百姓影从。孟子说启没有坏到桀纣的地方，而且还"贤"，能继父道，所以无论益比启优秀、贤能多少，益都不能为天子，这就是天命。太甲也没有伊尹贤能，成王也没有周公贤能，前者能为天子而后者却不能，因为前者虽不是很贤能，却也不是残暴无德，所以后者虽贤能但不能为天子，这就是天命所定。

荀子思想综述

益为贤能之士，仅仅是因为协政 10 年、时间较短而百姓不从，所以孟子认为一个贤能者能否为天子，就不单是看能力与德行，还要看其摄政时间的长短："舜之相尧、禹之相舜也，历年多，施泽于民久。启贤，能敬承继禹之道。益之相禹也，历年少，施泽于民未久。"而能否有从政的机会，或有较长的摄政时间，也不是由德行决定，更不是由百姓的民心决定，而是由上天决定！"匹夫而有天下者，德必若舜禹，而又有天子荐之者，故仲尼不有天下"，孟子回到了天命决定论，否决了他所坚持的民心决定论。宋代大儒朱熹阐发孟子之意谓："禅，授也。或禅或继，皆天命也。圣人岂有私意于其间哉？尹氏曰：'孔子曰：唐虞禅，夏后、殷、周继，其义一也。'孟子曰：'天与贤则与贤，天与子则与子。'知前圣之心者，无如孔子，继孔子者，孟子而已矣。"（《孟子集注卷九》）"天意从来高难问"，贤者圣人遇不遇的问题又出现了。

禅让也好，革命也好，都是对世袭权力、现有利益的破坏，是对现实政治的否定，是有相当风险的背叛，要付出大代价。对于需要稳固自己利益的主政阶层来说，这是不可取的。早期儒家（《唐虞之道》为代表）讲禅让，也强调尊贤一定要与爱亲相统一，维护现有统治者的利益。到了孟子，为了维护统治阶层的权力和现有秩序，又祭出一个新法宝：凡得天下、国家者，得民心之谓也。

（2）孟子对燕国禅让事件的评述，体现了他的天下秩序观：天子为天下共主，决定各诸侯君位的变更。诸侯之间地位平等，没有相互讨伐的资格

《史记·燕召公世家》记载燕王哙让王位于子之 3 年后，燕太子平与将军市被谋反，燕国动荡，孟轲对齐王说："今伐燕，此文武之时，不可失也。"《孟子·公孙丑下》记载有人问孟子是否劝齐伐燕时，孟子辩解说自己并没有劝齐王伐燕："未也。沈同问'燕可伐与'？吾应之曰'可'，彼然而伐之也。彼如曰：'孰可以伐之？'则将应之曰：'为天吏，则可以伐之。'今有杀人者，或问之曰：'人可杀与？'则将应之曰'可'。彼如曰：'孰可

以杀之'？则将应之曰：'为士师，则可以杀之。'今以燕伐燕，何为劝之哉？"

孟子在这里强调两点：第一，燕可伐。第二，不能谁都可以去讨伐，只有"天吏"可以去讨伐。

第一点，孟子认为燕可伐的理由是："子哙不得与人燕，子之不得受燕于子哙。有仕于此，而子悦之，不告于王而私与吾子之禄爵，夫士也亦无王命而私受之于子，则可乎？何以异于是！"（《孟子·公孙丑下》）孟子认为，燕王哙和子之之间的让位，只是私相授受，没有得到天子的批准，算不得数。即使要禅让，也必须要有天子来主持这一工作。依照孟子及西周传统的天下理念，确应如此。公元前453年，赵、魏、韩三家分晋，这是违背周礼的事，虽然从现有记载看，未见有谁谴责过此事，而且当时也未见有哪个诸侯国对此三国进行讨伐，但分晋之三家一直忐忑不安，认为自己言不正、名不顺，所以到公元前405年，三家攻齐，迫使齐康公陪同三晋君主一同去朝见周王，要求周威烈王肯定三晋伐齐入长城的功绩，封三晋为诸侯。公元前403年，周威烈王从命，晋之三家成为赵、魏、韩三个诸侯国，才算了结此一心愿。可见当时为邦国君主，确应得到周天子的敕封。同样，公元前387年，田和与魏武侯在浊泽相会，商定由魏武侯派使者请求周天子和诸侯承认田和代齐为诸侯。次年，周天子封田和为诸侯，田氏由此正式冠以诸侯，洗去了大夫僭越之名。

但是，一个麻烦的问题是：周天子的王地已经在此前50年（公元前367年）分裂为西周和东周两个小国了，燕国的禅让要得到周天子的认可，那应该得到谁的认可呢？是所谓"叛立"的东周（《史记》称之为"分封"），还是以正统自居的西周？此时这两个小国已经没有原来周天子的权威，《孟子》书中一次也没有提到过此时的周王！孟子给燕国禅让出了一个难题，也说明孟子的主张在当时难以实现。

燕国禅让，失没失去民心？孟子认为燕国禅让招致燕民慌乱，不得人心，可伐。从今天看，值得商讨。燕王禅让，与最广大的普通老百姓无关，并不影响他们的利益，不会得到也不会失去普通百姓的民心。深言之，会失去哪些人的心呢？一是燕王哙的家庭尤其是等着继位的儿子们，二是相关利益的贵族也即那些未得任命的原三百石以上俸禄的官员，三是邦国的君主们，这是燕国动乱的最重要因素——燕王禅让影响他们在其邦国内保有民心，故而必须消灭燕国，平息"祸患"。所以燕国禅让遭到燕王儿子、国内贵族的反对，更遭到其他诸侯的讨伐，20世纪70年代出土的战国中山王方壶、中山王鼎等三件礼器，其铭文即是谴责燕国禅让，为自己伐燕正名。铭文以中山王方壶最为详细，兹摘录如下：

"适遭燕君子哙，不分大义，不告诸侯，而臣主易位，以内绝召公之业，乏其先王之祭祀，外之则将使上觐于天子之庙，而退与诸侯齿长于会同，则上逆于天，下不顺于人斿，寡人非之。曰：为人臣而反臣其主，不祥莫大焉；将与吾君并立于世，齿长于会同，则臣不忍见斿。愿从士大夫，以靖燕疆。"

可见，燕可伐的真正理由是燕国的禅让举动影响了国内贵族、国外诸侯的既得利益和现有秩序，而不是因为其禅让得不得民心、合不合礼制。孟子之"民心"说，理想色彩过浓。

第二点，谁可以讨伐燕国？依孟子逻辑，燕可伐，"今燕虐其民，王往而征之，民以为将拯己于水火之中也"（《孟子·梁惠王下》）。但不是什么人都有资格去讨伐，只有"天师"、"天吏"才有资格。其他诸侯未得王命而讨，也是不义之师，也不对。伐燕必须行仁义之师，而齐国伐燕，是以燕伐燕，必须否定。但在当时，周天子积弱，自身难保；诸侯之中，"霸主"不见，故而没有"天吏"、"天师"为大义而行讨伐之举。各国对燕国的侵犯，只不过是为自己谋利益而找到的一个绝好借口。如齐国早就想借太子平插手燕国内乱而获利，最后齐国连燕国的祭祀礼器都抢回齐国了，哪里有什么"天师"、"天吏"风范？

孟子说，"诸侯伐而不讨"，不能"搂诸侯以伐诸侯"。齐国对燕国的侵犯，就是"搂诸侯以伐诸侯"，违背了孟子信仰的天下秩序，所以孟子并不赞同。在齐伐燕大获全胜之际，齐王询问他要不要吞并燕国，孟子说："取之而燕民悦，则取之。古之人有行之者，武王是也。取之而燕民不悦，则勿取。古之人有行之者，文王是也。"（《孟子·梁惠王下》）

作为后话，孟子所谓的"文武之时"，只是对齐而言；对燕来说，齐国军队并不是仁义之师，而是侵犯。所以，即位后的燕昭王对郭隗说："齐因孤之国乱而袭破燕，孤极知燕小力少，不足以报。然诚得贤士以共国，以雪先王之耻，孤之愿也。"燕昭王师郭隗，天下贤士云集燕地，国力大强。28年后，乐毅率燕军，联合秦、赵、三晋大败齐国，齐国首都临淄被灭，大片国土被占，仅存聊、莒、即墨三地，几至亡国。孟子说："杀人之父，人亦杀其父；杀人之兄，人亦杀其兄。"（《孟子·尽心下》）齐对燕的"文武之时"，只是自己杀自己罢了。此时战国，根本就不会有仁义之师。孟子的天下秩序，终究难得实现。

3.《庄子·让王》是儒墨强大禅让话语下的被动反击

在研究思想史中，我们常常会发现所谓"反面线索"：某一思想家或某派学者对某些人或某学派的学说进行反对或附和，反映出后者对前者的巨大压力与影响。因为若不应对，就有可能失去在这个领域的发言权。在儒、墨都对禅让问题进行讨论时，其他各派也得在这个问题上进行表态，以维护自身的发展。《庄子·让王》就是这一典型。

《庄子·让王》认为占据王位，拥有富贵，必然使人心有所属与拖累，不能体悟大道之真，认为"虽富贵不以养伤身，虽贫贱不以利累形"。上古圣贤推让王位，是因为帝王之功业只是"圣人之余事也，非所以完身养生也"。

所以，《庄子·让王》一文描述了多个让王故事：尧让王于许由、子州支父；舜让王于子州支伯、善卷、石户之农、北人无择；汤让王于卞随、务光。这些人都不接受王位，是因为接受了王位会有害于心中之道。如务光之道是义、仁、廉；卞随反对贼、贪；北人无择厌恶游走于王室；善卷追求的是"日出而作，日入而息，逍遥于天地之间，而心意自得"；许由、子州支父、善卷、石户之农等皆认为据王位必害其生，害其得道。从这些故事出发，《庄子·让王》认为儒、墨尚贤禅让求明主，执著于王天下，只是俗人之见，看不到养身葆性才能真正得到大道，才是真正有益于人的发展。儒、墨讲禅让，是将王位看得太重，而不知王天下只是圣人之余事，完身养生才是大道至理。这是用贬低目标之法来反对儒墨之禅让，显示道家之清高。

《庄子·让王》虽说是庄子后学所作，但其本意同于庄子，反对禅让。治之世，人人逍遥自在，根本就不要什么君王来管理天下，更别说君王的更替了。《庄子·秋水》篇关于禅让的说法略有不同。《庄子·秋水》篇说："昔者尧、舜让而帝，之、哙让而绝；汤、武争而王，白公争而灭。由此观之，争让之礼，尧、桀之行，贵贱有时，未可以为常也。……帝王殊禅，三代殊继。差其时，逆其俗者，谓之篡夫；当其时，顺其俗者，谓之义之徒。"认为实行禅让还是不实行禅让，要看具体情况。不同的时代要有不同的方式，不能用同一种方式固定事物的变迁，世间没有永远不变的规则存在。从这里出发，《庄子》反对在战国时期推行禅让，认为它只会带来"绝"与"灭"、被人视为"贱"与"篡夫"的后果。这是一种非常认真、现实讨论禅让的态度，不同于他处的寓言、卮言法，是用重言表示在战国实行禅让的不可取。

4. 韩非否定禅让，构建了暴力得王位的古史系统

韩非的法家前辈商鞅重视推贤举能，认可历史上的禅让传说。《商君书·修权》说："尧舜之位天下也，非私天下之利也，为天下位天下也。论贤举能而传焉，非疏父子、亲越人也，明于治乱之道也。"《战国策·秦策一》记载秦孝公"疾且不起，欲传商君，辞不受"。这或许是战国游说家们的夸诞，但也说明前期法家并不否定禅让。

但到了韩非，则变了。韩非认为，现实中向君主进言谋职都很难（"说难"、"难言"），又怎么可以侈谈君主让位的虚幻之影呢？但面对来势汹汹的禅让思潮，韩非不应对是不可能的，他不能使法家在这个问题上失去话语权。

　　韩非子从人性恶的思维出发，编出了另一个尧、舜、禹传位路线，从两个方面否定儒墨两家的禅让思想。

　　一是认为尧、舜、禹禅让的说法是儒墨编造，实际上没有这么回事，尧、舜、禹都是用武力而不是靠禅让来取得王位的。如："舜逼尧，禹逼舜，汤放桀，武王伐纣。此四王者，人臣弑其君者也，而天下誉之。"（《韩非子·说疑》）"夫尧之贤，六王之冠也，舜一从而咸包，而尧无天下矣。"（《韩非子·难三》）"尧欲传天下于舜，鲧谏曰：'不祥哉！孰以天下而传之匹夫乎！'尧不听，举兵而诛，杀鲧于羽山之郊。共工又谏：'孰以天下而传匹夫乎！'尧不听，又举兵而诛共工于幽州之都。"（《韩非子·外储说右上》）"汤以伐桀，而恐天下言己为贪也，因乃让天下以务光。而恐务光之受之也，乃使人说务光曰：'汤杀君而欲传恶声于子，故让天下于子。'务光因自投于河。"（《韩非子·说林上》）

　　《吕氏春秋·行论》说："尧以天下让舜。鲧为诸侯，怒于尧曰：'得天之道者为帝，得帝之道者为三公。今我得地之道，而不以我为三公。'以尧为失论，欲得三公。怒甚猛兽，欲以为乱。……召之不来，仿偟于野，以患帝舜。于是殛之于羽山，副之以吴刀。"此篇应是据法家文献与传说所编写。

　　二是认为古代为王者太苦，都不乐意居王位，古人禅让是出于物质利益的考虑而不是古人的道德品质有多么高尚："尧之王天下也，茅茨不翦，采椽不斫。粝粢之食，藜藿之羹。冬日麑裘，夏日葛衣。虽监门之服养，不亏于此矣。禹之王天下也，身执耒臿，以为民先。股无胈，胫不生毛。虽臣虏之劳，不苦于此矣。以是言之，古之让天子者，是去监门之养而离臣虏之劳也，古（故）传天下而不足多也。今之县令，一日身死，子孙累世絜驾，故人重之。是以人之于让也，轻辞古之天子，难去今之县令者，薄厚之实异也"，所以"轻辞天子，非高也，势薄也；争土橐，非下也，权重也"。（《韩非子·五蠹》）这很像是对《唐虞之道》禅让理论的回应。

概而言之，上古帝王并没有主动禅让王位之事。如果有放弃王位的情况，要么是被人武力所迫、所杀害，要么是由于为王实在太苦，再也坚持不住。

出土于西晋武帝太康二年（281年）的"汲冢竹书"，其上古先王暴力得王的记载，很像是韩非子的法家前辈所作（《竹书纪年》记录到魏襄王二十年即公元前299年为止）。韩非子应该看到过这批文献。魏国是法家的风水宝地，其对历史的记载也许有其明显的法家特色。《竹书纪年》对尧、舜、益、启处理王位的记载与儒墨的说法完全相反。在它的古史系统中，尧并没有禅位于舜，而是舜用武力袭取："舜放尧于平阳"；"尧之末年，德衰，为舜所囚"。益启之间也不是和平了结，"益干启位，启杀之"。伊尹与太甲、文丁与季历、共伯和为政也不是如传统所记载的那样彬彬有礼，而是暴力相加："仲壬崩，伊尹放大甲于桐，乃自立"；"伊尹即位，放大甲。七年，大甲潜出自桐，杀伊尹，乃立其子伊陟、伊奋，命复其父之田宅而中分之"；"文丁杀季历"；"共伯和干王位"；"共和十四年，大旱，火焚其屋，伯和篡位立。秋，又大旱"。

对于法家否定有尧舜禅让事实这一说法，清代崔述进行了反驳。他在《丰镐考信录·卷八》中说："古人让国，常事耳，不足异也。宋襄公尝让子鱼矣，韩无忌尝让起矣，即吴诸樊亦尝让季札矣。春秋时犹有以兄弟为贤而让之者，况商、周之际淳朴之世哉！且有人非但让国也，即授官亦多有让者。禹、垂·益、伯夷之让，不待言矣，春秋之世，齐鲍叔让相于管仲，卫免馀让卿于大叔仪，鲁匡句须让宰于鲍国，晋大夫之让军帅者尤不可一二数。是知让本古人常事，不必有所为不得已而后让也。但自战国以后，人唯知有利而不知有义，争国者多，让国者少，遂以古人之让为异，往往揣度附会，曲为之说。故见益之不有天下，则意度之以为禹传启也，不则以为启杀益也；见伊尹之不有天下，则意度之以为大甲潜出自桐而杀之也；见泰伯之长而不为周君，则意度之以为太王欲传圣孙，泰伯知而逃也。后人之说古人，大抵皆如是矣。"认为上古时期，让国是常事。战国人知利不知义，争国者多、让国者少，故而推测古人无禅让事。这切中了法家否定禅让的要害。当然，法家反对禅让，一是其理论背景所决定，二是为法家的现实取向所决定。法家主张君主高度集权，用"术"用"势"用"法"，又怎么会主张君主放弃王位呢？

崔述在《补上古考信录·卷下》中论述三代以前的帝王相承时，又补充说道："盖凡说上世者皆以后世例之，故以为相承不绝。不知古之天子无禅无继，有一圣人出焉，则天下皆归之而谓之帝，圣人既没则其子孙降而夷为诸侯；又数十百年复有圣人出则天下又归之，如是而已。自唐虞逮夏初，天子相继，而天下之局始一变。"崔述意为，在三代之前帝王不一定能相承，故无禅让之事，有圣人则王天下，无圣人则天下自生自灭，不是如战国之编造者所编的那样有明确的帝王传授系统。崔述对上古帝王禅让的态度，又向后退了一步。

5. 重王道社会的礼义本色，轻王道社会的禅让形式：荀子的禅让观

荀子对禅让的总体思想是：对禅让持肯定态度，认为在古代有过尧舜禹的禅让事实，内心渴望禅让在战国也能成为现实，这在他的歌赋《荀子·成相》中有淋漓的表现。但燕国禅让遭受各国干涉而国破的残酷现实，又使荀子对一些只会夸谈"礼仪禅让"而不关注禅让本质属性的行为表示厌恶，故而干脆否定他们的形式禅让，强调真正的王道天下，行的是礼义为本、德法兼施，而不是什么形式上的禅让。王道不在禅让，而在德礼法兼治。人们不能因为聚光于君王的更替形式而忽视对王道社会核心内容的关心。所以在《荀子·正论》中多用理想之圣王来批驳禅让，肃清有害于实现王道社会的"奸言"与"虚言"。

　　杨永俊认为荀子在禅让问题上陷入理想主义与现实主义的相互矛盾中，笔者认为荀子没有这个矛盾。从表面看，荀子有赞颂禅让处，也长篇大论地否定尧舜禅让，有矛盾。但实质上，荀子批的是礼仪禅让，是防止浅陋之人用禅让来等同王道社会。禅让不能带来王道社会，只有德礼法兼行才能实现天下的有序。

　　《荀子》一书共有三处涉及禅让，这三篇文章按各家研究都是荀子自身思想的体现。这三篇有两篇认可禅让，一篇否定禅让。

　　（1）认可并赞成禅让，在《荀子·儒效》、《荀子·成相》篇

　　《荀子·儒效》篇："武王崩，成王幼，周公屏成王而及武王，以属天下，恶天下之倍周也。履天子之籍，听天下之断，偃然如固有之，而天下不称贪焉。……周公屏成王而及武王以属天下，恶天下之离周也。成王冠，成人，周公归周反籍焉，明不灭主之义也。周公无天下矣。乡有天下，今无天下，非擅也。成王乡无天下，今有天下，非夺也，变势次序节然也。"此处之"擅"，是"禅让"之意。荀子在这里称赞周公无论是"以枝代主"为天子，还是成王年长后归天子之位给成王，都是为了周之礼制、周之天下，所以他是大儒。荀子认为周公归天子之位并不是"禅让"，周公只是暂时为位，并非是想长久占据。周公之为，只是一个小插曲，所以不存在"禅"与"夺"，"天下厌然犹一也"。

　　《荀子·成相》："请成相，道圣王，尧舜尚贤身辞让。许由善卷，重义轻利，行显明。尧让贤，以为民，氾利兼爱德施均，辨治天下，贵贱有等，明君臣。尧授德，舜遇时，尚贤推德天下治。虽有贤圣，适不遇世，孰知之？尧不德，舜不辞，妻以二女任以事，大人哉舜，南面而立，万物备。舜授禹，以天下，尚得推贤不失序。"追述尧舜禹尚贤禅让使天下得治的历史，推许上古先王之徒。

　　许多人因为此篇有尧舜禹禅让之说、与《荀子·正论》中有异，就怀疑此赋非荀子所作。其实不然。此篇虽与荀子对战国禅让的态度有别，但作为

个人的自嘲与感慨，推崇上世的尚贤禅让，也是很自然的事。荀子称颂上古的禅让之行，也渴望在战国能有这一美好的事物出现，尽管它是多么的不可能。

在《荀子·王霸》中有一段："故国者，世所以亲者也，是惮惮，非变也，改玉改行也。"此"惮"字，杨倞、卢文弨、郝懿行、王先谦等人皆译为"坦"或"敝"意。而梁启雄在注释此段时则认为是"禅"字，即禅让之意。禅让就是非变，是一代传一代的更迭，如蝉脱壳而行，仍是用圣王之法，没有什么变化，同于《荀子·正论》中所说及对禅的理解。本书认为此处译为"禅"不妥，译为"蝉"更恰当。荀子此处之"惮"没有禅让的意思。

（2）荀子否定禅让的文字，在《荀子·正论》篇

在《荀子·正论》中，荀子认为不重实质、不行德礼法兼治，只是讨论禅让这一君主更替形式并视其就是王道社会是很不智的事情。荀子集中力量，否定辩者所说的形式禅让。荀子说："天子者，势位至尊，无敌于天下，夫有谁与让矣？道德纯备，智惠甚明，南面而听天下，生民之属莫不振动从服以化顺之，天下无隐士，无遗善，同焉者是也，异焉者非也，夫有恶擅天下矣？"荀子认为尧舜为天下第一贤能，不可能还会有比他们更贤能的人，尧舜能把天下禅让给谁呢？也就是说，禅让的第一要素是要有圣人、贤能者。

针对辩者说尧舜死后禅让其位于继任者，荀子反驳道："圣王在上，决德而定次，量能而授官，皆使民载其事而各得其宜。不能以义制利，不能以伪饰性，则兼以为民。圣王已没，天下无圣，则固莫足以擅天下矣。天下有圣而在后子者，则天下不离，朝不易位，国不更制，天下厌然与乡无以异也；以尧继尧，夫又何变之有矣？圣不在后子而在三公，则天下如归，犹复而振之矣，天下厌然与乡无以异也；以尧继尧，夫又何变之有矣？唯其徙朝改制为难。故天子生，则天下一隆致顺而治，论德而定次；死，则能任天下

者，必有之矣。夫礼义之分尽矣，擅让恶用矣哉？"

荀子认为，如果圣人之后无圣人，则没有谁有资格接受禅让；如果圣人之后有圣人，无论继任者是三公（包括外姓），还是自己的后代，治理天下的原则没有变更，还是坚持礼义，决德定次，量能授官，各守其责，不越名分，那么，就是以尧继尧，天下没有变化，也就不需要禅让。也就是说，王道社会的要质是"礼义之分尽"，只要做到了这一点，有没有禅让、谁来接任王位都是一样！重要的是社会有礼义、有职分，而不是只注意到王位更迭这一方面的外在禅让形式。

辩者说"老衰而擅"，荀子批驳说："血气筋力则有衰，若夫智虑取舍则无衰"；辩者说"老者不堪其劳而休也"，荀子的批驳显得很理想。荀子说："是又畏事者之议也。天子者势至重而形至佚，心至愉而志无所诎，而形不为劳，尊无上矣。衣被则服五采，杂间色，重文绣，加饰之以珠玉；食饮则重大牢而备珍怪，期臭味，曼而馈，伐皋而食，雍而彻乎五祀，执荐者百余人，侍西房；居则设张容，负依而坐，诸侯趋走乎堂下；出户而巫觋有事，出门而宗祝有事，乘大路趋越席以养安，侧载睪芷以养鼻，前有错衡以养目，和鸾之声，步中武象，趋中韶护以养耳，三公奉轭、持纳，诸侯持轮、挟舆、先马，大侯编后，大夫次之，小侯元士次之，庶士介而夹道，庶人隐窜，莫敢视望。居如大神，动如天帝。持老养衰，犹有善于是者与？不老者、休也，休犹有安乐恬愉如是者乎？故曰：诸侯有老，天子无老；有擅国，无擅天下，古今一也。"天子所看所听、所衣所食、所行所卧都是天下至美，所以天子形逸心愉，从心所欲而无不达，怎么会有老呢？常人、诸侯怎能比呢？

辩者议论"老衰而擅"的理论何来？《郭店楚墓竹简·唐虞之道》说："古者圣人二十而冠，三十而有家，五十而治天下，七十而致政，四肢倦惰，耳目聪明衰，禅天下而授贤，退而养其生。"又说："顺乎脂肤血气之情，养性命之正，安命而弗夭，养生而弗伤，知天下之政者，能以天下禅矣。"这段话很像是辩者的依据所本，荀子对"老衰而擅"的批评大概也是渊源于此。

对于荀子"天子不老"的叙述，刘宝才认为这太夸张了。宋代叶适也表示不解，在其评《荀子·正论》篇中说："世俗之为说者曰'尧舜禅让'，荀卿明其不然，以为天子至尊，无所与让，故有'以尧继尧'、'以尧易尧'之语；又谓'诸侯有老，天子无老'，'血气筋力有衰，智力取舍无衰'，'持老养衰，莫如天子'。按《书序》'将逊于位，让于虞舜'，《书》记尧舜禅让甚明，而又言'在位七十载，耄期倦于勤'；然则荀卿不信《书》而诋其为世俗之说耶？且必不当禅让何义？以天子之位为持老养衰之地何据？"

虽有夸张，不过荀子此论却也有本。《荀子·君子》篇言道："天子无妻，告人无匹也。四海之内无客礼，告无适也。足能行，待相者然后进；口能言，待官人然后诏。不视而见，不听而聪，不言而信，不虑而知，不动而功，告至备也。天子也者，势至重，形至佚，心至愈，志无所诎，形无所劳，尊无上矣。"说明荀子的"天子不老"思想是一致的！

更有意思的是，荀子在此是继承发挥了慎到的思想——君主无为而让臣子拼命干活。慎到说："君臣之道，臣事事而君无事，君逸乐而臣任劳，臣尽智力以善其事，而君无与焉，仰成而已。故事无不治，治之正道然也。人君自任，而务为善以先下，则是代下负任蒙劳也。臣反逸矣。故曰：君人者，好为善以先下，则下不敢与君争为善以先君矣，皆私其所知以自覆掩。有过，则臣反责君，逆乱之道也。君之智，未必最贤于众也。以未最贤而欲以善尽被下，则不赡矣。若使君之智最贤，以一君而尽赡下则劳，劳则有倦，倦则衰，衰则复反于不赡之道也。是以人君自任而躬事，则臣不事事，是君臣易位也。谓之倒逆，倒逆则乱矣。人君苟任臣而勿自躬，则臣皆事事矣，是君臣之顺。治乱之分，不可不察也。"（《慎子·民杂》）臣子干活而天子无为，当然天子不老！

其实，批评者有误解荀子的地方。荀子说"天子不老"，是相对于"诸侯"、"常人"而言，并不是说天子永远不老、不死。荀子在上一段就承认天子有命终去世的时候。荀子说"天子不老"并没有夸诞不实的地方。

为什么说"有擅国，无擅天下"？荀子认为："天下者，至重也，非至强莫之能任；至大也，非至辨莫之能分；至众也，非至明莫之能和。此三至者，非圣人莫之能尽。故非圣人莫之能王。圣人备道全美者也，是县天下之权称也。"天下非天子取之也，是天下之民自动归附而来的："汤武非取天下也，修其道，行其义，兴天下之同利，除天下之同害，而天下归之也。""故可以有夺人国，不可以有夺人天下；可以有窃国，不可以有窃天下也。可以夺之者可以有国，而不可以有天下；窃可以得国，而不可以得天下。是何也？曰：国，小具也，可以小人有也，可以小道得也，可以小力持也；天下者，大具也，不可以小人有也，不可以小道得也，不可以小力持也。国者、小人可以有之，然而未必不亡也；天下者，至大也，非圣人莫之能有也。"（《荀子·正论》）荀子又强调说："国者，天下之利用也……不得道以持之，则大危也，大累也，有之不如无之。"（《荀子·王霸》）

荀子的意思，天下太大，行礼义之治（王道之治）非圣人不能为之，非圣人不能保有之，故天下不可禅让；但诸侯国为一小点，所以可以禅让。此处是就"禅让"的实质意义——王道社会的体现——来说，而不是前面批驳的仅重禅让的形式。

八、荀子的用人思想

（一）贤能不待次而举，罢不能不待须而废

荀子的尚贤主张，是在历史发展新时期，对儒家尚贤思想的发展，在诸侯竞争，中国即将统一前夕，任用人才极为重要。可以说，政治、经济、军事上的竞争亦表现为人才之竞争，而且人才于某种意义上要起决定作用。此

所以为荀子政治思想方面最为突出尚贤使能的原因。荀子在《王制篇》开头即说：

　　贤能不待次而举，罢不能不待须而废，元恶不待教而诛，中庸之民不待政而化。分未定也，则有昭缪。虽王公士大夫之子孙，不能属于礼义，则归之庶人；虽庶人之子孙也，积文学，正身行，能属于礼义，则归之卿相士大夫。

　　这里所说贤能不待次而举，是指要打破用人论资排辈制度；罢（弱不任事者）不能（不具备德才者）不待须而废，亦是指进退人才不以资格或出身为限制。这里所说"分未定也，则有昭缪"，据杨倞解："缪读为穆，父昭子穆。言为政当分未定之时，则为之分别使贤者居上，不肖居下，如昭穆之分别，然不问其世族。"王先谦和刘师培均赞同杨倞说。这里值得特别注意的是荀子所说王公之子孙可降为庶人，庶人之子孙可升为卿相士大夫。荀子这种尚贤思想标志着战国时期贵族世袭制度已被打破，反映战国时期社会阶级结构的变化，体现出时代精神。随着旧贵族的没落，大批平民有军功者被提升充实官僚机构，如韩非所说："明主之吏，宰相必起于州部，猛将必发于卒伍。"这说明新兴封建制度的确立和旧贵族世袭制度退出历史舞台已成为历史趋势。

　　为说明尚贤使能的重要意义，荀子还说：

　　至道大形，隆礼至法则国有常，尚贤使能则民知方，慕论公察则民不疑，赏克罚偷则民不怠，兼听齐明天下归之；然后明分职，序事业，材技官能，莫不治理，则公道达而私门塞矣，公义明而私事息矣。

　　此所说"至道"指君道而言，君道之大者在于隆礼至法，尚贤使能，这是强调隆礼和尚贤并重，所谓尚贤使能而民知方，是指贤能在位而能导民有方，使人民知道向往的方向。此处所说赏克罚偷，克为免字之误，通勉，赏克为鼓励勤勉，罚偷，为惩罚偷惰。所说兼听齐明，以及明分职，序事业，材技官能等，皆与尚贤使能相关，而这些事做好了便可以"公道达而私门塞"、"公义明而私事息"，均具有奖赏新贵而限制旧贵族的意义，新贵即由庶人选拔上来的人才。荀子强调尚贤首先要选好宰相，他说：

为人主者，莫不欲强而恶弱，欲安而恶危，欲荣而恶辱，是禹桀之所同也。要此三欲，辟此三恶，果何道而便，曰：在慎取相，道莫径是矣。故知而不仁，不可；仁而不知，不可；既知且仁，是人主之宝也，而王霸之佐也。不急得，不知；得而不用，不仁。无其人而幸有其功，愚莫大焉。

此所说欲强，欲安，欲荣，指富国强兵而扩展争雄事业。而要实现此事业，首先在于慎取相，这说明尚贤使能并非仅指一般进退人才，而是要选用治国安邦的大贤大才，而这种大才又必须德才兼备。知而不仁，只有才而无德不可；仁而不知，只有德而无才亦不可；必须德才兼备，既仁且知，才是人主之宝，而委以王佐之任。而人主不急于选用大贤亦为不智，得到大贤而不任用，亦为不仁。如此，而希望侥幸于无其人而得其功，那是最愚蠢不过的。荀子又说：

取人之道，参之以礼；用人之法，禁之以等。行义动静，度之以礼；知虑取舍，稽之以成；日月积久，校之以功。故卑不得以临尊，轻不得以县重，愚不得以谋知，是以万举不过也。

此说参之以礼，是说以礼义鉴别人才，是选人重德；所说禁之以等，是说量才录人，使人尽其才；度之以礼，是以礼观察其行为和修养；稽之以成，看其智慧才能之实效；校之以功，以日积月累看其成就如何。这样做，既可以不使贤才失用，亦可以避免滥竽充数，这是选用人才最有效的方法。荀子又说：

故校之以礼，而观其能安敬也。与之举措迁移，而观其能应变也。与之安燕，而观其能无流慆也。接之以声色权利忿怒患险，而观其能无离守也。彼诚有之者与诚无之者，若白黑然，可诎邪哉！故伯乐不可欺以马，而君子不可欺以人，此明王之道也。

这些都是选用人才重视考核的方法，校之以礼观其安敬，安敬指安于礼敬于礼而丝毫不苟；举措迁移，观其应变，是考察其应付事物发展变化之能力；处安燕时，看其是否流慆，流慆即流淫；而于声色权利忿怒患险等等方面，可以看出一个人的操守品质。这些考核做好了，则人才之高下便可判别，如同白黑那样分明，贤不肖自不易混杂了。此乃明王用人之道。荀子又说：

> 人主欲得善射，射远中微者，县贵爵重赏以招致之。内不可以阿子弟，外不可以隐远人，能中是者取之，是岂不必得之之道也哉！虽圣人不能易也。欲得善驭速致远者，一日而千里，县贵爵重赏以招致之。内不可以阿子弟，外不可以隐远人，能致是者取之，是岂不必得之之道也哉！虽圣人不能易也。

这里所说人主欲得善射，射远中微；欲得善驭速致远，一日千里。要选用这样的人才，必须悬贵爵重赏，敢于委以重任。而在选用人才时，内不阿子弟，外不隐远人，此乃指要打破任人唯亲的世袭制度，是法不阿贵在任用人才方面的体现。荀子强调得人之道必须如此，而说虽圣人不能易也，亦可看出当时贵族世袭制度已处于瓦解状态。这是荀子尚贤思想之新的重要内容。荀子总结历史经验，说明新时代的任人以公对治乱兴替之重要，他说：

> 欲治国驭民，调壹上下，将内以固城，外以拒难，治则制人，人不能制也；乱则危辱灭亡可立而待也。然而求卿相辅佐，则独不若是其公也，案唯便嬖亲比己者之用也。岂不过甚矣哉！故有社稷者，莫不欲强，俄则弱矣；莫不欲安，俄则危矣；莫不欲存，俄则亡矣。古有万国，今有数十焉，是无它故，莫不失之是也。

这里所批评的唯便嬖亲比己者之用，仍在于批评旧的世袭制度。他将国之安危归为选用卿相，自古以来多因选任卿相不公而信用便嬖亲比者使国家遭致灭亡。荀子将问题提到如此高度，亦在于认定应在庶人中选用人才的新制度，而否定贵族世袭之旧制度。荀子说：

> 夫文王非无贵戚也，非无子弟也，非无便嬖也，偶然乃举太公于州人而

用之，岂私之也哉！以为亲邪？则周姬姓也，而彼姜姓也；以为故邪？则未尝相识也；以为好丽也，则夫人行年七十有二，辉然而齿堕矣。

荀子是在为选用人才以贤不以亲寻找历史根据，他以太公起于州人与姬姓贵族无血缘关系，证明于庶人当中选拔卿相古已有之。荀子还说：

故刑当罪则威，不当罪则侮；爵当贤则贵，不当贤则贱。古者刑不过罪，爵不逾德，故杀其父而臣其子，杀其兄而臣其弟，刑罚不怒罪，爵赏不逾德，分然各以其诚通。是以为善者劝，为不善者沮；刑罚綦省而威行如流，政令致明而化易如神。

此所说古者刑不过罪，爵不逾德，亦是借古说今，此种严赏罚而不问出身，接近于法家主张。为否定旧贵族世袭制度，荀子还明确反对"以族论罪"和"以世举贤"，他说：

乱世则不然，刑罚怒罪，爵赏逾德，以族论罪，以世举贤。故一人有罪，而三族皆夷，德虽如舜，不免刑均，是以族论罪也。先祖当贤，后子孙必显，行虽如桀纣，列从必尊，此以世举贤也。以族论罪，以世举贤，虽欲无乱，得乎哉！

以族论罪和以世举贤，均和旧贵族世袭制度有关。荀子指出以族论罪，一人有罪而诛夷三族，德虽如舜，不能免于难；而以世举贤，倚仗祖先荫庇而列居显要，行如桀纣，而犹居皇位。此世之所以为乱的深刻教训。荀子批评当时诸侯不能真正用贤，他说：

人主之患，不在乎不言用贤，而在乎不诚必用贤。夫言用贤者，口也；却贤者，行也。口行相反，而欲贤者之至，不肖者之退也，不亦难乎！夫耀蝉者务在明其火、振其树而已。火不明，虽振其树无益也。今人主有能明其德，则天下归之若蝉之归明火也。

这是强调君主尚贤必须言行一致，特别是要在行动上敢于破格选拔人才，而不能爱贤嫉贤，口称用贤而行动上又不真正用贤，这样便不可能进贤退不肖。荀子以明火耀蝉为例，认为君主如能明其尚贤之德，而求才若渴，则天下贤才归之如蝉之归明火。荀子这些说法，生动而深刻地表现出儒家尚贤之气魄。

（二）贤者与儒

荀子所说贤才当然是指儒者，例如他和秦昭王的对话：

孙卿子

秦昭王问孙卿子曰：儒无益于人国？孙卿子曰：儒者法先王，隆礼义，谨乎臣子而致贵其上者也。人主用之，则势在本朝而宜；不用，则退编百姓而悫，必为顺下矣。虽穷困冻馁，必不以邪道为贪；无置锥之地，而明于持社稷之大义。鸣乎而莫之能应，然而通乎财万物，养百姓之经纪。势在人上，则王公之材也；在人下，则社稷之臣，国君之宝也。虽隐于穷阎漏屋，人莫不贵之，道诚存也。

这是对儒者的学问、能力、道德、人格所作的全面解说。儒者明于持社稷之大义，通乎财万物养百姓之经济，这是从学问和才能对儒者进行评价；儒者通晓礼义制度，于政治、经济皆善于治理。所说儒者谨乎臣子而致贵其上，即事君以忠而尊贵其上，进可为官，退可为民，虽穷困冻馁亦不入于邪道，这是从道德人格上评价儒者。所说势在人上则王公之材，如禹汤文武周公；在人下则社稷之臣、国君之宝，如伊尹、太公、孔子。而所说噪（叫）呼莫之能应和隐于穷阎漏屋，指儒者之不得势，如同仲尼、子弓。然而虽不得势，而人莫不贵之，是因儒者明道，即明治天下之道。荀子是站在实行王道以统一天下的高度评价儒者作用的，他认为统一天下要依靠大儒，天下统一之后要得到巩固，也要依靠大儒。而周公那样便是大儒之典范，他说：

因天下之和，遂文武之业，明枝主之义，抑亦变化矣，天下厌然犹一也，非圣人莫之能为，夫是之谓大儒之效。

此所说因天下之和，是指周灭殷取天下之后，武王崩，成王幼，周公继承文王武王未竟事业，辅佐幼主成王继续完成和巩固统一大业。所谓明枝主之义，枝指周公为臣，主指成王为君，是指周公明君臣大义，辅佐幼主成王矢志不渝，这是圣人和大儒才能够做得到的。这里也可以看出，大儒即是如同周公那样的圣人。荀子又说：

造父者，天下之善御者也，无舆马则无所见其能；羿者，天下之善射者也，无弓矢则无所见其巧；大儒者，善调一天下者也，无百里之地，则无所见其功。舆固马选矣，而不能以至远一日而千里，则非造父也；弓调矢直矣，而不能以射远中微，则非羿也。用百里之地，而不能以调一天下，制强暴，则非大儒也。

这里以造父善御，必须要有舆马，即必须具备舆马的条件；羿善射，必须要有弓矢，即必须具备弓矢的条件；大儒善于治理天下，亦必须有百里之地为条件。大儒要统一天下，缺少基本的实力，如土地、人民、军队，也是不成的。这也说明，荀子不是空谈理想，而是比较重视实际。但是他认为，只要条件具备了，大儒就应当发挥他所应发挥的效用。例如有了坚固的车和优良的马，而不能致远，一日行千里，那就不是造父了；有了好的弓矢，而不能射远中的，那就不是羿了；大儒亦然，有了百里之地为根基，而不能统一天下遏制强暴，亦不配做大儒。荀子褒扬大儒，还将儒区分为大儒、雅儒和俗儒三种。对于大儒，荀子说：

法先王，统礼义，一制度，以浅持博，以古持今，以一持万。苟仁义之类也，虽在鸟兽之中，若别白黑。倚物怪变，所未尝闻也，所未尝见也，卒然起一方，则举统类而应之，无所疑怎（疑作），张法而度之，则奄然若合符节，是大儒者也。

此所说法先王，杨倞注先王当为后王。不过荀子有时所说后王与先王具有相同意义，他亦推崇三代政治，所说先王即指三代，如说："王者之制，道不过三代，法不贰后王。"（《王制》）统礼义，一制度，是荀子经常强调的，此所说统是指全面周到贯彻礼义，而制度上要逐渐划一，自是要求适应即将实现的天下统一的形势。所说以浅持博，以古持今，以一持万，是指类推，即对未尝闻见事物进行类推，此亦所谓举统类以应之，统类指科学分类，举统类以应之，是用已掌握的科学分类知识，去推知未知事物。大儒学问博大，故能在推类时无所疑怍，而由推类所获知识，其准确性若合符节。这里荀子强调了礼义、制度、仁义这些类的概念范畴在类推中的重要作用。对于雅儒，荀子说：

> 法后王，一制度，隆礼义而杀《诗》《书》。其言行已有大法矣，然而明不能齐，法教之所不及，闻见之所未至，则知不能类也。知之曰知之，不知曰不知，内不自以诬，外不自以欺，以是尊贤畏法而不敢怠傲，是雅儒者也。

此所说雅儒与大儒在学术宗旨方面有一致处，如法后王，一制度，隆礼义，而杀《诗》、《书》，杀《诗》、《书》指能运用和取舍《诗》、《书》。雅儒虽大体上接近大儒，其程度则较大儒低。这里所说"明不能齐"，"齐"据俞樾考，应读为"济"，指其明慧尚不能济其法教有所不及、闻见所未至，即科学分类知识不足，推类的能力还差。雅儒虽有这些局限，但他们能内不诬己外不欺人，知之曰知之，不知曰不知，尊贤才守法度，兢兢业业，这说明雅儒虽知识能力不及大儒，然而具有儒者所应具有的德行，这是儒家论人才要德才兼备，而以德为先的思想。对于俗儒，荀子批评十分严厉，他说：

> 略法先王，而足乱世术，缪学杂举，不知法后王而一制度，不知隆礼义而杀《诗》《书》，其衣冠行伪已同于世俗矣，然而不知恶者，其言议谈说已无以异于墨子矣，然而明不能别，呼先王以欺愚者而求衣食焉，得委积足以掩其口，则扬扬如也，随其长子，事其便僻，举其上客，患然若终身之虏而不敢有他志，是俗儒者也。

所谓略法先王而足乱世术，略是粗略、浅薄之意，这样，他们打着法先王的旗号，自是为害于世了。缪学杂举，自是指学术上杂乱无章。这里批评俗儒甚是厉害，俗儒在学术上浅薄无知，不真正懂得法先王，学问杂乱无章，当然谈不上法后王一制度，隆礼义杀《诗》《书》了。而其人格卑下，已同于庸俗，而不知自省，其言说与墨子无异，而不能辨别。荀子将俗儒之不学无术与墨子之言谈论说相提并论，表明他与墨子学派上的对立。可见荀子批评俗儒亦包含有学派上之对立，有门户之见的味道，例如他以略法先王而不知其统批评子思孟轲学派即可得到证明，是鄙视墨家之意。总之，荀子对俗儒十分疾恶，所说随其长子，事其便僻，举其上客，是指巴结吹捧贵族及其亲信和宾客，安于奴虏地位而没有独立的人格。当然人格如此，受到荀子俗儒之讥，自无什么话可说，不过，这些批评已超乎争论本身，而不限于学术上分歧的意义了。

荀子认为，当时要巩固国家或争夺天下，就必须任用雅儒和大儒，他说：

用雅儒则千乘之国安；用大儒则百里之地久，而后三年，天下为一，诸侯为臣；用万乘之国则举错而定，一朝而伯。

这是说，用雅儒可使诸侯强盛，用大儒可以统一天下，雅儒大儒皆属命世之才，上可以王，下可以霸。在诸侯竞争之际，退必须安一国，进则应安天下。安一国要用雅儒；安天下则要任大儒。大儒便是仲尼、子弓那样的圣人，荀子则认为自己是得仲尼、子弓真传者。

（三）致士和任臣

战国时期，士阶层日益壮大，活跃于政治、经济、军事各领域。荀子所说士，基本是儒者，他对士作了区分，他说：

有通士者，有公士者，有直士者，有悫士者，有小人者。上则能尊君，下则能爱民，物至而应，事起而辨，若是则可谓通士矣。不下比以暗上，不上同以疾下，分争于中，不以私害之，若是则可谓公士矣。身之所长，上虽不知，不以悖君；身之所短，上虽不知，不以取赏；长短不饰，以情自竭，若是则可谓直士矣。庸言必信之，庸行必慎之，畏法流俗，而不敢以其所独甚，若是则可谓悫士矣。言无常信，行无常贞，唯利所在，无所不倾，若是则可谓小人矣。

荀子将士区别为通士、公士、直士、悫士，其区分标准，是以儒家道德为依据，因此，可以说他所说士即儒士，通士接近通儒，上能尊君，下能爱民，乃是儒家从政的基本要求；所谓物至而应，事起而辨，指通儒认识事物和治辨事物的能力。所说公士、直士、悫士，亦均是从儒家所应具备的道德而区分；公士不欺上压下，不徇私废公；直士不矫情，不邀宠，不以个人进退为怀；悫士诚实信用，不敢随从流俗而又不敢自以为是。这里荀子对士和小人作了区分，小人言无信用，行不端正，唯利是图，什么坏事都做得出。这样区别士与小人，主要是要求当政者选士要慎重。荀子还说："公生明，偏生暗，端悫生通，诈伪生塞，诚信生神，夸诞生惑。此六生者，君子慎之，而禹、桀所以分也。"此所说公、端悫、诚信是指公士、直士、悫士所具有之品质；偏、诈伪、夸诞，是指小人所具有之品质。其于表现必有明、通、神和暗、塞、惑之区别，而此亦禹、桀之所以分别。前者为君子，后者为小人。这里要从哲理上证明君子小人之区别，而要君子慎之，即选士时要明察优劣。荀子还提出要区别人臣，他说：

人臣之论：有态臣者，有篡臣者，有功臣者，有圣臣者。内不足以使一民，外不足使距难，百姓不亲，诸侯不信，然而巧敏佞说，善取宠乎上，是态臣者也。上不忠乎君，下善取誉乎民，不恤公道通义，朋党比周，以环主图私为务，是篡臣者也。内足以使一民，外足使以距难，民亲之，士信之，上忠乎君，下爱百姓而不倦，是功臣者也。上则能尊君，下则能爱民，政令教化，刑下如影，应卒遇变，齐给如响，推类接誉，以待无方，曲成制象，是圣臣者也。

这里区别了态臣、篡臣、功臣、圣臣。态臣内不足团聚民众，外不足排拒国难；对内百姓不亲附，对外诸侯不信服；然而善于阿谀谄媚，以取得君上的宠爱。篡臣对上不忠于君，对下则善于骗取人民称誉，不怜恤公道，不遵守通义，拉帮结党，以营惑君心图谋私利为务。功臣内足以团结人民，外足以排拒国难，民众亲附，士人信服，上忠于君，下爱百姓而不倦怠。圣臣上能尊君，下能爱民，其推行政令和进行教化，如影之随形，立竿见影；其应付突然事变，效果敏捷，速如回声；所谓推类接誉，推类即类推，荀子极重演绎推理，接誉，即接与，推类接誉即指推类以认识事物，情势虽变化无方，而因掌握统类，亦能曲折而成制度法数，这是因为圣臣学问渊博而智能杰出。以上态臣、篡臣和功臣、圣臣之别亦是奸臣和忠臣之别。治国而区别忠臣和奸臣至关重要。荀子说：

故用圣臣者王，用功臣者强，用篡臣者危，用态臣者亡。态臣用，则必死；篡臣用，则必危；功臣用，则必荣；圣臣用，则必尊。

荀子所说功臣、圣臣实际是雅儒、大儒，这也说明，荀子是站在儒家推行王道的立场区别忠臣和奸臣，此为以功臣、圣臣和态臣、篡臣进行褒贬的根据，他又说：

齐之苏秦，楚之州侯，秦之张仪，可谓态臣也。韩之张去疾，赵之奉阳，齐之孟尝，可谓篡臣也。齐之管仲，晋之咎犯，楚之孙叔敖，可谓功臣矣。殷之伊尹，周之太公，可谓圣臣矣。是人臣之论也，吉凶贤不肖之极也，必谨志之而慎为择取焉，足以稽矣。

荀子区别态臣、篡臣、功臣、圣臣，将战国以来各国卿相，如苏秦、州侯、张仪、张去疾和奉阳君、孟尝君等归为态臣、篡臣，未必恰当；然而反映出他崇仁义王道而黜权谋霸道的立场，他贬苏秦等人之权谋，而肯定管仲、咎犯、孙叔敖等人尊王攘夷和忠君爱国之功；推尊伊尹、太公在统一天下和巩固天下的作用。他认为要成就王业，就要选用伊尹、太公那样的圣臣；而要成就霸业则要选用管仲、咎犯、孙叔敖那样的功臣。荀子强调区别忠臣，认为要治国安邦，国家必须要有谏、争、辅、拂之臣，他说：

从命而利君谓之顺，从命而不利君谓之谄；逆命而利君谓之忠，逆命而不利君谓之篡；不恤君之荣辱，不恤国之臧否，偷合苟荣以持禄养交而已耳，谓之国贼。君有过谋过事，将危国家、陨社稷之惧也，大臣、父兄有能进言于君，用则可，不用则去，谓之谏；有能进言于君，用则可，不用则死，谓之争；有能比知同力，率群臣百吏而相与强君矫君，君虽不安，不能不听，遂以解国之大患，除国之大害，成于尊君安国，谓之辅；有能抗君之命，窃君之重，反君之事，以安国之危，除君之辱，功伐足以成国之大利，谓之拂。

张仪

这里所说顺命或逆命，皆以利君或不利君为区分标准，利君乃尊君之义，而利君与利国利民相一致，顺命有利于君上和国家则顺命为名副其实；如果顺命而不利于君上和国家，那就是谄媚；逆命利于君上国家，则逆命即不顺君命亦不失为忠的表现；而逆命不利君上和国家那样逆命便成篡夺了。因此，荀子将不恤君之荣辱与不恤国之臧否并提，而认为持禄养交者，即保持高官厚禄而又私结外交者，谓之国贼，危害甚大。荀子这样说，正是在于说明国家要有谏、争、辅、拂之臣之重要，所谓谏臣是指君有过能劝谏，君不听则去；所谓争臣，是指君有过能谏争，甚至冒杀头之危险而不惧；所谓辅臣，是指合智同力率群臣百吏以匡正矫正国君过失，使君主迫于情势而不能不听，从而使国之大患大害得到解除，而使君得以尊，国得以安；所谓拂臣，指在危难中，敢于违抗君命，而握国家重权，纠正君主错误，使国家转危为安，而雪除君辱，功成而使国家大利得到维护。这些说明，谏、争、辅、拂之臣，关系国家社稷之安危，这是儒家所主张的做官的精神，而成为

荀子诠解

荀子思想综述

区分忠奸的尺度。荀子说:

　　故谏、争、辅、拂之人,社稷之臣也,国君之宝也,明君之所尊厚也,而暗主惑君以为己贼也。故明君之所赏,暗君之所罚也;暗君之所赏,明君之所杀也。伊尹、箕子可谓谏矣;比干、子胥可谓争矣;平原君之于赵可谓辅矣;信陵君之于魏可谓拂矣。传曰:"从道不从君。"此之谓也。

　　谏、争、辅、拂之臣能容于明君,而不能容于暗君,其强君矫君之时,明君虽亦有不安,然而大义所逼而能听信。暗君则不然,以忠臣为己贼,故不能容,如伊尹之谏太甲,箕子、比干之谏纣,子胥之谏吴王夫差,皆受到暗君迫害,甚者杀身灭家。而赵国的平原君,魏国的信陵君,均于国内敢于坚持正义,而于国外抗拒强秦,保卫国家于危难之际,为社稷之臣,故受到荀子称赞。此处所引传曰"从道不从君",是对孔子"以道事君"思想之发扬。荀子又说:

　　有大忠者,有次忠者,有下忠者,有国贼者。以德覆君而化之,大忠也;以德调君而辅之,次忠也;以是谏非而怒之,下忠也;不恤君之荣辱,不恤国之臧否,偷合苟容以持禄养交而已耳,国贼也。若周公于成王,可谓大忠矣;若管仲之于桓公,可谓次忠矣;若子胥之于夫差,可谓下忠矣;若曹触龙之于纣者,可谓国贼矣。

　　荀子区分大忠、次忠、下忠,仍在于提倡谏、争、辅、拂以矫正君之过失,而使国家社稷不受损失。他所说大忠以德覆君,"覆"原为"复",据俞樾说改。以德覆君,是以大德感化君主,使其行事无不以德。所说次忠以德调君而辅之,"辅"原为"补",据郝懿行说改。以德调君,是以德为准调整君主行事而辅佑之。不能以德覆君或以德调君,而能对君主过失敢于进谏不怕激怒君主,则亦可以归为下忠。如果不怜惜君上之荣辱,不怜惜国家之得失,而唯利禄是图,交朋结党,则为国贼。荀子区分大忠、次忠、下忠,是由忠君所生效果而言,周公为大忠,管仲为次忠,子胥为下忠,至于忠君这一原则在任何情况下均不能有丝毫削弱或动摇。因此,荀子又一次强调忠奸之区别，褒周公、管仲和伍子胥之外，又斥纣之臣曹触龙为助君为虐之国贼。

（四）退奸进良之术和持宠、处位、终身不厌之术

荀子为识别忠奸，以进贤和退不肖，还提出致士之术，他说：

衡听、显幽、重明、退奸、进良之术：朋党比周之誉，君子不听；残贼加累之谮，君子不用；隐忌雍蔽之人，君子不近；货财禽犊之请，君子不许。凡流言、流说、流谋、流誉、流愬，不官而衡至者，君子慎之。

此所说衡听指兼听，兼听则明，故用人必须广泛听取意见；显幽，指不受雍蔽，即用人要明察贤愚，而不受不肖者雍蔽；重明，亦显雍之义，用人必须明鉴。此为退奸进良之术。识别忠奸，切忌偏听偏信，必须洞察其中虚实，对朋比结党诌谀之言，对诬陷加害好人之谮，对妒忌而又雍（壅）蔽君上之人不能亲近，以及贿赂赠送家禽牲畜者，不能上当。凡属于无根据的、不负责任的、别有用心的言谈、议谋、赞誉、挑拨，通过不正当途径而来者，均应慎重对待。荀子认为，要辨真伪，赏罚得当甚为重要，他说：

闻听而明誉之，定其当而当，然后士其刑赏而还与之。如是，则奸言、奸说、奸事、奸谋、奸誉、奸愬莫之试也。忠言、忠说、忠谋、忠誉、忠愬莫不明通，方起以尚尽矣。夫是之谓衡听、显幽、重明、退奸、进良之术。

此所说闻听而后誉之，闻听犹达听，即不受幽蔽，而称誉得当；所说士其刑赏而还与之，士其刑赏，即行其刑赏或出其刑赏，以刑赏对待不肖与贤者。如此则可以杜绝奸言、奸说、奸谋、奸誉、奸愬，而使忠言、忠说、忠事、忠谋、忠誉、忠愬得以畅通，此便是衡听、显幽、重明、退奸、进良之术。荀子的退奸进良之术已有似于法家之"术"。韩非子《难三》云："术者，藏之于胸中，以偶众端而潜御群臣者也。"荀子所说术有时亦夹杂法家此种意义，如荀子说：

便嬖左右者，人主之所以窥远收众之门户牖向也，不可不早具也。故人

主必将有便嬖左右足信者然后可，其知惠足使规物，其端诚足使定物然后可。

荀子在《君道篇》本来反对君主"唯便嬖亲比己者之用"的，然而又强调君主要有便嬖为耳目，这是他思想之矛盾。人主要有便嬖左右为门窗，以窥视群臣是否可靠。这里虽然强调所利用之便嬖左右要有智慧和端诚，然而这种利用便嬖左右以为耳目的做法，并非传统之儒家主张。荀子说："人主无便嬖左右足信者谓之暗"，将君主或明或暗归结为是否有可信任之便嬖左右，此种用"术"主张，不符合儒家精神，便嬖左右多为佞幸小人，如果以便嬖左右为耳目而加以听信，而将国之安危系于便嬖左右，那是很危险的。

荀子还提出与儒家精神不一致的做官之术，即"持宠、处位、终身不厌之术"，他说：

持宠、处位、终身不厌之术：主尊贵之，则恭敬而撙；主信爱之，则谨慎而谦；主专任之，则拘守而详；主安近之，则慎比而不邪；主疏远之，则全一而不倍；主损绌之，则恐惧而不怨。贵而不为夸；信而不处谦；任重而不敢专；财利至则善而不及也，必将尽辞让之义然后受；福事至则和而理，祸事至则静而理，富则施广，贫则用节；可贵、可贱也，可富、可贫也，可杀而不可使为奸也，是持宠、处位、终身不厌之术也。

这一大套讲做官之"术"的言论，将儒家为官之表现都归结为持宠、处位、终身不厌之术了，要终身保住官位，就必须以恭敬谦退去对主上给予的尊贵；必须以谨慎谦虚去对主上给予的信任；必须以尽职明法去对主上的专任；君主亲近时则谨慎顺从；君主疏远时仍保忠贞而不渝；受到君主贬退时，则恐惧而无怨恨……这一切均成了做官之术了。这便和孔、孟"以道事君"的精神相去甚远了。孔子说："所谓大臣者，以道事君，不可则止。"孟子说："古之贤王，好善而忘势；古之贤士何独不然？乐其道而忘人之势。故王公不致敬尽礼，则不得亟见之。"这是说古之贤王好善而不以势（权位）凌人，而古之贤士亦乐其所行之道而不畏有势者，王公虽有势，不敬之以礼，则贤者不可能受其接见的。儒家出仕是为行道，做官并非目的，故道不行则去。荀子提倡儒者持宠、处位、终身不厌之术，与儒家出仕行道精神则背道而驰了。这与荀子自己所提倡的国家要有谏、争、辅、拂之臣的精神也是不一致的。荀子还说：

求善处大重、理任大事、擅宠于万乘之国、必无后患之术，莫若好同之，援贤博施，除怨而无妨害人。能耐任之，则慎行此道也；能而不耐任，且恐失宠，则莫若早同之，推贤让能，而安随其后。如是，有宠则必荣，失宠则必无罪，是事君者之宝而必无后患之术也。

这里所说"必无后患之术"，实际即"终身不厌之术"。为保住自己官位，必须尚贤，举用贤者，这可以除怨不妨害人之进取，而自己能力不及，亦因举用贤能而获得君上放心，这样，有宠必荣，失宠亦不招罪，此种无后患之术，对于做官术，无疑是极为重要了。荀子这样重做官之术，与他所极端重视之尚贤精神也是不一致的。荀子还说：

天下之行术，以事君则必通，以为仁则必圣，立隆而勿贰也。然后恭敬以先之，忠信以统之，谨慎以行之，端悫以守之，顿穷则从之疾力以申重之。君虽不知，无怨疾之心；功虽甚大，无伐德之色；省求多功，爱敬不倦，如是则常无不顺矣。以事君则必通，以为仁则必圣，夫是之谓天下之行术。

荀子将儒术说成向君主邀宠之术，而以事君必通和为仁必圣相联系，实际上是曲解了儒术，儒术所强调者为"君使臣以礼，臣事君以忠"，君臣关系是双向的，臣对君并非单方面顺从或邀宠，因此，事君则必通和为仁则必圣并非相等同的，儒者为臣要格君心之非，以仁义化君，事君通塞与否，皆不能动摇其为仁义宗旨。荀子以为仁则必圣与事君必通混为一谈，这就是极大地降低儒术之尊严了。这些均可以说是荀子思想中的矛盾，是其不好的成分。对此，近人郭沫若曾对荀子批评说：

《荀子》书中又每每言术，如《仲尼篇》的"持宠处位终身不厌之术"，"求善处大重，理任大事，擅宠于万乘之国必无后患之术"；"天下之行术"（行者通也），以及《致士篇》的"衡听显幽重明退奸进良之术"。因而有人说荀子也深深沾染了战国术士的习气，无怪乎他的门人里面有法术专家的韩非出现。在这儿，我觉得有略略替荀子辩护一下的必要。以上所举的那些"术"，读起来有些实在太卑鄙，太乡愿了，特别像"持宠处位终身不厌之术"，实在有点不大像荀子所说的话。

郭沫若怀疑荀子用术思想为后人假借荀子之名窜入荀子著作，他以《荀子·臣道篇》和《仲尼篇》相比较，认为荀子还不至于堕落到用术的程度。郭氏此种评价荀子的态度，可以引起我们注意。我们应当以韩愈对荀子大醇而小疵的评价，识别他思想的长处和短处，而对他思想之局限性以中肯的评价，这将有益于我们全面地评价荀子。

九、荀子的音乐思想和诗赋

（一）乐和同

荀子不仅是一位哲学家，而且还是一位文学家，他对音乐理论和诗赋都有较深研究。他写了专门的音乐理论著作《乐论》；他还用当时通俗的文学形式创作了《成相》和《赋》，来表达自己的政治主张。他的音乐理论和诗赋对汉代有直接影响，对后来中国封建社会的文艺发展也有不可忽视的影响。

荀子的《乐论》是我国先秦时期一篇系统论述音乐理论的重要著作。荀子站在新兴封建地主阶级立场，说明音乐对维护和巩固封建制度的重要作用和意义，从而为儒家的礼乐观提供理论的根据，他说：

夫乐者，乐也，人情之所必不免也，故人不能无乐。乐则必发于声音，形于动静，而人之道、声音动静、性术之变尽是矣。

把音乐说成是人情所必不免，而且必然表现为声音、动静，荀子强调音乐的社会作用，指出音乐是社会人情世故和道德原则的艺术体现。因为音乐是人的社会需要，禁止音乐是不成的，正确的办法是积极地用健康的音乐去引导、陶冶人的性情，使人的行为符合于礼义。这就是他提倡音乐的政治目的。他又说：

故人不能不乐，乐则不能无形，形而不为道，则不能无乱。先王恶其乱也，故制《雅》、《颂》之声以道之，使其声足以乐而不流，使其文足以辨而不思，使其曲直、繁省、廉肉、节奏，足以感动人之善心，使夫邪污之气无由得接焉。是先王立乐之方也。

这里说的乐而不流、辨而不思是指声乐健康明快而不流于邪淫；曲直、繁省、廉肉、节奏是指旋律的高低、刚柔、清浊、节奏均恰如其分。这段话是说音乐的起源是由于节制人们的声色欲望，使之正常发展而不至于乱。这说明荀子对音乐的起源和礼义的起源的解释是一致的。荀子把礼乐都说成由于人们具有天然的物质欲望，这种欲望如果任其自由发展，社会就会发生争夺混乱，因此先王制礼作乐，用礼乐来节制人的欲望，维持社会的秩序。这便是先王立乐之方，方即指道，是先王立乐之道。他又说：

故乐在宗庙之中，君臣上下同听之，则莫不和敬；闺门之内，父子兄弟同听之，则莫不和亲；乡里族长之中，长少同听之，则莫不和顺。故乐者，审一以定和者也，比物以饰节者也，合奏以成文者也；足以率一道，足以应万变。是先王立乐之术也。

音乐起和谐君臣父子兄弟乡族长少关系的作用，这便从音乐的谐和去巩固政权、族权等宗法等级制度。这样便把音乐这一艺术形式和封建主义的伦理规范紧密结合起来，成为儒家文道合一的传统的艺术观。因此荀子又说音乐"足以率一道，足以应万变"，和礼义具有相同的作用和意义。这便是先王立乐之术，此所说术亦是指原则，而非指方法。这种音乐理论对后来封建

荀子思想综述

社会发生了重要影响。西汉初年成书的儒家经典《乐记》，其中一些重要思想即出自荀子的《乐论》。

荀子认为乐的谐和节奏，可激动人的思想意志；配合乐律而舞之盾牌（干）斧头（戚），可以庄严人的容貌；而乐舞的行列（缀兆），可以整齐人的步伐。这样，音乐武装人的精神，出征可以提高士气，对内可以和谐一致，他说：

故听其《雅》、《颂》之声，而志意得广焉；执其干戚，习其俯仰屈伸，而容貌得庄焉；行其缀兆，要其节奏，而行列得正焉，进退得齐焉。故乐者，出所以征诛也，入所以揖让也。征诛揖让，其义一也。出所以征诛，则莫不听从；入所以揖让，则莫不从服。故乐者，天下之大齐也。

所谓"征诛揖让，其义一也"，是说对内的和谐一致是对外取得胜利的保证，而这种符合礼义的节奏乃是音乐陶冶的结果，这里说明了音乐和礼义征伐的辩证关系。战国末年七雄竞争，不同实力各集团间正在进行一场军事上和政治上的大决赛。荀子强调音乐对礼义征伐的辩证关系，就可以推动新兴的封建统治者注重改革政治增强实力，以便在兼并战争中取得统一中国的胜利。他又说："且乐者，先王之所以饰喜也；军旅鈇钺者，先王之所以饰怒也。先王喜怒皆得其齐焉。是故喜而天下和之，怒而暴乱畏之。"

荀子还认为，在上者必须通过音乐去感化人民，才能够得到人民服从而使步调一致，才能将君上之喜怒得齐的意志化为人民的统一行动，才能使国家强盛，所向无敌。他说：

夫声乐之入人也深，其化人也速。故先王谨为之文。乐中平则民和而不流，乐肃庄则民齐而不乱，民和齐则兵劲城固，敌国不敢婴也。

这里的"中平"、"肃庄"是说音乐必须对礼义、法制起到中平和谐和严肃庄敬的作用，并且通过音乐的形式将这种礼义、法制精神渗透到人民当中去，就会使君民上下一致，就能达到富国强兵。荀子又说：

乐者，圣人之所乐也，而可以善民心，其感人深，其移风易俗，故先王导之以礼乐而民和睦。

用乐感化人心，移风易俗，使民和睦，因此，用雅乐陶冶人民而防止淫声邪音以乱雅乐，则十分重要。荀子说："夫民有好恶之情而无喜怒之应，则乱。先王恶其乱也，故修其行，正其乐，而天下顺焉。"这里提出"修其行，正其乐"，即要区别雅乐和邪音，荀子说："姚冶之容，郑卫之音，使人之心淫；绅、端，章甫，舞《韶》歌《武》，使人之心庄。"这些均强调音乐之中平庄敬以与礼义相辅相成之重要。

荀子认为不能丝毫忽视音乐的感化作用，要提倡正声反对奸声而不能放任自流。他说：

凡奸声感人而逆气应之，逆气成象而乱生焉。正声感人而顺气应之，顺气成象而治生焉。唱和有应，善恶相象，故君子慎其所去就也。

这说明奸声和正声均能感人，奸声起而逆气应之，正声起而顺气应之，荀子提出天地间有逆气、顺气，说明音乐亦有其不以人的意志转移之气势，人要认识这种气势，而有去就，即发挥正声，而抵制奸声，这关系到社会治乱问题，故不可不慎重选择。荀子又说：

君子以钟鼓道志，以琴瑟乐心。动以干戚，饰以羽旄，从以磬管。故其清明象天，其广大象地，其俯仰周旋有似于四时。故乐行而志清，礼修而行成，耳目聪明，血气和平，移风易俗，天下皆宁，美善相乐。故曰：乐者，乐也。君子乐得其道，小人乐得其欲。以道制欲，则乐而不乱；以欲忘道，则惑而不乐。故乐者，所以道乐也。金石丝竹，所以道德也。乐行而民乡方矣。

这里比喻音乐清明像天，广大像地，俯仰周旋似于四时，说明乐乃取法天地自然，故音乐可使人心志清明，血气和平，耳目聪明，其表现于社会，则与礼相并，而利于礼之流行，使风俗优美，社会安宁。音乐与礼义相同，均起以道节欲的作用，君子乐道，小人乐欲，以道制欲使欲不离乎道，这即是乐者所以导（道）乐，而金石丝竹等乐器所以导（道）德。有了音乐之陶冶，人民便知道所向往为何了。荀子又说：

且乐也者，和之不可变者也；礼也者，理之不可易者也。乐合同，礼别异。礼乐之统，管乎人心矣。穷本极变，乐之情也；著诚去伪，礼之经也。

乐之和和礼之理，都是不可更改的，都是封建礼义道德所要求的重要原则。乐着重于融合和谐人的性情，所谓"乐合同"；礼着重于严肃宗法等级，所谓"礼别异"。而乐的潜移默化的作用较之礼还要显著。因此，乐是礼的重要补充。

荀子正是站在强调礼乐交互为用的立场对墨翟的"非乐"展开批评的。在《乐论》中，他在阐明每一个道理之后几乎都要质问："而墨子非之，奈何！"他甚至尖锐地批评说："墨子之于道也，犹瞽之于白黑也，犹聋之于清浊也，犹欲之楚而北求之也。"墨子反对奢侈而否定音乐，表现了小生产者狭隘的功利主义，他认为乐器不如舟车对于人们有实用的利益，因而主张"非乐"。其实在人的生活中，舟车和音乐都是不可缺少的。荀子强调音乐艺术为礼义服务，当然对于墨子的"非乐"看作是不辨白黑、不分清浊、不别南北、不符合情理了。

战国末期封建社会的生产力有很大的发展，社会经济的繁荣引起文化艺术（包括音乐）的发达，正像荀子所形容的："声乐之象：鼓大丽，钟统实，磬廉制，竽、笙、箫和，筦籥发猛，埙、篪翁博，瑟易良，琴妇好，歌清尽，舞意天道兼。"这说明，当时已有鼓、钟、磬、竽、笙、箫、筦（管）、籥、埙（陶制吹乐器）、篪等乐器大合奏，诸般乐器抑扬顿挫，刚柔婉转，旋律美妙，体现出大自然的规律。荀子这样高度评价音乐，是他对于音乐这一艺术手段可以强化社会制度的深刻认识。

荀子的音乐观也具有儒家传统的局限，如他提倡《雅》、《颂》、《韶》、《武》，反对"郑、卫之音"，继承孔子"放郑声"的主张。所谓郑、卫之音包容了歌唱男女爱情的民歌成分，历来受到儒家的批判。晋代嵇康不赞同儒家这种主张，曾褒"郑声"为"妙音"，鲁迅赞同他的看法。荀子推崇已失传的《韶》、《武》，强调贵礼乐而贱邪音，甚至说："声，则凡非雅声者举废。"这种文道合一的思想有碍于音乐艺术的发展。后人对儒家的这个传统观念曾评论说："墨子非乐，异乎先王，然后儒亦未闻以乐化天下；是儒即不非乐，而乐同归于废矣。"这是说，儒家虽不赞同墨子非乐，然而后来儒家并不强调以乐化天下，儒家强调音乐要符合礼义之限制，虽不非乐，亦不利于音乐的发展，而与非乐发生相同的效果。

（二）《成相》和《赋》的文学价值

《成相》篇是荀子吸取民歌的形式创作的一种辞赋。"相"是一种鼓乐，鼓面在竹筒的两端，敲打时像是有节奏的舂米送杵声，说明由"相"伴奏的歌乐起源于劳动生产者舂米时伴随送杵的节奏唱的民歌。

《赋》篇是荀子吸取民间谜语形式写成的诗歌，这也是他在艺术上的一种创造。

荀子的词赋对后来社会是有影响的，近代魏源甚至说："荀况氏、扬雄氏，亦皆从诗赋入经术，因文见道。"直接将荀子看作文学家，说他是由文学而入于哲学。宋代大儒朱熹虽批判荀子哲学思想，而对荀子诗赋则十分赞赏，竟说："荀卿诸赋缜密，盛得水住。"

在《成相》篇中，荀子将封建社会的礼义、法治、尚贤等政治主张，结合总结历史治乱的经验，用简洁明白的歌辞表达出来，具有很大的艺术感染力量。

《成相》篇从建立王道统一国家的立场，说明尚贤使能，推行礼义、法治的重要性，并且从总结历史上正反两方面的经验教训，试图探索社会政治变迁的规律，它在荀子著作中占有重要的地位。《成相》篇共五十六章，其中歌辞大都采用三字至六字一韵，接着七字一韵，然后四字一句再七字一韵，每章二十四字。例如：

请成相，世之殃，愚暗愚暗堕贤良。人主无贤，如瞽无相何伥伥！

《成相》篇是用歌辞来阐明政治道理的，即把政治概括为诗歌，其中则贯穿许多形象的譬喻。像上面举例，将君主不尚贤比作盲人没有引路的人（相），必将在政治上迷失方向给国家造成大害。这就形象生动地说明"尚贤"对于推行正确政治主张的重要意义。

荀子还用古代传说和历史故事进行形象比喻，如他为了阐明"尚贤"的重要性，就引用了许多历史故事来加以反复说明。例如：

世之祸，恶贤士，子胥见杀，百里徙，穆公任之，强配五伯六卿施。

吴王夫差受人离间无辜杀死大将伍员（子胥），引起内部叛离，使敌国有可乘之机，结果导致国破家亡，成为历史悲剧。百里奚原为虞国大夫，虞国被晋国灭亡，百里奚被掳作奴隶，后来又沦落楚邦，被秦穆公用五张公羊（羖）皮赎去当上秦国的大夫，他辅佐秦穆公称霸诸侯，做出重大功绩，这个故事成为历史上的"尚贤"美谈。

荀子把历史散文概括为历史歌赋，这在当时更别具一格。他认为通过这种艺术形式总结古今的政治经验，可以起到很好的借鉴效果："观往事，以自戒，治乱是非亦可识。"这可以说是他"托于成相以喻意"的目的。他指出用歌唱（成相）来形象地譬喻，是为了寻找治国的好方法：

凡成相，辨法方，至治之极复后王。慎、墨、季、惠，百家之说诚不详。

荀子为了给新兴封建制度奠定统一的理论基础，"法后王而一制度"，认为慎到、墨翟、季梁、惠施等诸子百家学说都不够完善。他对诸子百家展开批判，扬弃吸取诸子的长处。使他成为集大成的战国末期思想家。

荀子认为封建的礼义、法制是最完善的政治制度，他唱道：

治之经，礼与刑，君子以修百姓宁。明德慎罚，国家既治四海平。

当时礼义、法制作为社会的上层建筑已日趋完整，可使"国家既治四海平"，说明统一的中央集权国家的条件已经成熟。

荀子认为，好的政治可以成为后世效法的楷模，并使其得到不断的发展、完善。他又唱道：

臣谨修，君制度，公察善思论不乱，以治天下，后世法之成律贯。

做臣的谨慎执行法令，做君的主持法令的权宜变革，审慎地思考使政治完善而不乱，后世加以效法，积累起来便成为良好的政治传统。荀子通过成相这一通俗的艺术形式表达了他作为地主阶级思想家的政治远见，这也是他艺术上所达到的显著的成就。

《赋》篇包括五篇《赋》和一篇《佹（音鬼）诗》。五篇《赋》是《礼》、《知》、《云》、《蚕》、《箴》，都是以谜语形式来表达的。

《赋》是诗歌和散文的混合体。《礼》、《知》二赋是说明礼义、法治的重要和歌颂"君子"在制定礼义、法治方面的重要作用。《云》、《蚕》、《箴》三赋是借咏物来抒发作者的抱负和感情的。荀子借咏物精巧地运用了形象比喻的艺术手法。近代思想家兼诗人魏源曾将荀子《赋》和屈原的《离骚》并论，他说：

词不可以径也，则有曲而达焉；情不可以激也，则有譬而喻焉。《离骚》之文，依诗取兴，善鸟、香草以配忠贞，恶禽、臭物以比谗佞，灵修、美人以媲君王，宓妃、佚女以譬贤臣，虬龙凤鸾以托君子，飘风、雷电以为小人，以珍宝为仁义，以水深雪雨为谗构。荀卿赋蚕非赋蚕也，赋云非赋云也。诵诗论世，知人阐幽，以意逆志，始知三百篇（指《诗经》）皆仁圣贤人发愤之所作焉，岂第藻绘虚车已哉！

魏源是以经世致用的观点评论文学的，他赞赏屈原的《离骚》和荀子的《赋》，是因为《离骚》和《赋》均以形象譬喻的艺术手法强烈地抒发了作者对现实政治的见解和感情，是有所发而发，而决非空洞的华丽的辞藻所可比拟。

荀子的《云》赋，正是在于抒发自己广大的抱负。他歌颂云"大参天地，德厚尧禹。精微几毫毛，而大盈乎大宇"。这是在表白他自己像云那样有充塞天地自然的涵量。他又说："天下失之则灭，得之则存"，是借云来描

荀子思想综述

绘"尚贤"的重要。而云行雨施"功被天下而不私置"，他要像云那样发挥功用为实行王道统一中国施展自己的抱负。

特别值得重视的是荀子的《蚕》赋和《箴》赋，其中热情地歌颂了当时科学和生产力的发展，透露出社会政治和物质生产发展的密切联系。战国后期丝织业已成社会经济的重要部门，丝绸成为社会上层人物必需的生活用品。因此引起荀子的重视，启发他寓意于蚕而写了《蚕》赋。他形容说："有物于此，蠡蠡兮其状，屡化如神，功被天下，为万世文。礼乐以成，贵贱以分。"蚕这种没有羽毛的小动物，它的功劳却是"功被天下，为万世文"，不可估量。由丝织业的发展促使荀子对养蚕业的喜爱。荀子对蚕的形象作了生动的艺术描绘："此夫身女好而头马首者与？冬伏而夏游，食桑而吐丝，前乱而后治，夏生而恶暑，喜湿而恶雨。蛹以为母，蛾以为父。三俯三起，事乃大已。"这是非常生动地描绘了蚕的形状、生活习性和成长过程，这种形象生动而又通俗的艺术形式无疑是会为人们特别是劳动者喜闻乐见的。

在《箴》赋中，荀子热情歌颂了铁制的针。由于冶铁的发达引起生产工具和生活用具的革新，荀子形容说："有物于此，生于山阜，处于堂室。"山阜指铁矿，经过冶炼制成小小的铁针，为人缝织。他形容说："无知无巧，善治衣裳"，"日夜合离，以成文章。以能合从（纵），又善连衡。下覆百姓，上饰帝王。"荀子这里用"合纵""连衡"形容针，具有语义双关的意思，说明针在人的生活中具有重要的功能，同时也是借针来形象地譬喻自己的抱负，从帝王到百姓都要穿衣生活，他们都离不开针，而要治理国家也离不开"尚贤"。荀子还对裁缝手中的针作了活灵活现的描绘："无羽无翼，反复甚极。尾生而事起，尾邅（音占）而事已。"穿针引线，盘旋往复，"既以缝表，又以连里。"人们的服饰就是靠小小的针做成的。从巨大的铁块变成巧小的针正是生产力发达的象征。荀子歌颂小小的针也是他重视经济生活的表现。

荀子以通俗的艺术形式歌颂与人民生活有密切关系的蚕和针，将小小的蚕和针同国家政治联系起来，更能启发人们思考，这是他的"礼起于欲"和人类"善假于物"的思想的艺术再现。

《赋》篇后面还有一首《佹诗》，是荀子怀才不遇无法施展自己抱负的发愤之作。当时社会处在大变动时期："天地易位，四时易乡（向）"，正是英雄豪杰显身手的时候。可是由于在位者幽暗，听信谗言，不辨美丑，将螭（音痴）龙为堰蜓（壁虎），鸱枭为凤凰，竟使英雄无用武之地。因此，荀子愤慨地说："比干见刳，孔子拘匡。昭昭乎其知之明也，郁郁乎其遇之不祥也，拂乎其欲礼义之大行也，暗乎天下之晦盲也。"荀子所指可能是当时楚国的政治状况。

十、荀子对先秦诸子思想之批判总结

（一）《非十二子》对先秦诸子思想总结性批判

荀子对先秦诸子学术思想作了总结性批判，写了《非十二子》，他站在统一学术立场，将他认为不利于统一天下之学术思想统统归为异端，而予以强烈批判，他说：

假今之世，饰邪说，文奸言，以枭乱天下，矞宇嵬琐，使天下混然不知是非治乱之所存者有人矣。

这充分反映出荀子强烈要求统一学术思想以利于天下统一的思想，他将诸子争鸣看成饰邪说，文奸言，以枭乱天下。枭乱即浇乱，扰乱之意。矞宇嵬琐，矞与谲同，宇同于，亦诡谲之言，嵬琐即委琐，邪曲琐细之言。这些诡谲琐细之言均为天下制造混乱使得人们不知道是非治乱之分别。这说明荀子批判诸子学说是站在相当的高度，他所说是非治乱，是由行王道以统一天下而言。他说：

纵情性，安恣睢，禽兽行，不足以合文通治；然而其持之有故，其言之成理，足以欺惑愚众，是它嚣、魏牟也。

它嚣，杨倞注，未详何代人，梁启雄引梁启超语：本书外不见，无考。魏牟，魏公子牟，约与庄子同时，《汉书·艺文志》道家有公子牟四篇，已佚。《庄子·秋水篇》记有公孙龙和魏牟问答，公孙龙称："龙少学先生之道，长而明仁义之行"，并向魏牟问庄子之学，魏有回答。而其内容与荀子《非十二子》所批评魏牟学说无涉。《吕氏春秋·审为》记有中山公子牟与詹子问答："詹子曰：重生，重生则轻利。中山公子牟曰，虽知之，犹不能自胜也。詹子曰：不能自胜则纵之，神无恶乎？不能自胜而强不纵者，此之谓重伤，重伤之人无寿类矣。"此所引中山公子牟即魏牟，詹子说重生则轻利，指不以利伤生，公子牟回答，虽知重生当轻利的道理，然犹不能自胜其情欲。詹子说，不能自胜则任情欲放纵，可以宁神保性；而不能自胜又强行遏制其情欲，则将重伤其神，而影响寿命。这些问答说明魏牟乃主张纵欲者。魏牟属道家，道家流派有主张纵情性者。荀子将纵情性和安恣睢并论，而斥为禽兽行，自是指纵情者之不受礼法拘束，此亦所谓不足以合文通治，文治乃指礼义而言。荀子说它嚣、魏牟之纵情性主张持之有故，言之成理，足以欺惑愚众，说明这个学派在春秋战国时期有相当影响。荀子又说：

忍情性，綦谿利跂，苟以分异人为高，不足以合大众，明大分；然而其持之有故，其言之成理，足以欺惑愚众，是陈仲、史鰌也。

陈仲又称田仲，齐人，曾隐居於陵，不食君禄，辞富贵为人灌园，号於陵仲子。史鰌，卫国大夫，字子鱼。他们与前引它嚣魏牟纵情性相反，主张忍情性，提倡禁欲。对于陈仲，《孟子》书中曾引孟子说："仲子齐之世家也；兄戴盖禄万钟；以兄之禄为不义之禄而不食也，以兄之室为不义之室而不居也，辟兄离母，处于於陵。"这是说，陈仲出身齐国贵族，其兄戴在其领地盖食禄万钟之多；而陈仲则以兄之禄为不义，避兄离母隐居于於陵。这说明陈仲乃不食君禄之隐士。孟子对陈仲以隐居为清高则大不以为然，曾举出他的故事加以讽刺："他日归，则有馈其兄生鹅者，已频蹙曰：'恶用是鶂鶂者为哉！'他日，其母杀是鹅也，与之食之；其兄自外至，曰：'是鶂鶂之肉也！'出而哇之。以母则不食，以妻则食之；以兄之室则弗居，以於陵则居之；是尚可能充其类也乎？若仲子者，蚓而充其操者也！"孟子引此故事加以讽刺，是不赞同陈仲隐居以逃避伦常。朱熹在《孟子集注》中引范氏曰："天之所生，地之所养，惟人为大，人之所以为大者，以其有人伦也，岂有无人伦而可以为廉哉？"这亦符合孟子批评陈仲之宗旨，孟子认为人之操守要以伦常仁义为准，因此他说："充仲子之操，则蚓而后可者也，夫蚓上食槁壤，下饮黄泉，仲子所居之室，伯夷之所筑与，抑亦盗跖之所筑与？所食之粟，伯夷之所树与，抑亦盗跖之所树与？是未可知也。"此即朱熹注说："岂有无人伦而可以为廉哉？"《战国策·齐策四》亦载：赵威后答齐使者问时曾说："於陵仲子尚存乎？是其为人也，上不臣于王，下不治其家，中不索交诸侯，此率民而出于无用者，何为至今不杀乎？"这些均是站在儒家维护伦常道德立场所发议论。荀子批判陈仲、史鳅忍情性，綦谿利跂，杨倞注：谓离于物而跂足也。綦谿乃务深言，利跂，利同离，乃离世独立。务深言而离世，此亦所说分异人为高。而荀子则深加非难，认为这种所谓廉士，违背人情，乃属欺世盗名，他说："人之所恶者，吾亦恶之。夫富贵者则类傲之；夫贫贱者则求柔之：是非仁人之情也，是奸人将以盗名于暗世也，险莫大焉。故曰盗名不如盗货。田仲、史鳅不如盗也。"荀子认为田仲史鳅傲视富贵而一味求贫贱，不合情理，仁人所不为，只有奸人才如此做，而于乱世中欺世盗名，此种行为之可恶甚至连盗货（钱财）之盗贼都比不上。因此，荀子批评他们不足以合大众，明大分，大众指人民，大分指礼义，在天下即将统一之际，合大众明大分自是显得愈加重要。关于史鳅，乃春秋时期卫国史官，尽职耿直，孔子曾说："直哉史鳅！邦有道如矢，邦无道无矢。"史鳅之直，无论邦有道或无道，皆敢于支持正义，如箭一般正直，这是很高评价。荀子将史鳅和陈仲列为同一学派加以批判，可能在战国时期史䲡后学走向超世离俗而与隐者为伍，其不利于遵守伦常礼义，故斥之为"欺惑愚众"。荀子又说：

> 不知一天下、建国家之权称，上功用、大俭约而慢差等，曾不足以容辨异、县君臣；然而其持之有故，其言之成理，足以欺惑愚众，是墨翟、宋钘也。

这是批判墨子学派之尚功利、节用、兼爱等主张和宋钘之寡欲主张。荀子批评他们不知一天下建国家之权称，权称乃权衡之义，一天下建国家之权称，自是指礼义、仁义而言，当时要齐一天下建立国家要靠实行礼义、仁义。所谓容辨异、县君臣，辨异指礼义之贵贱有等贫富有称，君臣指君臣之义，即贵贱上下之区别和秩序。而墨子之功利、节用主张不强调贵贱之差别，而其兼爱主张又包含小生产者对平等之要求，这自然与儒家以礼义严格上下等级相矛盾，孟子即曾强烈指责："墨子兼爱，是无父也，无父无君，是禽兽也。"宋钘之寡欲主张亦于严格贵贱贫富差别有不利处，故荀子将宋钘与墨子归为同一学派加以批判。春秋战国时期，孔、墨皆为显学，墨家影响不亚于儒家，孟子曾形容说："圣王不作，诸侯放恣，杨朱、墨翟之言盈天下。天下之言不归杨，则归墨。"孟子杨、墨并提，是从杨、墨学说之危害性上相比较，其实杨朱学说之影响和墨翟学说是无法匹比的。荀子《非十二子》亦未涉及杨朱。韩非子之著《显学》亦说："世之显学，儒墨也。儒之所至，孔丘也。墨之所至，墨翟也。"又说："孔、墨之后，儒分为八，墨离为三。"可见春秋战国期间儒、墨显学之盛。反映在《荀子》书中，除《非十二子》，而在其他篇章中亦批判墨学为多，荀子说：

> 天下之公患，乱伤之也。胡不尝试相与求乱之者谁也？我以墨子之"非乐"也，则使天下乱；墨子之"节用"也，则使天下贫；非将堕之也，说不免焉。墨子大有天下，小有一国，将蘦然衣粗食恶，忧戚而非乐。若是则瘠，瘠则不足欲，不足欲则赏不行。墨子大有天下，小有一国，将少人徒，省官职，上功劳苦，与百姓均事业齐功劳。若是则不威，不威则罚不行。赏

不行，则贤者不可得而进也；罚不行，则不肖者不可得而退也。贤者不可得而进也，不肖者不可得而退也，则能不能不可得而官也。若是则万物失宜，事变失应，上失天时，下失地利，中失人和，天下敖（熬）然，若烧若焦；墨子虽为衣褐带索，啜菽饮水，恶能足之乎！既以伐其本，竭其原，而焦天下矣。

　　这一段文字概括了儒墨学术思想之分歧，集中批评了墨子之"非乐"和"节用"。荀子认为天下之公患在于乱，而乱是由什么人制造的呢？荀子认为墨子的"非乐"主张，即是为天下制造乱；而墨子的"节用"主张，则使天下贫穷，贫穷实际上也是导乱之源。荀子说他这样批评墨子非是诽谤墨子学说（"非将堕之也"），而是墨子学说必然要引出这一结果。荀子在《乐论》篇批评墨子非乐说："故乐者，天下之大齐也，中和之纪也，人情之所不免也。是先王立乐之术也，而墨子非之，奈何！"荀子认为乐是礼的重要补充，天下大齐，中和之纪，大齐和中和是指社会和谐，风俗淳厚，是音乐之感化作用，却遭到墨子非难，荀子还说"墨子曰：'乐者，圣王之所非也，而儒者为之，过也。'君子以为不然。乐者，圣人之所乐也，可以善民心，其感人深，其移风易俗，故先王导之以礼乐而民和睦。"乐能和齐百姓，善民心，移风易俗，故不能无乐，无乐则社会将乱，此荀子批评墨子非乐将使天下乱。荀子认为，墨子主张大在天下范围，小在诸侯国范围，均要节用，要人衣粗食恶，废弃音乐使人悲戚。衣粗食恶奉养瘠薄，奉养瘠薄不能满足人的欲求，则不能行赏。墨子还主张大在天下，小在一国，均要求少人徒，省官职，即减少役使人数和官职数目；还要求上功劳苦，与百姓均事业，齐功劳，即要求君上要与民并耕而食，饔餐而治。如此则使君主丧失威势，威势丧失则罚不能行。赏罚不能行，便不可能进贤退不肖，便无法量才录用人才了。这样将会因为社会之乱而引起万物失宜，事变失应，将失掉天时、地利、人和等有利条件，而使天下熬然，若烧若焦，即陷于灾难深渊。到那时，墨子虽要人衣粗布系索绳，啜菽（粗粮）饮水，也无法使人得到起码的满足。荀子认为墨子主张无益于鼓励社会积极发展生产，是伐本竭源的办法，将使天下陷于灾难。

应当说，荀子批评墨子，亦是出于不同学派的纷争，他是站在维护儒家礼义立场对墨子展开批评的。墨子学说反映农民小生产者和手工业者利益，他主张非乐和节用，具有要求减轻剥削的意义，非乐有反对统治者过分奢侈的意思，而节用则着眼于使有余以利于扩大小生产者之再生产。而墨子之慢差等，则具有小生产者要求缩小社会上下等差，以使劳动者普通百姓提高社会地位。而不像荀子所说，墨术诚行，则天下乱天下贫。而因当时封建社会制度已臻于成熟，在

墨子

全中国范围内将出现中央集权制封建制国家，封建礼义等级制度将进一步强化，墨子反映小生产者利益而提出的非乐、节用、兼爱等乌托邦设想，自亦不合时宜。荀子作为新兴封建制度的代言人，对当时政治和经济的发展均充满信心，而对墨家学派之非乐、节用等主张，自易视为保守，而批评为"私忧过计"。这亦说明，荀子批评墨子虽出于学派之争，然而从社会发展的总趋势看，荀子体现了儒家积极进取精神；而墨子小生产者之乌托邦构想，对新兴封建制度的确立，则具有消极作用。秦汉统一之后，儒家于封建社会逐渐取得独尊，而墨家学说则逐渐销声匿迹了。

荀子对宋钘的寡欲主张亦多有批评。他说：

子宋子曰："人之情欲寡，而皆以己之情，为欲多，是过也。"故率其群徒，辨其谈说，明其譬称，将使人知情之欲寡也。应之曰：然则亦以人之情为欲目不欲綦色，耳不欲綦声，口不欲綦味，鼻不欲綦臭，形不欲綦佚。此五綦者，亦以人之情为不欲乎？曰："人之情欲是已。"曰：若是则说必不行

矣。以人之情为欲此五綦者而不欲多，譬之是犹以人之情欲富贵而不欲货也，好美而恶西施也。

荀子称宋钘为子宋子，可能是他游学齐国稷下时，曾尊宋钘为师，近人郭沫若说："《荀子》书屡称宋钘为'子宋子'，至少可以为他师事过宋钘的证明。"宋钘认为人之情性是欲寡，即寡欲，而人们皆以为人之情欲是欲多，这是不对的。此乃宋钘学派之主张，荀子说他率其群徒，辨其谈说，明其譬称，将使人知情之欲寡也。说明宋钘学派当时有不少人参加和有较大影响。荀子则认为人之情，为欲多而不是欲寡。他批驳宋钘的主张，认为欲多乃人之生理需求，如人之目欲綦色，耳欲綦声，口欲綦味，鼻欲綦嗅，形欲綦佚，这都是人的生理情性所要求的，如果承认人有此五种生理欲求，而又说他对此五者是欲寡而不是欲多，那是自相矛盾的，如同欲富贵而不欲货财、好美色而恶西施那样不可思议。荀子不主张寡欲，而主张导欲，认为人生而有欲，不能遏制人的欲求，而应对人的欲求加以疏导，即节制，使不同地位和职分的人皆能享受到合理的欲求，这便是礼义之分，是礼的度量分界。因此他说礼起于欲，而礼即是养人之欲，给人之求。荀子还认为宋钘之寡欲主张，将使赏罚不当而为社会带来混乱，他说：

古之人为之不然。以人之情为欲多而不欲寡，故赏以富厚，而罚以杀损也，是百王之所同也。故上贤禄天下，次贤禄一国，下贤禄田邑，愿悫之民完衣食。今子宋子以是之情为欲寡而不欲多也。然则先王以人之所不欲者赏，而以人之所欲者罚邪？乱莫大焉。今子宋子严然而好说，聚人徒，立师学，成文曲，然而说不免于以至治为至乱也，岂不过甚矣哉！

赏有功罚有过，赏使人富厚，罚使人减损，这是自古以来这样做的。赏得当，表现为食禄之区别，如上贤、次贤、下贤皆有不同之禄，而愿悫之民即普通百姓庶人得到衣食温饱。此即礼义赏罚之所以满足人们之不同欲求。荀子认为宋钘学说不合人情，将使赏罚颠倒为社会带来混乱，是不可取的。荀子又说：

尚法而无法，下修而好作，上则取听于上，下则取从于俗，终日言成文典，反紃察之，则偶然无所归宿，不可以经国定分；然而其持之有故，其言之成理，足以欺惑愚众，是慎到、田骈也。

慎到为战国前期法家；田骈曾游学齐国稷下，属稷下道家，《史记·孟子荀卿列传》说田骈"学黄老道德之术"。其学术又与法家接近，《庄子·天下篇》亦将彭蒙、田骈、慎到合论。慎到，赵国人，其著作已佚，现存《慎子》一书，非慎到作，可能为后人辑佚。齐宣王时曾游学齐国，主张立法、重势和尊君。荀子于《解蔽》篇曾批评说："慎子蔽于法而不知贤，申子蔽于势而不知知。"申子指申不害，这是认为慎到重法亦重势，韩非子《难势》曾引慎到语："尧为匹夫，不能治三人；而桀为天子，能乱天下，吾以此知势位之足恃，而贤智之不足慕也。"于此可以证明慎到与申不害相同，亦为重势者。慎到反对儒家之尚贤，曾说："法立则私议不行，君立则贤者不尊。"又说："贤与君争，其乱甚于无君。"此所以荀子批评慎到蔽于法而不知贤。因为慎到为前期法家，当时成文法尚不健全，此荀子批评他尚法而无法，而因法家重法亦重势，亦有重势和重法的矛盾。荀子批评慎到下修而好作，历来史家解说不一，杨倞注说：无法以修立为下；王念孙解说"下修"乃"不循"之误，不循指不循旧法。对上则取听于上，下则取从于俗，解说亦多有不同，而终日言成文典，反复循（紃）察之，则偶然无所归宿，即找不到其所依据为何典。荀子批评慎到尚法而无法，仍是强调儒家所提倡的人治，荀子认为"有治人，无治法"；"法不能独立，类不能自行，得其人则存，失其人则亡。法者治之端也，君子者，法之原也。故有君子，则法虽省，足以遍矣；无君子，则法虽具，失先后之施，不能应事之变，足以乱矣。"荀子这里强调人治和尚贤的关系，法要靠人实行，得其人则存，失其人则亡，法是治之端，而君子为法之原，法之能否正确实行，要看执法之人；君子执法，法虽简略，亦可收普遍治理效果，而执法者非君子，法虽完备，亦难免于乱。这就说明在人与法的关系上，起决定作用的是人而不是法。荀子又批评法家之重势，他说："故明主急得其人，而暗主急得其势。急得其人，则身佚而国治，功大而名美，上可以王，下可以霸；不急得其人，而急得其势，则身劳而国乱，功废而名辱，社稷必危。"荀子将"尚贤"和"重势"区别为明主和暗主，正是批评了法家理论的核心，因为法家提倡法、术、势，其中最重要的是势，有了势才谈得上法、术的推行，韩非将法、术、势统一为完整的法治理论，仍然将势作为决定的因素，他发挥慎到重势的思想说："夫弃櫽栝之法，去度量之数，使奚仲为车不能成一轮。无庆赏之功，刑罚之威，释势委法，尧舜户说而人辩之，不能治三家。夫势之足用亦明矣，而曰必待贤则亦不然矣。"这表明，韩非尚法、重势而不尚贤与慎到有思想渊源，荀子批判慎到，亦是着眼于法家发展之源流，其对慎到"蔽于法而不知贤"的批判，乃是针对整个法家的法治理论而言。法家急得其势而不急得其人，故"不可以经国定分"，这是说经国定分要以礼义，要尚贤举能，而不能一断于法。荀子又说：

不法先王，不是礼义，而好治怪说，玩琦辞，甚察而不惠，辩而无用，多事而寡功，不可以为治纲纪，然而其持之有故，其言之成理，足以欺惑愚众，是惠施、邓析也。

邓析，春秋时郑国大夫，约与子产同时，史称名家之学始于邓析，其著作已佚，现存《邓析子》一书系后人伪托。刘向称他："好刑名之学，操两可之辞，设无穷之辩；数难子产法，子产无以对。"这里说邓析好刑名之学，传说邓析曾作《竹刑》，盖邓析亦为早期法家。所谓操两可之辩，设无穷之辞，乃名家辩论方式及其特点。荀子将惠施与邓析并提，可能惠施和邓析有思想渊源，同属"别同异"派，荀子在《不苟》篇说："山渊平，天地比，入乎耳，出乎口，钩有须，卵有毛，是说之难持者也。而惠施、邓析能之。"山渊平，天地比，《庄子·天下篇》引惠施思想为"天与地卑，山与泽平"。这是惠施名辩之重要命题。惠施，战国时期宋人，曾仕魏为魏惠王相，与庄子同时，《庄子》书中记有不少庄子与惠施同游事迹，《庄子·天下篇》说：

"惠施多方，其书五车，其道舛驳，其言也不中。"这里推重惠施学问之博，其书五车为读书之多；而其道舛驳，其言也不中，则认为惠施学问驳杂而无充分道理。《天下篇》为庄子后学所作，亦属于对先秦诸子百家学术思想之总结性著作，对惠施名辩多有批评，反映当时学术界之持平见解。《天下篇》还述惠施名辩思想有："天与地卑，山与泽平，日方中方睨，物方生方死。大同而与小同异，此之谓小同异；万物毕同毕异，此之谓大同异"等。这些均属合同异之重要观念。《天下篇》还举惠施名辩命题有"卵有毛"，"山出口"等，与荀子批判惠施举例相近，荀子所举惠施命题如"入乎耳，出乎口，钩有须，卵有毛"等，后人以为出乎口可能即《天下篇》所说之"山出口"，钩有须，俞樾案，钩疑为句之假字，句即姁，钩有须谓姁有须。卵有毛，后人解说，胎卵孕育成熟时即有毛，脱而为雏。不过这些命题，当时人们难于理解，故荀子批评为好治怪说，玩奇辞，虽察辩而无用，无实际功效可言，故不可以为治纲纪，纲纪指礼义纲领统纪而言。荀子在《不苟》篇曾说："君子行不贵难，说不贵苟察，名不贵苟传"，说不贵苟察，即指名辩之察，虽聪明察辩，然不为君子所取，因其"非礼义之中"，即不合乎礼义偏离礼义。此可以说是荀子批评惠施一派名辩思潮所坚持的立场。荀子又说：

略法先王而不知其统，犹然而材剧志大，闻见杂博，案往旧造说，谓之五行，其僻违而无类，幽隐而无说，闭约而无解。案饰其辞而祇敬之曰：此真先君子之言也。子思唱之，孟轲和之，世俗之沟犹瞀儒嚾嚾然不知其所非也，遂受而传之，以为仲尼、子游为兹厚于后世，是则子思、孟轲之罪也。

这是对儒家子思、孟轲学派的批判。荀子指出子思、孟轲略法先王而不知其统，杨倞注说："言其大略虽法先王，而不知体统，统谓纪纲也。"统在荀子有纪纲之义，统又称统类，为荀子哲学之最高范畴，圣人掌握统类，能体认"道"，道为普遍规律，治国平天下的本领由体认"道"而来，此亦为有效地进行科学推类的依据。荀子认为子思、孟轲虽口称先王之道，然而他们只是粗略地或粗疏地知道先王之道的道理，而并无体统，没有掌握先王之道的统类。此亦荀子批判他们犹然而材剧志大，闻见杂博。荀子集中批评的是子思、孟轲案往旧造说，谓之五行。这是子思、孟轲五行说的最早来源。后来关于思孟学派五行说，聚讼纷纭，多以荀子此说为据。五行即阴阳五行学说，是孟子之后的邹衍提倡的，把阴阳消长与五行相胜相配合，造出五德终始的循环论和命定论。《史记》曾称他"称引天地剖判以来，五德转移，治各有宜，而符应若兹"，他的这套五德转移学说受到当时诸侯欢迎，"其游诸侯见尊礼"，《史记》还比较说他之荣耀"岂与仲尼菜色陈蔡、孟轲困于齐梁同乎哉！"据此可见邹衍阴阳五行说在战国后期影响颇大。但是邹衍与孟子有何关系，《史记》没有说明，其他史书亦无记载。荀子亦未对子思孟子五行说的内容加以说明。这就引起后人许多推测。唐人杨倞注说："案前古之事而自造其说，谓之五行，五行五常仁义礼智信也。"近代章太炎作《子思孟轲五行说》，其根据之一为《中庸》首句："天命之谓性"，郑玄注："木神则仁，金神则义，火神则礼，水神则智，土神则信。"章太炎认为这是"子思之遗说"。郭沫若《儒家八派的批判》接受章太炎的说法，并作了进一步发挥。他认为孟子是将仁、义、礼、智并提，而没有将仁、义、礼、智、信并提。因此，孟子的五行说不是仁、义、礼、智、信，而是仁、义、礼、智、诚。因为"诚"的概念在孟子哲学中最为重要。郭沫若还将《礼记·礼运篇》说成思孟学派著作，将其中涉及五行的说法归之为思孟的"案往旧造说"。范文澜《中国通史》第一册，亦认为孟子说"五百年必有王者兴"近乎阴阳家的五行推运。杨荣国《中国古代思想史》依据荀子说法，断言子思孟轲曾把当时民间所流行的五种物质元素穿凿附会，给后来思想界以很大影响。侯外庐《中国思想通史》第一卷，赞同清儒将《洪范》归为思孟学派著作，还将《易传》也归为思孟著作。这样便弥补了《孟子》书中没有金木水火土五行说法的不足，关于思孟提倡阴阳五行说，便能够成立了。

中华传世藏书

荀子诠解

荀子思想综述

二八五

上述考辨对子思孟子五行说均作了有益的探索，然而在解释时都有一个一致的困难，即子思孟子提倡五行说，何以在他们的著作中没有论述？而且问题又在于，孟子既未提倡五行说，何以遭到荀子那样的抨击。我想，可能在战国末，孟子后学有与阴阳五行学派结合的情况，因而遭到荀子一派儒家的反对。战国末，各处学派林立，儒家亦分化成多个派别，成分也很驳杂，其中包容了阴阳五行、神仙方术等等。东汉赵岐《孟子题辞》说："孟子既没之后，大道遂绌，逮至亡秦，焚灭经术，坑戮儒生，孟子徒党尽矣。"当时秦始皇坑儒的起因是由于求长生仙药失败，所坑之儒生包括了一些方术之士。荀子主张唯物主义无神论，反对"不遂大道而营于巫祝，信讥祥"。对于当时流行的阴阳五行学说，自是予以强烈批评，此为他所说思孟五行"僻违而无类，幽隐而无说，闭约而无解"。此所说无类，类指法则，无法则可循，无说、无解，均指无道理可言。荀子所说"世俗之沟犹瞀儒"，王先谦注，沟瞀训愚暗，其中犹字为衍文，沟瞀儒即愚昧无知之儒。"沟犹瞀儒嚯嚯然不知其所非"，误以为是仲尼、子游真传，子游可能是子弓之误。

荀子除批判儒家思孟学派，还对儒家其他学派进行攻击，如他说：

弟佗其冠，神禫其辞，禹行而舜趋，是子张氏之贱儒也。正其衣冠，齐其颜色，嗛然而终日不言，是子夏氏之贱儒也。偷儒惮事，无廉耻而耆饮食，必曰君子固不用力，是子游氏之贱儒也。

荀子说子张氏之儒弟佗其冠，弟佗不详，或传写成误，与神禫（冲淡）其辞对称，可能为简朴之义，即冠带简朴；禹行而舜趋，指模仿圣人威仪以抬高自己。子张为孔子高足，《论语》记载，孔子对子张有所评论："柴也愚，参与鲁，师也辟，由也喭。"师即子张，朱熹注："辟，便僻也，谓习于容止，少诚实。"说明子张年少气盛，有好大喜功的毛病。《论语》还载子游说："吾友张也，为难能也，然而未仁。"曾子说："堂堂乎张也，难与并为仁矣。""为难能"和"堂堂乎"都是说子张有与众不同的气魄，而又说他"然而未仁"、"难与并为仁"，指出他修养上和学问上的欠缺。《艺文类聚》

引《老子》佚文说"子张为武"，可能指子张有任侠精神，这些均可能成为荀子批评子张之儒的原因。荀子说子夏氏之儒正其衣冠，齐其颜色，嗛然而终日不言，是指衣冠端整，颜色庄敬，自以得意而寡言，是皆虚伪之貌。子夏亦孔子高足，《论语》曾载："子夏为莒父宰，问政。子曰：'无欲速，无见小利。欲速则不达，见小利则大事不成。'"从孔子对子夏这一告诫可以看出子夏是注重功利的，表现出他有法家的思想倾向。孔子对子夏又有"汝为君子儒，无为小人儒"的规劝。小人儒自指不求仁义而求功利。子夏曾为魏文侯师，对变法有推动，其可能接近于法家。荀子说子游氏之儒偷儒惮事，指畏难苟避，而又不顾廉耻以谋求饮食，还借口说君子不必费事。子游亦孔子高足，其于学问修养注重内省体察，与子夏重功利有区别，可能对孟子有影响，自与荀子倾向不同。以上子张氏、子夏氏、子游氏三派儒家皆被称为贱儒。战国末期，儒家分化甚多，儒门后学或不能保持先师节操者自然有之，而儒家后学之学派分歧亦日益明显，《韩非子·显学》说：

自孔子之死也，有子张之儒，有子思之儒，有颜氏之儒，有孟氏之儒，有漆雕氏之儒，有仲良氏之儒，有孙氏之儒，有乐正氏之儒。……故孔、墨之后，儒分为八，墨离为三，取舍相反不同，而皆自谓真孔、墨，孔、墨不可复生，将谁使定后世之学乎！

这里所说儒分为八，可见儒学分化之剧，而因各派取舍不同，而皆自谓孔子真传，亦可见各派之间斗争之剧烈。荀子强烈批判其他儒家派别，反映出当时儒家学派之间已出现带有根本性的分歧，因而表现出誓不两立的势头。

荀子批判的十二子，属于六个学派，涉及道、墨、名、法、儒等显学。他以孔子和仲弓（子弓）的继承者自居，谓得孔子儒家真传者。他以孔子、子弓儒家学说去消除诸子之间的纷争，而使学术思想得到统一。他说：

若夫总万略，齐言行，壹统类，而群天下之英杰，而告之以大古，教之以至顺，奥窔之间，簟席之上，敛然圣王之文章具焉，佛然平世之俗起焉。

六说者不能入也，十二子者不能亲也，无置锥之地。而王公不能与之争名，在一大夫之位，则一君不能独畜，一国不能独容，成名况乎诸侯，莫不愿以为臣，是圣人之不得势者也，仲尼、子弓是也。

总方略，指圣人能统领方略，方略乃治国平天下之纲领；齐言行，指齐一言行，包括统一学术思想；壹统类，指圣人能掌握最大最高的类，即"道"；群天下之英杰，指圣人能聚天下英雄豪杰；告之以大古，即以太古先王之道武装英雄豪杰的头脑；教之以至顺，至顺乃治国平天下之至理。奥窔之间，室之内西南隅谓奥，东南隅谓窔；奥窔之间，簟席之上，指圣人不出室堂，其文章敛然俱在，敛然即歙然聚集；佛然平世之俗起焉，平世指平治，佛然指勃然兴起，这些均在形容圣人不出室堂，而文章规模宏伟可观。以上所批评之六说自无法与之抗争，亦不能得到渗透。荀子是在强调统一和治理天下必须依靠仲尼、子弓的学说，仲尼、子弓虽无置锥之地，却具有王佐之学问，虽位为王公不能与之争名，其如果在一大夫之位，则一君不能独容，一国之诸侯无有王者之量，不能容纳圣人，故不能独蓄独容。成名况乎诸侯，史家解说不一，甚为费解。荀子是在说明仲尼、子弓为圣人之不得势者，对其学说理想未能成为现实表示遗憾。荀子认为当时已出现天下将要统一的趋势，如有圣人得势者出世，则天下统一的局面是不难实现的。他说：

一天下，财万物，长养人民，兼利天下，通达之属，莫不从服，六说者立息，十二子者迁化，则圣人之得势者，舜、禹是也。

一天下指统一天下，财万物指裁成万物，长养人民使天下人受其利，所到（通达）之处，莫不服从统一之王道，这是形容天下统一的经济和政治局面。天下统一自然要求学术思想也要统一，故说六说者立息，十二子者迁化，迁化是指其学说要加以改造。荀子强调这些任务的完成，要有圣人得势者出现，这便是舜、禹那样的圣王出现才可。荀子认为要统一天下，既要依靠如仲尼、子弓那样的圣人，又要依靠如舜、禹那样的圣王。他说：

今夫仁人也，将何务哉？上则法舜、禹之制，下则法仲尼、子弓之义，以务息十二子之说。如是则天下之害除，仁人之事毕，圣王之迹著矣。

这里所说舜禹之制和仲尼子弓之义，制指制度，义指学说理论，二者是相辅相成的，而且制度要由理论去说明，因此要维护王道统一，必须消除不利的思想和言论。这说明随着天下即将统一，封建制度进一步强化，百家争鸣的局面也将结束了。荀子进一步谈他统一学术的主张：

多言而类，圣人也；少言而法，君子也；多言无法而流湎然，虽辩，小人也。故劳力而不当民务，谓之奸事；劳知而不律先王，谓之奸心；辩说譬喻，齐给便利，而不顺礼义，谓之奸说。此三奸者，圣王之所禁也。知而险，贼而神，为诈而巧，言无用而辩，辩不惠而察，治之大殃也。行僻而坚，饰非而好，玩奸而泽，言辩而逆，古之大禁也。知而无法，勇而无惮，察辩而操僻，淫太而用之，好奸而与众，利足而速，负石而坠，是天下所弃也。

荀子批判诸子学说，往往从两方面着眼：其一是以儒家之仁义、礼义为标准；其二是以逻辑思维为尺度，二者既有区别又有联系。此处所说多言而类，多言而法，具有遵守逻辑规律意义；多言无法而流湎然，流湎同沈湎，指辩论不守法则，信口胡言如同酒醉，自然不合逻辑。所谓劳力不当民务，劳知不律先王，辩说不顺礼义，自是指不合乎礼义、仁义等道德和政治原则，故谓之奸事、奸心、奸说，成为圣王必须禁止的三奸。这些说明，荀子批评各派学说虽然注意礼义道德和逻辑规律两个方面，而其所着重仍在礼义道德和政治方面，如所说知而险，即指不正当耍弄聪明，用心险恶；贼而神，怀贼害之心而巧于机变；为诈而巧，言行诡诈而巧妙；言无用而辩，卖弄口才而无实际用处；辩不惠而察，"不惠"据王念孙解为"不急"，亦指说得头头是道而无济于事。这些均为治理社会之大害（殃）。所说行辟（僻）而坚，行僻指违背正道，坚指顽固不化；饰非而好，掩饰过失伪装甚好；玩奸而泽，耍弄奸邪而又善于粉饰润泽；言辩而逆，虽讲说似乎有理而实为歪道理乖道理。这些也是古先王之大禁。又所说知而无法，即骋其邪见

荀子思想综述

而不畏死；察辩而操僻淫，虽能辩而操行恶劣；淫太而用之，骄奢无度而用乏，其中"之"为"乏"之误；好奸而与众，好行奸事而又拉拢其他人参与；利足而迷，即迷恋于苟求利足；负石而坠，指力小而攀高位，这些是天下人所应当共同抛弃的。从荀子对奸事、奸心、奸说所列举的众多罪名来看，随着天下即将统一，封建制度的强化，愈益要求舆论上的统一，将要强制性地结束诸子百家争鸣的局面，荀子主张"才行反时者死无赦"，即是适应上述形势而提出的，对视为异端邪说者，已具有镇压的味道了，这从荀子对孔子诛少正卯一事之评述亦可以看出：

孔子为鲁摄相，朝七日而诛少正卯。门人进问曰："夫少正卯鲁之闻人也，夫子为政而始诛之。得无失乎？"孔子曰："居！吾语女其故。人有恶者五，而盗窃不与焉：一曰心达而险，二曰行僻而坚，三曰言伪而辩，四曰记丑而博，五曰顺非而泽。此五者有一于人，则不得免于君子之诛，而少正卯兼有之。故居处足以聚徒成群，言谈足以饰邪营众，强足以反是独立，此小人之雄杰也，不可不诛也。是以汤诛尹谐，文王诛潘止，周公诛管叔，太公诛华仕，管仲诛付里乙，子产诛邓析、史付，此七子者，皆异世同心，不可不诛也。《诗》曰：'忧心悄悄，愠于群小。'小人成群，斯足忧矣。"

少正卯鲁国闻人，孔子摄鲁国相位七日，便将他杀了。其罪名有五：心达而险，行僻而坚，言伪而辩，记丑而博，顺非而泽。这五种罪名基本上属于思想罪和言论罪。杀少正卯表明，对于异端学说不准集会结社和成立学派，少正卯被杀，即是因为他宣传异端邪说而且聚众养徒，正如孔子所说："居处足以聚徒成群，言谈足以饰邪营众。"这对社会危害甚大，故孔子又说："小人成群，斯足忧矣。"荀子借孔子诛少正卯故事，证明对异端学说应采取镇压，以利于统一思想舆论，他的这种主张，后来被韩非发展为极端的文化专制主义。

（二）荀子对先秦诸子思想之吸收

梁启雄《荀子简释》《自叙》说：

孟子言性善，荀子言性恶；孟子重义轻利，荀子重义而不轻利；孟子专法先王，荀子兼法后王；孟子专尚王道，荀子兼尚霸道。二子持义虽殊，而同为儒家宗师，初无判轩轾也。

梁启雄所说荀、孟异同，颇为中肯，儒家学说由孟子发展到荀子确有很大变化，这于上引荀孟异同中可以看出。荀子哲学思想受道家影响甚大，而其政治思想受法家影响甚大。当然，荀子对道、法两家思想皆能批判吸收，而形成自己的哲学和政治思想体系。因此，荀子的基本立场仍为儒家。而由其吸取道家和法家思想，亦使儒家思想发生新的演变。这便使荀子在哲学思想上提出唯物主义和无神论思想，在政治思想当中而有王、霸、礼、法兼用色彩。

荀子和孟子思想上的重要区别，首先表现于人性论方面，孟子提倡性善，而荀子倡性恶，性善论为儒家一贯主张，孔子说："性相近也，习相远也。"虽未明确说人性本善，而经孟子发展，则认为人性乃天赋之善，性善与生俱来。荀子则提出相反主张，认为人性本恶，性善乃后天环境教育养成。荀子所说人性恶是指人之生理欲求，如饥而欲食，寒而欲暖，好利而恶害等。他是受到法家人性恶的影响，如《商君书》说："民之性，饥而求食，劳而求佚，苦则索乐，辱则求荣，此百姓之情也。"又说："民之生，度而取长，称而取重，权而索利。明君慎观三者，则国可立，而民能可得。"这里所说民之生亦指民之性而言。民性是好利的，故度而取长，称而取重，权而取利。法令之制作即是节制民之欲利，使国有所治而民有所得。因此又说："夫刑者所以禁邪也，而赏者所以助禁也。羞、辱、劳苦者，民之所恶也；显、荣、佚乐者，民之所务也。"这里对于法之节制民之欲利的说法与荀子关于礼的起源的看法相一致，荀子认为礼的起源即是为了节制人的欲望，而人性本恶，天生好利恶害，故先王须制定礼义以节制人的欲望而使人的欲求有度量分界，此即贵贱有等，长幼有差，贫富轻重皆有称。荀子以后韩非据人性恶提出严苛的法制主张，如他说："夫民之性，喜其乱而不亲其法。故明主之治国也，明赏则民劝功，严刑则民亲法。"又说："夫民之性恶劳而乐佚。佚则荒，荒则不治，不治则乱，而赏刑不行于天下者必塞。"这些均说明，性恶乃法家法制思想之哲学基础。荀子人性恶与法家人性恶思想其哲学本质有相近之处。这样，反映在政治思想上，荀子便产生礼法并重的倾向。

关于义利之辨，荀子与孟子不同之处，孟子重义轻利，荀子重义而不轻利，这表现于他对礼之起源、礼之作用方面的解释。礼起于人生而有欲，人之欲求无度量分界则争，争则乱，先王制定礼义，即是为养人之欲，给人之求，使欲求不穷乎物，物必不屈于欲。这说明礼之起源便是维护人之正当的利欲需求。荀子认为要统一天下，争取人民拥护，必须满足人民正当利欲需求，他说："循其旧法，择其善者而明用之，足以顺服好利之人矣。贤士一焉，能士官焉，好利之人服焉，三者具而天下尽，无有是其外矣。"这里所说好利之人即指普通百姓，要顺服好利之人，必须保证人们之利欲需求，而在义利关系上，只是要防止以利克义，而应以义克利。荀子说：

故义胜利者为治世，利克义者为乱世。上重义则义克利，上重利则利克义。故天子不言多少，诸侯不言利害，大夫不言得丧，士不通货财，有国之君不息牛羊，错质之臣不息鸡豚，家卿不修币，大夫不为场园；从士以上皆羞利而不与民争业，乐分施而耻积藏。然故民不困财，贫窭者有所窜其手。

这里值得注意的是荀子强调在上者不要讲利，在上者要重义，以义克利，而并不否认民众得利，自天子以至大夫和士，自有国之君至错质之臣，家卿和大夫，均不应牟利。由此而得出从士以上皆羞于争利而不与民争业，此业指人民之利。这说明荀子之重利思想着眼于劳动者民众，使民不困财，贫窭之人亦能有所措手（窜其手）。这就可以看出荀子惠民、富民主张的切实意义。荀子批评墨子尚功用、大俭约，同时又受墨子功利主义影响，着眼于发展庶民百姓之利，而认为上之重义是不与民争利。这有似于墨子所说"三表'，中之第三表："于何用之？发以为刑政，观其中国家人民之利。"冯友兰先生说墨子"三表中，最重要者乃其第三。（国家百姓人民之利）乃墨子估定一切价值之标准。"

荀子批评墨子节用主张，然而又受墨子节用影响，主张节俭，如他说：

人之情，食欲有刍豢，衣欲有文绣，行欲有舆马，又欲夫余财蓄积之富也，然而穷年累世不知不足，是人之情也。今人之生也，方知蓄鸡狗猪彘，又蓄牛羊，然而食不敢有酒肉；余刀布，有囷窌，然而衣不敢有丝帛；约者有筐篋之藏，然而行不敢有舆马。是何也？非不欲也，几不长虑顾后而恐无以继之故也。于是又节用御欲，收敛蓄藏以继之也，是于已长虑顾后，几不甚善矣哉！今夫偷生浅知之属，曾此而不知也，粮食大侈，不顾其后，俄则屈安穷矣，是其所以不免于冻饿，操瓢囊为沟壑中瘠者也。

此所说节俭乃为了长虑顾后，即是指节用而使财富不断积累，其中包括不断扩大再生产，而如果不注意节省，吃光用光，那样便会沦于冻馁，虽乞讨亦不免冻饿死于沟壑中了。这些均是荀子义利之辨的积极意义。当然荀子站在儒家礼义立场，他首先维护的是义而不是利，在义利不能两全时自要舍利存义，他说："保利弃义谓之至贼。"

荀子思想的又一大特色是关于王霸问题，他不同于孟子专尚王道，而是尚王道，亦兼顾霸道，荀子基本上站在儒家崇王黜霸立场，如他说："仲尼之门，五尺之竖子，言羞称乎五伯。"这与孟子王道思想相一致。但是荀子推重王道，以王道为上，同时他又认为霸道亦有其优越性，上可以王，下可以霸，如果争取不到王道，而居于霸道也未尝不可。他说：

彼霸者不然，辟田野，实仓廪，便备用，案谨募选阅材伎之士，然后渐庆赏以先之，严刑罚以纠之；存亡继绝，卫弱禁暴，而无兼并之心，则诸侯亲之矣。修友敌之道以敬接诸侯，则诸侯说之矣。所以亲之者，以不并也；并之见，则诸侯疏矣。所以说之者，以友敌也；臣之见，则诸侯离矣。故明其不并之行，信其友敌之道，天下无王霸主，则常胜矣，是知霸道者也。

此所说霸道是指齐桓公那样的霸主，尊王攘夷，九合诸侯一匡天下，故说他无兼并之心，不以诸侯为臣，存亡继绝，卫弱禁暴。荀子这样说，自是

美化了霸道，而不像孟子那样对霸道，包括齐桓公在内一概予以贬斥，孟子说："春秋无义战"，又说：

> 五霸者，三王之罪人也；今之诸侯，五霸之罪人也；今之大夫，今之诸侯之罪人也。

孟子认为王霸不能两立，要实行王道必须消除霸道。荀子认为上可以王，下可以霸，不能行王道，退而求其次可行霸道。他又说：

齐桓公

> 彼王者不然，仁眇天下，义眇天下，威眇天下。仁眇天下，故天下莫不亲也。义眇天下，故天下莫不贵也。威眇天下，故天下莫敢敌也。以不敌之威，辅服人之道，故不战而胜，不攻而得，甲兵不劳而天下服，是知王道者也。知此三者具，欲王而王，欲霸而霸，欲强而强矣。

此指欲王而王，欲霸而霸，欲强而强，是指王道为上，霸道为次，强国又其次，亦即不能王则霸，不能霸则强。荀子当战国末期，他看到群雄争霸的剧烈形势，他比较能够冷静地观察现实，当时天下要统一，便要由当时诸霸之决雌雄，看谁的实力最为强大，此所以是他评论秦国要优于其他六国。他曾说：

> （秦国）其固塞险，形势便，山林川谷美，天材之利多，是形胜也。入境，观其风俗，其百姓朴，其声乐不流污，其服不挑（佻），甚畏有司而顺，古之民也。及都邑官府，其百吏肃然，莫不恭俭敦敬忠信而不楛，古之吏也。入其国，观其士大夫，出于其门，入于公门，出于公门，归于其家，无有私事也；不比周，不朋党，偶然莫不明通而公也，古之士大夫也。观其朝廷，其朝闲，听决百事不留，恬然如无治者，古之朝也。故四世有胜，非幸也，数也。是所见也。故曰：佚而治，约而详，不烦而功，治之至也。秦类

之矣。

这里，荀子首先形容了秦国自然条件之优越：边塞险固，形势便利，山川秀美，资源丰富，接着形容秦国人民风俗淳朴，官吏忠实尽职，朝廷政治清明，因而不用花费多大力气就可以收到良好的治理效果。荀子这里用了古之民也，古之吏也，古之士大夫也，古之朝也。这是儒家借古代升平盛世寄托其社会理想，并以此形容秦国政治已达"治之至也"。这是极高评价。荀子还说秦国"威强乎汤、武，广大乎舜、禹"，"威动海内，强殆中国"。这表明，荀子认为秦国有统一中国的希望。当然荀子认为秦国只达到霸道，是不足的，因此秦国"諰諰然常恐天下之一合而轧己也"。荀子要求秦国要改霸道为王道，即节威反文，尚贤举能行儒家之仁义。荀子当时能看到秦国有可能统一全中国，他的这一预见后来得到证实；他认为秦国注重霸道，而不实行儒家仁义王道，不可能获得成功，这个预见后来也得到证实。因为秦虽灭六国取得统一，而因其实行法家严苛少恩之法治，拒绝儒家之仁义德治，其统一大帝国仅十五年便在陈胜、吴广大起义的号角声中瓦解了。

荀子和孟子有性恶之争。荀子又有批评子思、孟子五行说。对于后者我们在上节中已作了解说。至于荀子认为人性恶，故强调后天之改造，孟子认为人性善，故注重先天之扩充。后天改造和先天扩充，均强调环境教育的重要，而且双方所强调之改造或扩充的内容均是儒家的仁义礼智，所读经典均为《礼》、《乐》、《诗》、《书》、《春秋》。他们都主张人的本性必须符合儒家的伦理道德规范，都主张把这些道德规范变成人的天性。孟子提出"人皆可以为尧舜"，荀子提出"涂之人可以为禹"，都认为圣贤不是高不可攀的，是可以经过学习做到的。这样强调在道德修养方面积极有为，这不仅使荀子而且使孟子同样注意后天环境对人性的影响。荀子和孟子都要求人们身体力行，加强道德践履。对于荀孟人性论之同异，近人梁启超曾评价说：

荀子与孟子，同为儒家大师，其政治论之归宿点全同，而出发点则小异，孟子信性善，故注重精神上之扩充；荀子信性恶，故注重物质上之

荀子思想综述

调剂。

梁启超这个评价是中肯的。比较而言，自孟子提出性善论，为儒家性命修养学说奠定下哲学的基础，在后来的长期封建社会中，儒家的政治学说大多采取孟子的性善论为其理论根据。荀子站在唯物主义立场，虽竭力驳斥孟子天赋善性主张，然而涉入修身养性领域，仍不免受到孟子性命修养的影响。如荀子说：

君子养心莫善于诚，致诚则无它事矣，唯仁之为守，唯义之为行。诚心守仁则形，形则神，神则能化矣；诚心行义则理，理则明，明则能变矣。变化代兴，谓之天德。天不言而人推高焉，地不言而人推厚焉，四时不言而百姓期焉；夫此有常，以至其诚者也。君子至德，嘿然而喻，未施而亲，不怒而威；夫此顺命，以慎其独者也。善之为道者，不诚则不独，不独则不形，不形则虽作于心，见于色，出于言，民犹若未从也，虽从必疑。天地为大矣，不诚则不能化万物；圣人为知矣，不诚则不能化万民；父子为亲矣，不诚则疏；君上为尊矣，不诚则卑。夫诚者，君子之所守也，而政事之本也。唯所居以其类至，操之则得之，舍之则失之。操而得之则轻，轻则独行，独行而不舍则济矣。济而材尽，长迁而不反其初，则化矣。

这一大段关于"诚"的论述，如果我们不从荀子整个思想体系来看，则无法找出荀子与孟子和《中庸》的区别。关于养心莫善于诚，宋儒有讥，因为宋儒以诚为道为理，心之笃实即诚，不析心与诚为二。其实荀子这里已将诚当作道来看待，他所说之诚与《中庸》之诚和孟子之诚已无多大区别。荀子所说诚即仁义，致诚即致仁义，所谓致诚则无它事，唯仁为守，唯义而行而已。诚心守仁则形，如《中庸》所云"诚则形"，诚于中则形于外，是很自然的。形则神，即《中庸》所云"致诚如神"，而神即化育迁善之功。所说诚心行之则理，理即道之理，理明则道明。而变化代兴皆合于理，是谓天德，天德即天道运行至公无私，故说天不言而人推高焉，地不言而人推厚焉，四时不言而百姓期焉。这是天地四时至诚之表现。此所以说夫此有常以至其诚者也，荀子将诚推到天高地厚四时代兴的高度，诚便成为天道了。天道以诚化育万物，而君子以诚化万民，天不言而流布其诚，君子不言可以使人自喻而迁善，以至未施而亲，不怒而威。荀子说这是顺命以慎其独，对荀子所说慎独，清儒多认为与《中庸》所说慎独意义相同，慎与诚同，慎其独即诚其独，俞樾释独为无它事之谓，唯仁唯义，故无它事，无它事是为独。故荀子说不诚则不独，不独则不形，诚于中形于外，不诚自亦不可有仁义之行为，形于外很重要，不形于外，仅凭内心所有态度言谈，而民犹然未知所从。因此，荀子又说天地不诚不能化万物，圣人不诚不能化万民，父子虽亲，不诚即疏，君上为尊，不诚则卑，即不为在下者所尊重。诚为君子之所守，亦为政事之本，君上要诚，民众才服从。居止于诚，则善类相应，众善聚集。荀子强调对诚之追求，要戒慎恐惧以积极态度，此所谓操则得之，舍则失之，操即操持，要时刻操持则得之易，使诚得以保持不失，即诚其独而不舍，不舍而材性得以全面发展，这样长迁而不反其初则化矣。梁启雄按：长久迁流而不返回性恶之初则化矣。梁氏这里又透露荀学与孟学在人性方面不同之消息：荀子养心于诚，迁善成性而不反其初，即不返回其素朴之恶性；孟子操守持诚乃保其初或返回其初之素朴善性。荀子和孟子均重视要保持诚，操则得之，舍则失之；而荀子着眼于性恶之改造，孟子则着眼于性善之扩充。

十一、荀子对后世的影响及历代对荀子的评价

（一）荀子对汉、唐学术之影响及汉、唐人对荀子之评价

荀子在战国末年与孟子齐名，他创立的学派在战国末年影响最大，韩非、李斯、陈嚣、毛亨、浮丘伯、张苍俱出其门下，刘向之祖楚元王交亦荀子再传弟子，其后学称："今之学者，得孙卿之遗言余教，足以为天下法式

表仪，所存者神，所过者化，观其善行，孔子弗过，世不详察，云非圣人，奈何！天下不治，孙卿不遇时也，德若尧禹，世少知之。"这是汉初荀子后学之评价。司马迁作《史记》列孟子与荀卿同传，亦可见荀子在先秦学术史上之地位。西汉末，刘向《叙录》亦说："汉兴，江都相董仲舒亦大儒，作书美孙卿。"又说：

荀子董先生皆小五伯，以为仲尼之门五尺童子皆羞称五伯。如人君能用孙卿，庶几于王，然世莫能用，而六国之君残灭，秦国大乱，卒以亡。观孙卿之书，其陈王道甚易行，疾世莫能用，其言凄怆，甚可痛也。呜呼！使斯人卒终于闾巷，而功业不得见于世，哀哉！可为殒涕。

刘向引董仲舒作书美荀子，又以荀子与董仲舒并列，而扼腕太息荀子不遇于世，亦反映汉代人对荀卿之高度评价。不过荀子之书在汉代并未列为博士，而汉文帝时列《孟子》为博士，这也使荀子学说在汉代特别是汉以后之发展受到限制。荀子本人著作，自汉代刘向校定《孙卿子》三十二篇，至唐代中期杨倞始有注，杨倞更名《孙卿子》为《荀子》，即现代流传之《荀子》一书。杨倞对荀子评价甚高，他于元和十三年（819）所作《荀子序》将荀子与孟子并提，他说：

……陵夷至于战国，于是申商苛虐，孙吴变诈，以族论罪，杀人盈城。谈说者又以慎墨苏张为宗，则孔氏之道，几乎息矣，有志之士所为痛心疾首者也。故孟轲阐其前，荀卿振其后。观其立言指事，根极理要，敷陈往古，捃挈当世，拨乱兴理，易于反掌，真名世之士，王者之师。又其书，亦所以羽翼六经，增光孔氏，非徒诸子之言也。盖周公制作之，仲尼祖述之，荀孟赞成之，所以胶固王道，至深至备，虽春秋之四夷交侵，战国之三纲弛绝，斯道竟不坠矣。

杨倞将战国拨乱反正之功归于孟子和荀子二人，这反映唐代以前对荀子之评价，与杨倞同时代之大儒韩愈作《读荀》说：

……及得荀氏书，于是又知有荀氏者也，考其辞，时若不粹，要其归，与孔子异者鲜矣，抑犹在轲、雄之间乎？孔子删《诗》、《书》，笔削《春秋》，合于道者著之，离于道者黜去之，故《诗》、《书》、《春秋》无疵，余欲削荀氏之不合者，附于圣人之籍，亦孔之志欤！孟氏醇乎醇者也，荀与杨大醇而小疵。

韩愈评荀子大醇而小疵，虽不及孟子醇乎醇，然评价亦不低。从严格的儒家意义上说，荀子确有不醇粹处，例如我们在前面章节中已经提到了王霸杂用儒法杂用等思想，至于韩愈表示要对《荀子》一书进行删削，他并没有来得及作。应当认为唐代以前，以杨倞和韩愈对荀子的评价大体上是公允的。与韩愈同时代之柳宗元，与韩愈同为古文运动之倡导者，在历史观方面明显受到荀子思想的影响。如柳宗元谈到远古人类历史发展时说：

彼其初与万物皆生，草木榛榛，鹿豕狉狉，人不能搏噬，而且无毛羽，莫克自奉自卫，荀卿有言"必将假物以为用"者也。夫假物者必争，争而不已，必就其能断曲直者而听命焉。

这是认为人类在古代历史发展中能从自然界分化出来战胜自然界其他动物，就是在于人能利用工具，即"假物以为用"。人能制造工具利用工具，这使人与动物界分离，而有了工具有了财富，又使人类之间的斗争发展起来，于是要有权威者出来作仲裁，于是国家便出现了，柳宗元又说：

其智而明者，所伏必众；告之以直而不改，必痛之而后畏；由是君长刑政生焉。

柳宗元这种观点与荀子关于礼的起源的分析是一致的，荀子认为礼与法都是为了防止人们争夺而产生的。礼与法给人的欲望以度量分界的节制，而消除人们之间的争夺，而行使礼法的为君主，荀子说："人君者，所以管分之枢要也。"柳宗元所说"君长刑政"与荀子所说君主职能也是一致的。柳宗元还说："封建非圣人意也，势也。"这种重势观念与荀子重势观念亦相一致。荀子说："天行有常，不为尧存，不为桀亡。"此所谓"常"即天之常道、常势，是不受人的意志所支配的。柳宗元作《天说》，谓天为自然界，没有意念支配，不能赏功罚过，与荀子《天论》思想亦相一致，柳宗元说：

> 天地，大果蓏也；元气，大痈痔也；阴阳，大草木也，其乌能赏功而罚过乎？功者自功，祸者自祸，欲望其赏罚者大谬；呼而怨，欲望其哀且仁者，愈大谬矣。

柳宗元是不赞成韩愈认为天能赏功罚过而说这番话的，这亦与荀子唯物主义无神论思想相同。柳宗元认为天地与果蓏，元气和痈痔，阴阳与草木一样，都是自然界无有精神意志的事物，不能对人赏功罚过，与人事之治乱无关，此亦与荀子所说治乱非天也，治乱非地也，治乱非时也，意义相同。与柳宗元同时而为柳宗元之挚友的刘禹锡作《天论》提出"天与人交相胜"，与荀子"制天命而用之"思想相接近，刘禹锡说：

> 天，有形之大者也；人，动物之尤者也。天之能，人固不能也；人之能，天亦有所不能也。故余曰：天与人交相胜耳。

此所说有形之大者，指天为宇宙；动物之尤，指人乃万物之灵，乃动物之中有智慧者。天与人之区别，在于天乃自然，而人属于社会。刘禹锡又说："天之道在生植，其用在强弱；人之道在法制，其用在是非。"这是天（自然）和人（社会）之区别，自然万物生于天，没有意志，而人有意志，故人能治理万物，此即荀子所说"财（裁）万物"，刘禹锡还说：

> 天恒执其所能以临乎下，非有预乎治乱云尔；人恒执其所能以仰乎天，非有预乎寒暑云尔。生乎治者，人道明，咸知其所自，故德与怨不归乎天；生乎乱者，人道昧，不可知，故由人者举归乎天。非天预乎人尔。

这是说治乱在人，天不干预人事之治乱；寒暑等自然现象在天，人也不能干预寒暑之变化。治世人道明，人们都知道社会何以能治，故不以治为天德，亦不怨天。而乱世人道昧，不明白乱之原因，因此将本来人为的乱归结为天意，其实并非天有意干预人事。刘禹锡这样区别天人，区别自然和社会，而认为治乱乃人为与天（自然）无关，和荀子思想相接近，而符合荀子所说"知命者不怨天，怨天者无志"的主张。

（二）宋代理学家对荀子的评价

宋代理学发生以后，对荀子评价则大不相同，首先有理学家程颐表示不赞同韩愈对荀子大醇小疵的评价，他说：

荀卿才高，其过多；扬雄才短，其过少。韩子称其大醇，非也。若二子，可谓大驳矣，然韩子责人甚恕。

程颐否认韩愈荀子大醇之说，而认为荀子和扬雄皆为大驳，程颐这里贬低荀子，然而他却纠正了韩愈将荀子和扬雄并提，而谓荀子才高，扬雄才短，虽说荀子过多，扬雄过少，实指扬雄非比荀子，这从荀子和扬雄学问相比则有大小之轩轾了。程颐又说：

荀子曰："始乎为士，终乎为圣人。"今人学者须读书，才读书便望为圣贤，然中间至之之方，更有多少。荀子虽能如此说，却以礼义为伪，性为不善，佗自情性尚理会不得，怎生到得圣人？大抵以尧所行者欲力行之，以多闻多见取之，其所学者皆外也。

程颐认为，荀子所说"始乎为士，终乎为圣人"，只谈了要人读书，因为荀子原话是"学恶乎始？恶乎终？曰：其数则始乎诵经，终乎读礼；其义则始乎为士，终乎为圣人。"程颐认为圣贤是由修养得来，不能仅靠读书，因此，他认为读书便望为圣贤，这是不知中间至之之方，即还有许多修养方法和修炼过程，而这才是学问功夫所在，荀子对这方面论述甚少。程颐批评荀子性恶论和礼义为伪思想，认为荀子不理解性情，因而不知如何达到做圣人，他只注重圣人（尧）行为方面，限于多闻多见，而不知心性修养之重要，因此他所学皆外，而未抓住根本。这表明，理学发生，理学家所注重者乃心性修养，孟子性善论便被提到最为重要地位。程颐又说："孟子言人性善是也。虽荀扬亦不知性。"可以说，自宋代理学兴起，孟子性善论在儒家性命修养论方面最终确立。战国汉唐以来关于人性争论暂告一段落，荀子之性恶论，董仲舒之性三品说，扬雄之性善恶混，王充之性有善有恶论到韩愈之性三品说皆退居次要地位，荀子性恶论则受到较为集中之批判。理学家以理为本体，理即道，而又认为性即理，因此，理、道、性、命具有同等意义，荀子性恶论既被认为不知性，自然亦是不知理或道了。程颐又说："荀、扬性已不识，更说甚道！"理学乃性命修养之学，着重心性之体悟或觉悟，将体道视为悟性，而悟性即悟心性之善，此心性论受禅宗影响甚大。在中国哲学史上，禅宗是最为彻底的性善论，认为性善乃天赋，为心所固有，故以明心见性为修养。理学不同意禅宗之宗教观，而吸收其心性修养论，强调内心之修养体悟，以此充实孟子性善论，而赋予孟子性善论以新的精致的含义，对于荀子性恶论自然视为偏驳和粗糙了。程颐又说：

韩退之言："孟子醇乎醇"，此言论极好，非见得孟子意，亦道不到。其言"荀、扬大醇小疵"，则非也。荀子极偏驳，只一句"性恶"，大本已失。扬子虽少过，然已自不识性，理甚道！

这是说韩愈说孟子醇乎醇是最了解孟子之言，否则是作不出这样评价的，而韩愈说荀子、扬雄大醇小疵就错了。荀子极偏驳，只一句"性恶"，便失去大本，此大本即性善，而性即理，因此性恶论与儒家之道是相背离的。程颐将荀子和扬雄的性论归源于告子，他说："'杞柳'，荀子之说也；'湍水'，扬子之说也。"

"杞柳"和"湍水"皆为先秦时期告子论性的重要命题，告子曾说："性犹杞柳也，义犹桮棬也，以人性为仁义，犹以杞柳为桮棬"；"性犹湍水也，决诸东方则东流，决诸西方则西流。人性之无分于善不善也，犹水之无分于东西也。"告子不赞成孟子性善论，否认有与生俱来的天赋善性。他认为性犹杞柳也，杞柳天生那样，有直有曲，必须要有桮棬即矫正曲木的工具加以矫揉才可变形。这是强调人之天性中并不包含有仁义，而仁义乃后天教育所有，犹如同杞柳要待桮棬矫揉而变曲为直。告子又认为性犹湍水，即波流潆回之水，如于西方挖掘水道，则水向西流，于东方挖掘水道，则水向东流。这也是说性本无善无不善，而有善有不善乃后天教育导向所致。这些说法否认人性本善，不利于在性命修养方面扩充存养，不利于加强内心体验和觉悟，而容易使人在修养方面去务外，故受到程颐之批评。程颐认为荀子倡性恶，扬雄倡性善恶混，皆与性善论相违背，而将他们思想之本源归于告子，以孟子和告子之辩论，证明他们的人性论思想违背圣道，程颐又说：

荀子，悖圣人者也，故列孟子为十二子，而谓人之性恶。性果恶邪？圣人何能反其性以至于斯邪？

荀子严厉批评孟子，竟将孟子列为十二子，视为邪说、奸言，这自不能为理学家所容忍。程颐将孟子性善论说成反其性，这又是受到禅宗影响，孟子主张扩充存养，存其心养其性，以保持和发扬本然之善性，这与禅宗之明心见性尚有区别。孟子并不否定向外的修炼工夫，即内心修养与外在之践履并重；而反其性的主张则易于流入佛家之"顿悟"，而宋明理学之心性修养受"顿悟"说影响颇大，此程颐与孟子之区别。二程又批评荀子之养心说，他说：

荀子曰："养心莫善于诚。"周茂叔谓："荀子元不识诚。"伯淳曰："既诚矣，心焉用养邪？荀子不知诚。"

宋代理学以"诚"为体，诚相当于理，诚亦为心之体，荀子以心为体，以诚为用，而主张养心莫善于诚，自与宋代理学主张不同，故理学家批评他不知诚，因为诚乃心之体，心既诚矣，又焉用养。这里亦可以看到释氏修心之痕迹，而与孟子不同。应当说，荀子养心莫善于诚与孟子和《中庸》思想是相一致的。程颐甚至予荀子以盖棺论定说：

荀卿才高学陋，以礼为伪，以性为恶，不见圣贤，虽曰遵子弓，然而时相去甚远。圣人之道，至卿不传。

这里圣人之道，至卿不传的说法，对后人抨击荀学影响颇大，认为孔子之学至荀子被曲解，将后世儒学发展中之弊病，统统算在荀子头上。

北宋时期，与程颐同时代之蜀学代表苏轼著《荀卿论》说：

昔者常怪李斯事荀卿，既而焚灭其书，大变古先圣之法，于其师之道，不啻若寇仇。及今观荀卿之书，然后知李斯之所以事秦者，皆出于荀卿而不足怪也。荀卿者，善为异说而不让，敢为高论而不顾者也，其言愚人之所惊，小人之所喜也。

这些批评有似于程颐所说荀卿才高其过多，苏轼之蜀学与程颐之洛学有学派之争，苏轼不赞同理学之心性论，认为圣人不言性命天道，故对理学之天理、天道观持批评态度，然而苏轼之崇儒黜法立场与程颐相接近，他认为荀子著作当中礼法兼重，而予李斯以重要影响，导致李斯主张焚书，此为他批评荀子喜为异说敢为高论之原因。苏轼又说：

子思、孟轲，世之所谓贤人君子也。荀卿独曰：乱天下者，子思、孟轲也。天下之人，如此其众也，仁人义士如此其多也。荀卿独曰：人性恶，桀纣性也，尧舜伪也。由是观之，意其为人，必也刚愎不逊而自许太过。彼李斯者，又特甚者耳。

苏轼虽不赞同理学，然其崇子思、孟轲，而不赞同荀子性恶论，并由此攻击荀子人格刚愎不逊。苏轼又说：

今夫小人之不为善，犹必有所顾忌，是以夏商之亡，桀纣之残，而先王之法度，礼乐刑政，犹未至于灭绝而不可考者，是桀纣犹有所存而不敢尽废也。彼李斯者，独能奋而不顾，焚烧夫子之六经，烹灭三代之诸侯，破坏周公之井田，此亦必有恃者矣。彼见其师厉诋天下之贤人，自是其愚，以为古先圣王皆无足法者。不知荀卿特以决一时之论，而荀卿亦不知其祸之至于此也。其父杀人报仇，其子必且行劫；荀卿明王道述礼乐，而李斯以其学乱天下，其高谈异论有以激之也。

苏轼疾恨秦据法家主张而行暴政，故他斥秦之焚书，其残暴甚于桀纣。并且认为李斯受荀子影响甚大，荀子诋毁孟子，提倡法后王，而未能料到李斯当政时之焚书之祸，荀子虽明王道述礼乐，而其高谈异论仍不免激起李斯以焚书而消灭先王之道。

南宋时，朱熹则沿用二程观点，继续贬低荀子学说为不醇，不过，朱熹对荀子贬中亦有褒，尽管这种褒很微小，如他说：

诸子百家书，亦有说得好处，如荀子曰："君子大心则天而道，小心则畏义而节。"此句说得好。

这是表扬荀子对心性有所理解，大其心则能体天体道，小其心则重义而以义为节制。朱熹又说：

荀子说"能定而后能应"，此是荀子好话。

能定而后能应，指以静制动，为理学所追求之修养境界。这些均是就个别事例上褒荀子。朱熹还说："看荀子资质，也是个刚明的人。"又说："只是粗，他那事物皆未成个模样，便将来说。"又说："扬子工夫，比之荀子，恐却细腻。"这些话自是承认荀子才高，但其学说则粗糙，甚至还不如扬雄细腻，这亦是从严格的儒家学说立场而发之议论，然而从才学知识上说，荀子自然要比扬雄为强。朱熹说："《荀子》尽有好处，胜似《扬子》，然亦难看。"此所说难看，《荀子》书有晦涩处，难以读懂。朱熹还说："不要看《扬子》，他说话无好处，议论亦无实处。荀子虽然是有错，到说得处也自实，不如他说得恁地虚胖。"这虽然对扬雄著作和荀子著作均持批判态度，然而又不能不说荀子之书较扬雄之书内容要充实，这些评价还算是中肯的。又有人问朱熹：

"东坡言三子言性，孟子已道性善，荀子不得不言性恶，固不是。然人之一性，无自而见。荀子乃言其恶，它莫只是要人修身，故立此说。"先生曰："不须理会荀卿，且理会孟子性善。渠分明不识道理。如天下之物，有黑有白，此是黑，彼是白，又何须辨？荀扬不惟说性不是，从头到底皆不识。当时未有明道之士，被他说用于世千余年。韩退之谓荀扬'大醇而小疵'。伊川曰'韩子责人甚恕'。自今观之，他不是责人恕，乃是看人不破。今且于自己上作工夫，立得本。本立则条理分明，不待辨。"

这是说，有人认为荀子言性恶，亦是出于要人经由修养以克服性恶。朱熹则对荀子性恶论全持否定，故不要人讨论荀子性恶论，而只要人注意孟子

荀子思想综述

性善论，性善之与性恶，其对错犹如黑白分明，无需辨别。荀扬不仅说性错误，其整个学说皆错，影响于世千余年。韩愈说荀扬"大醇而小疵"，不是他责人恕，而是他根本没有看破荀子和扬雄人性论之错误本质。朱熹要求学人加强自身修养，所谓于自己上作工夫，立得本，乃是加强内省体验明吾心之全体大用，亦即扩充本性之善，此便是根本，本立则纲举目张，条理分明，不待分辨。《朱子语类》又载：

> 或言性，谓荀卿亦是教人践履。先生曰："须是有是物而可践履。今于头段处既错，又如何践履？天下事从其是，曰同，须求其真个同；曰异，须求其真个异。今则不然，只欲立异，道何由明？"

这仍是否定荀子性恶论，认为荀子主张性恶，开头即错了，缘何谈到践履？天下事是非同异不可混淆，不能因立异而妨碍明道。为标榜孟子而贬斥荀子，朱熹还说："惟是孟子说义理，说得来精细明白，活泼泼地。如荀子空说许多，使人看着，如吃糙米饭相似。"朱熹还批评韩愈说：

> 如论文章云："自屈原荀卿孟轲司马迁相如扬雄之徒"，却把孟轲与数子同论，可见无见识，都不成议论。荀卿则全是申韩，观《成相》一篇可见。他见当时庸君暗主战斗不息，愤闷恻怛，深欲提耳而诲之，故作此篇。然其要，卒归于明法制，执赏罚而已。

宋代理学兴，孟子地位得与孔子齐而为亚圣，自此学者尊孔孟，儒之道即为孔孟之道，故韩愈将孟子与屈原荀子司马迁司马相如和扬雄并提，使朱熹感到不能容忍。而仁义德政之发扬，法制刑罚之受到鄙薄，申韩学说几被视为异端，朱熹将荀子学说列为申韩。从此，荀学愈受到贬低，以至长期以来封建专制独裁之罪名几乎全由荀子来承担了。朱熹吸收苏轼对荀子的评价，指责荀子敢发异论，他说：

> 如世人说坑焚之祸起于荀卿。荀卿著书立言，何尝教人焚书坑儒？只是观它无所顾忌，敢为异论，则其末流便有坑焚之理。

荀子虽未要人焚书坑儒，而因其著作无所顾忌，敢为异论，而影响到其弟子李斯之倡坑焚，因此，荀子难逃焚坑之咎。荀子学说经过宋代理学家程颐、朱熹等人贬责，其后几被视为异端弃置高阁，而少有问津。梁启雄《荀子简释序》云："益以宋明之间扬孟抑荀之风倍甚于前，故其书终以蒙世诟厉，湮抑沈薶，无法复其光焉。"梁氏此说符合宋明以降对荀子评价情况。而到清代朴学兴起，对荀子评价又发生显著变化。

（三）清儒对荀子的评价

清代朴学兴起，朴学崇明汉学而鄙薄宋学，迄清中叶，注《荀子》书者骤增，王先谦《荀子集解序》云："国朝儒学昌明，钦定《四库全书提要》，首列荀子儒家，斥好恶之词，通训诂之谊，定论昭然，学者始知崇尚。"这表明荀子之学于清代朴学昌盛之时有转机，清朝《四库全书总目儒家类》评《荀子》书说：

况之著书，主于明周孔之教，崇礼而劝学，其中最为口实者，莫过于《非十二子》及《性恶》两篇。王应麟《困学纪闻》，据《韩诗外传》所引，卿但非十子而无子思、孟子，以今本为其徒李斯等所增。不知子思、孟子，后来论定为圣贤耳，其在当时，固亦卿之曹偶，是犹朱、陆之相非，不足讶也。至其以性为恶，以善为伪，诚未免于理未融，然卿恐人持性善之说，任自然而废学，因言性不可恃，当勉力于先王之教。故其言曰：凡性者天之所就也，不可学，不可事；礼义者，圣人之所生也，人之所学而能，所事而成之者也。不可学，不可事而在人者谓之性；可学而能，可事而成之在人者，谓之伪，是性伪之分也。其辨白伪字甚明。杨倞注亦曰：伪，为也。凡非天性而人作为之者，皆谓之伪。故伪字人旁加为，亦会意字也。其说亦合卿本意。后人昧于训诂，误以为真伪之伪，遂哗然掊击，谓卿蔑视礼义，如老庄之所言。是非未睹其全书，即《性恶》一篇，自篇首二句以外，亦未竟读矣。平心而论，卿之学源出孔门，在诸子之中最为近正，是其所长。主持太甚，词义或至于过当，是其所短。韩愈大醇小疵之说，要为定论，余皆好恶之词也。

　　这一段评论可说十分中肯，充分体现清代汉学儒者观点，是一篇为《荀子》拨乱反正的好文章。首先澄清了《非十二子》和《性恶》所招之诟厉，认为战国时期，子思孟子亦属诸子，他们之被奉为圣贤是后来社会之事，故当时荀子批评子思、孟子犹如朱（熹）陆（九渊）之相非，不必大惊小怪。王应麟为荀子辨诬，而谓《非十二子》和《性恶》为荀子弟子李斯等人伪托亦无必要。而荀子倡性恶是恐怕人持性善之说，任自然而废学，是勉励人们致力于先王之教。这里特别对性伪之分作出确切解说，认为荀子辨白伪字甚明，伪，为也，凡非天性而人作为之者，皆谓之伪，伪字加有人旁，属会意之字，这样便澄清自宋以来，人们昧于训诂，误将伪字释为真伪之伪，而抨击荀子蔑视礼义。的确，宋以来学者抨击荀子者，因视其书为异端，而卒读其书对其论据审慎考察者甚少，因而有不少武断之处。《四库全书总目》强调平心而论，而认荀子之学源于孔门，在诸子之中最为近正。这便恢复了荀子在先秦儒学史上应有的地位。

　　清儒评价荀子，多以韩愈大醇而小疵之说为定论，而不赞同宋儒过激之评价，如谢墉《荀子笺释序》云：

　　愚窃尝读其全书，而知荀子之学之醇正，文之博达，自四子而下，洵足冠冕群儒，非一切名法诸家所可同类共观也。观于《议兵》篇对李斯之问，其言仁义与孔孟同符，而责李斯以不探其本而索其末，切中暴秦之弊。乃苏氏讥之，至以为其父杀人，其子必且行劫，然则陈相之从许行，亦陈良之咎欤？此所谓欲加之罪也。

　　这是不赞同苏轼对荀子批评，而认为苏轼所举李斯焚书咎由荀子，乃苏轼对荀子欲加之罪。苏轼当时批评荀子言论得到后来朱熹赞赏。而谢墉则以荀子和孟子性论皆有偏，而批驳宋儒在性论上对荀子之非难。他说荀子：

　　顾以嫉浊世之政，而有《性恶》一篇，且诘孟子性善之说而反之于是。宋儒乃交口攻之矣。尝即言性者论之，孟子言性善，盖勉人以为善而为此言；荀子言性恶，盖疾人之为恶而为此言。要之绳以孔子相近之说，则皆为偏至之论。谓性恶则无上智也，谓性善则无下愚也。……然孟子偏于善，则据其上游；荀子偏于恶，则趋乎下风，由愤时疾俗之过甚，不览其言也偏。然尚论古人，当以孔子为权衡，过与不及，师商均不失为大贤也。

这样，将荀子性恶和孟子性善同等评价，自与宋儒大相径庭，而认为性恶和性善论均在不同角度以礼义勉人为善，这一评价是公允的，因此，荀孟皆不失为孔门大贤。清儒更有甚者认为宋儒言性虽主孟子，然亦有取于荀子，如钱大昕说：

宋儒所訾议者，惟《性恶》一篇。愚谓孟言性善，欲人之尽性而乐于善；荀言性恶，欲人之化性而勉于善，立言虽殊，其教人以善则一也。宋儒言性，虽主孟氏，然必分义理与气质而二之，则已兼取孟荀二义。至其教人，以变化气质为先，实暗用荀子化性之说，然则荀子之书讵可以小疵訾之哉！

钱大昕这里可以说抓住了宋儒区别义理之性和气质之性的要害，朱熹的义理之性和气质之性的提法是由张载提出天地之性和气质之性而来。将张载的天地之性变为义理之性，义理之性即是理，是纯粹至善的，气质之性受气禀所限，是恶的来源。气禀不同，性亦不同，如明珠掉进水中，水有清浊，性有善恶。教人为善必须变化气质，如洗去明珠之泥垢，这种性论，很明显兼取孟荀性论二义，而强调化性去恶。理学之性命论亦受佛教思想影响，此处我们不想多说。我们认为钱大昕所说宋儒变化气质之说与荀子化性起伪相近，则勿庸置疑。钱大昕已有不同意韩愈对荀子小疵之评价，而谓"儒家以荀孟为最醇"，清儒甚者，全不赞同韩愈对荀子之品评，如郝懿行说：

近读孙卿书而乐之，其学醇乎醇，其文如孟子，明白宣畅，微为繁富，益令人入而不能出。颇怪韩退之谓为大醇小疵，蒙意未喻，愿示其详，推寻韩意，岂以孟道性善，荀道性恶；孟尊王贱霸，荀每王霸并衡，以是为疵，非知言也。何以明之？孟遵孔氏之训，不道桓文之事，荀矫孟氏之论，欲救时世之急。《王霸》一篇，剀切铮于，沁人心骨，假使六国能用其言，可无暴秦并吞之祸。因时无王，降而思霸，孟荀之意，其归一耳。

郝懿行将荀子与孟子同列为"醇乎醇"，而不赞同韩愈对荀子"大醇而小疵"评价，指出小疵，无非是因为荀子倡性恶，以及主张王霸并用。其实在战国之际，王霸并用，正是为了救时世之急，是对孟子尊王贱霸而不可变通之矫正。荀子更为注重现实，而其《王霸》一篇所述主张，切实可行而感人至深，可惜六国未能采用，卒受暴秦并吞之祸。郝懿行这些观点，表明他评价历史人物及其学说，要看他在其所处之时代所发挥的现实作用和意义，这对荀子学说亦是颇为中肯的评价。荀子的王霸兼用主张为后来汉代封建社会所采纳，而且行之有效，便是证明。

（四）近代（辛亥革命前）发生之"排荀"和"尊荀"

在中国近代反封建民主革命中，对荀子的评价又发生新的变化，对荀学之辩论，戊戌变法时期较为集中，变法派对荀学持批判态度。而以谭嗣同为其代表，谭嗣同作《仁学》说：

孔虽当据乱之世，而黜古学，改今制，托词寄义于升平、太平，未尝不三致意焉。今第观其据乱之雅言，既不足以尽孔教矣。况其学数传而绝，乃并至粗极浅者，亦为荀学搀杂，而变本加厉，胥失其真乎！孔学衍为两大支：一为曾子传子思而至孟子，孟故畅宣民主之理，以竟孔之志；一由子夏传田子方而庄老子，庄故痛诋君主，自尧、舜以上，莫或免焉。不幸此两支皆绝不传，荀乃乘间冒孔之名，以败孔之道。曰："法后王，尊君统。"以倾孔学也。曰："有治人，无治法。"阴防后人之变其法也。又喜言礼乐政刑之属，惟恐钳制束缚之具不繁也。一传而为李斯，而其为祸亦暴著于世矣。

当时维新派以托古改制推行其变法主张。托古改制是托孔子以改制，说孔子为教主、素王，孔子作《春秋》为后世立法。据《公羊春秋》之三世说：据乱世，升平世，太平世，谓孔子改制以太平世为最高目标，而太平世即大同民主之世。以上维新派之托古改制主张具有明显之反封建民主革命性质。谭嗣同批判纲常制度，特别是三纲中的君为臣纲，而认为君为臣纲，即尊君统，维护封建独裁专制的学说是荀子的学说。他考证孔学衍为两大支，一支由曾子传子思至孟子，孟子倡民主，主张民贵君轻。又一支由子夏传田子方至庄子，庄子反对君权，骂倒一切君主，包括尧、舜在内。此两支皆不能传下来，而荀子则乘机冒孔之名，改孔子之道为尊君统，其弟子李斯助秦为暴，其后又演出两千多年的君主专制。谭嗣同将二千年封建纲常制度及其思想学说统统算在荀子头上，显然是在借题发挥，他批判的荀学，实际是儒家的基本思想，如他又说：

　　然而其为学也，在下者术之，又疾首遂其苟富贵取容悦之心，公然为卑谄侧媚奴颜婢膝而无伤于臣节，反对其助纣为虐者，名之曰"忠义"；在上者术之，尤利取以尊君卑臣愚黔首，自放纵横暴而涂锢天下之人心。

　　谭嗣同此处所说"术"乃指儒术，所指在下者术之，是指叔孙通为汉高帝定朝仪使其"今而后知皇帝之贵"。刘歆窜易古经为王莽篡汉制造舆论。桓荣通《尚书》，以儒术居显要而得赐车服竟曰"稽古之力"。韩愈作《原道》竟说："君者出令者也，臣者行君之令而致之民者也，民者出粟米麻丝作器皿通货财以事其上者也。"所指在上者术之，是指汉高帝笼络人才："从吾游者，吾能尊显之。"以封官赐爵为诱饵。汉光武帝"以柔道治天下"，以怀柔驯民，得以长踞帝统。唐太宗以科举取士："天下英雄，皆入吾彀中矣。"让士人中其圈套。谭嗣同否定汉唐宋明以来封建政治，他最疾恨者乃是宋以后之理学，他说：

　　至宋又一小康，而太宗术之于上，修《太平御览》之书，以消磨当世之豪杰；孙复术之于下，造《春秋尊王发微》，以割绝上下之分，严立中外之防，惨鸷刻核，尽窒生民之灵思，使不可复动，遂开两宋南北诸大儒之学派，而诸大儒亦卒莫能脱此牢笼，且弥酷而加厉焉。呜呼！自生民以来，迄宋而中国乃真亡矣！天乎，人乎？独不可以深思而得其故乎？至明而益不堪问，等诸自邻以下不可也，虑皆转相授受，自成统绪，无能稍出宋儒之胯下，而一睹孔教之大者。其在上者，亦莫不极崇宋儒，号为洙泗之正传，意岂不曰宋儒有私德大利于己乎？悲夫，悲夫！民生之厄，宁有已时耶？

这对宋明理学之批判可说无以复加了，因为理学严上下等级名分，惨鸷刻核，窒息人民灵思，使精神受到禁锢而无法解脱，两宋以来大儒学派皆不出此牢笼，谭嗣同竟痛诋此种局面为自生民以来而中国乃真亡矣。宋以后，有元、清两次北方少数民族入主中原，谭嗣同作为汉族知识分子，在为民主自由而奋斗时，不能不对满族腐败专制之苦有痛切感受。他痛恨号为洙泗真传之宋儒有私德大利于君主专制，而使民生苦难，无有终止。这些均充分表明谭嗣同之反对理学之立场，然而令人遗憾的是他将以宋儒为代表的儒学弊病全算在荀子头上，他说：

故常以为二千年来之政，秦政也，皆大盗也；二千年来之学，荀学也，皆乡愿也。惟大盗利用乡愿；惟乡愿工媚大盗。二者交相资，而罔不托之于孔。被托者之大盗乡愿，而责所托之孔，又乌能知孔哉？

在戊戌变法期间说这番话，应当属于较彻底的反封建言论，谭嗣同将二千年之政统统归为秦政，而斥为皆大盗，这是从封建君主专制制度的实质而言。汉承秦制，汉以后王朝政治皆亦损益秦汉，其封建主义的生产方式和生产关系基本上无大的变化，至于斥君主为大盗，是从君主之害人民而言，并不过分，明清之际学者黄宗羲即说君主："以天下之利尽归于己，以天下之害尽归于人"，"屠毒天下之肝脑，离散天下之女"，而"为天下之大害"。清初另一学者唐甄说："自秦以来，凡为帝王者，皆贼也。""杀一人而取其匹布斗粟，犹谓之贼；杀天下之人而尽有其布粟之富，而反不谓之贼乎！"这些均是具有民主精神的言论，谭嗣同发扬了这些精神，而且又是在中国近代民主革命发轫时期，抨击君主专制，更具有新的时代意义。谭嗣同将二千年之学统统归为荀学，他所说之荀学实指整个儒学。汉以后，荀学已谈不到有什么影响，特别是遭受宋明理学之批判，荀学被视为申韩异端，几乎无人问津，至清代汉学兴，始对荀学以公允评价，然而成为社会支配思想的是理学，而理学是尊孟抑荀的。谭嗣同批判荀学，抓住荀学之尊君思想，而谓荀学重视君统，其实秦汉以后，儒家莫不维护君统，否则便不会有二千多年君主专制了。因此，将君统完全归为荀学主张，亦不见得。而从谭嗣同之批判程朱理学不遗余力，亦可看到谭氏心目中之荀学为何所指。谭嗣同又说：

> 方孔之初之教也，黜古学，改今制，废君统，倡民主，变不平等为平等，亦汲汲然动矣。岂谓为荀学者，乃尽亡其精意，而泥其粗迹，反授君主以莫大无限之权，使得挟持一孔教以制天下！彼为荀学者，必以伦常二字，诬为孔教之精诣，不悟其为据乱世之法也。且即以据乱之世而论，言伦常而不临之以天，已为偏而不全，其积重之弊，将不可计矣；况又妄益之以三纲，明创不平等之法，轩轾凿枘，以苦父天母地之人。

这亦是说，孔教原来改制之义为实现民主平等，而到荀学产生，受到篡改，将孔教变成维护君主专制了，而以伦常为孔教之精诣，孔教便成了纲常名教。这里所说"言伦常而不临之以天"，天具有天赋人权意义，即指言伦常而不言伦常出于天赋，而又妄益之以三纲，即所谓君为臣纲，父为子纲，夫为妻纲。这样便将人与人之间的平等权利剥夺了。所谓"以苦父天母地之人"是说人以天为父以地为母，人生天地间，天生是平等的。而三纲之确立，人们受三纲挟制，便无有平等自由可言了。这也表明，谭嗣同之反封建民主思想，受到西方近代天赋人权自由平等思想之影响，谭嗣同又说：

> 彼为荀学而授君主以权，而愚黔首于死，虽万被戮，岂能赎其卖孔之辜哉！

这些言论看起来像是批判荀学，其实矛头所向乃封建社会之全部儒家学说，谭嗣同认为程朱理学最为维护君统，而对人的思想禁锢甚大，他将程朱之学归源于荀子之学，他说：

> 君统盛而唐、虞后无可观之政矣，孔教亡而三代下无可读之书矣！乃若区玉检于尘编，拾火齐于瓦砾，以冀万一有当于孔教者，则黄黎州《明夷待

访录》其庶几乎！其次，为王船山之遗书，于君民之际有隐恫焉。黄出于陆、王，陆、王将缵庄之仿佛。王出于周、张，周、张亦缀邹峄之坠绪。辄有一二闻于孔之徒，非偶然也。若夫与黄、王齐称，而名实相反、得失背驰者，则为顾炎武。顾出程、朱，程、朱则荀之云礽也，君统而已，岂足骂哉！这仍是批判汉唐以后之封建制度，而其表彰明清之际黄宗羲和王夫之当中的民主精神，如《明夷待访录》以君为天下之大害，王船山遗书主张天下乃天下人之天下，天下非一姓之私等言论。谭嗣同又区别顾炎武与黄宗羲王夫之，是他看到顾炎武书中有维护君权内容，而以黄宗羲崇陆王，而顾炎武信程朱，至于王夫之，其学术与张载、周敦颐有渊源。谭嗣同又将清初及宋明学派之不同，上溯到庄子、孟子和荀子，而断定程、朱乃继承荀子，其学乃维护君统，骂它何益？从荀子将程、朱和荀子联系，而予理学以强烈批判，这样，他所批评之荀学是指什么，也就很清楚了。

维新派批判荀子，甚至掀起排荀运动乃当时变法形势所要求，排荀实为当时政治斗争所需要，梁启超在回忆当时排荀情况时说：

启超谓孔门之学，后衍为孟子、荀卿两派，荀传小康，孟传大同。汉代经师，不问今文家古文家，皆出荀卿，（汪中说）二千年间，宗派屡变，壹皆盘旋荀学肘下；孟学绝而孔学亦衰。于是专以绌荀申孟为标帜，引《孟子》中诛责"民贼""独夫"，"善战服上刑"，"授田制产"诸文，谓为大同精意所寄，日倡道之。又好《墨子》，诵说其"兼爱""非攻"诸论。启超屡游京师，渐交当世士大夫，而其讲学最契之友，曰：夏曾佑、谭嗣同。曾佑方治龚、刘今文学，每发一义，辄相视莫逆；其后启超亡命日本，曾佑赠以诗，中有句曰："……冥冥兰陵（荀卿）门，万鬼头如蚁，质多（魔鬼）举只手，阳乌为之死，袒裼往暴之，一击类执豕，酒酣掷杯起，跌宕笑相视，颇谓宙合同，只此足欢喜……"此可想见当时彼辈"排荀"运动，实有一种元气淋漓景象。

以上梁启超之回忆，足以说明，维新派之"排荀"运动，实为宣传民主思想而排除封建思想之政治运动。当时变法以托古改制面貌出现，发扬孔学中之民主精神，故剖析孔子以后孔教之衍变，一为荀学之尊君，一为孟学之贵民，而荀学传，孟学绝，孔教被荀学篡改，而酿成二千年之封建君主专制，而要反对封建专制，则必须绌荀申孟。这也可以看到当时维新派要推动变法之煞费苦心，其所谓荀学成为二千年封建伦理制度及其思想学说之代称，由此而有夏曾佑赠梁启超诗，所谓"冥冥兰陵门，万鬼头如蚁"，乃指清廷镇压变法派之顽固派，"质多举只手，阳乌为之死"，指顽固派镇压变法引起政治黑暗，所谓"祖裼往暴之，一击类执豕"云云，指革命者虽手无寸铁而勇于反抗暴虐，且有必胜信念。梁启超据此诗谓"当时彼辈排荀运动，实有一种元气淋漓景象"，自是指当时变法虽受镇压而遭挫折，而变法之精神则气势磅礴而激励不已。

在近代历史上，革命思想家章太炎对荀子的评价，可以说与戊戌维新派的评价截然相反，章太炎《訄书》初刻本第一篇文章便是《尊荀》，维新派"排荀"，章太炎则"尊荀"，可谓针锋相对，章太炎在释荀子法后王之义时说：

所谓后王者，上非文武，下非始皇帝。何者？一楼七雄，共和之令废。秦虽得陈宝，六国未一拱揖，未斠郊号，未称帝，彼天下之君安在？仲尼有言：夏道不亡，商德不作；商德不亡，周德不作；周德不亡，《春秋》不作。《春秋》之作，以黑绿不足代苍黄，故反夏政于鲁，为新王制，非为汉制也。其所规摹，则政令粲然示于禘矣。故荀子所谓后王者，则素王是，所谓法后王者，则法《春秋》是。

章太炎这一段文字对荀子法后王之评价，对于评价荀子学说极为重要。他说荀子法后王非法文武，否定了关于荀子法后王是推崇周制的说法。又说荀子所说法后王非法始皇帝，这就说明荀子所谓后王并非近世之王或当世之王。当时秦虽得到称王之兆（秦穆公狩猎获陈宝），然六国尚存，与之抗衡，始皇尚未统一天下，未称帝号，尚无天下之君。章太炎以《春秋》当新王之说，即孔子作《春秋》为新王立法，其规模和完善程度可于礼制之成熟看出，所谓政令粲然示于稀矣，即是形容当时儒家之礼制为新王奠定基础。故章太炎说荀子所谓后王即是素王（孔子），所谓法后王，即是法《春秋》。章太炎这样评价荀子，与维新派康有为、谭嗣同抵牾太大了。因为康、谭托孔子（素王）以变法，而认为《公羊春秋》三世说是孔子为后世立法，而孔之学至荀子而绝，汉以后之孔教，乃为荀学所歪曲。章太炎则说荀子法后王乃法孔子，法《春秋》，这便否定了维新派之"排荀"，而认为传孔子之学者乃荀子，荀子与孔子是完全一致的，他又说：

汉因于秦，唐因于周、隋，宋因于周，因之日以其法为金锡，而已形范之，或益而宜，或损而宜。损益曰变，因之曰不变。仲尼、荀卿之于周法，视此矣。其傝古也，禔以便新也。

这是说，后一朝代都要继承前一朝代而立法，所谓因乃继承，损益乃革新，继承和革新犹如以型范铸金锡，《荀子·强国》说："刑（型）范正，金锡美，工冶巧，火齐得，剖刑而莫邪已！"这是形容当时的冶铸技术，指模具、金属、冶炼、火候各方面配合得好，就可铸出"莫邪"那样的宝剑。章太炎以金锡和形范为例，形容历史的变革，如同金锡等原料，经过模型冶铸而成金属器具，是要说明历史之发展乃有因有革，孔子和荀子即依据这种发展而进行继承和创新的，此即他所说其傝古也，禔以创新。这样在章太炎笔下，荀子和孔子一样均属历史革新家，都是对周礼进行损益者。章太炎又说.

荀卿以积伪俟化治身，以隆礼合群治天下。不过三代，以绝殊瑰；不贰后王，以慕文理。百物以礼穿般，故科条皆务进取而无自戾。《荀子·王制》上言："道不过三代，法不贰后王。"下言："声，则凡非雅声者举废；色，则凡非旧文者举息；械用，则凡非旧器者举毁；夫是之谓复古。"二义非自反。雅声、旧文、旧器，三代所用，人间习识。若有用五帝之音乐、服器于今，以为新异者，则必毁废。故倞注曰："复三代故事，则是复古不必远举也。"其正名也，世方诸认识论之名学，而以为在琐格拉底、亚历斯大德间。（桑木严翼说）由斯道也，虽百里而民献比肩可也。其视孔氏，长幼断可识矣。

这里所说荀子以积伪俟化治身，即指化性起伪，积累而为圣人，荀子法后王为道不过三代，法不贰后王，以礼为准，纲举目张，务在进取而又坚持原理，章太炎自注中对荀子法后王所说之雅声、旧文、旧器解说为三代所用，人间习识。因此所谓非雅声者举废，非旧文者举息，非旧器者举毁，是指不要超过三代而追溯到五帝时代，而误以远古之器为新异。正如杨倞所说，复古即复三代，不必远举。章太炎还认为荀子正名有似于古希腊之逻辑学。这样，荀子学说由理论到方法，均非平凡。章太炎说荀子"其视孔氏，长幼断可识矣"，是他认为荀子不亚于甚至胜过孔子，他在《订孔》自注中还说："荀卿学过孔子，尚称颂以为本师。此则如释迦初教本近灰灭，及马鸣、龙树特弘大乘之风，而犹以释迦为本师也。"荀卿学过孔氏，在章太炎眼中，孔子之后唯荀子可称大儒，章太炎又说：

且儒者之义，有过于"杀身成仁"者乎？儒者之用，有过于"除国之大害，杆国之大患"者乎？夫平原君，僭上者也，荀卿以为"辅"；信陵君，矫节者也，荀卿以为"拂"，世有大儒，因举侠士而并包之。而特其感概奋厉，矜一节以自雄者，其称名有异于儒焉耳。

章太炎崇尚任侠，认为荀子亦推重侠士，他以荀子褒平原君和信陵君为例，认为平原君和信陵君均有侠士之风，而平原君僭上，信陵君矫节，严格意义上均不符合儒家要求，然而因其有侠风便被荀子称为"辅""拂"之臣，因此，章太炎称荀子为"大儒"，而能举侠士并包之。这样便矫正了古人因荀子推崇平原君和信陵君而对他所作的非难。

章太炎赞同荀子性恶论，用以批判帝国主义的侵略本性，并由此提出无政府（取消政府）之主张，他说：

荀卿之时，所见不出禹域，七雄相争，民如草芥，然尚不如近世帝国主义之甚。随俗雅化，以建设政府为当然，而自语相违实甚。何者？既知人性之恶，彼政府者亦犹人耳，其性宁独不恶耶？检以礼法，而礼法者又恶人所制也。就云礼法非恶，然不可刻木为吏，则把持礼法者，犹是恶人。以恶人治恶人，譬则使虎理熊，令枭将獍。熊与獍之恶未改，而适为虎与枭傅其爪牙。然则正以性恶之故，不得不废政府。

　　章太炎对性恶的看法比荀子更为彻底。"帝国主义则寝食不忘者，常在劫杀，虽磨牙饮血，赤地千里，而以为义所当然。"帝国主义的侵略战争当然非战国七雄相争可比。章太炎由帝国主义的侵略本性不可改变，证明荀子性恶论之正确，但他又认为荀子既倡性恶，又倡以礼法改造人性，这是矛盾。因为人性既恶，又何发出礼法之善，即使有了礼法亦要人去实行，而人性本恶，由恶人执法，岂不是以恶人治恶人，反而使恶性变本加厉发作。因此章太炎主张废除政府，从根本上废除礼法。章太炎受佛教思想影响，而提倡"五无"，其第一即无政府，废除政府，反映出近代民主主义者于革命信心不足，而有别于荀子时代，因为荀子时代新兴封建制度刚刚建立，中国即将统一，荀子作为新兴封建制度的代言人，既主人性恶，又对化性起伪以改变人性充满信心，这是荀子性恶论与章太炎性恶论因时代不同而生之差异。

　　章太炎早年曾追随维新派鼓吹变法，但是很快便发生分歧，转而坚决主张以革命手段推翻清廷，建立民主共和制度。他治学崇尚古文经学，不赞同维新派托古改制，因此无论从政治主张或学术主张，他与维新派从开始合作时便表现出不同倾向，所以在评价荀学方面与维新派采取截然不同的立场。

第三章　荀子与儒家

一、儒学在战国的分化与发展

　　战国年代，社会处于重大转型时期，学术发展处于转折关头。一方面，"诸侯异政，百家异说"（《荀子·解蔽》），"天下大乱，贤圣不明，道德不一，天下多得一察焉以自好。……天下之人各为其所欲焉以自为方"，"道术将为天下裂"（《庄子·天下》）；另一方面，复杂多变的社会又推动了思想的发展，促使学术进一步深化和分化。

　　孔子弟子三千，贤者七十，门人弟子思想认识不可能完全一致。弟子中有道德修养高洁者如颜渊，也有畏途而思止者如冉求，他们对孔子思想的理解也多有不同。孔子活着时弟子尽管有种种不同的想法，但还不至于分裂。孔子去世后，失去了凝集力，弟子们的分裂就难以避免。源于对儒学的不同理解，他们相互批评，认为对方的行为举止有损于孔子精神的发扬。《礼记·檀弓》记载子夏儿子去世后，曾子去子夏家哀悼时对子夏进行了严厉的批评：

　　子夏丧其子而丧其明。曾子吊之，曰："吾闻之也，朋友丧明则哭之。"曾子哭。子夏亦哭，曰："天乎！予之无罪也。"曾子怒曰："商！女何无罪也？吾与女事夫子于洙泗之间，退而老于西河之上，使西河之民疑女于夫子，尔罪一也；丧尔亲，使民未有闻焉，尔罪二也；丧尔子，丧尔明，尔罪三也。而曰女何无罪与？"子夏投其杖而拜，曰："吾过矣，吾过矣，吾离群而索居亦已久矣。"

曾子认为子夏的最大错误，是子夏在西河传教时，使西河之民认为子夏比得上孔子。意即子夏宣传自己过多，而没有大力去宣传老师孔子，这就有违弟子职责。

《论语·子张》篇记载子游批评子夏的弟子只知道一些小的礼仪，不知孔子之礼的根本。子夏回击，认为礼是本末兼备的，不可能不讲礼仪而空言"道"。本末是统一的，"先传"和"后倦"并没有明显的区别：

子游曰："子夏之门人小子，当洒扫、应对、进退，则可矣。抑末也，本之则无。如之何？"子夏闻之曰："噫！言游过矣！君子之道，孰先传焉？孰后倦焉？譬诸草木，区以别矣。君子之道，焉可诬也？有始有卒者，其惟圣人乎！"

子夏

《论语·子张》篇还记载了子夏与子张在论"交"上的不同认识：

子夏之门人问交于子张。子张曰："子夏云何？"对曰："子夏曰：'可者与之，其不可者拒之。'"子张曰："异乎吾所闻：君子尊贤而容众，嘉善而矜不能。我之大贤与，于人何所不容？我之不贤与，人将拒我，如之何其拒人也？"

子夏认为应该以礼为标准，可以交往的就与他交往，不可交往的就不与他交往。子张批评这种说法，认为君子应该尊敬贤人，但也要包容众人；应该嘉奖善人，也要同情不能为善的人。假如我是一个大贤人，还有什么不能包容的呢？假如我不贤，别人也就不会来与我交往，我又怎么有拒绝别人的可能呢？子张以人的内在修养为标准，认为自己已经得"仁"之义，超越了外在的"礼"束缚。但孔门其他弟子并不认为他已经得"仁"。子游就说："吾友张也，为难能也。然而未仁。"曾子也说："堂堂乎张也，难与并为仁

矣。"(《论语·子张》)

　　曾子与有若之间也曾就"礼"的问题相互进行批评。《礼记·檀弓》记载：

　　曾子曰："晏子可谓知礼也已，恭敬之有焉。"有若曰："晏子一狐裘三十年，遣车一乘，及墓而反，国君七个，遣车七乘，大夫五个，遣车五乘，晏子焉知礼？"曾子曰："国无道，君子耻盈礼焉。国奢则示之以俭，国俭则示之以礼。"

　　子游、子张对子夏学说的轻视，曾子、子游对子张的批评，曾子与有若对"礼"的不同认识等，必然使这些弟子们在失去了孔子这一精神核心后，各自讲述自己的思想，实践自己的主张，使儒学呈现多中心状态。按韩非子的理解，在孔子逝世后的二百多年间，先后有八位儒门学者卓有影响，各有不同特色，"有子张之儒，有子思之儒，有颜氏之儒，有孟氏之儒，有漆雕氏之儒，有仲良氏之儒，有孙氏之儒，有乐正氏之儒"(《韩非子·显学》)。儒分多家，一方面促使儒学向更深、更细层次发展；另一方面，弟子们"取舍相反不同"，各自谓"真孔"，削弱了儒学力量，给儒学带来了危机。"七十子"中，虽然子夏、子游、曾子等不少弟子得到诸侯的尊重，但随着孔门内部的争执、墨家与其他学派的兴起，越到后面，儒学的影响力就越是下降。

　　在这种状况下，孟子以儒门传人的身份，以天降大任于其身的道德职责，宣传儒学思想，对各种非儒学说进行批判。他论说人性本善，为儒家道德学说寻求本原与本体的根据，将孔子侧重于对外在道德规范的论说转向于对人的内在本质的探讨，视仁、义、礼、智等道德要求为人的天赋本性，认为人的主体心性的扩充就是个体生命的完善与升华。但是，孟子理论重于思而弱于学，在知行问题上严重脱节，难于取得成效。荀子对儒学的状况非常焦虑，在孟子学说"迂阔"不能用于世的情况下，对思、孟学说和子张、子夏、子游之流的抱残守缺进行了批评，强调从实际出发，向后王学习，重视

荀子与儒家

礼乐规范等外在制度的作用，提出要弘扬真正的儒学精神，做儒家的真君子，力图确立儒家在社会发展中的思想领导地位。

二、荀子对子思、孟子、子夏、子张、子游的批评

（一）荀子对思孟学派的批判

　　荀子以孔子正宗自居，对子思、孟子进行了严厉批评，认为思孟之徒"略法先王而不知其统，犹然而材剧志大，闻见杂博。案往旧造说，谓之五行，甚僻违而无类，幽隐而无说，闭约而无解。案饰其辞，而只敬之曰：此真先君子之言也。子思唱之，孟轲和之。世俗之沟犹瞀儒嚾嚾然不知其所非也，遂受而传之，以为仲尼子弓为兹厚于后世：是则子思孟轲之罪也"（《荀子·非十二子》）。思孟"材剧志大，闻见杂博"，从孔子的"仁"学思想中生发出僻违、幽隐、闭约的"五行"学说，歪曲了孔子真意，损害了儒学思想的传播与发展。

　　不尊重先王、喜欢"案往旧造说"是孟子的一大特点，如孟子认为"五百年必有王者兴"就一直被人诟病。孟子对历史的解释非常随意，在"尝闻其略"的情况下就敢于大谈西周的班爵禄制度和"井田制"，为了证明自己的主张可任意解释甚至修改历史，对《诗》、《书》的引用解释也非常随便，"以意逆志"，说"尽信书则不如无书，吾于《武成》取二三策而已矣。仁人无敌于天下，以至仁伐至不仁，而何其血之流杵也"（《孟子·尽心下》）。其说"尽其道而死者，正命也。桎梏死者，非正命也"（《孟子·尽心上》）。也只能正说，而不能反推，否则孔子不王、颜渊早夭、伯牛为疠都是由于他们不知命、行不顺？多少普通民众桎梏而死都是身不由己，并非自己能够选择。

　　从《荀子·非十二子》看，荀子对思孟的最大不满是他们提出"五行"

学说，认为"五行"之说不是孔子思想的继承与发展。思孟"五行"到底是哪"五行"，现有传世文献中并没有记载。1973年长沙马王堆三号墓出土的《老子》帛书，其甲本卷后逸书的第一部分，共一百八十二行，讲儒家的"仁义礼智圣"思想，不少地方袭用了《孟子》的话。庞朴认为这可能就是《荀子·非十二子》斥责思孟"案往旧造说，谓之五行"的思孟五行本义。裴锡圭在《马王堆（老子）甲乙本卷前后佚书与"道法家"》中说道："在1973年长沙马王堆三号墓出土的《老子》帛书，其甲本卷后佚书的第一部分，共一百八十二行，讲儒家'仁义礼智圣'的'五行说'，不少地方袭用了《孟子》的话，大概是孟轲学派的作品。《非十二子》斥责思、孟'案往旧造说，谓之五行，'应该就是这种学说。"1993年郭店楚墓竹简中发现的思孟学派材料进一步肯定了庞朴等学者的推论。现学界比较倾向于认为，思、孟"案往旧造说"的"五行"就是"仁义礼智圣"。

荀子为何对思孟的"仁义礼智圣"五行学说进行批评，我们可以先从荀子对其他诸子的批评中寻找一些线索。

荀子对诸子的批评有一个明显特征，那就是各篇的批评口径一致。如惠施、邓析的批评，在《荀子·非十二子》中说："好治怪说，玩琦辞，其察而不急，辨而无用，多事而寡功，不可以为治纲纪。"《荀子·不苟》中批评惠施邓析说："'山渊平'，'天地比'，'齐秦袭'，'入乎耳，出乎口'，'钩有须'，'卵有毛'，是说之难持者也，而惠施邓析能之。然而君子不贵者，非礼义之中也。"《荀子·解蔽》说"惠施蔽于辞而不知实"。"山渊平，天地比"等就是"怪说"与"琦辞"；荀子强调用礼义来治理社会，所以"不可以为治纲纪"就是"非礼义之中"，也就是"蔽于辞而不知实"。如对墨子、宋钘的批评也是如此，在《非十二子》中说"不知壹天下建国家之权称，上功用，大俭约，而僈差等，曾不足以容辨异，县君臣"；在《富国》中说"我以墨子之非乐也，则使天下乱；墨子之节用也，则使天下贫"；在《王霸》中则说"墨子之说"是"役夫之道"；在《解蔽》中说"墨子蔽于

中华传世藏书

荀子诠解

荀子与儒家

三三三

用而不知文"；在《乐论》中则专门批评墨子的非乐思想；在《天论》中则说"墨子有见于齐，无见于畸"。这些批评都是一致的。"蔽于用而不知文"即"上功用"，"节用"即"大俭约"，"僈差等"即"不足以容辨异，县君臣"和"有见于齐，无见于畸"。荀子对其他诸子的批评也都如此，荀子对诸子的批评在整个《荀子》中都是一贯的，而且都是批评诸子最有代表性、与荀子分歧最大的观点。由这一线索进行分析与推断，可知荀子对思孟五行学说的批判与荀子对孟子性善说的批判有相当大的关联性。荀子批"五行"学说，就是批其学说的所持的来源——天赋予人善性。

　　子思、孟子从孔子的仁爱学说发展出"仁义礼智圣"思想，是为儒家"仁"学提供本体依据。子思认为"天命之谓性，率性之谓道"（《中庸》），认为人性是天生的，将人的本性发扬光大就是道。又说"唯天下至诚，为能尽其性。能尽其性，则能尽人之性。能尽人之性，则能尽物之性。能尽物之性，则可以赞天地之化育，可以赞天地之化育，则可以与天地参矣"（《中庸》），认为人与万物都包含着"善"的天理，能尽人之性即可尽物之性，即可参与天地善性的化生。孟子认为人性源于"天命"，仁、义、礼、智、圣五种道德品质是天命所赋予、人生来就有的本性，非后天所得。人的道德实现，人成为君子圣人的过程，主要在于人的"内心之思"，人只要"反求诸己"，从内心进行反省，就能体悟到人的良知良能与天之善性，从而"知天"，完成道德实践的整个过程，由此得到生命的升华和人性的完善。"尽其心者，知其性也；知其性，则知天矣"（《孟子·尽心上》）。荀子认为人性恶，人的道德品行来源于圣人的教化和人后天的努力，是人的社会生活而不是天命需要礼义道德规范，只是自我反省而不加强对《诗》、《礼》的学习，没有外在礼法制度的监督人不可能"化性起伪"，从而到达圣贤这一道德境界，道德规范源于人的社会性而不是人的自然性。如果人天生就被赋予善性，那么礼义教化就没有必要，圣人也就没有存在的价值。孟子将道德的来源神秘化，认为人生来就具有全部的善性，养夜气就可以存本心，由自身之

"诚"即可达到对外在世界之"诚"的把握，"僻违而无类，幽隐而无说，闭约而无解"，强调内心的觉醒而不是对外在世界的认知就可得到人的完善，将孔子重视对外在规范的遵守变为强调自我的内心修养，使人失去对外在世界的关注，有同于那些"治怪说，玩琦辞"的辩家者流，这是孔子精神的退化，有损于儒学的发展。

荀子批判思孟"案往旧造说"、不知先王制礼作乐的真意与由来，是为了突出外在规范的重要，重视社会活动、后天所为对人道德品质修养的决定作用，由思孟的内修之术修正为治理天下的内圣外王兼行之学。

（二）俗儒与大儒之辨

《荀子》一书，一再批评子思、孟轲为瞀儒，子张、子夏、子游为贱儒，并着力分辨俗人、俗儒、雅儒、大儒，树真正的儒家君子形象。《荀子·非十二子》道，"弟陀其冠，神禫其辞，禹行而舜趋：是子张氏之贱儒也。正其衣冠，齐其颜色，嗛然而终日不言：是子夏氏之贱儒也。偷儒惮事，无廉耻而耆饮食，必曰君子固不用力：是子游氏之贱儒也"。在《荀子·儒效》中，荀子对违背礼义、失去孔子精神的孔氏后学进行了更具体的分类批评：

有俗人者，有俗儒者，有雅儒者，有大儒者。不学问，无正义，以富利为隆，是俗人者也；逢衣浅带，解果其冠，略法先王而足乱世术，缪学杂举，不知法后王而一制度，不知隆礼义而杀诗书；其衣冠行伪已同于世俗矣，然而不知恶；其言议谈说已无异于墨子矣，然而明不能别；呼先王以欺愚者而求衣食焉；得委积足以揜其口，则扬扬如也；随其长子，事其便辟，举其上客，亿然若终身之虏而不敢有他志，是俗儒者也。

荀子心目中，俗儒就是子思、孟子、子张、子夏、子游之徒，其表现行径主要在对孔子精神思想的扭曲和日常生活中违背礼义两个方面：

1. 儒学精神传承上的歪曲。荀子认为子思、孟子"略法先王而足乱世术"（即《非十二子》之"略法先王而不知其统"），"缪学杂举"（即《非十二子》之"闻见杂博，案往旧造说"），用"五行"扭曲儒学和先王之道，没有把握孔子的精神实质，不知道人的道德品质来源于社会所需，礼义制度是社会发展的产物，用礼义来确保社会制度的统一是天下一统的基础。孟子在发展儒家仁义思想方面也有问题，他说"大人者，言不必信，行不必果，惟义所在"（《孟子·离娄下》），将人的言、行与义决然分开，不合乎儒家思想和君子要求。（《论语·卫灵公》载孔子说："言忠信，行笃敬，虽蛮貊之邦行矣；言不忠信，行不笃敬，虽州里行乎哉？"）孟子为捍卫儒学而批评各种非儒学说，积极辩驳，"岂好辩哉？予不得已也。能言距杨墨者，圣人之徒也"（《孟子·滕文公下》）。荀子认为孟子不得孔子精神实质，好辩而无功，"其言议谈说已无异于墨子矣，然而明不能别"（《荀子·儒效》）。孟子之辩有时并没有讲清楚问题，如与告子关于人性问题的辩论并没有正确地解释人性。孟子不从实际出发，而执著于想象，结果就成为"明不能别"，与墨子无异。

2. 日常行为中的非礼表现。荀子批评子张、子夏之流已经没有儒者的风范，失去了儒者的精、气、神，从于流俗，衣冠行伪与世俗无异而不知道羞耻。子张衣冠不整，说话平淡无味，模仿舜禹的样子对圣人没有一点儿的尊重，不遵守礼义的上下尊卑，与世俗妄为之人一样。子夏衣冠整齐，表情庄重，合乎礼仪，却以仪为礼，而忽视了礼的内涵。子游之徒堕落为没有政治理想、没有道德情操、全然抛弃礼乐而追逐个人享乐的小人。"呼先王以欺愚者而求衣食焉，得委积足以掩其口，则扬扬如也"（即《非十二子》之"偷儒惮事，无廉耻而耆饮食，必曰君子固不用力"）。墨子也曾毫不留情地批判儒家后学说："因人之家以为翠，恃人之野以为尊。富人有丧，乃大说，喜曰：'此衣食之端也。'"（《墨子·非儒下》）"无廉耻而耆饮食"，靠知道一点礼仪来糊口，没有一点儒家气象。荀子在这里也是批判孟子，因为孟子也有过此种行径。《孟子·公孙丑下》记载陈臻问孟子："前日于齐，王馈兼金一百而不受；于宋，馈七十镒而受；于薛，馈五十镒而受。前日之不受是，则今日之受非也；今日之受是，则前日之不受非也。夫子必居一于此矣。"孟子辩解说："皆是也。皆适于义也。当在宋也，予将有远行。行者必以赆，辞曰：馈赆。予何为不受？当在薛也，予有戒心。辞曰：闻戒。故为兵馈之，予何为不受？若于齐，则未有处也。无处而馈之，是货之也。焉有君子而可以货取乎？"左右是对，怎么都是道理，让人难于接受。

荀子认为，子夏、曾子、子张、子游之徒，或整日"战战兢兢，如临深渊，如履薄冰"，固守孔子之礼教而不化；或自鸣得仁，贪吃贪喝，行而无文，完全失去了孔子之进取意识与君子精神，坠入孔子所批判的"硁硁然小人哉"（《论语·子路》）之境地，没有大儒之风范。

荀子高扬真儒精神，既批判俗儒的小人之行，又对儒家真君子的形象大加肯定。在《荀子·儒效》中，荀子针对秦昭王说"儒无益于人之国"，全面论述了儒者对社会的作用："儒者法先王，隆礼义，谨乎臣子而致贵其上者也。人主用之，则势在本朝而宜；不用，则退编百姓而悫；必为顺下矣。虽穷困冻餧，必不以邪道为贪。无置锥之地，而明于持社稷之大义。嚾呼而莫之能应，然而通乎财万物，养百姓之经纪。势在人上，则王公之材也；在人下，则社稷之臣，国君之宝也。"荀子举出孔子进行证明："仲尼将为司寇，沈犹氏不敢朝饮其羊，公慎氏出其妻，慎溃氏逾境而徙，鲁之粥牛马者不豫贾，修正以待之也。居于阙党，阙党之子弟罔不分，有亲者取多，孝弟以化之也。"突出大儒对社会有着无比的重要性：

彼大儒者，虽隐于穷阎漏屋，无置锥之地，而王公不能与之争名；在一大夫之位，则一君不能独畜，一国不能独容，成名况乎诸侯，莫不愿得以为臣。用百里之地，而千里之国莫能与之争胜；笞棰暴国，齐一天下，而莫能倾也。是大儒之征也。其言有类，其行有礼，其举事无悔，其持险应变曲当。与时迁徙，与世偃仰，千举万变，其道一也。是大儒之稽也。其穷也俗儒笑之；其通也英杰化之，嵬琐逃之，邪说畏之，众人愧之。通则一天下，穷则独立贵名，天不能死，地不能埋，桀跖之世不能污。

大儒隐于闾巷，而能德化身边之人，带动社会风气向上；立于朝廷，则天下之人无不影从，社会稳定有序。荀子还提出了"雅儒"之说："法后王，一制度，隆礼义而杀诗书；其言行已有大法矣，然而明不能齐法教之所不及，闻见之所未至，则知不能类也；知之曰知之，不知曰不知，内不自以诬，外不自以欺，以是尊贤畏法而不敢怠傲，是雅儒者也。"（《荀子·儒效》）雅儒是仅次于大儒的儒者，他知道天下治理的法则，只是在"明"、"闻"上还有所欠缺，但是他能自知，知道自己的弱点所在，由此而尊重贤能，敬畏法律，是一个值得称道的人。

通过对大儒、雅儒的称颂和对俗儒的批判，荀子对儒者进行了重新定位，认为世俗对儒者的指责和误解，是由于子夏、子张、子游、子思、孟子这些俗儒败坏了大儒们的名声；只有对他们进行批评，才能还大儒与鸿儒的真正风范，儒家才能真正在社会发展中拥有更大的影响。

侯外庐、赵纪彬、杜国庠认为："孔子死后的儒家，除了战国末期的荀子（孙氏之儒）综合各家思想，代表了向上的发展并与法家结合以外，其余各派均已失去孔学的优良传统，或古言古服，固执著孔子所批判的形式文化而自谓真儒，实则乃继承邹、鲁搢绅先生的传统儒术——形式说教，如荀子在日常生活中形容了十三个样子：一个流派包括奇形怪状的'然'字之儒者，'弟佗其冠，神襌其辞'的子张贱儒之流，'正其衣冠，齐其颜色'时子夏贱儒之流，'耆（嗜）饮食，不用力'的子游贱儒之流（《荀子·非十二子》篇把他们列于一派）；另一个流派则抹杀实践与感觉，斤斤于容貌辞气，求远于鄙倍，战战兢兢于日三省吾身，陷入于神秘的唯心主义，由曾子传至子思、孟轲，或了'幽隐而无说，闭约而无解'的思想，遂开战国邹衍阴阳家无稽之谈的先河。凡此两个支流，都在思想上反映着社会的落后残余，而表现为孔学积极精神的萎缩。"

荀子对子思、孟子、子夏等孔门后学的批评实质，是认为思孟之流曲解了儒学的真精神，使儒学走上了一条艰涩的道路，难于在现实中有用武之地；而子夏等人抱残守缺、迂腐执拗的浅薄举止，更是败坏了儒者的名声，使君子蒙羞。荀子认为儒学的发展，一定要抓住儒学的真精神，切入现实生活，与时俱进，使儒学有实践的结合点。同时，儒者要注意自身的形象，用高尚的德行来影响社会，方便儒学之治世。

三、荀子与孟子思想的交集

在先秦儒家思想的发展演变中，孟子与荀子有着相当重要的地位。两人同为先秦儒家发展的大将，是儒学承上启下的关键，在儒学社会影响力急剧下降的情况下，以天降大任于其身的道德职责，大力弘扬儒家思想。没有他们两人的努力，儒家即便不会如墨家那样渐渐湮灭于战国末年，也至少不可能在此后的中国社会中取得那么尊崇的地位。荀孟两人尽管在许多方面思想决然不同，如人性问题上，孟子论说人性本善，为儒家道德学说寻求本原与本体的根据，视仁、义、礼、智等道德要求为人的天赋本性，认为人的主体心性的扩充就是个体生命的完善与升华。荀子主张人性本恶，突出礼乐规范等外在制度在人性向善转化中的作用；天人关系上，孟子趋向天人一体，荀子主张天人有分，等等。但他们两人思想相似、甚至相同的地方也非常多，如对孔子的无比尊崇、强烈主张儒家在社会的思想领导地位等。在某些问题上即便是两人立论时差异很大，但最终两人分析所得的结论或者说其所服务的目的没有多大差距，殊途而同归。如无论讲人性善还是人性恶，最终两人都强调要加强人的后天修养，重视人的道德理想等。荀子与孟子两人对儒家思想发展的认识不同，却共同丰富发展了儒家思想，展示了学派发展演变的一种客观规律。

（一）尊崇孔子，全力开拓儒学事业，致力于对非儒思想的批判

荀子对孔子非常尊崇，将孔子与尧舜并称。孟子同样尊崇孔子，认为孔

子就是圣人，称自己为子思的私淑弟子。为弘扬儒家思想，两人对各种批评儒家、有损儒学发展的思想与行动都进行了批判。

从现有材料看，孟子对当时各种不利于儒家思想的学说与言行都进行了批判。孟子批评了道家老子之弟子杨朱，批评了告子之性无善恶论（《孟子·告子上》），批评了宋钘（《孟子·告子下》），批评了农家许行和墨家夷之（《孟子·滕文公上》），批评了纵横术者景春（《孟子·滕文公下》），批评了稷下学者淳于髡（《孟子·离娄下》、《孟子·告子下》），等等。陈澧《东塾读书记》说："孟子距杨、墨，杨朱，老子弟子，距杨朱，即距道家矣；'善战者服上刑，连诸侯者次之，辟草莱任土地者次之'，则兵家、纵横家、农家皆距之矣；'省刑罚'，可以距法家；'生之谓性也，犹白之为白欤'，可以距名家；'天时不如地利'，可以距阴阳家；'夫道一而已矣'，可以距杂家；'齐东奇人之语，非君子之言'，可以距小说家。"按陈澧所说，则孟子对道家、墨家、兵家、纵横家、农家、法家、名家、阴阳家、杂家、小说家等九流十家全都进行了批判。

孟子对杨、墨的批判最为严厉。孟子说："圣王不作，诸侯放恣，处士横议，杨朱、墨翟之言盈天下，天下之言，不归杨则归墨。杨氏为我，是无君也；墨氏兼爱，是无父也。无父无君，是禽兽也。公明仪曰：'庖有肥肉，厩有肥马，民有饥色，野有饿莩，此率兽而食人也。'杨墨之道不息，孔子之道不着，是邪说诬民，充塞仁义也。仁义充塞，则率兽食人，人将相食。……能言距杨墨者，圣人之徒也。"（《孟子·滕文公下》）视杨、墨为孔子之道的最大敌人。

荀子为战国学术集大成者，对战国学术的交流与批评方式娴熟于心。在稷下学宫中儒家思想并不占据主导地位，为发展儒学，荀子必须对各家学术都要进行批判与吸收，同时也需要对儒家内部存在的问题进行清理。荀子不但在《非十二子》中集中火力批判各家，而且在《不苟》、《富国》、《儒效》、《天论》、《正论》、《礼论》、《乐论》、《解蔽》等篇中也对各种非儒学说进行了批判，占其篇目三分之一强（《大略》以下六篇不计），几乎对战国各家学术思想都有批判，从老子、庄子、杨朱、墨翟、宋钘，到田骈、慎到、申不害、惠施、邓析，从诸家到儒家内部之子思、孟轲、子夏、子张、子游，从学术人物到社会知名人士田仲、史䲡、它嚣、魏牟等，充分显示荀子确实与孟子对非儒的批判精神相一致，为树立儒家地位、宣传儒学思想不遗余力。

在维护儒家形象、宣传儒学思想时，两人都作了相当多的"不得已"的辩说。荀子为此著有《正名》、《解蔽》，对如何辩说进行了详细的论述。孟子在"杨朱、墨翟之言盈天下。天下之言，不归杨，则归墨"（《孟子·滕文公下》）这一对儒学发展非常不利的境地时，用"辩"这种无奈的方法来捍卫立场，坚守孔子所揭示的大道。但孟子在辩论时，也常有迷失。

孟子"材剧志大，闻见杂博"，对各种非儒学说都进行了批评，为儒学的发展作出了重大贡献。也正因"闻见杂博"，所以孟子自视甚高，认为治理社会，滔滔天下者舍其无他！他就是圣人再世，他就是一切行为的标准，他所做的一切都是合乎礼义的，如前面所述孟子认为受宋、薛之馈金而不受齐王馈赠"皆适于义"。这种过度自信的膨胀，非常容易变成一种无理的蛮横。如孟子见齐王，齐王因有事不能当天接见他，就派人来通知孟子。孟子认为齐王失礼，第二天齐王请他时就托病推辞，认为王不能召见他，而是应该来请他，来屈就他，"故将大有为之君，必有所不召之臣。欲有谋焉，则就之。其尊德乐道，不如是不足与有为也。故汤之于伊尹，学焉而后臣之，故不劳而王；桓公之于管仲，学焉而后臣之，故不劳而霸。今天下地丑德齐，莫能相尚。无他，好臣其所教，而不好臣其所受教。汤之于伊尹，桓公之于管仲，则不敢召。管仲且犹不可召，而况不为管仲者乎"（《孟子·公孙丑下》）。可见，孟子确实善辩，且有时不是不得已。

孟子批判"今之君子，岂徒顺之，又从为之辞"（《孟子·公孙丑下》），而他自己就是这么一个形象。充虞路问孟子："夫子若有不豫色然。前日虞

闻诸夫子曰：'君子不怨天，不尤人。'"孟子就辩解说："彼一时，此一时也。……吾何为不豫哉。"（《孟子·公孙丑下》）

又如他批评后羿教育弟子一事："逢蒙学射于羿，尽羿之道，思天下惟羿为愈己，于是杀羿。孟子曰：'是亦羿有罪焉。'"（《孟子·离娄下》）认为羿之罪在于他没有选好教育对象。曾子对其父曾晳孝顺，而其子曾元待曾子并没有像曾子待曾晳那样孝顺，孟子却从没有批评过曾子。

再如万章问孟子为什么"象日以杀舜为事"而舜还要将有庳封给他，孟子回答说："仁人之于弟也，不藏怒焉，不宿怨焉，亲爱之而已矣。亲之欲其贵也，爱之欲其富也。封之有庳，富贵之也。身为天子，弟为匹夫，可谓亲爱之乎？……象不得有为于其国，天子使吏治其国，而纳其贡税焉，故谓之放，岂得暴彼民哉？虽然，欲常常而见之，故源源而来。'不及贡，以政接于有庳'，此之谓也。"（《孟子·万章上》）如果舜真为有庳之人着想，就不应该让象来拥有有庳之君这个虚名，而应该让贤能者即位，不是使贤能者为象服务。孟子自己是不屑于为不肖君主服务的，为什么就要让别的贤者来为象这个坏人工作呢？再说，按孟子理论，君子之德风，"君仁，莫不仁；君义，莫不义；君正，莫不正"（《孟子·离娄上》），舜之行为定能感染天下人，那么天下人都为自己的亲人而不惜牺牲别人、不顾别人的感受，又怎么能王天下？以孝为天下第一，那么肯定天下人不会以他为第一，他肯定不能为天下之王。孔子对孝还不是这么绝对，认为对父母有害的父母之语不必去听、不必去做。孟子所构建的孝舜形象非常有问题。在孟子的思想中，尧、舜、禹是圣人，绝对没有任何差错！倘若你感到有差错，那一定是你的问题。

孟子的许多辩解显得很是无理。如公都子问他："匡章，通国皆称不孝焉。夫子与之游，又从而礼貌之，敢问何也？"孟子说："世俗所谓不孝者五：惰其四支，不顾父母之养，一不孝也；博弈好饮酒，不顾父母之养，二不孝也；好货财，私妻子，不顾父母之养，三不孝也；从耳目之欲，以为父母戮，四不孝也；好勇斗狠，以危父母，五不孝也。章子有一于是乎？夫章子，子父责善而不相遇也。责善，朋友之道也；父子责善，贼恩之大者。夫章子，岂不欲有夫妻子母之属哉？为得罪于父，不得近。出妻，屏子，终身不养焉。其设心以为不若是，是则罪之大者，是则章子已矣。"（《孟子·离娄下》）匡章的父亲无故杀死无辜的妻子，匡章丧母而与父亲不和，可匡章反思的结果，竟然由此而责怪自己的妻子和儿女！竟然由此而不顾夫妻之责、育儿之职。这难道是君子所为、为孝之道？孟子为了辩解自己与匡章的交游，不惜对"孝"作出自己所需的定义，由此导出整个齐国人都错了而只有他正确！

孟子的许多辩说，都是他自己制定标准、又自己对自己的辩说进行评判，所以只能是胜人之口，而不能胜人之心。这是孟子在辩说上的迷失，也是他不能用世的原因之一。当然，荀子在批评各家时，皆以礼义为标准，失去了对各家思想特殊性的包容，也有失误之处。

（二）在王霸观念、汤武革命问题上一致

《荀子·仲尼》说："仲尼之门人，五尺之竖子言羞称乎五伯。"不少学者都认为此篇不是荀子作品，而是其弟子或别人之作。郭沫若在《十批判书·荀子的批判》中说，"我断定《仲尼篇》也是'弟子杂录'，因为那些言'术'的卑鄙不堪的思想，不一定出自荀子。"张西堂在《荀子真伪考》中认为《仲尼》、《致仕》、《君子》这三篇恐非荀子文，其思想或文字颇令人怀疑。确实，《仲尼》篇中对霸的态度与《王制》、《王霸》、《君道》篇有较大不同处，文章后半部分的"求宠"之术与荀子的君子之道、人臣正道、重礼义、恶佞态相反，但如果将《仲尼》篇当作两篇或多篇来看，其开篇"仲尼之门人"至"是其所以危也"作为一篇，则可视为荀子而非其弟子的作品。荀子虽然有王霸并举思想，但它首先考虑的还是王道理想，只是在现实面前不得已、求其次而认同霸业，而这并不排斥荀子思想深处对五霸的不接

荀子与儒家

受。《仲尼》篇这部分的思想与《荀子》一书的总体思想没有多大的矛盾。而这"仲尼之门人",就是暗指孟子。

《孟子》一书中多次"羞称乎五霸":

《孟子·告子下》:"孟子曰:'五霸者,三王之罪人也;今之诸侯,五霸之罪人也;今之大夫,今之诸侯之罪人也。天子适诸侯曰巡狩,诸侯朝于天子曰述职。春省耕而补不足,秋省敛而助不给。入其疆,土地辟,田野治,养老尊贤,俊杰在位,则有庆,庆以地。入其疆,土地荒芜,遗老失贤,掊克在位,则有让。一不朝,则贬其爵;再不朝,则削其地;三不朝,则六师移之。是故天子讨而不伐,诸侯伐而不讨。五霸者,搂诸侯以伐诸侯者也,故曰:五霸者,三王之罪人也。'"

《孟子·梁惠王上》:"齐宣王问曰:'齐桓、晋文之事可得闻乎?'孟子对曰:'仲尼之徒无道桓、文之事者,是以后世无传焉。臣未之闻也。'"

《荀子·仲尼》对五霸的态度与《孟子》相同,也是批评它。其原因:一是认为五霸没有礼义廉耻。"齐桓,五伯之盛者也,前事则杀兄而争国;内行则姑姊妹之不嫁者七人,闺门之内,般乐奢汰,以齐之分奉之而不足;外事则诈邾袭莒,并国三十五。其事行也若是其险污淫汰也。彼固曷足称乎大君子之门哉!"二是认为五霸不行王道教化。"彼非本政教也,非致隆高也,非綦文理也,非服人之心也。乡方略,审劳佚,畜积修斗,而能颠倒其敌者也。诈心以胜矣。彼以让饰争,依乎仁而蹈利者也,小人之杰也,彼固曷足称乎大君子之门哉!"与应有的王道不同。"彼王者则不然。致贤而能以救不肖,致强而能以宽弱,战必能殆之而羞与之斗,委然成文,以示之天下,而暴国安自化矣。有灾缪者,然后诛之。故圣王之诛也綦省矣。文王诛四,武王诛二,周公卒业,至于成王,则安以无诛矣。故道岂不行矣哉!文王载百里地,而天下一;桀纣舍之,厚于有天下之势,而不得以匹夫老。故善用之,则百里之国足以独立矣;不善用之,则楚六千里而为雠人役。"从《孟子》、《荀子》全书看,两人虽都羞称乎五霸,但也都默认五霸存在的事实。通过对读，可见荀子与孟子在对待五霸态度上基本一致。

荀、孟两人对汤武革命、独夫暴君的看法也是一致的。孟子在回答齐宣王问"汤放桀，武王伐纣"、"臣弑其君，可乎"时，也明确指出："贼仁者谓之贼，贼义者谓之残，残贼之人谓之一夫。……闻诛一夫纣矣，未闻弑君也。"（《孟子·梁惠王下》）荀子在批评世俗之人宣传"桀纣有天下，汤武篡而夺之"时也说："汤武非取天下也，修其道，行其义，兴天下之同利，除天下之同害，而天下归之也。桀纣非去天下也，反禹汤之德，乱礼义之分，禽兽之行，积其凶，全其恶，而天下去之也。天下归之之谓王，天下去之之谓亡。故桀纣无天下，汤武不弑君，由此效之也。汤武者，民之父母也；桀纣者，民之怨贼也。""诛暴国之君，若诛独夫。"（《荀子·正论》）天下为有德者居之。不修仁义，不以天下为重，就不能拥有天下，由此而失其位，是自取其辱，非别人篡夺。两人评判立场一致。

（三）重视个人道德品质的修养

孟、荀两人都重视人的道德修养，"人之所以异于禽兽者几希"（《孟子·离娄下》），认为唯有通过修养，人才能恢复或达到至圣境界，才能"富贵不能淫，威武不能屈，贫贱不能移"（《孟子·滕文公下》），才能"权利不能倾也，群众不能移也，天下不能荡也"（《荀子·劝学》）。

1. 荀子与孟子，无论主张性善还是性恶，都强调后天的道德修养。荀、孟两人都坚持了儒家重视个人修养对社会治理作用的传统，坚持"修身则道立"，"故君子不可以不修身"，"知所以修身，则知所以治人；知所以治人，则知所以治天下国家矣"（《礼记·中庸》）这一思想。孟子认为在充满疑虑的世界里，美好社会的实现或重振完全取决于贤者的内在道德品质。孟子谈"礼"少，《孟子》全书共68见，孟子讲的是"仁政"，突出的是仁爱之道德。荀子虽然提升了法、强调了礼的重要，但仍然坚信人的品德修养对社会有着重要的影响。在道德修养的标准、途径、境界与目的等问题上，孟、荀两人没有什么根本分歧，都承认人格的平等，鼓励人们积极向上。孟、荀两人关于道德修养的主要分歧在于道德的来源上：道德来自于人的天生善性还是来自于人类的后天社会需要？孟子主前者，荀子认后者。孟子认为天人合德，天道为善，人性自然为善。但人来到世上后，易受感染，所以需要不断地修养、提高，由此来保存善性，"求其放心"。荀子认为人的本性为恶，所以人特别需要去恶养善，加强"伪"的工作，通过人的努力来实现社会所需的礼义。虽然对人的本性看法有分歧，但两人殊途而同归，都强调后天的修养，主性善者说善性容易丢失，主性恶者说人性需要教化，并认为经过教化每个人都有成圣的可能。孟子说"人皆可以为尧舜"（《孟子·告子》），荀子说"涂之人可以为尧舜"（《荀子·性恶》），结果是一致的。

2. 孟、荀两人都认为在人的道德修养中，应以德礼仁义为本。孟子认为"义"是人性善端的发挥，"利"是后天习染而产生，"义"、"利"是区分人为圣为盗的主要标志："鸡鸣而起，孳孳为善者，舜之徒也；鸡鸣而起，孳孳为利者，跖之徒也。欲知舜与跖之分，无他，利与善之间也。"（《孟子·尽心上》）人要重义而轻利。他批评梁惠王说："王何必曰利？亦有仁义而已矣。王曰何以利吾国，大夫曰何以利吾家，士庶人何以利吾身，上下交征利而国危矣。"（《孟子·梁惠王上》）再如孟子对宋钘劝说罢兵理由的批评，思路亦是如此。宋钘说服君王息战的逻辑是：战争并不能给他们带来利益，即便是采取了有害于普遍性利益的行动（战争）之后，特殊性的利益（君主个人的利益）最终还是会受到伤害，所以最好不要发动战争。宋钘之论容易造成这样一种思维：应当根据现实利益预测人们的行动。孟子则认为只要人类的注意力仍然集中于"功利性"预设，集中于个人自身利益的最大满足，那么其最终结果是会毁掉追求利益者本身的存在意义；只有在将"仁义"作为目的本身，并依照体现人类本性的仁义而行动，才能取得最佳的社会效果。"为人臣者怀利以事其君，为人子者怀利以事其父，为人弟者怀利以事其兄。是君臣、父子、兄弟终去仁义，怀利以相接，然而不亡者，未之有也。……为人臣者怀仁义以事其君，为人子者怀仁义以事其父，为人弟者怀仁义以事其兄，是君臣、父子、兄弟去利，怀仁义以相接也。然而不王者，未之有也。"（《孟子·告子下》）荀子认为人性恶，必得学《诗》学《礼》，以礼义为本，化性起伪，然后才有成为圣贤的可能，"积礼义而为君子"（《荀子·儒效》）。

本文认为，先秦时期的义利对立，大多是要求统治者、君子要考虑全天下的大义（即大利），不能只考虑自己的私利、小利，并不是用"义"来否定庶民百姓的利益。孔子说"君子忧道不忧贫"（《论语·卫灵公》），是就有德的君子考虑，强调为天下的大道、大利，而不是要求普通庶民不忧贫。《国语·晋语十四》记载："叔向见韩宣子，宣子忧贫，叔向贺之，宣子曰：'吾有卿之名，而无其实，无以从二三子，吾是以忧，子贺我何故？'对曰：'昔栾武子无一卒之田，其宫不备其宗器，宣其德行，顺其宪则，使越于诸侯，诸侯亲之，戎、狄怀之，以正晋国，行刑不疚，以免于难。及桓子骄泰奢侈，贪欲无艺，略则行志，假贷居贿，宜及于难，而赖武之德，以没其身。及怀子改桓之行，而修武之德，可以免于难，而离桓之罪，以亡于楚。夫郤昭子，其富半公室，其家半三军，恃其富宠，以泰于国，其身尸于朝，其宗灭于绛。不然，夫八郤，五大夫三卿，其宠大矣，一朝而灭，莫之哀也，唯无德也。今吾子有栾武子之贫，吾以为能其德矣，是以贺。若不忧德之不建，而患货之不足，将吊不暇，何贺之有？'宣子拜稽首焉，曰：'起也将亡，赖子存之，非起也敢专承之，其自桓叔以下嘉吾子之赐。'"叔向认为，宣子作为国家重臣，应该对自己处于贫困感到高兴，因为只要向德就能使别的诸侯服之、亲之、怀之，从而使自己及国家免于灾难。而如果宣子忧于个人的贫困，则会带来家族之难，如桓子、郤昭子之属。所以君子应该忧患的是道之不行，天下大利不达，而不是个人财富的多少。在儒家义利思想中，对普通民众的要求是以义为本，以义制利，先义后利，义利兼顾。

3. 两人都认为在修身中，养心要诚。《中庸》一文现在学界普遍认为是子思所作，它深刻地阐明了人在道德修养时"诚"的哲学思想，认为"诚者，天之道也；诚之者，人之道也"，"诚则明矣，明则诚矣。唯天下至诚为能尽其性；能尽其性，则能尽人之性；能尽人之性，则能尽物之性；能尽物之性，则可以赞天地之化育；可以赞天地之化育，则可以与天地参矣"，"诚者，自成也；而道，自道也。诚者，物之终始，不诚无物。是故君子诚之为贵。诚者，非自成己而已也，所以成物也"。

孟子作为思孟学说的后期代表人物，由《中庸》之"诚"而发展出尽心、知性、知天的逻辑理路，并由此推理出必须进行养心与养气。"天之道"为"诚"，"人之道"是"思诚"。如何"思诚"？孟子的方法是养心与养气。人知天只是对天人合一境界的体验，但还不是真正地达到天人合一的功夫。从体验到功夫，还需要涵养与扩充。那如何把纯属个体内心体验的"诚"加以扩充、使之能与外在的客观规律性的天道统一呢？如何使主体精神能够上下与天地万物同流呢？孟子认为要在"养心"的基础上进行"养气"。如何养心？孟子认为，"养心莫善于寡欲。其为人也寡欲，虽有不存焉者，寡矣；其为人也多欲，虽有存焉者，寡矣"（《孟子·尽心下》）。这里看到了道家、墨子、宋钘"寡欲"思想的影子。在存夜气以存本心的基础上，孟子提出要借养气以养心，借扩充气以扩充四心。"凡有四端于我者，知皆扩而充之矣，若火之始然，泉之始达。苟能充之，足以保四海。"（《孟子·公孙丑上》）孟子认为自己很善于养"浩然之气"，"其为气也，至大至刚，以直养而无害，则塞于天地之间。其为气也，配义与道，无是，馁也。是集义所生者，非义袭而取之也。行有不慊于心，则馁矣"（《孟子·公孙丑上》）。养浩然之气可使之充塞于天地之间，此气又是"配义与道"，那么通过养气可以使之充塞于天地之间，也就是可以使"四端"扩充为仁、义、礼、智而足以保四海。通过"思诚"而将人道相通于天道。

四、荀子对儒家"知"论的贡献

与学术界对儒家伦理学或政治哲学的持久关注比起来，儒家知识论经常遭到忽视。事实上，在一般意义的中国哲学中，对知识论的关注"从来没有成为中国哲学中的独立部分"。然而，学术界对儒家"知"论研究兴趣的缺乏并不意味着知识论在儒家学说中是微不足道的。尽管有关"知"的话题并不是早期儒家讨论的重点，本节还是从对"知"的分析开始讨论。这是因为，即便"知"与西方认识论从内涵和外延上大相径庭，但理解"知"是理解儒家甚或中国哲学道德与政治理想的第一步，也是最重要的一步。

"知"这个术语曾出现在《论语》和其他先秦儒家文本中，除了可以被理解为"知识"、"认知"、"认识"以外，还可以被理解成"智慧"或"智者"。早期儒家对"知"的讨论通常与学习、思考和实践道德行为有关，而这些被认为是最重要的认知方式或通向智慧的途径。

本节力图证明荀子关于"知"的学说发展了一种将儒家思想适用于时代的方法论，同时促成了儒家道德和政治理想的实现。这与以往儒家学说较少注重历史时代变化，而只强调文本的传承以及礼仪实践的保留形成了鲜明对比。在这种情况下，荀子扩展了认知的途径，通过学与思的过程，并从庄子那里吸收了"虚"、"一"、"静"三个术语来指导儒者应如何思考，以使儒家学说适应时代并实现儒家理想。

（一）学习的重要性

对普通人而言，学习也许是获得知识的第一步，也是最重要的一步。从这个意义上说，学习在增加个人知识、塑造个人知识体系方面发挥着关键作用。对孔子而言，有两种致知的方法："生而知之者，上也；学而知之者，次也；困而学之，又其次也；困而不学，民斯为下矣。"（《论语·季氏》）

　　所以，致知的第一种方法是"生而知之"，但是孔子没有明确地认定谁是那些"生而知之"的人。我们可以猜想这样的天才实在是太少了，以至于对他们的讨论并没有什么实际意义或哲学意义。事实上，孔子在这一段话里更加强调的是第二种获得知识的方法，那就是"学而知之"——通过学习来获得知识。如果人们想要获得知识，就必须乐意学习。

　　孔子承认自己并不是那种"生而知之"的人，他的知识恰恰来源于自己勤奋的学习。在孔子看来，只有热爱学习的人才能被称为君子。他说："君子食无求饱，居无求安，敏于事而慎于言，就有道而正焉，可谓好学也已。"（《论语·学而》）孔子还强调了学习在获得知识上的重要作用，他说："吾尝终日不食，终夜不寝，以思，无益，不如学也。"（《论语·卫灵公》）因此，思考本身是无法赋予我们知识的。人需要去学习才能获得知识。

　　孟子也同样强调学习的重要作用。他写道："博学而详说之，将以反说约也。"（《孟子·离娄下》）对孟子而言，学习还能在维持国家稳定上发挥重要作用。他说："上无礼，下无学，贼民兴，丧无日矣。"（《孟子·离娄上》）而在和齐宣王的一段对话中，孟子还尝试劝说齐宣王不要忽略治理国家的知识。

　　但是，孟子和孔子在对"知"的认识上有所不同。对孟子来说，每个人都生而具备"知"的萌芽并且这一萌芽需要得到扩展才能成熟。孟子认为每个人都生而具备"良知"："人之所不学而能者，其良能也；所不虑而知者，其良知也。"（《孟子·尽心上》）

　　所以，对孟子来说，"知"包含了自然赋予的知识；但是对孔子来说，尽管有一少部分人是生而知之，但在大多数的时候，知识是需要后天获取的。孔子关注在学习过程中，从经验中提取知识。然而，对孟子来说，我们生而就具有某种知识和追寻更多知识的潜力，因而学习就是一种呈现自己固有知识的过程。正如本杰明·史华兹提到的：

　　书（指《孟子》一书——引者注）中却有这样一种暗示，即对致力于実现他的善的潜能的人来说，学习来得很"容易"。在学习礼的规定、《诗经》的意义以及关于过去典章制度的知识的过程中，他立刻能从这些传统中辨认出那些深藏于他内心之中冲动的外在表现。

尽管《论语》和《孟子》中关于"知"的观点都更多指涉道德客体而不是自然客体，但这两种不同观点还是能从西方哲学的经验主义与理性主义的论辩中找到可以类比的地方。经验主义者，如洛克和休谟主张："某种事物能被认知为真实的唯一方式是通过经验。"当经验主义者否认了内在知识的可能性，经验（包括学习）就成为通向知识和智慧的唯一途径。理性主义者，如笛卡尔和康德则主张："我们所能认知为真实的东西的重要一部分只能独立于经验才能被认为是真实的。"至少某些知识是内在的，而这种内在的知识使得通过其他方式认知的知识成为可能。他们认为直觉，而不是经验，才是知识的来源。这样，孔子在"知"这个方面更像一个经验主义者，尽管他并没有完全拒绝理性主义的立场；孟子则更多的是一个理性主义者。荀子更接近于孔子的经验主义倾向并把这种倾向继续向前加以推进。

较之孔孟，荀子更加强调后天学习在获得知识中的关键作用。在《荀子》一书中，甚至有一章的题目就是"劝学"。荀子强调学习是一种让人变得智慧的步骤或方法。他写道：

> 吾尝终日而思矣，不如须臾之所学也。吾尝跂而望矣，不如登高之博见也。登高而招，臂非加长也，而见者远；顺风而呼，声非加疾也，而闻者彰。假舆马者，非利足也，而致千里；假舟楫者，非能水也，而绝江河。君子生非异也，善假于物也。（《荀子·劝学》）

既然我们内在的能力相当有限，我们就应该从他人那里学习知识，从而达成我们的目标。这是一条比单纯依赖自身能力更有效的途径。既然学习这么重要，如果一个人想要成为学识渊博的人，就应该在他有限的生命里不断学习（参见《荀子·劝学》）。

荀子为什么这样强调学习呢？原因恐怕是因为荀子不相信世界上会有那

种"生而知之"的天才。实际上，人们生来只是具备同样的学习能力，即"君子生非异也，善假于物也"（《荀子·劝学》）。这样，荀子的观点在某种程度上与孟子的观点相左。对孟子而言，所有人都具备知识的萌芽和内在的知识（良知），而我们要学习只是为了要增加或拓展我们已有的知识，虽然它还只是处于初级阶段。荀子在这个学习的基本前提上不同于孟子。荀子认为人们没有天赋的知识，他们最多只是具备同样的学习能力，而人们之所以要学习是因为他们要获得以前没有的知识。所以，虽然孟子和荀子都劝说人们去学习，但他们劝说的基本前提是不同的。在考察了荀子的学习观之后，史华兹坦率地指出了荀子在学习上的观点要比孟子更加接近于孔子：

荀子的学习观与《论语》的学习观十分相近，至少在这个领域他似乎要比孟子更接近于《论语》……人们确实会有这样的感觉：尽管孔子坚持认为，在各种学习的背后存在着"统一性"，他还是欣赏荀子对于不间断的、积累性的具体学习行为的重视，而多少对孟子"直觉性"的通见中所表现出的"简单化"的信心表示失望。知识必须从外面获得。

无独有偶，傅斯年先生也认为荀子在学习上的态度实际上返回到孔子的"正传"。他说：

傅斯年

荀子之论学，虽与孟子相违，然并非超脱于儒家之外，而实为孔子之正传，盖孟子别走新路，荀子又返其本源也。自孔子"克己复礼"之说引申之到极端，必有以性伪分善恶之论。自"非生而知之，好古敏以求之"之说发挥之，其义将如《劝学》之篇。颜渊曰，"夫子博我以文，约我以礼"，此固荀子言学之方也。若夫"非礼勿视，非礼勿听，非礼勿言，非礼勿动"，以及好仁不好学其蔽也愚，好知不好学其蔽也荡等语，皆是荀学之根本。

荀子之所以与孔子在学习的见解上更加一致，其根本原因也许在于孔子和荀子对人类局限性的深刻体会。狄百瑞（Wm. Theodorede Bary）曾指出：

孔子对学习的赞美恰恰来自于他对人类局限性的深刻体会。孔子意识到需要接受人的局限性，它是人们培养才能，发展潜能，扩大知识面的前提……正是由于这一认识，儒家思想中才发出了先知的声音，批评人类的弱点和错误；也正是由于这一认识，先知的声音才避免了自以为是或者夸张的语气。

虽然孔子、孟子和荀子都提倡学习，但他们在学习内容上的见解各有不同。《论语》上说："子以四教：文，行，忠，信。"（《论语·述而》）在这里，"文"包括了文学、礼仪、音乐和风俗。对孔子而言，"文"主要是指周朝的传统，"周监于二代，郁郁乎文哉！吾从周"（《论语·八佾》）。

在孔子心目中，周朝的传统提供了一种理想的社会国家模型。这样，应该学习和传递的知识就超越了单纯对客观事物的认知，而成为一种理解、保留和传播周朝珍贵文化遗产的过程。孔子并没有关注很多自然界的知识，事实上，他更关注人类自身的文化和传统。在这种情况下，珍视和遵从周朝文化传统并且把它传递到后世就成为孔子所关心的内容。周朝传统的核心内容是周礼（参见《论语·为政》），而周礼在历史上可以追溯到西周这一"黄金时代"。正是在这个意义上，孔子提倡周礼作为学习的最重要内容。我们也许会疑惑孔子为什么会认为周礼是周朝文化传统中最辉煌的部分和学习的最重要内容，是不是在周礼中有一些孔子特别感兴趣的东西呢？要回答这些问题，我们就要先回顾一下礼的历史。

"礼"在最初只是原始人类用来崇拜神灵的一种宗教形式。在原始社会，巫术、神话以及各种仪式表演都是"礼"的主要内容。在这一时期，"礼"还没有形成政治或道德的含义，它只是一种宗教实践和信仰的形式。到了夏商周时期，"礼"的含义不再局限于宗教领域，而是扩展到政治和道德领域。在商代，"礼"是一种能够保证政治秩序和军事胜利的工具；而到了周代，

"礼"不再只是一种政治工具，更是一种展示政治权威道德力量的礼仪系统。在孔子看来，"礼"是一种维持良好社会政治秩序的重要工具。孔子说："君使臣以礼，臣事君以忠。"（《论语·八佾》）在这里，"礼"就是规范君主和臣子如何在宫廷之上发挥自己政治功用的规则。对孔子而言，不只是宫廷，国家也需要用"礼"来治理。孔子说："能以礼让为国乎，何有！不能以礼让为国，如礼何！"（《论语·里仁》）除了政治领域，"礼"还应用于家庭中，"生，事之以礼；死，葬之以礼，祭之以礼"（《论语·为政》）。

这样，"礼"的社会政治功能似乎跟人们在一个阶级社会中所担负的不同角色紧密相关。除了政治和社会功能，"礼"还具有重要的道德教化功能。对孔子而言，"礼"所包含的仪式表演能使人们充分浸润于其中，从而成就"仁"的道德理想。当被问到"礼"的基础时，孔子答曰："大哉问！礼，与其奢也，宁俭；丧，与其易也，宁戚。"（《论语·八佾》）

在孔子看来，周礼代表了最灿烂的古代文化，所以它应该在他的时代甚至后世重新加以确立。孔子生活的时代是春秋时期，这一时期是先秦政治和社会开始逐渐混乱的年代。虽然西周有着辉煌灿烂的文化，但这些曾经盛极一时的文化到了孔子的时代却变得逐渐衰微甚至消亡，整个社会处于一种"礼崩乐坏"的局面。这一局面让孔子感觉他有责任重新树立光辉灿烂的周礼文化。要恢复周礼文化，就意味着要熟悉礼的各种具体规定，而遵循这些具体规定才能培养一个人的道德。只有"礼"成为学习的核心内容，君臣父子之间的良好秩序才能实现，社会才会变得有秩序而周礼才能在他的时代恢复。正如孔子所主张的，良好社会秩序的形成来源于社会中的每个人都能道德地作为，以履行他们的社会角色或地位所规定的责任。正如史华兹教授提到的：

中国的经书注疏传统一再强调，礼的作用就在于教育人们在社会中完好地扮演各自的角色；要维持社会的和谐，离不开如下的事实：每个人都按照他在更大的整体中所应该做的那样去履行职责。尽管这也许就是芬格莱特所说的"神圣共同体",但必须承认:在普世的世界秩序中,等级制、身份与权威等也仍有存在的必要。"礼"的终极目的是要赋予等级制与权威以人情的魅力,但肯定也意味着要维护并澄清它的基础。依靠礼而把它们凝聚到一起的秩序并不只是一种仪式性的秩序,还是地地道道的社会政治秩序,它包括等级制、权威与权力在内。在家庭内部,家庭生活的礼并不会自动实现,需要父亲充当权威与权力之活生生的本源。礼本身也必须支持这一权威。这一点,对于整个社会政治秩序来说更是正确的。如果不存在着那种普遍王权,以便让有德行的君王能够借以影响整个社会,单独的礼也就不能最终实现,因而礼必须从各个方面来支持王权的典章制度。《论语》中礼的体系要以等级制与权威的网络自身为前提,并意在强化这一网络。

孔子认为,良好社会秩序的实现必须要通过"礼"的等级制和权威性来加以实现。虽然孔子也主张在"礼"的每个等级之上,人们需要道德地作为,但"礼"毕竟是这样一种框架,使得人们首先被预设到这样一种社会的需求之上。因此,这就要求人们首先要熟悉"礼"的规范形式,并遵循它以培养人们的德性。这就是孔子认为"礼"是学习的一项重要内容的原因。

"礼"并不是学习的全部内容,尽管它是最重要的一部分。在孔子眼中,除了"礼",还有其他值得学习的东西,比如文学。在《论语》中,孔子表达了对学诗的关注——"不学诗,无以言"(《论语·季氏》)。《诗经》是中国最早的诗集,可以追溯到西周时期。它包含了三百多首诗歌,是中国古代文学的杰出代表。孔子之所以把《诗》看做是学习的一项重要内容,是因为它能提高人们的语言表达能力。除了传统文学外,学习的内容还包括了体育训练的课程。

从孔子所创立的作为孔门弟子所学习的"六艺"——礼仪、音乐、射箭、马术、写作以及算术,我们可以很清楚地看出学习是一项需要一个人全身心投入的事业,而文献资料虽然很重要,也只是学者生涯中的一个组成部分而已。

对孔子来说，体育训练和把我们所学到的知识付诸实践就是"行"。其他两项学习的内容是"忠"和"信"，它们主要指人们之间的道德和伦理关系。在这两个方面，孔子主要是想告诉人们应怎样以忠事君和以诚交友。

这样，孔子提供了一系列塑造秩序社会和德性民众的课程。然而，孔子的这种博学课程在孟子那里却变得不平衡、不完整了。孟子说："设为庠序学校以教之。庠者，养也；校者，教也；序者，射也。夏曰校，殷曰序，周曰庠；学则三代共之，皆所以明人伦也。人伦明于上，小民亲于下。"（《孟子·滕文公上》）对孟子来说，建立学校是为了教育人们学习和理解"人伦"。那么什么是"人伦"呢？孟子说："圣人有忧之，使契为司徒，教以人伦，父子有亲，君臣有义，夫妇有别，长幼有叙，朋友有信。"（《孟子·滕文公上》）

这样，在孟子的文本中，"人伦"就是指在家庭成员、朋友和其他人之间存在的各种伦理关系和秩序，而这些伦理关系和秩序就指涉了在社会中的各个个体所应该拥有的各种各样的道德品质。孟子认为人们需要学习的就是这些在不同情境之中的伦理道德关系和秩序，而不是孔子所强调的以"礼"为核心的学习内容。这就弱化了儒家思想的制度化层面，使得儒家思想不得不面临各种理论挑战和质疑。孟子生活在各大诸侯国征伐不断、社会混乱不堪的战国中后期，在这一时代，人们比以往更加需要一种稳定的社会政治秩序。"礼"作为一种社会政治工具理应比它在孔子时代发挥更重要的政治作用，因而"礼"也就更应该成为学习的核心内容。孟子对"礼"的轻视使得儒家政治理想更加难以实现。

孟子相信，只要人们能够通过学习道德关系和伦理秩序培养自己成为道德的人，并且把这一道德品质推及他人，社会就会变得稳定，而人们也会生活幸福（参见《孟子·梁惠王上》）。孟子这种只依靠学习道德关系和伦理秩序来实现理想社会秩序的途径，似乎显得过于理想化了。实际上，即使人们能够被培养成为有道德的人，一个社会恐怕也不能因此就自发地成为有秩序的社会。一个有秩序的社会需要更多的东西，这就是协调和组织。这样，"礼"就进入了我们的视野。

与孔子相似，荀子也认为经典文本是知识的一个重要来源。他说："学恶乎始？恶乎终？曰：其数则始乎诵经，终乎读礼；其义则始乎为士，终乎为圣人。"（《荀子·劝学》）虽然我们不能完全确定"经"在荀子的时代具体涵盖了哪些文本，但它至少应该包括《诗》、《书》、《乐》、《春秋》这四种经典文本。尽管这些不同文本涵盖了不同的内容（"经"涵盖了与古代历史、文学、音乐以及政治相关的内容，而"礼"则记载了各种礼仪与规则），但它们的内在精神都指向"圣王之道"。荀子曰："百王之道一是矣。故诗书礼乐之道归是矣。诗言是其志也，书言是其事也，礼言是其行也，乐言是其和也，春秋言是其微也。"（《荀子·儒效》）所以，"经"与"礼"是学习的必备科目。虽然如此，在荀子眼中，"经"和"礼"也是有主次之分的。荀子认为对"礼"的学习要比对"经"的学习更加重要。荀子说：

逢衣浅带，解果其冠，略法先王而足乱世术，缪学杂举，不知法后王而一制度，不知隆礼义而杀诗书，……是俗儒者也。（《荀子·儒效》）

上不能好其人，下不能隆礼，安特将学杂识志顺《诗》、《书》而已耳！则末世穷年，不免为陋儒而已！（《荀子·劝学》）

这样，与孟子的学说相左而更贴近孔子的学说，荀子强调了"礼"是最值得学习的内容。除了经典文本之外，根源于实践和现实经验的来自师长的指导也是一项重要的学习资源。荀子说："礼乐法而不说，诗书故而不切，春秋约而不速。方其人之习君子之说，则尊以遍矣，周于世矣。故曰：学莫便乎近其人。"（《荀子·劝学》）荀子认为，这些经典往往语焉不详，所以它们需要用君子的洞见和阐释才能得以理解。人们能够清楚地知道这些经典表达了什么含义，才能将这些经典应用于具体的境况和语境之中。因此，一个人除了阅读经典以外，还需要从君子那里学习。君子是一个能够对世间事务洞察秋毫的道德楷模。一个人只有在掌握了经典的文本内容并且将它应用

荀子诠解

于实际之后，才能被认为是有知识的人。那么，这种应用于实际的知识又是什么呢？荀子说：

> 故学也者，固学止之也。恶乎止之？曰：止诸至足。曷谓至足？曰：圣王。圣也者，尽伦者也；王也者，尽制者也；两尽者，足以为天下极矣。故学者以圣王为师。（《荀子·解蔽》）

正是从圣王那里我们学到了"圣"道和"王"道。"圣"遭包含了人们之间的各种道德关系和伦理秩序，而"王"道则包含了各种政治规则和政府制度，也就是以"礼"为主导的儒家社会政治学说。这样，荀子认为道德学习和政治学习应该同样重要。荀子没有像孟子那样假定这两者总是自然地结合在一起。实际上，只依赖道德学习本身未必能自发产生一个好的政府和社会。

正因如此，荀子强调道德学习和政治学习要紧密结合在一起。荀子说：

> 请问为人君？曰：以礼分施，均遍而不偏。请问为人臣？曰：以礼待君，忠顺而不懈。请问为人父？曰：宽惠而有礼。请问为人子？曰：敬爱而致文。……审之礼也。（《荀子·君道》）

与孟子相比，荀子强调学习的内容不应只包括人们之间各种各样的道德关系和伦理秩序，还应该包含以"礼"为主导的政治和社会规范。从这点上来说，荀子学说是对孔子学说的重新确立。对孔子来说，"文"、"行"、"忠"、"信"，也就是政治学习和道德学习必须紧密结合在一起，才能产生适合于时代的学说并最终实现儒家理想。荀子在这个方面遵循了孔子的学说，把"礼"（政治学习）与"忠"和"信"（道德学习）在个人实践（"行"）的层面上展开。通过强调政治学习的重要性，荀子挽救了儒家学说陷入孟子理想主义之中而不能实现儒家政治理想的境地。在这个意义上，我们可以说荀子关于学习的学说是对孟子理想主义偏见的矫正和对孔子的回归。

在荀子看来，除了"礼"以外，"法"也应该包含在学习的内容之中。在《荀子》中，"法"经常意为"法律"，特别是当出现在"礼法"这一术语中时。荀子说："出若入若，天下莫不均平，莫不治辨。是百王之所同，而礼法之大分也。"（《荀子·王霸》）荀子似乎是用"礼"和"法"来表示能够维持正常社会秩序的政治制度。荀子说：

上莫不致爱其下，而制之以礼。上之于下，如保赤子，政令制度，所以接下之人百姓，有不理者如豪末，则虽孤独鳏寡必不加焉。故下之亲上，欢如父母，可杀而不可使不顺。君臣上下，贵贱长幼，至于庶人，莫不以是为隆正；然后皆内自省，以谨于分。是百王之所同也，而礼法之枢要也。（《荀子·王霸》）

因此，荀子说："学也者，礼法也。"（《荀子·修身》）荀子强调学习"礼"和"法"的必要性。荀子这种广博的学习视野让我们不禁联想起孔子的类似观点。对荀子和孔子而言，只有当学习不再局限于以前的视野，人们才会具备开放的心胸去准备学习与他们时代更加相符，并且也更能有效地实现儒家理想的知识。

尽管对荀子来说，所有人都应该学习"礼"和"法"，但并不是所有人都能理解"礼"和"法"的含义。荀子说："礼者，众人法而不知，圣人法而知之。"（《荀子·法行》）然而，即便人们不能理解"礼"和"法"的意义，他们仍然可以学习和遵循它们，从而至少行为得体。荀子说："知则明通而类，愚则端悫而法。"（《荀子·不苟》）通过师长和道德权威的指导，在人们即便不理解"礼"和"法"具体含义的情况下，也能与"礼法"保持一致，从而维护良好的社会秩序。这样，师长和道德楷模的权威力量在荀子学说中的地位就显得尤为重要。

实际上，在荀子眼中，师长和道德楷模就是权威，而他们的学说应该被提升到最高层次，从而我们可以一步步地遵从。荀子说："故有师法者，人之大宝也；无师法者，人之大殃也。"（《荀子·儒效》）对荀子来说，正是师长和道德楷模将学到的知识应用到现实中。正因如此，荀子提高了师长的权威性。正像荷理·克里尔（Herrlee G. Creel）所说："正是荀子把他（师长——译者注）提升到天上去了。”

与此形成对比的是，孔子并没有把师长提升到如此之高的地位。孔子说：“三人行，必有我师焉：择其善者而从之，其不善者而改之。”（《论语·述而》）这段话似乎与那种认为师长是一贯正确且无可指责的观点相冲突。因为任何人如果都能成为老师，那就没有证实老师言论绝对正确性的方法，而如果没有这种证实的方法，学生就完全可以按照自己的意愿来做。正因如此，孔子坚持认为学生应当使用自己的鉴别力去判断他从老师那里得来的知识，而老师的知识也只是一种辅助性的力量，并不是真理的核心来源。因此，师长的权威性被孔子降低了。

孟子也强调了师长在鼓励学生获得道德知识上的重要性。然而，与孔子相仿，孟子提升了学习自我激发的必要性，正是学生自己（而不是老师）是学习的主要推动力，正像我们在《孟子·尽心上》和其他章节中看到的那样。在孟子看来，师长应该启发学生自己去追寻知识。

这样，无论孔子还是孟子都同样强调学生在学习中的主动作用。孔子相信一些人是生而知之的，而孟子则强调人性本善。所以，即便学生没有师长的教导，他们也能通过自己独立的学习而成为有道德的人。然而，现实也许与孔孟的理念相违。在现实中，自我学习也许是不可能的，或者至少不可能是普遍的。实际上，即便老师帮助学生学习，学生自己也许仍然不热爱学习，更别说将学到的知识应用于实际。这样，孔子和孟子似乎都不能有效地劝说人们去学习道德知识并成为有道德的人。在这个意义上，荀子强调了师长和道德权威的重要性以赋予他们更强的道德感染力，从而人们愿意遵从和学习他们所颁布的政治规则和伦理原则并最终成为有道德的人。这正如杜维明先生观察到的那样：

由荀子所塑造的儒家事业，将学习视为一个社会化的过程。对于转化人性，诸如古代圣贤、经典传统、习俗规范、师长、政府规章制度以及政府官员等等，所有这些都是重要的资源。一个有教养的人是一个人类社群的充分社会化的参与者，他或她成功地升华了自己的本能要求，去促进社会的公益。

在荀子看来，人们也许不愿意学习和遵从这些规范性的政治规则。然而，具有道德魅力的师长可以有效地推动人们遵从他的教导。通过效仿师长，人们也许会变得愿意学习。而随着时代的前进，当人们意识到这些政治规则能够给他们自己和整个社会带来实际利益的时候，他们就有可能更加愿意学习并且遵从它们。这样，社会最终会变得有秩序。在这个意义上，荀子提供了一种有效解决孔孟在教育方面问题的方法。

尽管荀子认为人们应该尽力学习和理解"礼"和"法"，但他并没有认为"礼"和"法"是由普通人创造的。一个普通人也许只需要知道怎样学习、理解和遵从"礼"和"法"，而创造"礼"和"法"的任务理应由圣人来承担。那么，圣人是怎样创造出"礼"和"法"的呢？对荀子而言，这就要求圣人具备不同寻常的"思"。

（二）"思"与"虑"

"思"可以被理解为与感觉或情感相对应的"理性思考"。然而，如果只把"思"理解为理性的思考，则有可能会忽略这个字所蕴涵的更宽泛的含义。实际上，"思"还有"注意"、"关注"、"意欲"或"想念"某个人或东西的含义。

孔子强调"学"与"思"的结合并且认为这两者的结合是构建知识的必要条件。"学而不思则罔，思而不学则殆"（《论语·为政》）说的就是这个意思。在这里，"思"似乎意味着思考我们所学到的东西。在这个意义上，"思"可以被理解为理性的思考。对孔子而言，如果人们只沉迷于学习而不重思考，他们就会迷失在学习书籍或模仿他人之中。相反，如果人们完全依赖思考而不去学习，结果也许会更糟——这种没有根基和空洞的思考可能会转移一个人对真正问题的关注，或会产生一些不切实际的解决方法。这样，在孔子看来，学习和思考应该紧密地结合在一起，忽略任何一个方面都会导致无知。史华兹教授曾指出：

对孔子而言，知识肯定始于由大量的殊相（particulars）（然而，殊相中也包括诸如一首诗的意义之类的东西）所组成的积累性的经验性知识，然后，还必须包括把这些殊相相关联起来的能力，其步骤是：首先与人们自身的经验，最终还必须与某种将思想过程结合到一起的"统一性"关联起来。

"思"不仅在思考我们所学到的东西这个意义上与学习相关，安乐哲（Roger T. Ames）更进一步认为，"思"对孔子来说是一种把自己所学应用于当下境况（circumstances）的能力。他说："一个人必须创造性地利用文化，不仅要让它适用于当前的时间和地点，还要让它成为一种实现自身可能性的结构。他必须辛勤地获知从古时传递而来的文化但同时必须能够进一步地适应当前条件的可能性。"在这种情况下，"思"的过程也提供了一种将自己所学应用于当下境况的方法。在孔子看来，先前主要用于宗教领域的"礼"应该在春秋时期融合更多政治和道德的考量。"礼"不能被仅仅当做一种宗教仪式，它同时还是一种稳定社会政治秩序的工具和实现道德理想的手段。这样，通过"思"的作用，一个人对"礼"的学习就扩展到政治和道德领域中，从而个人的学习也就和社会的政治稳定和公民道德修养联系在一起了。孔子说："君子有九思：视思明，听思聪，色思温，貌思恭，言思忠，事思敬，疑思问，忿思难，见得思义。"（《论语·季氏》）在这里，"思"可以被理解为"意欲做某事"、"注意"或"集中精力于"。在这段话中，孔子具体展示了在各种政治和道德境况中的最佳实践方式。通过"思"的过程，一个人才能将他所学到的"礼"和其他道德观念应用于现实的场景中。通过这一过程，秩序化的社会才得以形成而道德君子也才能被塑造。

通过对"思"的多元化使用，我们可以看出孔子希望人们能够把"思"融入"学"中，从而能够深入理解所学的东西，把所学的东西应用于当前境况，并在无论处于何种境况下都愿意成为道德的人。

在《孟子》中，"思"也有思考的含义。对孟子来说，"思"是"心"的功能。"心之官则思，思则得之，不思则不得也。"（《孟子·告子上》）由于孟子宣称人生而具有道德萌芽，而这一道德萌芽如果不加以扩展就会消亡，"思"就在发展这一道德萌芽成为成熟道德品质的过程中发挥着重要作用。孟子说："仁义礼智，非由外铄我也，我固有之也，弗思耳矣。故曰，'求则得之，舍则失之。'"（《孟子·告子上》）

对孟子来说，每个人都有道德萌芽和"思"的能力。在这种情况下，每个人都能发现指导自己行为的道德准则。正是通过"思"的过程，人们心中的道德萌芽得以生长，而这自然就会带来良好的社会秩序。然而在实际上，"礼"的萌芽——"辞让之心"的道德发展也并不足以给一个社会带来安定的秩序。即便"辞让之心"能够发展成熟并呈现为"礼"，它也不是一个混乱的社会所亟需的用来稳定社会秩序的政治规则。孟子只是强调了孔子学说的道德方面，认为"思"只和道德思考相关，但与政治考虑无关。在这种情况下，孟子关于"思"的学说就不能提供一种内在连贯的指导实现儒家政治理想的现实途径。

孟子的道德心理学似乎过于理想化以至于在现实中难以实现。孟子的理论不能逃避这样一种诘问，即人们在面临生存的危机时，为什么还能自觉发展自己的道德萌芽？即便这一诘问能够被解决，那也并不意味着一种良好的社会政治秩序会因为人们的道德自觉意识而自然产生。一个秩序化的社会需要更多规范性的制度来保护大多数人的利益和控制犯罪，而这些不能单单由内在的道德发展来提供。

在《荀子》这一文本中，"思"有多重含义，其中也包括了思考和思念等。荀子拓展了孔子关于"学"与"思"相辅相成的思想。荀子说："君子知夫不全不粹之不足以为美也，故诵数以贯之，思索以通之，为其人以处之，除其害者以持养之。"（《荀子·劝学》）在这里，"思"可以被理解为思考和充分理解我们所学到的东西。在荀子看来，我们应该学会思考和理解

荀子与儒家

"礼"的含义。"今人之性，固无礼义，故强学而求有之也；性不知礼义，故思虑而求知之也。"（《荀子·性恶》）除了"礼"之外，荀子还强调要思考法律并深入理解它的含义，荀子说："不知法之义，而正法之数者，虽博临事必乱。"（《荀子·君道》）

在《荀子》中，"思"有时也用来表示思念之情。除了这两种含义，"思"还有一种更重要的含义。荀子说："礼之中焉能思索，谓之能虑。"（《荀子·礼论》）在这里，荀子把"思"与"虑"联系起来，这是对"思"的重要发展。对荀子来说，"虑"不仅意味着充分理解"礼"的含义，还有考虑行动可能造成的影响之意。荀子说："见其可欲也，则必前后虑其可恶也者；见其可利也，则必前后虑其可害也者，而兼权之，孰计之，然后定其欲恶取舍。"（《荀子·不苟》）这样，"虑"就被赋予了一种重要含义，即我们应该在采取行动之前权衡所有可能的影响和因素。这就意味着一个人所采取的行动不仅可以影响当下，而且还可能影响未来。这样，进入考虑范围的就应当包括长期的影响。就像柯雄文（A. S. Cua）指出的那样：

思虑在最开始关注的是当下的复杂性。它最关注的是：如果追求当前欲望，它的直接后果为何。但是当前局势可能是一种紧急的局势，也就是说，一种全新的境况以至于我们过去的经验不能给我们提供足够的向导。它也可能是另外一种境况，在这境况中决定呈现为一种行动的计划。在这种情况下，行为人自身就不能只满足于对当下行为直接后果的考量，而必须要关注这一行为的长远影响。用荀子的话说，这就是"常虑顾后"。

在荀子看来，一个人在实施某种策略之前应该充分考虑到当前的现实和实施这一策略的长远影响。这就是说，当一个统治者考虑到战国后期的时代需求和推行"礼"的长远影响后，他就应该把"礼"变成一种维持社会政治秩序的重要工具。

对荀子来说，只有圣人才能够积累他的"学"和"思"从而创造出"礼"和"法"。通过圣人的学习，他能够获得关于"礼"的基本知识。而当他运用"思"的时候，他就能充分理解它的含义并把它应用于当前的境况。荀子说："圣人积思虑，习伪故，以生礼义而起法度。"（《荀子·性恶》）

在荀子看来，因为圣人生活在混乱的时代，他应该现实地运用他的"思"来使"礼"变得更加政治化和规范化，同时确立法律来维护正常的社会政治秩序。孟子通过道德修养来达成良好社会政治秩序的模式对战国晚期的社会现实来说过于理想化了。这个时代需要的是一种有效地维持社会政治秩序的政治系统。这样，在实现这种政治目的的背景下，时代就迫切需要"礼"和"法"的出现。对荀子来说，当圣人的"学"与"思"结合在一起并不断积累的时候，能够适应于战国后期时代的"礼"和"法"就诞生了。

尽管荀子强调"礼"在政治上的重要性，他并没有忽略"礼"的道德功用。实际上，对荀子来说，政治化的"礼"也会产生我们所需要的道德品质。荀子说："礼者、所以正身也……礼然而然，则是情安礼也……情安礼，知若师，则是圣人也。"（《荀子·修身》）在这个意义上，学习"礼"的知识并且按照"礼"的标准来行动将会帮助一个人最终实现仁的道德目标。这样，通过对"思"的现实化解读，荀子发现了一种实现良好社会政治秩序和道德君子的有效工具，而这二者正是儒家政治与道德理想的基石。

然而，即便荀子强调了"思"在思考我们所学和应用我们所学于战国后期的道德和政治现实的重要性，这并不意味着荀子真的以为所有人都能达到这种充分理解自己所学并把它应用于实践的层次。实际上，荀子承认了人们在道德和政治意识上的不同层次。他说："礼之中焉能思索，谓之能虑；礼之中焉能勿易，谓之能固。能虑、能固，加好者焉，斯圣人矣。"（《荀子·礼论》）对荀子来说，只有那些不仅遵循"礼"而且能够思考并喜爱"礼"的人才能被称作圣人。然而，对一个普通人而言，即便他能紧紧地遵循"礼"，他也未必能充分地思考和理解它，更不用说喜爱它（参见《荀子·礼论》）。因此，"思"把道德提升到一种不是所有人都能达到的层次，或者对这一高层次的实现至少是有先有后，而我们必须从最低的道德要求做起。正是在这个意义上，荀子强调我们应该从师长和道德楷模那里学习知识。

虽然荀子认为圣人是唯一能够理解"礼"的真实含义并思考将之应用于当前实际的人，而普通人也许不能通过他们自己来产生"礼"和"法"，但是"思"在获取道德知识以及提供政治教育模式（"礼"和"法"）方面起到的重要作用是毋庸置疑的。那么，"思"是怎样成为可能的呢？而一旦成为可能，一个人又能怎样持续不断地完善自己的"思"呢？在这个方面，荀子需要对"思"给出一个更为详细的论证，而这一过程荀子是通过借用道家更为发达的哲学心理学来完成的。

（三）"心"的功能

正如前面讨论过的，在思考和理解我们所学到的东西，以及将所学到的东西应用于当前境况的需要方面，"思"发挥着重要作用。那么，一个人怎样才能施展他的"思"呢？这就需要"心"。然而在儒家哲学中，孔子对"心"这一范畴讨论甚少，后代的儒者必须要发展"心"这一范畴，才能建立完备的儒家哲学认识论。

儒家哲学开始对"心"这一范畴加以重视，是从孟子开始的。在孟子看来，仁义礼智的道德萌芽都属于"心"。孟子说："侧隐之心，仁之端也；羞恶之心，义之端也；辞让之心，礼之端也；是非之心，智之端也。人之有是四端，也犹其有四体也。"（《孟子·公孙丑上》）在《孟子·告子上》中，孟子强调了"心"的功能在于"思"。正如我们在关于"思"的一节中所探讨的那样，孟子所界定的"思"是为了发展心中的道德萌芽。那么，除了这些道德萌芽以外，"心"中还有没有其他东西呢？孟子在一篇著名的段落中说道："生亦我所欲也，义亦我所欲也；二者不可得兼，舍生而取义者也。"（《孟子·告子上》）在孟子看来，除了"义"以外，生命也是一个人所渴望拥有的。这样，似乎不仅"义"存在于"心"中，而且渴望生命的欲望也同样存在于"心"中。孟子又说:"好色,人之所欲,妻帝之二女,而不足以解忧;富,人之所欲,富有天下,而不足以解忧;贵,人之所欲,贵为天子,而不足以解忧。"(《孟子·万章上》)在孟子看来,尽管人们必然拥有物质欲望,那些欲望也不能被认为是和道德欲望同等重要的。面对生命和"义"的选择,孟子认为我们应当选择"义"而不是生命。孟子说:

> 欲贵者,人之同心也。人人有贵于己者,弗思耳矣。人之所贵者,非良贵也。赵孟之所贵,赵孟能贱之……言饱乎仁义也,所以不愿人之膏粱之味也;令闻广誉施于身,所以不愿人之文绣也。(《孟子·告子上》)

在孟子看来,尽管被提升和吃精美的食物是每个人的愿望,但也有比这些欲望更加重要的东西,那就是道德,比如"仁"和"义"。与物质欲望相比较,道德应当被放置在一个更加优先的位置上。在其他段落中,孟子反复表达了这一观点(参见《孟子·告子上》)。

这样,一个人应当如何克服物质欲望的干扰,发展内心的道德萌芽呢?孟子认为,如果一个人想要排除物质欲望的干扰,他就必须要认识到心中的道德萌芽是"大体",物质欲望是"小体"(参见《孟子·告子上》)。换句话说,我们应当认为物质欲望是不重要的,它们应当被道德原则转化。"先立乎其大者,则其小者不能夺也。"(《孟子·告子上》)孟子还强调要"寡欲","养心莫善于寡欲。其为人也寡欲,虽有不存焉者,寡矣;其为人也多欲,虽有存焉者,寡矣"(《孟子·尽心下》)。因此,在孟子看来,"养心"意味着一个人应当减少欲望。只有用这种方式,心中的道德萌芽才能被滋养和生长,君子才能形成。

与孔子比较,孟子更加清楚地定义了"心"的显著功能并解释了我们怎样使"心"摆脱欲望的干扰。然而,孟子的解释是相当不充分的。孟子使"心"对物质欲望保持免疫力的途径在于减少物质欲望,然而这种途径在实际应用中是相当有问题的。正如戴维·索勒斯(David E. Soles)观察到的:

> 这种基于美德的伦理理论(指孟子的人性学说——引者注)和他们对发

展具有某种特征的个性的强调，需要对如下这一论断提出理由，即那些受青睐的个性特征要比某些替代性的特征更加优越。比方说，为什么青睐那些仁、义、智、礼而不是罪行、玩忽职守、愚蠢和对礼的无视呢？

尽管孟子也许会辩解说，道德萌芽是"大体"，也就是更重要的部分，而这就是我们为什么应当青睐它们甚于物质欲望的原因，但我们还是很难期望普通人意识到这一事实。有人可能会认为"智"的道德萌芽，也就是"是非之心"，能够为发展道德提供一种理由，而不是去寻求物质欲望的满足。然而，这种论断也许忽略了这样一个事实，即"是非之心"本身也只是处于道德的萌芽阶段，是很容易受到外部因素影响或改变的。在这种情况下，"智"的道德萌芽并不能为我们的道德选择提供坚实的基础。

孟子接着又提出了他的解决方案。在与他的学生公孙丑的对话中，他回答了公孙丑提出的如何使"心"不被物质欲望干扰或搅扰的问题。

夫志，气之帅也；气，体之充也。夫志至焉，气次焉；故曰："持其志，无暴其气。"……志壹则动气，气壹则动志也，今夫蹶者趋者，是气也，而反动其心……我善养吾浩然之气。（《孟子·公孙丑上》）

在这个段落中，孟子强调了培养"浩然之气"在使"心"保持平静中的重要性。"气"在中国哲学中可以被认为是一种生命的力量或充盈流动在身体之中，给予人生命的能量。在这个意义上，"气"的运转影响了一个人的状态，包括他的情感、欲望和"心"。在孟子看来，我们需要培养身上的"气"来实现平静的"心"。但我们怎样才能培养我们的"气"达到如此理想的状态呢？正如孟子在上面这段话中提到的，"志"在培养"气"的过程中起到了关键作用。那么，什么是"志"呢？在一篇讨论中国哲学道德心理学的文章里，信广来（Kwong－loi Shun）指出：

"志"可以指向具体的意向，停留在或离开某个地方的意向，或生命的一般目标，如通过学习成为圣人的目标。它是某种可以被建立、培育并被实现的东西；它也可能被某人自己或其他人的影响改变或动摇，并且它也可能由于不能充分地坚持或对其他事物的成见而丧失。

在孟子看来，一旦我们能够按照"志"来培养我们的"气"，"心"就会保持平静而不会为欲望和情感干扰，"不动心"才会实现。尽管孟子提出了另外一种保持"心"不受欲望和情感干扰的路线，但这一路线仍然是有问题的。事实上，"志"本身就是"心"的内容，它可能会受到"心"的其他部分（特别是欲望）的影响。另外，"志"本身也只是出于生长的初级阶段，没有进一步的培育和发展，它最终也会消亡。正如信广来指出的，它可能会被"改变"或"被其他人的影响动摇"，或者"可能由于不能充分地坚持或对其他事物的成见而丧失"。如果这种不稳定的"志"成为培养"气"的主帅，我们也就不会惊讶为什么最终对"气"的培养会失败，而"心"最终还是会被欲望干扰。

为了解决孟子的问题，荀子需要展示"心"如何能够保持平静，并且能够不被物质欲望干扰从而实现一种完美的"思"。荀子在他的文本中是这样说的：

> 心者，形之君也，而神明之主也，出令而无所受令。自禁也，自使也，自夺也，自取也，自行也，自止也。故口可劫而使墨云，形可劫而使诎申，心不可劫而使易意，是之则受，非之则辞。（《荀子·解蔽》）

这样，荀子将"心"定义为身体的"君"或"主"。"心"可以命令身体的运作，但它自身却不能被身体命令或指挥做任何它所不情愿做的事情。然而，情感和欲望也存在于人身上，它们仍然可能影响"心"的状态，使之成为不道德状态，从而导致不道德的行为。荀子说："人生而有欲，欲而不得，则不能无求。求而无度量分界，则不能不争；争则乱，乱则穷。"（《荀子·礼论》）这样，我们应当首先学会控制和调节自己的欲望。在这个方面，荀子强调了控制"气"的重要性。荀子说：

> 治气养心之术：血气刚强，则柔之以调和；知虑渐深，则一之以易良；勇胆猛戾，则辅之以道顺；齐给便利，则节之以动止；狭隘褊小，则廓之以

广大；卑湿重迟贪利，则抗之以高志；庸众驽散，则劫之以师友；怠慢僄弃，则照之以祸灾；愚款端悫，则合之以礼乐，通之以思索。凡治气养心之术，莫径由礼，莫要得师，莫神一好。夫是之谓治气养心之术也。（《荀子·修身》）

与孟子类似，荀子也将"心"连接到"气"。然而，他们在对"气"的态度上则大相径庭：荀子强调"治气"，孟子强调"养气"。另外，荀子强调指导"治气"的原则是外部的"礼"，而不是内在的"志"。"志"这种内在的志向或意向容易受到同样内在的欲望和情感的干扰。由于"礼"是外部的规则和规范，它本身是稳定的并且牢固地确立在社会风俗之中，所以它独立于人心之外，不容易受到影响或动摇。这样，"礼"要比"志"更加有资格成为"治气"的措施。这样，荀子在调节情感和欲望方面"治气"的方法要更加现实，也要比孟子的方法更加容易实现。

对荀子来说，"寡欲"并不是道德修养的有效方式。荀子说："凡语治而待去欲者，无以道欲而困于有欲者也。凡语治而待寡欲者，无以节欲而困于多欲者也。"（《荀子·正名》）很明显，荀子不同意孟子"寡欲"的说法。那么，如果我们不能减少我们的欲望，我们又怎样使"心"能够抵抗欲望的诱惑呢？如前所述，我们需要按照"礼"来控制我们的"气"。在这个意义上，我们应当遵循"礼"从而克服欲望的干扰。事实上，对荀子来说，不只是"礼"，而且儒家的各种道德观念"仁"、"义"、"忠"、"信"等，甚至"法"都能被用来克服物质欲望。所有这些儒家的价值观和从其他学派那里吸收来的教义组成了儒家之道，也就是统治世界和人类行为的原则（荀子称之为"理"）。对荀子来说，只有人类按照这样的原则来行动，他们才能征服物质欲望并将它们转化成为道德的力量。荀子说："心之所可中理，则欲虽多，奚伤于治？欲不及而动过之，心使之也。心之所可失理，则欲虽寡，奚止于乱？故治乱在于心之所可，亡于情之所欲。"（《荀子·正名》）在这里，"理"似乎是儒家之道在"心"中的内在化。既然"理"是外在确立的儒家之道的内在化，那么它就能有效地控制情感和欲望。对荀子来说，只有"心"被这样的"理"指导时，它才能成为道德的。正如柯雄文所分析到的，"在荀子那里，我们发现了'心'和'情'（激情/感觉）之间更为明确的划分。'心'有着不同于'情'的主要认知功能。当这种功能被'理'指导时，'心'就能为'情'的表达提供一种可靠的伦理指导"。

在荀子看来，"心"依附于什么样的道德对引导一个人作出正确的判断至关重要。如果"心"坚持儒家之道，那它就能作出一个适当的判断，即便欲望很多。与之相反，即便欲望非常少，如果"心"不能坚持儒家之道，那它就会被欲望影响，人们就不会做正确的事情。这样，通过儒家之道的指导，"心"就能不被欲望影响，保持一种平静的状态。但保持了"心"的平静状态并不意味着欲望被转化成为道德的力量，或者说，人就能凭借着一颗平静的"心"来获得道德，并且使所学到的道德转化成为现实的改造世界的力量。这时，我们就需要一种方法和途径来使得"心"能够获得道德或者说儒家之道的知识，从而能够成为改造欲望和世界的力量。

（四）"虚一而静"以致"道"

荀子认为，为了实现这样的目标，"心"必须处于一种"虚"、"一"、"静"的状态中。只有实现了这种状态，"心"才能建立起一种能够适应于当前境况和实现儒家之道的"思"。荀子说："人何以知道？曰：心。心何以知？曰：虚一而静。心未尝不臧也，然而有所谓虚；心未尝不满也，然而有所谓一；心未尝不动也，然而有所谓静。"（《荀子·解蔽》）

一些学者已经注意到荀子文本中的"虚一而静"是受庄子的影响。如果我们把荀子和庄子的文本作一番深入的比较，从中的确能够看出二者之间存在的相似点，而这也许能够说明荀子在提出"虚一而静"以致"道"这一点上是受到庄子影响的。

荀子和庄子对他们各自时代的问题都持有一些相近的观点。在荀子和庄子生活的战国时代，百家争鸣的局面愈演愈烈，各种学术派别都坚持自己的观点而反对别家的观点。在这种形势下，荀子认为：

此数具者，皆道之一隅也。夫道者体常而尽变，一隅不足以举之。曲知之人，观于道之一隅，而未之能识也。故以为足而饰之，内以自乱，外以惑人，上以蔽下，下以蔽上，此蔽塞之祸也。（《荀子·解蔽》）

因而，荀子认为在不同学派之间存在的偏见就是他们产生激烈争辩的根本原因。有趣的是，庄子也持有同样的观点：

天下大乱，贤圣不明，道德不一。天下多得一察焉以自好。譬如耳目鼻口，皆有所明，不能相通。犹百家众技也，皆有所长，时有所用。虽然，不该不遍，一曲之士也。（《庄子·天下》）

对庄子来说，只有一个人的知识能够变得广博而不狭隘的时候，它才能被认作是"大知"。正所谓"大知闲闲，小知间间"（《庄子·齐物论》）。

这样，对荀子和庄子来说，任何一个学派的观点都过于狭隘而不能被当做是对这个世界的完整认识。他们两人都相信，这些偏狭的观点尽管各有道理，但也只是偏见，因为这些观点对充分理解我们这个世界来说是远远不够的。在这种情形下，荀子和庄子在评论各家学派的时候是非常相似的。虽然庄子曾被荀子批评过，但作为一个儒者，荀子也经常处于庄子的指责之列（参见《荀子·解蔽》）。

既然任何一个学派的思想都过于狭隘，那我们要怎样才能实现对世界的完整认知呢？对荀子来说，这就要求一个人能够兼容不同的事情和观念："圣人知心术之患，见蔽塞之祸，故无欲、无恶、无始、无终、无近、无远、无博、无浅、无古、无今。兼陈万物而中悬衡焉。"（《荀子·解蔽》）在《庄子》文本中，我们也能发现一段与此极为相似的篇章来描述怎样避免偏见从而实现对世界的完整理解："泛泛乎其若四方之无穷，其无所畛域。兼怀万物，其孰承翼？是谓无方。"（《庄子·秋水》）对庄子来说，我们似乎不仅要容纳所有的事物和观点，而且要不带偏见和喜好地对待它们。

这样，对荀子和庄子来说，我们应当容纳各种不同的事物和观点而不能只接受一个方面的知识。对荀子来说，人不应该被任何一种学派或思想家的观点遮蔽或左右，否则我们就看不到整体的景观。事实上，人应该尽他最大的力量去综合所有学派中有用的思想来形成对于真理的完整理解。对庄子来说，我们不应该被我们先前的知识或偏见所蒙蔽，而应该公正地对待所有的知识甚至是相反的观点，因为这些知识或观点对于认识真理来说也许是同样重要的。用庄子的话来说，这就是"以明"的过程。在讨论儒家和墨家的辩论时，庄子说："道隐于小成，言隐于荣华。故有儒墨之是非，以是其所非而非其所是。欲是其所非而非其所是，则莫若以明。"（《庄子·齐物论》）按照郭象的注解，"以明"一词意味着我们应该通过兼容和接受其他观点来彰显自己的观点。胡适先生也认为这个词意味着任何一方都应该考虑另外一方的观点来明白他所不知道的东西，而另外一方也应该考虑这一方的观点来明白他所不知道的东西。这样，不同观点之间就不存在所谓的差别和争论了。在这里，庄子试图告诉我们这样一个道理，那就是，我们应该公平地对待所有学派的观点。在解决学术偏见这一问题上，荀子很可能受到庄子的影响，或者保守地说，他们至少在这个问题上持有非常相近的观点。

荀子和庄子都认为我们应该兼容万物和各种不同观点来避免偏见，但一个人要怎样做才能实现这种目的呢？荀子说："人生而有知，知而有志。志也者，臧也。然而有所谓虚，不以所已臧害所将受，谓之虚。"（《荀子·解蔽》）尽管我们已经在心中储存了有关知识的记忆，"心"却不能只集中于这些先前的知识而忽略了进一步的学习。即便我们要学的知识和已经学到的知识不同甚至矛盾，我们也应该不带偏见地去包容它。这就是说，无论我们在心中储存了多少知识，我们都要为容纳新的知识预留足够的空间。这正如胡适先生评论的那样，

心能收受一切感觉，故说是"藏"。但是心藏感觉，和罐里藏钱不同，罐藏满了，便不能再藏了。心却不然，藏了这个，还可藏那个。这叫做"不

以所已藏害所将受"，这便是"虚"。

只有用这种方式，先前的知识才能成为我们未来学习的基础，而未来学到的知识也才能通过这种方式不断添加到我们的知识库存中。这样，荀子使用"虚"的方法来实现超脱的"心"，使之能够容纳各种不同的观点。

与此非常类似，庄子对"虚"的使用也是为了容纳各种不同的事物和观点。《庄子》中的一段对话强调了"虚"的重要性："若一志，无听之以耳而听之以心；无听之以心而听之以气。听止于耳，心止于符。气也者，虚而待物者也。唯道集虚。虚者，心斋也。"（《庄子·人间世》）在庄子看来，心中所学到的东西也许会阻碍对于"道"的进一步认知。在这种情况下，庄子建议我们摒弃心中所有以前的知识来实现"虚"的状态，从而在心中容纳"道"的所有内容。对庄子来说，只有圣人才能实现这种"虚"的状态，容纳世界的万事万物。庄子说："一心定而万物服。言以虚静推于天地，通于万物。"（《庄子·天道》）

这样，荀子和庄子都使用"虚"的方法来容纳各种不同的事物和观点。这种对于"虚"的运用十分相似，因为它们都是为了容纳更多观点从而更加全面地理解这个世界。在这一点上，荀子与庄子的目的非常相似：他们都同样关注如何避免先前的知识或偏见的干扰，如何在认知的过程中包容各种不同的观点。

然而需要注意的一个差别是，荀子的"虚"不是绝对、完全的"虚"。换言之，先前的知识应该储藏在心中，而未来获得的知识才能在先前知识的基础上不断增加。荀子说："心未尝不藏也……"（《荀子·解蔽》）然而对庄子来说，"虚"意味着绝对、完全的"虚"。这就是说，"心"在认识事物的时候应该保持完全"虚"的状态，并且在认知停止的时候也不储藏任何知识。庄子说："尽其所受乎天而无见得，亦虚而已！至人之用心若镜，不将不逆，应而不藏，故能胜物而不伤。"（《庄子·应帝王》）

那么，荀子和庄子为何会有如此不同呢？原因在于，虽然他们都同样关注如何避免人类狭隘的偏见，但他们是为了不同的目的来使用这一术语的。对荀子来说，"虚"的使用是为了培养"心"成为一种理想的状态从而认知儒家之道。"人何以知道？曰：心。心何以知？曰：虚一而静。"（《荀子·解蔽》）所以，对荀子来说，"虚"的使用是为了摈弃心中的偏见从而全面地认知儒家之道。这是一种在个人修养和仁政语境中的道德认识论。

而庄子对"虚"的使用则另有目的。在《庄子》中，"虚"经常被用来描述世界的起源。庄子说："泰初有无……性修反德，德至同于初。同乃虚，虚乃大。"（《庄子·天地》）对庄子来说，世界的起源就是"虚"，而世界的万事万物就由这种"虚"产生。在这种情况下，人们应当训练他们的本性，使之返回到这一本源的、绝对的"虚"。庄子提出一种实现"虚"的方法："仲尼曰：'……虚者，心斋也。'颜回曰：'回之未始得使，实自回也；得使之也，未始有回也，可谓虚乎？'夫子曰：'尽矣！'"（《庄子·人间世》）这样，"心斋"要求我们忘掉自己来认知"道"。在《庄子》中，还有一个与"虚"紧密相连的术语，这就是"坐忘"。"堕肢体，黜聪明，离形去知，同于大通，此谓坐忘。"（《庄子·大宗师》）"坐忘"实际上达到了与"道"合一的境界。这样，对庄子来说，"虚"的使用和实现"虚"的方法是为了让人类返回到无所不包的"道"中——这是一种超越了道德认识论的本体论哲学。这也是荀子和庄子在使用"虚"这个术语时的区别所在。正如徐复观先生所讲：

> 虚一而静的观念，从老庄来。他（指荀子——引者按）对老庄的批评，较对子思、孟子的批评为恰当，可见他是很了解道家，而且受了道家的影响。这种话，已有不少的人说过。但所谓受影响，乃是学术上广泛吸收，各自消化的影响。道家讲虚，讲静，是要把心知的活动消纳下去，使其不致影响、扰乱作为人的生命根源的自然。荀子则在于用虚静来保障心知的活动，发挥心知的活动。所以荀子在不承认心是道德（以仁义为内容的道德）之心的这一点上，与道家相同；但在发挥心的知性活动的这一点上，与道家反知

的倾向，是完全相反的。

对荀子来说，为了建立儒家之道并把学到的知识应用于现实的境况中，人们就必须开放心胸、虚怀若谷，唯有如此才能避免偏见并兼容更多的观点。但是，从各种不同学派中吸收的诸多观点要怎样才能保持一致并形成一种系统的知识体系呢？这就需要"一"："心生而有知，知而有异，异也者，同时兼知之。同时兼知之，两也。然而有所谓一，不以夫一害此一，谓之一。"（《荀子·解蔽》）"一"在《荀子》中指"心"在认知过程中维持一致性的能力。这就是说，尽管我们会对不同事物或一个事物的不同方面有不同感知，但"心"应该集中精力于一个方面，并同时保证与其他方面内在贯通一致。"心"不应该让对其他方面的感知干扰对当前方面的感知，而这些不同的感知都需要通过心的功能——"一"来保持内在的连贯一致。

荀子对"一"的使用让我们不禁联想起《庄子》中的相同概念。"一"在《庄子》的文本背景下有三层含义：（1）意味着世界上所有事物的统一；（2）意味着"心"的专注集中；（3）意味着世界上的所有事物都是相同的。让我们先来看第一层含义。

在庄子看来，所有事物包括人自身都是统一在一起的。他说："天地与我并生，而万物与我为一。既已为一矣，且得有言乎？"（《庄子·齐物论》）对庄子而言，一个事物的毁灭就意味着另一个事物的诞生。所以，从整体的角度上看，既没有事物毁灭，也没有事物诞生，所有事物都统一为一个宇宙（参见《庄子·齐物论》）。

庄子

与此非常类似，荀子也认为万事万物包括人自身都是统一在一起的。荀子说："天有其时，地有其财，人有其治。夫是之谓能参。"（《荀子·天论》）在这里，"参"是一个包含天、地、人三者的综合体，在这个综合体中，世上万物都被囊括于其中。在这个意义上，荀子和庄子的宇宙观颇为相似，他们都认为万事万物统一于宇宙中。

应当注意到荀子和庄子关于万物统一性的观点仍然存在着差别。对荀子来说，人是"参"这个综合体的中心。虽然人和其他事物都统一在一起，但人在驾驭和利用其他事物来满足自身需要的过程中占据着支配地位。然而，对庄子来说，人和其他事物之间没有差别，他们都统一于"道"。

对荀子来说，既然人类应该驾驭和利用世上万物来服务于自己，那他们首先就应该尽力去认知万物。人们可能对这个世界有着不同的观点，而这也是为什么这个世界存在不同学派的原因。但既然万物是统一的，那关于它们的知识也应该是统一而不是孤立的。在这个意义上，不同学派的观点都可以看做是真理整体的一部分，而它们理应结合为一个整体才能形成最后的真理。这就是说，不同学派的各种观点应该统一起来才能形成对于世界的完整认知。荀子说："万物为道一偏，一物为万物一偏。愚者为一物一偏，而自以为知道，无知也。"（《荀子·天论》）对荀子来说，既然所有观点都应该结合在一起，我们就不应该只拘泥于一种观点；相反，我们应该把所有不同的观点统一起来并保持它们之间的一致性。只有用这种方式，我们才可能全面地认知这个世界。在荀子看来，使"心"变"虚"并且接受各种不同观点只是真理认识的第一步，第二步就是要使各种不同观点取长补短，统一起来，这样才能产生完满的认知。

当然，即便荀子可能在"一"这个术语上受到庄子的影响，但在使用这一术语的最终目的上区别于庄子。对庄子来说，"一"就是世界万物在起始阶段时的浑然一体。所以，人类的任务就是要返回到这一原本的统一体中。庄子说："泰初有无，无有无名。一之所起，有一而未形。物得以生谓之德。"（《庄子·天地》）然而对于荀子来讲，"一"的使用是非常具体的。从认识论上讲，它可以帮助我们集中精力于某件事情并把各种不同观点统一起来，这样，一个人就实现了对外部世界的全面认知。这是荀子和庄子在使用这个术语上的不同之处。

"一"在《庄子》中也意味着"心"的专注集中。在有关"心斋"的篇章中，庄子认为一个人应该在"心斋"时保持"心"的专注（参见《庄子·人间世》）。在"知北游"一章中，庄子说："若正汝形，一汝视，天和将至；摄汝知，一汝度，神将来舍。"（《庄子·知北游》）对庄子来说，一个人只有在认识事物时使他的"心"和感官保持专注，才能理解事物。像庄子一样，荀也强调了专注的重要性。他说："虹蟮无爪牙之利，筋骨之强。上食埃土，下饮黄泉，用心一也。"（《荀子·劝学》）对荀子来说，专注意味着"心"没有被分散。如果没有专注的"心"，我们就不能连贯地思考。荀子认为"一"也意味着"不以夫一害此一"。这就意味着我们不仅要结合各种不同的感知，而且要在认识的过程中专注我们的心神在一件事情上。只有我们持续专注地做某件事情，我们的"心"才不会被分散。

"一"在《庄子》中还有另外一种重要含义，即世上万物都是相同的。庄子说："自其异者视之，肝胆楚越也；自其同者视之，万物皆一也。"（《庄子·德充符》）这样，在庄子看来，世上万物都是相同的。

与庄子相区别，荀子在这个问题上持有不同观点。在荀子看来，世上万物都是不同的。荀子说："万物同宇而异体"（《荀子·富国》）；又说："有天有地，而上下有差"（《荀子·王制》）。对荀子来说，世上万物包括人在内都有他们自己的不同属性："水火有气而无生，草木有生而无知，禽兽有知而无义，人有气、有生、有知，亦且有义，故最为天下贵也。"（《荀子·王制》）正是在这个意义上，荀子区别于庄子的道家路线。对荀子来说，正是因为人类拥有的道德属性使自己明显地区别于其他生物，比如植物、野兽等。也正是在这个意义上，荀子认为儒家之道才是指引人类生活的唯一正确教义。至于其他学派的教义，荀子认为它们只是可以或多或少地用来完备儒家之道的辅助资源。这就是说，尽管不同学派的不同思想观点可以被用来补充和完善儒家之道，但最重要的、处于支配地位的仍然是儒家哲学而不能是其他学派的观点。正是在这个意义上，荀子保持了他的儒家立场而没有陷入到道家中。

在"虚"和"一"之后，我们似乎可以形成关于这个世界最完备的知识了。然而对荀子来说，要实现这个目的还需要另外一个必要条件，那就是心中的"静"。没有"静"，"虚"和"一"也不可能顺利完成。荀子说："心卧则梦，偷则自行，使之则谋；故心未尝不动也；然而有所谓静；不以梦剧乱知谓之静。"（《荀子·解蔽》）"静"在《荀子》中意味着我们只有克服心中的所有幻象或迷梦才能实现"道"。在我们每天的日常生活中都会有这样或那样的幻想或空想，比方说，梦境、胡思乱想等，但我们不应该让这些幻想影响我们的思维。对庄子来说，幻想应该被摈弃才能实现"道"。庄子说：

> 彻志之勃，解心之谬，去德之累，达道之塞。贵富显严名利六者，勃志也；容动色理气意六者，谬心也；恶欲喜怒哀乐六者，累德也；去就取与知能六者，塞道也。此四六者不荡胸中则正，正则静，静则明，明则虚，虚则无为而无不为也。（《庄子·庚桑楚》）

尽管在这里庄子和荀子所反对的东西并不是一样的，但在实现"道"的问题上，两人都主张"心"应该在认识"道"的过程中保持平静的状态。

对荀子来说，"心"应该保持如平静的水面，只有这样才能毫无扭曲地折射出"道"。荀子说：

> 故人心譬如盘水，正错而勿动，则湛浊在下，而清明在上，则足以见鬓眉而察理矣。微风过之，湛浊动乎下，清明乱于上，则不可以得大形之正也。心亦如是矣。（《荀子·解蔽》）

对荀子来说，只有"心"能够保持如平静的水一样，它才能准确地反映出儒家之道，正如平静的水面能够准确地反映出一个人的面部特征一样。在《庄子》中也有一节与此思想颇为相似：

> 圣人之静也，非曰静也善，故静也。万物无足以挠心者，故静也。水静

则明烛须眉，平中准，大匠取法焉。水静犹明，而况精神！圣人之心静乎！天地之鉴也，万物之镜也。（《庄子·天道》）

如果人们想清晰而不歪曲地认知这个世界的事物，他们就必须先要使"心"平静得如准确反映出事物的水面。对庄子来说，外部事物可能会激发我们自身的情感和欲望。所以，庄子强调"心"的"静"从而避免欲望和外部事物的干扰。

从以上段落可以看出，荀子的"静"是一种心灵摆脱幻想、梦境等的状态。只有"心"实现了"静"的状态，它才能恰当地执行思考功能，也才能准确地反映出儒家之道。与此类似，庄子的"静"意味着我们能够使"心"阻挡各种幻象和诱惑的干扰，从而能够清楚准确地反映出道家之"道"。他们在使用"静"这个术语时是类似的，都是为了使"心"保持平静从而能够准确地反映出"道"，不管这个"道"是儒家之"道"还是道家之"道"。于是，我们可以推想荀子在"静"这一方面或许是受到了庄子的影响，或者至少他们有共通的地方，而这一共通的思想在客观上帮助荀子拓展了儒家哲学的心理学层面。当然，荀子在心中实现"静"的目的是为了实现儒家之道，而庄子是为了实现道家之道。

一些学者已经注意到荀子和庄子在使用"虚"、"一"、"静"这三个术语上的相似，并且也分析了荀子从庄子那里借用这三个术语的原因。比方说，Lee H. Yearley 教授曾经深刻地指出荀子和庄子在"虚"、"一"、"静"这三个术语上的相似性，并且认为荀子使用这三个术语的目的是为了实现一种超脱（detached）的、不被外物或某种观点所遮蔽的"心"。这样，Year-ley 教授认为荀子从庄子那里借用这三个术语，一方面是为了"使人们在这个世界上行动，而另一方面是为了实现一种在沉静和超脱意义上的满足"。在他看来，"荀子尝试融合道家思想和以往儒家传统的努力基于他如何看待'心'能够使人既活跃又超脱"。虽然 Yearley 非常正确地指出了荀子使用这三个术语的原因是为了描述这样一种进程，即一个人实现了超脱的"心"，就能够依据不同的境况作出合理的道德判断，但荀子在这里其实还有深意。实际上，荀子使用这三个术语的目的绝不仅仅是为了根据具体的境况作出合理的道德判断，更重要的是为了实现一种能够适应时代需求的道德和政治学说。通过"虚"、"一"、"静"的心理进程，儒家就能容纳各种不同学派的思想并为自身所用，这样，一些更加适合战国时代需要的学派思想（比如法家思想）就能被吸收进儒家的思想体系之中，从而成为增强儒家思想现实性的坚强柱石。事实上，如果没有荀子对"法"的吸收，儒家制度化的一面也许就无法形成，而后来汉代儒家一统天下的政治文化格局也会因为儒家在制度化上的缺陷而不会发生。

艾瑞·斯蒂内克（Aaron Stalnaker）的一篇文章也解释了为什么荀子会使用这三个术语。他说：

没有"虚"，那么就没有人能够知道关于存在的各种不同方式以及如何选择更加完善和建设性的方式。没有"一"，就没有人能够理解复杂的社会或自然现象，也不会有人以长远的眼光来有效地思考实际事情，当然也不会有人去充分关注儒家之道从而成功地使个人内在冲动控制在更加适当的、"圣人"的框架之中。没有"静"，人就不能充分地超越欲望和情感的拖累，从而退后一步来制定行动的计划，人也就不能平抚由我们内心梦魇和规划的倾向所带来的恐惧和希望。荀子关于"心"的观点对解决内在冲动和个人修养之间的张力问题是必要的，否则荀子关于内在冲动和个人修养的观点就会变得不连贯。

stalnaker 非常正确地指出了荀子在"虚"、"一"、静这三个方面对"心"的解说是为了维护他自己哲学的连贯与一致。在荀子看来，欲望和情感如果没有外在的指导就会变得肆无忌惮。对荀子来说，人们也没有那种内在的、自发的道德意识去驯服和培养他们自身的欲望和情感。同时，人们也不能像法家那样使人们完全置于约束性的法律和戒条之下，从而使他们只服从命令而舍弃道德培养。对荀子来说，人们应该一方面依赖他们自己来进行道德培养，而在另一方面需要依赖外在的"礼法"指导以使这样的道德培养成为可能。在这一过程中，"心"的地位显得十分重要，因为它能够同时接受政治和道德教化，从而它能转变成为控制欲望和培养情感的支配性力量。正是在这一方面，我们需要培养"心"进入"虚"、"一"、"静"的状态，从而它能够充分地接受政治和道德教育，并把欲望和情感转变成为道德的力量。当然，"虚"、"一"、"静"是一种高层次的思维，普通人或许无法掌握这一高层次的思维。对普通民众而言，他们只需要接受政治和道德的教化并依照它们来执行就可以了。

Janghee Lee 最近的著作也分析了荀子从庄子那里借用这些概念的原因：

荀子最根本的关注似乎不在于由普通的"心"到完成的"心"的完整转变，而是在于强调"心"使人们通达"道"之知识的能力……"礼"和"道"这一概念紧密联系……"礼"使"道"拥有了具体而正式的有关正确行为的规定。于是，"礼"可以被看做是体现"道"之精神的核心要素之一。

Janghee Lee 正确地指出了荀子借用庄子这三个概念的目的是为了实现和运用"道"的知识，而在"道"中，"礼"又是核心要素之一。柯雄文教授将他的观点推进了一步，认为"道"不仅包含了"礼"，还包含"仁"、"义"等儒家教义。柯雄文在一本书中深刻地指出：

在这项研究中，我将"道"理解为一个一般性的术语，它在"仁"、"礼"和"义"中有着根本性的具体规定。与这种解释相反，人们普遍认为"礼"是荀子的基本概念。不能否认"礼"在荀子哲学中占据着中心的位置。但如果我们遵循着这种解释，我们就需要将"礼"认为是一种同时包含了"仁"、"义"以及其他美德的概括性美德。顺着这种还原性的路线，人们就会很有理由地宣称"荀子系统的力量在于他通过'礼'的概括性方法对经济、政治、社会、伦理以及美学行为的整合"。这样一种路径的明显优点在于提供一种《论语》和《荀子》之间的差别点，因为很清楚，"仁"是孔子的中心概念……然而，这种解释至少存在两个困难：第一，它忽略了荀子关于类比推断的关键性篇章，在那里，荀子很清楚地陈述一个人必须要参与到"礼义结合意义的类比推断"。而当类比推断被限定在礼自身上时，类比推断就没有意义了。……第二，荀子在他关于"正名"和"解蔽"的篇章中，明确提出了"道"，而不是"礼"，来作为语言、思想以及行动的终极伦理标准。"道"，作为人的"道"，可以被恰当地理解成一个在"礼"、"义"以及"仁"上体现其具体性的一般性概念。

我希望能将这两位学者的观点更推进一步，那就是，荀子眼中的儒家之道是一个广博得多的概念，这一概念不仅包含了像"礼"、"仁"、"义"等儒家教义，而且还有一些来自其他学派的教义，比方说"法"，而这些其他学派的教义也能够被用来发展儒家思想并使之更加全面。这正如史华兹教授所说：

他的虚空、统一性和宁静只是为了保证"已经获得的知识不要伤害有待获得的知识"（"不以所已臧害所将受"）。因为他的心灵既不受阻碍又不受遮蔽，也就是说，因为他达到了真正的客观，所以能将全部新知识合理调配到他的全面视野中。的确，荀子本人因此能够把得自于法家、墨家和各家各派的观点结合到他概括性的儒家框架中。

这就是说，当我们实现了"虚一而静"的状态并且实现了儒家之道，我们就能形成一种适应于时代需求的学说。儒家之道是由儒家基本教义统领的各种不同学派观点的综合。既然在战国后期各种不同学派（如道家、法家、墨家等）都有各自满足时代需求的优势，儒家学说如果能够将这些不同种类学说的优点都加以慎重考虑并吸收进自己的学说，那就会变得更加实际和现实。荀子采用"虚"、"一"、"静"三个术语就是为了从其他学派中吸收优点，从而使儒家之道能够成为指导社会发展和秩序建构的基础性力量。正如唐君毅先生所讲：

然荀子之言心，毕竟有大异于墨庄者，则在荀子言心之知，不只是一知类心，而兼是一明统心。荀子言心，亦不只为一理智心及有实行理智所知者之志之心，如墨子所说；而实兼为一能自作主宰心。荀子言心之"虚静"之工夫，必与"一"之工夫相连。而荀子之虚壹而静之工夫，则又不只成就一个灵台之光耀。且为本身能持统类秩序，以建立社会之统类秩序，以成文理之心。

实际上，荀子吸收这些术语的原因不只是为了保持自己哲学的连贯以及实现"道"的知识，还为了解决早期儒家特别是孟子学说中存在的问题，从而为儒家学说更加适应时代的需求作出努力。如上所述，孟子不能为处理欲望的问题提供一种有效的手段。对荀子来说，一旦我们实现了"虚一而静"的状态，儒家之道就会在心中树立，我们就可以利用它来征服心中存在的情感和欲望，更重要的是，将它们转化为道德的力量。这样，荀子用创新性的认识儒家之道的策略解决了孟子面对的问题。

除此以外，荀子引入"虚"、"一"、"静"的观念还为了教会民众如何去"思"。"思"自身是大脑的一种功能，本身非常抽象和深奥。没有具体的方法论指导，就非常难以实现适当的"思"。这样，荀子提出了在思考当中的三个步骤，即"虚"、"一"和"静"。对荀子来说，只有我们能够按照"虚"、"一"、"静"的要求去行动，我们才能适当地发挥思考功能，也就是说，我们才能综合各种不同的观点，形成符合时代需求的儒家学说。当然，这三步也许还是听起来非常抽象而难以把握，或者对实现儒家的理想目标来说并不是十分充分。但如果我们能够按照这三步来努力思考，我们也许能够逐渐克服"心"中的物质欲望，最终变得道德。实际上，荀子并没有期望所有人都能实现如此之高水平的"思"，因为它也是一种创造和认知儒家之道的策略，而这正是圣人需要承担的任务。普通人也许只是不得不接受这样的教育，而并不能实现如此之高的"思"。

（五）"正名"：语言与道的逻辑

通过"虚"、"一"、"静"的思想过程产生的儒家之道，尽管已经非常完备，但还是会在现实中遭受到各种其他学派的挑战和攻击。在荀子看来，要维护儒家之道还需要经历一个过程，那就是"正名"。

儒家的"正名"思想肇始于孔子。在和学生子路的对话中，孔子说："名不正，则言不顺；言不顺，则事不成；事不成，则礼乐不兴；礼乐不兴，则刑罚不中；刑罚不中，则民无所措手足。"（《论语·八佾》）正如一些学者注意到的，"名"在这里不只是指谓事物在语言学上的名称，而是"和社会政治地位相关联的社会规范"。在这个意义上，"正名"就意味着要校正当前的社会政治秩序而使礼具备它所应当具备的意义。在孔子时代，社会陷入混乱之中，曾经辉煌一时的周礼也被废弃。在这种情况下，如果社会政治秩序不能矫正，周礼将会变成一种空洞的形式而失去它所应该具有的政治和社会功能。那么，在孔子看来，什么才是正常的社会政治秩序呢？孔子说："君，君；臣，臣；父，父；子，子。"（《论语·颜渊》）

在孔子看来，君、臣、父、子应该在一个秩序化的社会中做他们所应该做的事。这就是，君主应该用仁来统治国家，能够保证广大人民的利益并且把他们教育成为有道德的人；臣子们应该用忠诚来效忠君主；父亲应该用仁来带领一个家庭并使家庭成员都能获得幸福；儿子应该用孝顺来回报父亲。在孔子看来，一个良好社会秩序的产生来自于社会中的每个成员都能依据他们的社会角色或地位来道德地作为。

胡适先生指出，孔子的"正名"说是针对当时"学识思想界混乱'无政府'的怪现象，……以为天下的病根在于思想界没有公认的是非真伪的标准"。在荀子看来，"正名"同样是为了矫正当时社会上对于语言的滥用，使名实相符，从而维护社会秩序的稳定和等级制度的清晰。荀子说：

故王者之制名，名定而实辨，道行而志通，则慎率民而一焉。故析辞擅作名，以乱正名，使民疑惑，人多辨讼，则谓之大奸。其罪犹为符节度量之罪也。故其民莫敢托为奇辞以乱正名，故其民悫；悫则易使，易使则公。其民莫敢托为奇辞以乱正名，故壹于道法，而谨于循令矣。如是则其迹长矣。

迹长功成，治之极也。是谨于守名约之功也。今圣王没，名守慢，奇辞起，名实乱，是非之形不明，则虽守法之吏，诵数之儒，亦皆乱也。若有王者起，必将有循于旧名，有作于新名。然则所为有名，与所缘以同异，与制名之枢要，不可不察也。（《荀子·正名》）

在荀子看来，"正名"具有重要的现实意义。荀子指出，在战国时代，各种学说纷纷出现，莫衷一是，在这其中有："纵情性，安恣睢，禽兽行，不足以合文通治；然而其持之有故，其言之成理，足以欺惑愚众"的它嚣、魏牟；有"忍情性，綦溪利跂，苟以分异人为高，不足以合大众，明大分；然而其持之有故，其言之成理，足以欺惑愚众"的陈仲、史鳅；更有"不知壹天下建国家之权称，上功用，大俭约，而僈差等，曾不足以容辨异，县君臣；然而其持之有故，其言之成理，足以欺惑愚众"的墨翟、宋钘；"尚法而无法，下修而好作，上则取听于上，下则取从于俗，终日言成文典，反紃察之，则倜然无所归宿，不可以经国定分；然而其持之有故，其言之成理，足以欺惑愚众"的慎到、田骈；"不法先王，不是礼义，而好治怪说，玩琦辞，甚察而不惠，辩而无用，多事而寡功，不可以为治纲纪；然而其持之有故，其言之成理，足以欺惑愚众"的惠施、邓析（《荀子·非十二子》）。在荀子看来，所有这些人的学说都对当时的思想界造成了极大的混乱，使得儒家学说不能行于世。儒家学说要成为占据统治地位的学说，不仅要使自身具备说服力，还必须要回应这些学派提出的挑战。在这种学术背景下，荀子重新提出了"正名"学说。

荀子"正名"学说的提出不仅有其学术背景，还有其具体的历史社会环境。在《尧问》中，我们发现一段可能是由他的弟子写的一段话：

为说者曰："孙卿不及孔子。"是不然。孙卿迫于乱世，遒于严刑，上无贤主，下遇暴秦，礼义不行，教化不成，仁者绌约，天下冥冥，行全刺之，诸侯大倾。当是时也，知者不得虑，能者不得治，贤者不得使。故君上蔽而无睹，贤人距而不受。然则孙卿怀将圣之心，蒙佯狂之色，视天下以愚。

（《荀子·尧问》）

　　所以，荀子"正名"学说提出的学术背景和历史背景和孔子是非常相似的，他们都是为了要匡正当时混乱的思想信仰和社会秩序。

　　为了纠正当时混乱的各种学说，荀子进一步分析了"三惑"：

　　"见侮不辱"，"圣人不爱己"，"杀盗非杀人也"，此惑于用名以乱名者也。验之所为有名，而观其孰行，则能禁之矣。"山渊平"，"情欲寡"，"刍豢不加甘，大钟不加乐"，此惑于用实，以乱名者也。验之所缘以同异，而观其孰调，则能禁之矣。"非而谒""楹有牛"，"（白）马非马也"，此惑于用名以乱实者也。验之名约，以其所受，悖其所辞，则能禁之矣。（《荀子·正名》）

　　我们可以看出，"见侮不辱"和"情欲寡"似乎指向了宋钘；"圣人不爱己"，"杀盗非杀人也"以及"刍豢不加甘，大钟不加乐"似乎指向了墨家；而"山渊平"则明确指向了惠施，"（白）马非马也"也明确指向了公孙龙。荀子认为他们或是在用名来乱名，或是用实乱名，又或用名以乱实。比方说，"见侮不辱"就是一种没有遵循论辩适当标准的言论。荀子在《正论》篇又重点讨论了宋钘的这一问题。

　　子宋子曰："见侮不辱。"

　　应之曰：凡议必先立隆正，然后可也。无隆正则是非不分，而辨讼不决，故所闻曰："天下之大隆，是非之封界，分职名象之所起，王制是也。"故凡言议期命是非，以圣王为师。而圣王之分，荣辱是也。

　　是有两端矣。有义荣者，有势荣者；有义辱者，有势辱者。志意修，德行厚，知虑明，是荣之由中出者也，夫是之谓义荣。爵列尊，贡禄厚，形势胜，上为天子诸侯，下为卿相士大夫，是荣之从外至者也，夫是之谓势荣。流淫污僈，犯分乱理，骄暴贪利，是辱之由中出者也，夫是之谓义辱。詈侮捽搏，捶笞膑脚，斩断枯磔，借靡后缚，是辱之由外至者也，夫是之谓势辱。是荣辱之两端也。

故君子可以有势辱，而不可以有义辱；小人可以有埶荣，而不可以有义荣。有势辱无害为尧，有势荣无害为桀。义荣埶荣，唯君子然后兼有之；义辱势辱，唯小人然后兼有之。是荣辱之分也。圣王以为法，士大夫以为道，官人以为守，百姓以成俗，万世不能易也。（《荀子·正论》）

荀子认为，在讨论中我们必须要遵循一种恰当的标准，而且要关注不同术语之间的区别和各自的特定含义。事实上，在荀子看来，荣和辱都有各自的类别。荣有"义荣"、"势荣"，辱有"义辱"、"势辱"。这里的"侮"就是一种"势辱"，如果后面一个"辱"也是指"势辱"，那"见侮不辱"这句话就不正确了。所以，明确"辱"本身的差别会有助于对"辱"本身的价值划分；相反，如果对"辱"本身没有进行详细的划分和区别，就会产生价值观上的混乱。再比方说，"情欲寡"就明显是一种不符合现实的说法。我们都知道，人生来就有欲望，人的欲望在没有得到节制以前，是不可能变少的，所以这种说法与我们现实的生活经验相悖。在这种思想的指引下，就必然造成对于现实社会和政治秩序的错误结论。如果人的情欲本来就少，我们就不需要设置如此多的礼仪规范去约束这种欲望。但现实告诉我们，人的情欲如果不通过礼仪规范来加以规范疏导，就会泛滥成灾，造成社会秩序的混乱和政治上的无政府状态。所以，宋钘的这一前提从一开始就是错误的。荀子从他的这一前提出发，进而批判他的政治与社会理论，可谓入木三分。而第三种错误理论中的"（白）马非马也"则是一种在语言上的游戏，这本身就是一种对语言的滥用。

那么，在荀子眼中，应当如何"正名"呢？荀子说：

然则何缘而以同异？曰：缘天官。凡同类同情者，其天官之意物也同。故比方之疑似而通，是所以共其约名以相期也。形体、色理以目异；声音清浊、调竽、奇声以耳异；甘、苦、咸、淡、辛、酸、奇味以口异；香、臭、芬、郁、腥、臊、漏、庮、奇臭以鼻异；疾、痒、沧、热、滑、铍、轻、重以形体异；说、故、喜、怒、哀、乐、爱、恶、欲以心异。心有征知。征知，则缘耳而知声可也，缘目而知形可也。然而征知必将待天官之当簿其类，然后可也。五官簿之而不知，心征知而无说，则人莫不然谓之不知。此所缘而以同异也。（《荀子·正名》）

这就是通过人的感官来认识各种具体事物的特征，从而对它们进行分类、命名。很明显，这是一种强调经验主义的认识论，主张通过对客观世界的感性认知来获得对于事物的各种观念，从而成为命名的基础。"心"有认知事物的能力，通过感性认知得来的经验必须要经过"心"的理性认知能力才能成为客观有效的知识。五官和"心"在认知事物的过程中是互相依赖的，五官得来的感性经验必须要经过"心"的推论和判断才能成为客观知识；而"心"也必须要依靠五官来获得感性经验，才能发挥自己的推论和判断功能，形成客观知识。这是荀子所描述的一种理想认知状态。但在现实中，人往往因为囿于自己的成见而不能如此客观地认识事物，从而出现对事物的不同认识和命名，那又该怎样做呢？荀子说："实不喻，然后命，命不喻，然后期，期不喻，然后说，说不喻，然后辨。"（《荀子·正名》）

唐代的杨倞对这段话进行了解释：

命，谓以名命之也。期，会也。言物之稍难名，命之不喻者，则以形状大小会之，使人易晓也。谓若白马，但言马则未喻，故更以白会之。若是事多，会亦不喻者，则说其所以然；若说亦不喻者，反复辨明之也。

这就是说，如果通过命名的方式不能使人知晓此事物，就要通过形容其形状大小等外部形态的词语来加以限定，使对此物的规定更为具体。但如果通过这些具体的词语都不能使人清楚地知晓此事物，就要通过详细的说明来加以界定。如果所有这一切都还不能让人明白，那就要反复通过辨析的方式来对此事物的本质与外部特征加以说明。荀子这一命名的过程由浅入深，由抽象到具体，逐渐深化，这也符合人对部事物的诼渐认知过程。而荀子又说：

心也者，道之工宰也。道也者，治之经理也。心合于道，说合于心，辞合于说。正名而期，质请而喻，辨异而不过，推类而不悖。听则合文，辨则尽故。以正道而辨奸，犹引绳以持曲直。是故邪说不能乱，百家无所窜。有兼听之明，而无矜奋之容；有兼覆之厚，而无伐德之色。（《荀子·正名》）

由此可见，在荀子看来，"正名"的原则就在于"道"，这就是融合了各种学派知识而又以儒家教义为贯穿主线的"道"。通过遵循这种"道"，思想信仰才能得到矫正，各种学派的思想才能兼容并蓄，而不会有任何偏见。在这个过程中，"心"是主要的因素。通过"心"的认知作用，"道"才能得于"心"，"道"得于"心"才能使言语和语词分别获得正确的引导，从而形成正确的语言。

正确思想信仰的建立需要"正名"，良好的社会秩序同样也需要通过"正名"的方式来获得。荀子说：

异形离心交喻，异物名实玄纽，贵贱不明，同异不别；如是，则志必有不喻之患，而事必有困废之祸。故知者为之分别制名以指实，上以明贵贱，下以辨同异。贵贱明，同异别，如是则志无不喻之患，事无困废之祸，此所为有名也。（《荀子·正名》）

荀子认为，只有通过"正名"的过程，使得上下等级差别确定，才能维护良好的社会秩序。这和孔子"正名"思想的初衷是一致的。他们都主张通过确定社会的等级秩序，使各种在等级上的名谓获得现实上的认同，从而矫正那种有名无实、名实不符的现象。正如冯耀明先生分析的那样，"而荀子之提出正名及重新制名之理想，基本上和孔子的精神是一致的，即由正名及制名以使权分、理分得到正确的划分，从而重建一套生活的秩序，亦即礼乐制度是也"。

（六）知行合一

通过"虚一而静"的方法论，荀子认为我们就能够形成一种包罗万象的广博学问。然而，形成了这种广博学问并不意味着思考的结束和知识的终结。在下一步紧跟着的便是如何将学到的知识付诸实践，并在实践中不断地深化和修正知识。在荀子看来，获得知识的过程是一个知识与实践交互发生作用、不断走向深入的过程。荀子说：

不闻不若闻之，闻之不若见之，见之不若知之，知之不若行之。学至于行之而止矣。行之，明也；明之为圣人。圣人也者，本仁义，当是非，齐言行，不失豪厘，无他道焉，已乎行之矣。故闻之而不见，虽博必谬；见之而不知，虽识必妄；知之而不行，虽敦必困。不闻不见，则虽当，非仁也。其道百举而百陷也。（《荀子·儒效》）

就像荀子在《劝学》篇所说的，学习礼仪和道德的最初目的是为了成为君子。但是，当学习的知识被付之于实践时，就是为了成为圣人。在荀子看来，圣人不仅拥有知识，而且还能在日常的生活中实践它。值得注意的是，学习不仅在实践之前发生，事实上，我们所已经知道的知识还能够在实践之后加以修正和完善。当我们将知识付诸实践时，我们应当注意，这并不是知识的终结，知识恰恰需要根据时间和地点的变化在实践中加以修正和完善。只有用这种方式，人们才能在实践中继续发展他们的知识并且真正理解他们所学到的东西。这就是"行之，明也；明之为圣人"这句话的意义。

对荀子来说，获得知识的目的就是要将其付之于实践当中，而不是成为一个书呆子。要注意的是，由于荀子主张学习的内容是"礼"，那么他所主张实践的主要内容也就是礼仪实践和道德实践。通过礼仪和道德实践，人们能够获得更多关于礼仪和道德的知识，而这些由实践得来的知识是无法从书本上得来的。

这种对知识的实践态度不仅为荀子所强调，而且实际上也早已被孔子所重视。在孔子看来，学习"礼"就是为了要在现实生活中实践它。孔子认为，我们每天的日常行为都必须与礼节保持一致。有一次他对颜渊说："非礼勿视，非礼勿听，非礼勿言，非礼勿动。"（《论语·颜渊》）这样，我们几乎在日常生活的每个方面都应该遵循礼节的规定。这就是孔子所倡导的礼仪实践活动。对孔子来说，实践不仅是学习礼仪的目的，而且也是使我们对礼仪加深理解的方法。孔子说："弟子入则孝，出则弟，谨而信，泛爱众，而亲仁。行有余力，则以学文。"（《论语·学而》）于是我们看到，在孔子眼中，道德实践应早于学习知识（"文"，其主要内容是有关礼的知识）。这种看法似乎与孔子对"文"的强调有些矛盾。然而，如果我们从这样一种角度去看待这种矛盾，即我们不仅要从书本或老师那里获得知识，而且要从每天的实践中获得知识和发展知识，那这种矛盾就不存在了。对孔子来说，它们都是知识的重要来源。在我们每日的生活中，我们的确是从各种生活体验中学习知识，即便我们没有机会从书本或老师那里获得知识。《论语》中提到，"贤贤易色，事父母能竭其力，事君能致其身，与朋友交言而有信。虽曰未学，吾必谓之学矣。"（《论语·学而》）这就是说，实践会教会一个人懂得处理与家庭成员、朋友以及其他人之间关系的礼仪和道德准则。一个人也许身处各种不同的境况中时并不知道什么是正确的"礼"和"仁"，但如果他愿意从他的实践经历中学习，实践就会在他一系列的试错过程中教会他什么该做、什么不该做。这样，他才能按照能够为大多数人所接受的正确方式来行为。在孔子看来，这样的人就能被认为是勤奋好学的人。孔子有一次称赞他最喜爱的弟子颜回努力学习，而且同样的错误从来不犯第二次（参见《论语·雍也》）。这就启示我们，一个人应当在实践中及时认识到错误并且作出相应的思想修正。只有用这种方式，一个人才能懂得礼仪和道德准则。

这样，在知识和实践的关系问题上，孔子和荀子似乎都主张一种知行合一的学说。这一思想直接成为明代思想家王阳明的"知行合一"理论的前提。王阳明说："知是行的主意，行是知的功夫；知是行之始，行是知之成。"又说："知之真切笃实处，便是行。行之明觉精察处，便是知。知行功夫，本不可离。只为后世学者分作两截用功，失却了知行本体，故有合一并进之说。"王阳明主张在实践之前需要学习知识，但实践本身又是对知识的完善。知识和实践二者不可分割。正如美国著名汉学家柯雄文所说，这里的知识可以分为两种：一种是前瞻性的知识（prospective knowledge），一种是反省性的知识（retrospective knowledge）。前者是在实践之前学习而得，后者是在实践之后由实践经验而得的知识。知识只有进展至反省性知识时，才是完整的知识。

除了在知识付诸实践这点上荀子与孔子类似外，荀子还提出了一种创新性的发展，那就是，实践及其结果是判断知识正确与否的标准。荀子说："凡论者贵其有辨合，有符验。故坐而言之，起而可设，张而可施行。"（《荀子·性恶》）在荀子看来，检验一个观点正确与否的最好方法就是将它付诸实践，然后看实践的结果是好的还是坏的。如果它能紧密地贴近于现实，它就应该被肯定，否则就不能被接受为一种正确的知识。在这个鉴别观点正确与否的过程中，实践发挥了至关重要的作用。实践能使一个人知道什么是为当前局势所能接受的最正确观点，以及在何种程度上它能在未来被修改或替换。事实上，即便一种观点能够迎合现实的需要并为当时的人们所接受，那也并不意味着它就是最终的真理。随着实践的进展，新出现的境况会对先前的观点提出挑战。在这种情况下，先前的观点就需要依据在实践中出现的新境况被改进和丰富。

荀子的这一论点与墨子的"三表"法观点颇为相似。墨子说：

故言必有三表。何谓三表？子墨子言曰："有本之者，有原之者，有用之者。于何本之？上本之于古者圣王之事。于何原之？下原察百姓耳目之实。于何用之？废以为刑政，观其中国家百姓人民之利。此所谓言有三表也。"（《墨子·非命上》）

在墨子看来，第一个标准就是检验一种理论或观念是否与古代圣王的事迹一致。因为古代圣王的作为已被证明有益于普通民众，如果这种理论或观念与之相符，那它们就值得被接受或应用。第二个也是最重要的标准就是与大多数人们的经验相符。这就是说，判断一种理论或观念是否正确，应当经历人们的实际检验，而来自于人们的实际经验才是检验理论正确与否的试金石。最后一个标准是，将理论或观念以政策和措施的形式施行下去，然后观察它们能否在现实中创造出良好的结果。如果政策和措施能够产生好的结果，那就证明这个理论或观念是真知并且是正确的；相反，如果政策和措施在现实中产生恶果，那就证明这个理论或观念是错误的。从这三个标准来看，检验知识正确性的标准来源于实践。与之类似，荀子也认为知识需要根据实践中出现的新问题而加以修正和完善。在这点上，荀子似乎受到墨子"三表"法的影响。

荀子在检验理论的实践标准方面借用墨子理论，这使得儒家思想能够更加适应于战国中后期急剧变化的形势。在荀子的时代，更加频繁的战争和争斗在不断发生，在这种情况下，一种思想如果想要生存或者变得繁荣，就必须要考虑到那个时代的政治乃至军事现实。荀子这种通过实践检验理论的观点也许说明，荀子在战国后期感到了儒家思想所遭遇的各种现实和理论挑战，他力图通过对实践，也就是"行"的强调，为改善儒家思想提供理论支持。